连州华南教育历史研学基地概览

连州市文化广电旅游体育局 编

主　编　魏文石　　副主编　李世荣

四川民族出版社

图书在版编目（CIP）数据

连州华南教育历史研学基地概览／连州市文化广电旅游体育局编. --成都：四川民族出版社，2022.1
ISBN 978-7-5733-0359-2

Ⅰ.①连… Ⅱ.①连… Ⅲ.①地方教育–教育史–连州 Ⅳ.①G527.654

中国版本图书馆 CIP 数据核字（2022）第 019087 号

连州华南教育历史研学基地概览
LIANZHOU HUANANJIAOYULISHIYANXUEJIDI GAILAN

连州市文化广电旅游体育局　编

出 版 人	泽仁扎西
责任编辑	周文炯
责任印制	谢孟豪
出　　版	四川民族出版社(四川省成都市青羊区敬业路108号)
邮政编码	610091
设计制作	成都圣立文化传播有限公司
印　　刷	四川立杨彩色印务有限公司
成品尺寸	170mm × 240mm
印　　张	28.75
字　　数	540 千
版　　次	2022 年 1 月第 1 版
印　　次	2022 年 1 月第 1 次印刷
书　　号	ISBN 978-7-5733-0359-2
定　　价	98.00 元

著作权所有·侵权必究

《连州华南教育历史研学基地概览》
编纂委员会

顾　　问：潘正焕

主　　任：戴少枚

副 主 任：邹锡洪

执行主任：范少华　唐福喜

委　　员：魏文石　李世荣　邓国娣　唐小颖　梁冬敏

主　　编：魏文石

副 主 编：李世荣

摄　　影：魏文石　李世荣

序

连州市历史悠久。三代（夏、商、周）属荆州，春秋战国属楚，秦（公元前221—206年）属长沙郡。西汉初年（公元前206年）立县，称桂阳县，含今连州、连南、连山三县（市）。民国元年（1912年），废州置县，连州改称连县。连县地处粤北山区，抗日战争前，由于交通闭塞，文化因之落后。全县除了各乡镇设有小学之外，县城只有一所初级中学——连县县立中学。1938年10月，日寇进犯珠江三角洲，广州沦陷，国民党广东省政府在吴铁城主席率领下，仓促退到连县，省属许多单位以及南路的一些大学中学，都纷纷迁到连县来。

由于战时省会韶关经常受敌人侵扰，连县作为韶关疏散的首选地，为韶关附近的重要学校提供了避风港。总体来看，在连县办学时间较长的学校有广东省立钦州师范、广东省立文理学院、文理学院附中（1942年春改称粤秀中学）、广东省儿教院、励群中学、基联中学、广东省立女子师范学校、真光中学和培英中学、国立华侨三中等。这些学校迁来连县，得以在风景秀丽、民风淳朴的环境中休整和办学，持续地发挥它们培育人才、服务战时教育的作用，是民族抗战的重要组成部分。同时，内迁办学也有力地保存本省教育实力，为战后教育复员和复兴奠定了基础。

外地学校迁入连县，对连县产生了重大的影响。首先，外地学校的迁入使得连县学子有了更多入学机会，大大促进了连县的文化教育事业的发展。其次，这些迁连的学校促使邑内有识之士看到了兴办教育的重要性，进而激发了当地的办学热潮。然后，迁连的学校传播了新的革命思想和抗战思想，提高了连县人民对于抗战的认识。最后，外来学校的迁入，带来了大量人口的增长，大大刺激了连县商业等各行业的发展，促进了连县经济的繁荣。

2017年起，省政府大力开展古驿道保护工作，启动了连州骑田岭古道、丰阳古道的保护和人文发掘，通过寻觅藏在文献中的记录，发掘出1939年至1942年省立文理学院林砺儒、郭大力、张栗原等大师在连州古道上的身影。1939年9月，林砺儒任广东省立文理学院（华南师范大学前身）院长，聘请国内众多著名学者任教。其时省立文理学院在东陂镇租借村民的祠堂、民宅办学，西塘村、江夏村等历史建筑，传出名师上课的高亢声音，郭大力先生就是其中一位。他于1940年秋应林砺儒之聘来到东陂，边教书边翻译《恩格斯传》《剩余价值学说史》。

《连州华南教育历史研学基地概览》一书收录了近年来省内外专家学者对连州华南教育历史研学基地研究的重要成果，通过这些成果，展示了抗战时期华南院校迁至连州办学的历史、专家学者教学科研情况、学生学习生活情况、传播新的革命思想和抗战思想，比较全面地反映当时的求学及抗战情况。

《连州华南教育历史研学基地概览》初步展示了抗战时期连州的教育及抗战历史，希望文化部门以此为起点，继续深入挖掘基地革命文物，形成研学资源载体；凝聚基地革命精神，形成研学教育内核；推动连州研学事（产）业健康发展，形成连州省级全域旅游示范区。

是为序。

《连州华南教育历史研学基地概览》编纂委员会

2022年1月

目录 / CONTENTS

千里迁校连州

002　秤架山迁院纪事之一　　　　　　　　　　　　汤擎民
006　抗战时期广东省立文理学院迁徙历史追溯　　　孙海刚
012　省立文理学院及附小校舍的建设　　　　　　　魏文石
015　学习、工作、生活在南战场的边缘　　　　　　汤擎民
021　中大农学院连县分教处迁连及办学过程　　　　魏文石
029　抗战时期迁韶的广州女师　　　　　　　　　　冼鸿遇
032　抗战时期迁粤北的真光中学　　　　　　　　　韶文化研究院
035　广东省立艺术专科学校两迁连县　　　　　　　魏文石　整理

名家汇集

038　林砺儒，全人格教育的先行者　　　　　　　　官演武
047　创校先贤林砺儒　　　　　　　　　　　　　　陈海平
051　抗日战争时期的郭大力　　　　　　　　　　　严恩萱
057　翻译《资本论》的王亚南与郭大力　　　　　　秦墨
060　郭大力在粤北的几位挚友　　　　　　　　　　魏文石

001

革命烽火遍连州

066	广东文理学院"挽林"斗争纪略	刘渭章
071	省立文理学院在粤北的学生运动概况	林敬文 刘渭章 郑彦文
089	基联中学中共领导的的学生运动	唐 键
092	战斗的友谊，深情的《告别歌》	戴 江
096	忆往昔峥嵘岁月稠	钟国祥
108	碧血染白花，丰碑垂千古	徐 志
112	新中国成立前华南师范大学中共党组织发展简史	华南师范大学
121	回忆在连县旧城一个地下党组织的活动地点	张 源
124	广东省立文理学院"东陂事件"片断回忆	李千芬
128	关于基联中学的一些回忆	杨重华
130	忆基联中学	冯 华

回忆与见证

134	林砺儒院长主政文理学院最后两年的回忆	黎 品
139	文理学院在东陂之忆	廖 钺
143	回忆文理学院在连州的日子	许 实
147	郭大力在连县翻译《剩余价值学说史》	魏文石
153	冼玉清在连州的经历	魏文石
159	广东文理学院在连县	陆 良
163	一个知识分子的道路	黄菘华
174	回忆广州女师在连县	蒋妙龄
176	记中山大学连县分教处	陈才禄
179	钦州师范在连县	邵万学
181	钦州师范迁连办学情况杂忆	陈 康
185	回忆文理附中师生	罗长意 口述 谢 洪 笔录整理
188	东陂生活回忆片断	黄庆云
190	悼张栗原教授	林砺儒

学术与研究

- 196 烽火古道的学术成果 　　　　　　　　　　　　　　　　　阿　瑞
- 207 古道明灯：从歧澳古道的杨豹安到秦汉古道的郭大力 　　　阿　瑞
- 211 王亚南和郭大力学术年谱（1938—1948）补遗 　　　　　　阿　瑞
- 244 关于华南教育历史研学基地活化利用的一些建议 　　　　　黄　向
- 250 抗战时期广东的公路和驿运 　　　　　　　　　　　　　　陈　别
- 256 抗战中的教育：
  广东省立文理学院社会教育学系的教学研究活动 　　　　　李　斌　王独慎
- 267 质朴与精壮：战时文理学院学生的生活风貌 　　　　　　　王独慎
- 276 连县：抗战时期的"小广州" 　　　　　　　　　　　　　　王独慎
- 281 抗战时期华南地区学校内迁连县办学概况 　　　　　　　　王独慎
- 294 抗日战争期间外地迁连学校及其影响 　　　　　　　　　　邓怀森
- 302 抗战时期的粤北广东教育 　　　　　　　　　　　　　　　廖　益
- 315 林砺儒教育思想与文理附中 　　　　　　　　　　　　　　黄庆云
- 318 华南师范大学建校以来四首校歌解读 　　　　　　　　　　华南师范大学
- 329 抗战时期广东省立文理学院在粤北 　　　　　　　　　　　韶关学院　韶文化研究院
- 336 战时的广东省立文理学院 　　　　　　　　　　　　　　　许慕甯
- 340 讲好地质故事：地质骄子陈康早期学术成果分析 　　　　　胡列箭

历史与档案

- 352 抗战以来的广东省立文理学院 　　　　　　　　　　　　　林砺儒
- 356 广东省立文理学院 　　　　　　　　　　　　　　　　　　何爵三
- 360 广东省立文理学院的近况 　　　　　　　　　　　　　　　知　山
- 363 广东省立文理学院附中历史溯源 　　　　　　　　　　　　惠州学院
- 372 广东省立文理学院附中的变迁 　　　　　　　　　　　　　惠州学院
- 376 国立中山大学连县分教处组织章程解读 　　　　　　　　　魏文石　整理
- 380 国立中山大学连县分教处民国三十三年度各学院第19届毕业生
  名单的解读 　　　　　　　　　　　　　　　　　　　　　魏文石

384	广东省立文理学院的几种期刊	魏文石
387	中大撤离坪石前的最后一次招生	魏文石
392	真光中学简史	魏文石 梁冬敏 整理
396	广东省立文理学院民国三十年度推行社会教育计划纲要草案	魏文石 整理
401	关于基联中学的一些管理情况	魏文石
407	回顾与前瞻	胡翼云

附　录

412	广东省立文理学院关于呈报聘林砺儒为院长等情的呈的签发稿
414	广东省立文理学院送部审查资格教员名册二十九年度（1940）
421	广东省立文理学院附属小学校二十九年度（1940）下学期教职员名册
422	抗战时期广州沦陷后国立中山大学大事记
432	广东省立勷勤大学师范学院、勷勤大学教育学院、广东省立教育学院、广东省立文理学院历年招生及毕业人数统计表（1933—1950）
435	国立中山大学在粤东各院系分布图
436	广东省立文理学院第四届毕业学生摄影纪念
437	华南师范大学历史沿革图
438	中山大学历史沿革图
439	华南农业大学历史沿革图
440	抗战时期迁驻连阳地区学校名册表
447	名家照片集

450	跋

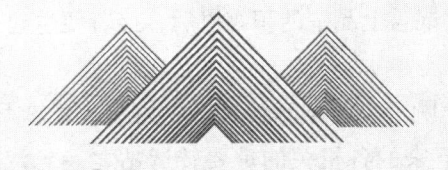

1

千里迁校连州

秤架山迁院纪事之一

汤擎民

繁霜覆盖着原野,田渠里的水也结成了冰。洁净晶莹的大地,碧澄的天空,十几座泥屋簇立在小山脚下,共同组成了平溪这农村之冬的晨景。周遭静穆,静穆得连吱吱喳喳的鸟声也听不到,也许是鸟儿还在巢里温它的好梦吧!

掀开棉被底一角,从稻草堆中站起来,穿好了衣服,我便到屋外田野间散散步。太阳从东边山缝间跳出来,稀疏的阳光射到脸上,一种温和感,使我底精神爽朗了许多。我深深地吸了一口气,一阵冰凉直沁入心底深处,可是没有打颤。我用力一呼,把夜里在猪栏边吸得的泥土气息嘘个干净。

"好玩呀!田里的水都结冰了!"钟高声叫出来,把手杖轻轻地扣敲着田里底冰块。

同学们从泥屋底大门口陆续走出来,三三两两散在田陌间,为这有生以来第一次碰到的奇景所吸引着。

"拿回去做面镜子!哈哈!"几个同学好奇地伸手到田里去拿冰块,他们这时已忘却其冰冷了。

厨子用竹枝扫去锅盖上晶莹的积霜以后,接着便生起火来,准备烧早饭。

达达达的马达声响了,公路旁临时搭成的车站又热闹起来。平溪是由战时省会——曲江西撤下来的各机关的重要转运站之一。汽车嘟嘟嘟地向前开行了,公物和行李上面悠然地轻飘着女人和小孩的柔顺的细长的头发,人和物这时是被"一视同仁"地运送了。车上的人也许有不胜今昔之感,但腿子跑得过分乏了的人,却是无限羡慕地目送着她们。

"喂!老易!你们搬行李去哪里?"三个挑夫担着第四分队的行李从泥屋走出来,引起了我的询问。

"上秤架山去!"

"昨晚大队集会，不是决议在这里休息一天吗？"

"我们先吃过饭了，打前站去啊！"

当这消息被我带回住所时，便引起在猪栏旁边的我们这分队的骚动。

"不成！猪栏边怎能再挨一夜？今天我们也得走！"衡把漱口盅放在地上，坚决地说。

"走就走，这里留不得，还是到秤架圩休息得好！"克接着说。

"七点钟了，我们还能吃点饭，今天怎么能走！"炎犹豫着。

"这不成问题的。我们自己弄点菜，大队部的饭烧好了，我们吃过就走。挑夫已找定，赶得上的！"我是最主张赶快离开平溪的。

1940年《青年月刊》刊载的汤擎民的文章

"那里？土人说一百二十里路，最少也得九十余里！今天赶不到秤架墟时，在田上连水也没得喝，还用吃饭住宿！"炎面有难色，做了个手势，用沉重的语气说。

"还是问问三位女同学的意思吧！"举以队长的资格望着她们征询意见。

"大家说走就走吧！腿子乏了跑慢些好了！"她们同声说。

在十分之九的同意下，提案被通过了。由举报告大队部，本分队愿当天出发，与第四分队共负先遣的责任。

八点多钟，太阳已高高地斜挂在半空，地上的积霜尚未完全消融，我们向着行程中被认为最困难的秤架山行进了。

从平溪越过秤架山至秤架墟，到底有多少路程，当地人的说法，各有不同：一百二十里，九十里……总之，当他们答复我们的询问时，老是摇摇脑袋一笑。这笑的意思是说："秤架山如今要给少爷小姐们一回考试了！"由于"一百二十里""九十里"那样的数字和那么的一笑，使许多同学怀着不安的心情，信任不过自己的两条腿，炎就是个代表者。——好在我们这分队中只有他一个。

公路像条蜿蜒的长蛇，紧紧地缠住山脉。我们向前行，向上行，路的一旁是山谷，谷底是常绿翁郁的丛林，淙淙的泉声从绿林的深处发出来，清悠而悦耳。山上是松林，可惜风很小，听不到雄伟激荡的松涛。我们跑了一个多钟头，回头俯望，来路还历历可辨，可是汗却不知从什么时候流出来了。大家把背上的包袱和毛毡除下，再脱下棉大衣，就在路旁一座养路队临时住所的前面坐下休息，意外地还得到现成的开水喝。

过了一会儿，重又起行了。大家对于今天的路程已不再像行前那样关心，炎的眉梢也轻松了许多。

沿途的景物和刚才已走过的那段路上的大致差不多，我们依旧在山腰间曲折行进。虽是冬天，然而眼前郁蔚的丛林，终使人有青春之感！有几处山坡上，野火正哔哔剥剥地烧着灰褐色的山草，在强烈的太阳光下，上伸的火焰还可隐约看到，那可真有燎原之势了！

我们很沉毅地一步步前进，有时也随便谈谈说说，脚腿每踏进一步，即加强一分克服困难，打破一般关于前路艰困的谣言的自信心：青年人应有的精神和勇气，我们间并不缺乏。只是老成的炎，这被称为黄教授的，却渐渐地落在后面了。

山路上好几处有养路队的住所和保安队的派出所，在那里我们都得到饭汤或开水喝。昨晚在平溪墟搜购得来的四十几件炒米饼，在开水的帮助下，补充了辘辘的饥肠，挑夫也是有份儿的。

晌午，公路已掠过秤架山最高峰的山腰向下倾展了。二十度左右的倾斜面，跑起来异常轻捷，我们一口气跑了一个多钟头，到了一所挂着"工程处"三个大字木牌的茅屋，空空如也的肚子还得到两碗粥的补充，唯一的下粥物是食盐。粥摊老板告诉我们，从茅屋后的小径下山，可以少跑十几里的路程，挑担往来的乡人都是走小路不走公路的，这建议当然为我们所采纳了。

小路的斜度比公路可大得多了，曲折倾斜的山径，需要集中精神，调好脚步，一口气溜下，分段地跑。这于女同学们倒也没感到什么，可是却难为了炎。大家很高兴地鼓足勇气，一溜而下，炎落在后面，扶住手杖，一边走，一边大发牢骚了。

"早就不该找这种路走啊！要近，滚下去怎么办？"

"哈！哈！黄教授，不要紧，放胆走下来吧！"

"猴子走的路呀！非人走的！……"

"你也用不着放下两只手去爬，猴子走的路？"

"……"

"超人走的路呀！黄教授！"楣也带着抗议的语气说。

"……"

一个多钟头的时间，跑完了下山的路程，小路又与公路合而为一了。离秤架墟只有十多里，大家下山时紧张的心情放松了，以悠然的步伐自由自在地走，不一会儿，黄教授也赶到了。四时许抵达秤架墟。我们找到一座没有人居的大屋为住所，虽则同样席地而卧，但那已不是与猪为邻了。

二十九年二月十八日写于香林寺（连县东陂区江夏乡），粤北。

［原载于1940年《青年月刊》（南京）第9卷第4期，有改动，作者为汤擎民。转载自南粤古驿道网］

［汤擎民（1913—1996），广东饶平人。1938—1942年，分别就读于时迁云南澄江、广东坪石的国立中山大学中文系、省立文理学院。毕业后，在坪石第二侨民师范学校任国文教师。1943年上半年，任时迁广东曲江的广东勷勤商学院办公室科员。同年秋，回母校任中文系助教，1946年升为讲师。1950年起，在中大图书馆工作，1956年返中文系任教。1958—1962年，任汕头师范专科学校中文科讲师，1962年调至暨南大学中文系，后学校停办，调华南师范学院中文系，1978年暨南大学复办，回任原职。1981年晋升副教授，1986年晋升为教授。］

抗战时期广东省立文理学院迁徙历史追溯

孙海刚

抗日战争时期的广东省立文理学院，受战事影响，曾历数次迁徙，辗转于广东、广西多地。本文尝试通过一些民国史料的挖掘，追溯与努力还原省立文理学院在抗战时期的迁徙历史。

在广东省立文理学院于民国三十七年（1948年）十一月六日出版的学院刊物——《文理学院院刊》第二十二期中，刊发了时任省立文理学院院长何爵三先生的文章《十五年来之广东省立文理学院》。该文详尽回顾了广东省立文理学院成立15年来的办学历程，并对学校在抗战时期屡次迁徙的过程进行了全面记录，史料价值突出。该文章为考证和追溯抗战时期省立文理学院的校址迁徙路径、迁徙地点以及与省立体专的院校调整关系等历史信息提供了重要信息。以下为相关内容摘取：

"本院系广东省立勷勤大学师范学院一再改组而成……二十二年八月……同时将市立师范改组为师范学院，招考文史学系，数理化学系，博地学系新生，于是年秋季开课，此即为本院诞生之始也。

"勷大于二十四年七月起，将师范学院改为教育学院，添设教育学系……同年（二十五年）十月，石榴岗新校舍已建成数座，大学本部各办公室及教育学院、工学院先行迁入……

"迨至民国二十六年九月，勷勤大学奉教育部命改组……三、教育学院改为广东省

时任广东省立文理学院院长的何爵三先生

立教育学院，仍由林砺儒任院长。

"民国二十六年抗战爆发，岭南局势渐紧，本院于是年十月自广州河南之石榴岗新校，初迁于广西之梧州，借用广西大学理工学院地址，于翌年三月复课。嗣因梧州空袭频仍，民心浮动，乃再迁桂东之藤县。其后，复因广州沦陷，西江紧张，迫不得已，三迁桂北之融县。当于二十八年一月复课。同年八月粤局稍定，本院奉省政府之命，迁回粤北乳源之侯公渡，此为本院第四次之播迁。迁移已定，省府乃令本院改称为'广东省立文理学院'，院长仍旧，此即为本院名之由来。

"改名后，当将院内学系各加调整……又添设体育专修科（三年毕业），以为省立体专停办后之补救。

1948年《文理学院院刊》登载的《十五年来之广东省立文理学院》

"是年冬，粤北会战作，曲江疏散，本院乃五迁连县之东陂。民国三十六年秋，林院长辞职照准，由黄教育厅长麟书兼任……同时附属中学独立，改为省立粤秀中学。后因车陂偏处一隅，交通不便，卅一年春又复奉命六迁曲江仁和乡之桂头镇，五月复课，改由黄希声任院长，是时与勷勤商学院比邻而居。

"民国三十三年夏，随中原会战后，湘境战况日恶，湘粤唇齿相依，当难久安。省政府为顾全尔后之教育设施，乃令本院迁回连县之东陂旧址复课。本院当于是年秋初西行，此为本院第七次之播迁。其后战局益紧，日敌打通粤汉路之阴谋愈显，省政当局遂命本院八迁西江罗定之㟍濮乡复课。同时为适应岭东高等教育之需要计，复决定在东江兴宁设立本院与勷勤商学院联合分教处，由本院社教系主任陈亮氏，回兴宁择定该县西北甘塘报福寺为校址，当于是年秋季招生开学。

"三十四年秋日敌投降全面胜利，省府改组改聘，省府委员罗香林氏兼任本院院长。罗兼院长于九月奉命后，以石榴岗原校破坏不堪，且正为收容日敌之俘虏营，乃先行奉准接收为广东大学附属中学所在地之光孝寺为院址，即日开始办公，并派委员前往罗定替濮接收册籍公物，迄十一月中旬全部员生公物迁回广州复课，是为本院第九次之搬迁。至东江联合分教处则于民国三十五年二月下旬全体开课……体育专修科则拨回业已恢复之省立体育专科学校办理。

"何氏（何爵三）接长后，积极准备迁回石榴岗原址，于九十月间将石榴岗院本部、男女宿舍修建完毕……遂于九月中旬起，分批自光孝寺迁回原址，于十一月六日正式上课，此为本院第十次播迁亦即最后一次之动荡也。"

另外，在民国三十七年（1948年）广东省立文理学院第十二届毕业同学录序言中，由何爵三先生撰写的序言也对文理学院抗战时期迁徙历程进行了回溯。

此外，关于广东省立体育专科学校在抗战时期的迁徙情况及与文理学院的

1948年广东省立文理学院第十二届毕业同学录序言与合影

院系关系，在抗战时期的相关院校刊物中均有说明。如1943年省立文理学院出版的《文理院刊》第七期中，刊登有《体育专修科概况》一文，文中介绍了体育专修科的沿革、组织、设备等情况，其中在"沿革"段中提到"至二十九年秋，奉令归并本院（文理学院）"，说明在民国二十九年（1940年）左右这段时间，省立体育专科学校被划并到省立文理学院，作为该学院的体育专修科。

而在1946年《文理学院院刊》第一期第三版中的《本院体专科移送体专接办》一文中，讲到"本年（1946年）广东体专奉准复校，教厅饬知本院将体专科教职员、公役及学生册籍，移送该校接办"；在1947年《广东教育》中发布有"恢复省立体育专科学校"信息。这些史料内容均证实了省立文理学院体育专修科于1946年移送回已经复校的省立体育专科学校的历史。

综合以上史料信息，可基本理清抗战时期广东省立文理学院迁徙路径及相关办学地点，以及与省立体专的院系调

1943年《文理院刊》登载的《体育专修科概况》

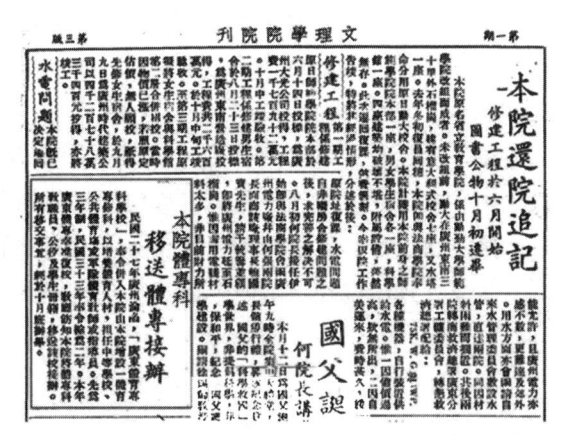

1946年《文理学院院刊》登载的《本院体专科移送体专接办》

整关系。抗战时期，广东省立文理学院共经历了10次播迁，期间，广东省立体育专科学校并入该院作体育专修科。

第一次迁徙：1937年10月，省立教育学院由广州石榴岗迁于广西梧州，借用广西大学理工学院地址。

第二次迁徙：省立教育学院由广西梧州迁往广西藤县。

1947年《广东教育》登载的《恢复省立体育专科学校》

第三次迁徙：省立教育学院由广西藤县迁往广西融县（今广西融水苗族自治县）。

第四次迁徙：1939年，省立教育学院由广西融县迁往粤北乳源侯公渡，改作"广东省立文理学院"，添设体育专修科（乃省立体育专科学校停办后补办）。

第五次迁徙：省立文理学院由乳源侯公渡迁往连县东陂。

第六次迁徙：1942年，省立文理学院迁往曲江仁和乡桂头镇。

第七次迁徙：省立文理学院迁回连县东陂学校旧址。

第八次迁徙：省立文理学院迁往西江罗定县䓣濮乡（今云浮市罗定市黎少镇䓣濮村梁家庄），同时在东江兴宁县西北的甘塘报福寺成立文理学院与勷勤商学院联合分教处。

第九次迁徙：1945年，省立文理学院由罗定迁往广州光孝寺，东江联合分教处于1946年迁往广州，体育专修科拨回已恢复办学的省立体育专科学校。

第十次迁徙：省立文理学院由光孝寺迁往石榴岗院本部。

省立文理学院在抗战时期的十次迁徙路线示意图如下。

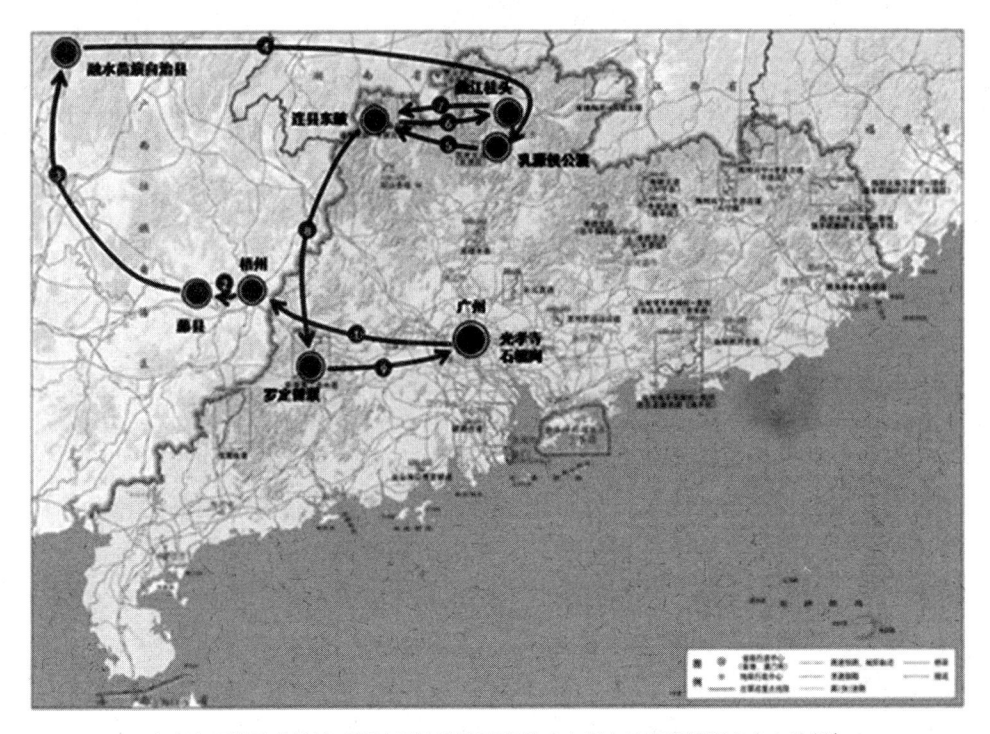

省立文理学院在抗战时期的迁徙路线示意图（广州市岭南建筑研究中心绘制）

参考资料：

1.《文理学院院刊》第二十二期，广东省立文理学院出版，1948年。

2.《文理学院院刊》，广东省立文理学院出版，1946年。

3.《文理院刊》第七期，广东省立文理学院出版，1943年。

4.《广东教育》，1947年。

5.《战时的省立文理学院》，1940年。

6.《广东教育战时通讯》，1942年。

（转载自南粤古驿道网）

省立文理学院及附小校舍的建设

魏文石

广东省立文理学院及其附中、附小迁到连县的过程是极其匆忙的，前期没办法建好校舍再迁校。除了部分租用民房，还要自行建设一些简易的校舍。档案《三、临时院址及现有设备》载："东陂虽属连县大镇，惟求一可容本院及附校之所，则实不可得，故现时学院本部设在东陂墟对河岸西南三里余之西塘及江夏乡，除租用观音阁、祝山祠、陈氏宗祠、伟臣公祠、五福公所、香林寺及原曰西塘乡乡公所等七处外，复加搭课室及男生宿舍棚厂各四座，又生物实验室一座。附属小学设在江夏乡，租用黄氏宗祠、南浦宗祠及民房一间，已勉可敷用。"虽说勉强够用，实际上还是根据校舍的需要，另外建设了附小教室5间、办公处（含儿童图书室、教员住室）；文理学院还建设了疗养室1间，疗养室分设校医住室、看护住室、诊症室、配药室、男女病室。

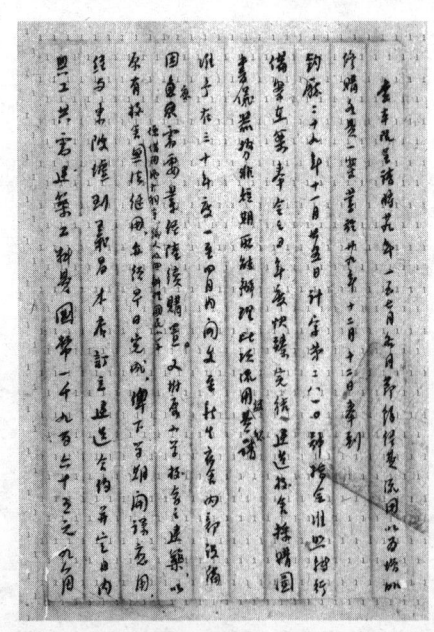

建设前，广东省政府教育厅厅长黄麟书向国民政府写了请示《广东省立文理学院关于呈送附属小学校舍建造计划及图测的呈》："查本院呈请将二十九年一至七月各月结余经费留用以为增加修购各费一案，业于二十九年十二月十二日，奉到：均厅二十九年十一月二十五日计字第二八一〇号指令，准照特行备案在案，奉令之日年度快臻完结，建造校舍，采购图书仪器，势非短

《广东省立文理学院关于呈送附属小学校舍建造计划及图测的呈》

期所能办理，此项□用经费恳请准予在三十年度一至四月内开支，至新生宿舍内部设备因应需要，业经陆续购置。又附属小学校舍之建筑，以原有校舍原借用地方祠宇，乡人收回办理国民小学，无法继用，亦须早日完成，俾下学期开课应用，经与东陂墟刘义昌木店订立建造合约并定日内兴工，共需建筑工料费国币一千九百六十五元九角，现令建造计划及图例备文呈请察核备案，实为公便。"同时附上了附属小学校舍建造计划及图例两份。

在两份图例中，对建设校舍办公处及教室建造材料做了明确的要求：

1. 用金字木架，全部入榫钉固，金字架三度（办公室四度），圆支柱正梁横桁及金字架均用三寸尾坚实直杉。

2. 四面自地面三尺高用五分鱼鳞板钉密，以上以竹笪裹以光滑木条。

3. 窗门用五分板，行门用八分板，以木框镶成，各配铁门扣一副。

4. 天面用竹排架直竹每格二尺，横竹每格二寸；直竹三寸径，横竹一寸半径，上盖一寸半厚硬直茅草，料需纯洁。

5. 课室内部全用天花竹笪。

6. 地面舂实，铺以细沙，室内比室外最少高三寸；四周檐口开深一尺、阔一尺明渠，直通至出水之处。

对于教室的面积要求，因地制宜各有规定。其中长二丈二、阔一丈四一间，长一丈一、阔一丈四一间，长二丈三、阔一丈五二间，长二丈三、阔一丈三一间，共五间。

文理学院疗养室建造材料的要求是：

1. 用金字木架，全部入榫钉加固，全座金字架六度，四围支柱；正梁横桁及金字架均用三寸尾坚实直杉。

2. 周围用砖砌成一大阔地基，墙壁外面高齐檐口，屋内离地高六尺（看护住室须用细竹间至屋顶）用坚实开竹扎壁，每约隔六尺植杉柱一条，务使全壁稳固，内外两面涂一三五灰沙泥及草根混合土，最薄不得过八分，干透后再刷灰水，至雪白为度。

3. 行门用八分板，窗门用五分板，均用木条贯实，行门窗门一度用铁绞一副，行门内面各造门闩一副。

4. 天面用竹排架，横排用大竹，中至中隔二尺五寸，直排用细竹，中至中隔一尺五寸，上盖上层杉树皮，密使不漏雨水。

5. 地面舂实，铺以细沙，室内比室外最少高三寸，四周檐开深一尺、阔一尺明渠，直通至出水之处。门前筑实四尺行路一道，又直过至石板路。

文理学院附小办公处（含儿童图书室、教员住室）图例　　　　　文理学院疗养室图例

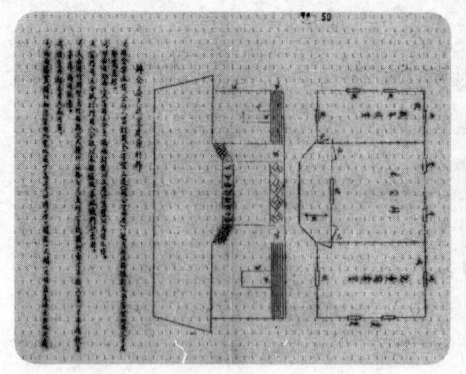

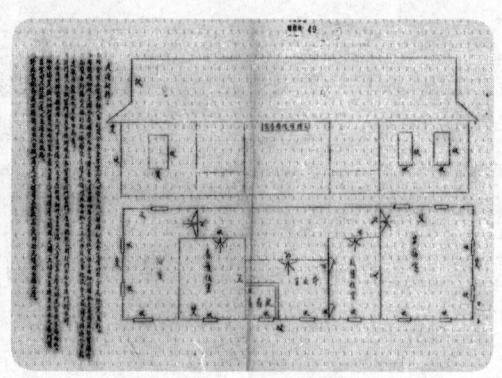

  6. 诊症室、配药室造构图，面用八分板，宽一尺二寸，壁用五分板，高三尺，均刨光滑，内分间三层。

  1938年10月，教育部颁布《专科以上学校建筑校舍暂行规则》，各内迁高校陆续建造了一批校舍缓解用房需求。因陋就简之下，粤北地区采用"竹织批荡"之法，用竹、草、泥建造房屋。这种竹木结构的建筑物放到现在，是不符合安全使用规范的，但在当时却为学校的复学提供了物质的保障。东陂当地盛产竹木，原材料丰富，建筑材料价格便宜，学校容易采购，更重要的是节省建筑时间成本，搭建起来方便快捷，较好地满足了各方面的要求。

  1940年，阮镜清先生在东陂时为文理学院副教授兼附小校长，他是华南师范大学心理学科的奠基人，为了附小的建设，倾尽了心血。

参考资料：

1.《临时院址及现有设备》。
2.《广东省立文理学院关于呈送附属小学校舍建造计划及图测的呈》。

[魏文石，连州市文化广电旅游体育局干部，曾任连州市博物馆馆长。主要从事连州历史文化研究。主编《连州文物志》《连州碑刻集》（与黄元林合编），《古道风韵》执行主编。]

学习、工作、生活在南战场的边缘

——记广东省立文理学院

汤挚民

"广东省立文理学院"这名字，于远省的朋友们听来，许是相当生疏吧！因为抗战以来，它是一所三易招牌，五度播迁的学院。——原为勷勤大学教育学院，廿七年秋独立为广东省立教育学院，廿八年秋改今名。最近又有与中山大学师范学院合并独立之说。廿六年秋由广州西迁桂属梧州，廿七年迁入藤县，继迁融县，廿八年秋迁回粤北乳源，冬因粤北战局影响，再迁连县今址。——在苦难时代中，流离转徙，然而顽强地生活着，这正是它和全国同胞所共有的命运。笔者于学院是个客串者，适逢其会，躬与最近一次的"搬家"。因此，在这篇报告的短文中，所要介绍的，只是最近一次迁院以来，半年间的学院概况和同学们的生活。

搬家、逃亡、流浪，这于东北、东南和中原各省的在学朋友们，都是尝遍的味儿，笔者在这里还是津津地详道迁院的故事，实在有点多余。然而迁院毕竟是学校生活中最难忘的一幕，因此，不能不简略地一提。

是去年民族复兴节那晚吧，韶连路上，运输车突然叫个不休，接着几个白天和黑夜。车轮卷起了尘埃，也带来了紧张的消息。于是，院长到曲江去，第二天大清早便赶回来，宣布迁院：即时准备，最迟三天内出发，同学的行李能随身带多少便算多少，徒步西往连县。——这是省主席的命令。

于是，院长、主任们、教授们、职员们和同学们，在极度紧张的空气中，为公物与私物的处置而忙个不休。看看从七十里外的战时省会曲江，掠过学院所在地，西驶到连县去的运输车，那样往来奔驰，挑担负荷的逃难者也在公路上出现了，像一群出穴的蚂蚁。战局是更加紧张了！我们紧急集合在会食室中，开会、编队、选举负责人、找挑夫……好容易在一年最终的那天早上，才怅然走出那座站在河边巍然屹立的碉楼——我们的岗位，朝着那条蜿蜒山腰，像不知去处的公路前边。当公路掠过乳源县城的北门外时，从城门那边走来一位西装革履、戴着黑呢帽的中年人，宝蓝的篾绒，黑亮的皮鞋，在晚冬的朝阳下发着亮光；一把扁担沉甸甸的压在他的肩上，两件油布包扎的行李，那么东摇西摆地走着。这前所未见的挑担者，引起我好奇的注视。

"陈先生！自己挑东西吗？太辛苦了！"博地系的同学和他打招呼。

"不算什么！找不到挑夫呢！同学们都来了吗？"苍白的脸上，装出点很不自然的笑容来。

我悄悄地问走在我左边的某君，知道那位挑行李的先生是博地系的教授，留德的生物学博士。奇异的感觉使我想起：假如丰子恺先生也在这里，那么，这又是"战时一景"的好题材哩！

好奇心唤起我对于逃难群的注意。不用说，同学们都是自捐行李的。女同学们的英姿，那么不调和的装束与负荷，真要叫人发笑。更令人忍俊不得的，是几位附中同学，用木板作成小车，运载许多不忍拾弃的书籍，然而闭门造车，出门不能合辙。崎岖不平的公路，虽前拉后推，出了满身大汗，仍像是老牛推磨般在公路上远远地挨着前进。路旁稀疏的树荫下，横三竖四，老的、少的，解下背上小包袱作枕头，双脚一伸，便呼呼地入了黑甜乡，让晚冬的夕阳，抚摸着疲乏的身躯。一幅用血和泪，悲哀与愤恨所描成的乱离景象，深深地刻入我们记忆的深处。

在紧急的迁院途中，我们曾睡在牛栏里、猪栅边；在漆黑夜里，冒着凄厉的北风，蹲在广场上，用漱口盅盛着烧焦的饭菜朝口里送；曾经取着竞赛的方式爬过粤西北唯一高峰的秤架山。当我们抵达现址东陂时，两座无人的野寺，给予这逃亡的青年群以温暖的庇护。

住在香林寺里不多时，粤北大捷的消息使同学们的心情大为兴奋。接着大家忙于写信通知亲友，又利用闲空作农村经济的调查和宣传工作。二月初，在离古寺约四里多路的东陂镇上，借到一座楼房，学院的图书、仪器以及其他公物已大致运齐，于是，我们又复课了。

天空飘过了晚冬的雪花，便下着霏霏的细雨，春到人间了。早上吃过白粥，夹起笔记簿和讲义，跑出"山门"，踱着被牛毛雨淋得泥滑了的石径，三三两两地往镇上走去。一位乡下人，或者一位久居城市的人，当他初次看到这参差的行列时，必然会同样感到莫名其妙的。自然，这又是丰子恺先生的好题材：竹笠下，有的是棉大衣，灰斜长衫，蓝布长衫，还有灰色中山装或"中国气派"的短衣服。脚上，有草鞋也有木头拖鞋。这就是战时大学生的生活之一啊！

又过了一个多月，西塘村侧的旷地上，盖起了四座课室了。每座两间开，杉皮作顶，竹笠为墙，一派山林气，其幽雅处颇堪入画。课室前的"五福公所"——一座崭新的祠堂，作为院本部办公的地点。于是，我们又从镇上搬回西塘村来上课了。小孩子牵着妈妈的衣角，老太婆扶着孙女的肩膊，看着课室的窗口或倚着门槛，既惊奇又羡慕的眼光，扫射坐在里面上课的男女同学。在抗战的影响下，大学教育移植到乡村，把大学打开了。然而，文化程度低落的乡村民众，有谁能接受这高贵的赐予呢？

披荆斩棘，和教室同时动工的，在香林寺右侧的草坪上，四座营房似的宿舍落成了。一样是杉木皮铺成的屋顶，竹笠圈成的墙，每座又隔开为五间房子，男同学们从香林寺的楼上搬入新宿舍去。每房有四张架子床，每人一张小书桌，八个人在昏黄的茶油灯下，做着各自的功课。用功的同学，担心着近视度的加深，没处换配眼镜。然而，这样的担心是徒然的！没有谁能轻易让爽静的晚上，悄悄地逝过！

作为同学们饭后或寝前的谈资的，一般是国际动态，抗战情形，中央与地方政治的新措施，本战区的战讯。此外，自然还有院方的消息，女同学们的"工作与恋爱"讨论会等，庄谐杂陈。因为每座宿舍里各房的间隔，只是一堵半截的竹笠，在寝前一连三四间房子的同学总是可以参加"卧谈"的。

"屋漏偏逢连宵雨"，这是使人相当苦恼的事。夏天，时代的风暴卷来了怒雨，住在上床的同学，那是最感麻烦的。午后梦回，我们常常给雨声惊醒，那不是"大珠小珠落玉盘"的清脆之音，而是簌簌的像火线上送来的一串机关枪声。伤感的诗人，也许会憧憬着雨打芭蕉的凄美，或吟咏着"留得残荷听雨声"的诗句。热血沸腾的男女的遐思，使为祖国而流浪的人们"辗转反侧"了。

记得一天的下午，黑云密密麻地布满了天际，谁都预料到那是暴风雨将到的征兆。当我们在那座图书馆与会食室暂时分用的香林寺内用晚饭时，寺门外雨株衰老的榕树也起了怒号，辞枝的落叶随风作蝴蝶飞，几道闪电割破了黑沉沉的空际，狂雨便从天上倒下来。我们胡乱地把饭朝口里送，大家真有点担心着整个的宇宙会爆炸起来。

"不得了呀，宿舍给风卷去屋顶了！"当风渐定，雨稍刹时，不知谁在寺门口大声地叫喊起来。

"糟糕了！衣被定给淋湿了，晚上没地方睡啊！"

"视察灾区去！……！"

"视察灾区去！……！"

浮动的嘈杂声中起着应和。

"吃饭"在大学生中，一向是不成问题的。然而在抗战将满三周年以至于开始了第四年以后的现在，准学士们的"吃饭问题"却一天天地严重起来了。记得初来东陂时，六块钱一月的膳食，一粥两饭，八个人蹲在草坪上共同享受一碟上面有几块肉类的菜，狼吞虎咽，勉强尚可塞满肚皮。往后，米价飞涨了，肉类也跟着涨价了，膳费由每月六元增至七元，由七元再增至八元。初时每人每日平均可分到二分重的肉类（包括炒菜的猪脂肪在内），这数目实在是小得颇可以的！可是近来连二分重猪肉或牛肉也不可得二有之，八个人所享受的，是三小碟"清炖素菜"。自然，趁着旧历五月十日的墟期，同学们许会买点猪肉或牛肉弄来吃吃，不过，这毕竟是少数！

东陂，这拥有十三万亩稻田和六万人口左右的地区，一年的收获，原足供两年以上的食粮，可是今年早稻将熟时，一连下着半个多月的淫雨，有时还夹着暴风，金黄的谷穗，像负伤的战士般倒下田里去；老农抬起了吐出一寸多长的幼芽的谷粒，长长地叹着气。孟老夫子说："天将降大任于是人也，必先苦其心志，劳其筋骨，饿其体肤，空乏其身……"老天有意折磨大时代的青年，"吃饭问题"我们再也不敢去想像了。

大概是五月中旬吧，教育部视察张北海先生，参观我们会食，看看一碟子"山水炖豆腐"，他满口赞许，说比西北大学等校都要好。听了张视察这话，同学们的脸上，泛起一丝苦笑！

对于运动，同学们一般是很注意的。排球、篮球、游泳等不必说，藉着体育专修科的设备，以及指导人员的方便，环境就叫人必得锻炼成一个健全的身体。单杠、双杠、双环等，这些强身的器械运动和太极拳，都是随意所适，在清晨或下午加紧训练的。

当举行学业竞试的部令到院时，教务处筹备着初选的事，同时体育专修科亦筹备一次相当规模的体育表演。据教务主任所宣布的理由是：机会均等，各显身手。因为文史、教育、理化、生物四系的同学有学业竞试的机会可以自我表现，体育表演也就给予体专同学以表现身手的机会。

五月二十六日早上，体育场门外，一幅美丽的富有吸引性的广告图，吸引着无数的农友们，不论是年少的或年青的，男的和女的，各抱着一个新奇的希望到体育场来。表演的节目，有丹麦式的律动体操，木马的基本动作，单杠基本动作，跳箱、垫上运动、吊环、双杠、联合器械运动、接力赛跑等。垫上运动愈演愈奇，愈奇愈险，博得观众最多掌声，一位老农抖着稀疏的胡子对一位老太婆说："奇怪呢，想不到读书人比做马戏的本领还大！"

体育表演最终的节目，是体专一年级对二年级的接力赛跑，及教授与表演者的拔河比赛。十位百战疲兵的体专同学，终于敌不过十二位老气横秋的院长和教授们。这到底是对于长者的谦让呢，还是老当益壮使然？在一阵热烈的笑声和掌声中，没有人去寻问究竟。

谈起救国工作，这里也有着一般的热烈。我们曾冒着初春的斜风细雨到七十里外的星子作兵役宣传，访问志愿兵，慰问出征军人家属；也曾在赤日当空的炎夏，到各乡巡回演剧，召开保甲长会议，招待出征军人家属。不过，这些都是奉令而行的公事。至于我们自发的工作：每逢假日或各乡墟期，我们经常的二十里内的乡村宣传。调查、访问、街头剧、漫画、壁报……这些宣传方法都是被采用的。在东陂镇，通俗壁报按期出版，重庆圩上每逢纪念日或墟期，歌咏队配合着讲演的人员在演讲台上出现了。

暑假前，我们会邀请全区乡、保、甲长茗叙，我们都很诚恳地代表着乡民提出困难与要求，我们自然很真挚地估量自己的力量，给予满意的答复。比如他们需要通俗读物，于是《东陂民众》便油印编出了。暑假中，早稻成熟，留院的男女同学便到田间去，帮出征军人家属割稻或打谷。这种热忱的帮忙，给予他们很大的鼓励和安慰。同时，人力的帮助，也就减轻抗属许多经济上的担负。他们雇用湖南散工，每天每人要三块钱和三餐饭菜的报酬；我们呢，自然吃自家的饭替他们做工。因为初次下田，同学们割伤了手或脚是常有的事。这里还有更大的收获，那就是少爷小姐们革变了不愿亲近土气息和泥滋味的传统习惯，转移了乡下人历来对于读书人的看法，激发了他们对于出征者的崇敬之心！

民众教育方面，办有西塘村成人班、江夏村成人班、妇女班和儿童班。仅仅受过两三周的训练，乡村姑娘和儿童，在国民月会时，便能跑上讲台，对近千的群众大谈其救国的道理！

在苦难的时代中，流离转徙，然而刻苦地学习，热烈地工作，顽强地生活着；教育自己，同时也教育了大众。这就是我们的共同信念！

（录自20世纪40年代的《青年月刊》十卷四期《青年动态》，《粤北华南教育历史研学资料辑刊》整理，有修改）

中大农学院连县分教处迁连及办学过程

魏文石

1938年10月，日本侵略者由大亚湾登陆进犯广东，10月21日，广州沦陷。侵略者兵临城下之际，中山大学紧急撤离，经过重重困难，西迁至云南澄江，为第一次搬迁。1940年8月，在代理校长许崇清带领下，中山大学又回迁至粤北重镇乐昌坪石，此为第二次搬迁。直到1944年底战火逼近，中山大学再次迁校，分别搬迁至梅州、连县。抗战期间，中山大学在粤北一共度过了4年多的坎坷岁月。

1938年广州沦陷以后，日本侵略者曾经三次试图进犯粤北，与北方南下的侵略者连成一片，打通粤汉铁路，为此在1939年12月、1940年5月、1944年11月发动了三次大规模的向粤北进攻的战役，史称三次"粤北会战"。

前两次粤北会战，日军均以失败告终。1944年秋第三次粤北会战，日军先后攻占了韶关、乐昌，打通了粤汉铁路，广东省国民政府迁向西部山区，在坪石办学的中山大学再度被战火波及。

在中大面临第三次搬迁前夕，中共地下组织抽调了200多名中大学生参加曾生领导的东江纵队，他们立即分批奔赴抗日前线。1945年1月，日军突然侵入宜章栗源堡，坪石亦陷于包围之中，学校仓促通告紧急疏迁。部分师生由代理校长金曾澄率领，经乐昌、仁化、龙川抵达梅州设立校本部；农学院部分师生迁往梅州五华；总务长何春帆则带领部分师生于1月20日撤抵连县三江镇。

"当时走得很急，到处都是老师和学生们扔的东西，衣服、箱子都来不及要了。"朱兰修回忆当年的情境时说，瞬息之间所有的老师和学生全部消失，当年基本上每户人家里，都存有大量衣服、箱子、桌椅板凳等中大师生们留下来的物资。

在迁离坪石时，位于三星坪的中山大学工学院部分师生来不及突围，卫梓松教授等人面对敌人的利诱无动于衷，自杀殉难；中山大学附中教师陆兴焰、学生诸兆永等人在由坪石搬往仁化的途中，遭到日寇杀害。

居安思危，调查连县资源

历经1939年12月、1940年5月的两次粤北大会战后，国立中山大学居安思危，未雨绸缪，提前谋划再次搬迁，于1942年4月10日发出训令："今校务处处员朱天一，兹派该员前赴连县一带调查粮食及房舍情形。仰即遵公办理。见报以凭接办，此令。代理校长张○（即张云）。"

调查连县粮食及校舍结果

朱天一于1942年4月13日开始进行调查，除在县城附近一带调查外，还分往星子、东陂等地方进行了详细的调查。关于粮食情形，查星子一带产稻年仅一造，产量不多，东陂为该县产米最多之区，县城各米机厂均系往东陂采购，其规模较大资本充裕者则先行贷款于农家，收获后以谷代偿，故较临时采购为廉。现时连县米价上米每10元约8.5斤，每1元约13两余，次者亦仅9斤余，每1元约14两余，较坪石市价稍为低廉。但连县至坪石河道仅通至星子，星子至坪石俱属陆路运输，至为不便，如由此路购食米至坪石需费自多，如由水道运至曲江再由曲江车运至坪石，不独转折不便，需费亦属不少，结果未必廉于坪石。但连县米价此前本甚低廉，自今春起逐渐高涨，据该县县政府人员所谈，言下大有不愿其他机关再往采购粮食之意。至房舍情形，星子一带已无公共场所，圩内民房可租用者亦少，县城一带以利用但过于分散，颇属不便。最近省立文理学院迁移曲江，所遗原址已由该院附中迁入，其附中原址目前暂时可利用。

乡房舍情形的调查结果也是非常详细，具体如下。

中站：连城燕喜中学、星子星江中学、万安寺。

陂街（可容校本部附一单位）：西溪中学、天主堂、东陂医院一部、谢氏祠堂、谢族芝兰小学、戒定寺（妇生团）。

四甲洞（可容一单位）：宝梵寺（妇团）、曾寺宗祠堂、黎氏祠堂、保小学校。

夏湟乡（可容一单位）：李氏宗祠（有楼）、黄氏大宗祠（有楼）、黄氏宗祠、吴公祠、黄氏二房祠、黄氏三房祠、又黄氏三房祠。

建新街（丰阳）（可容一单位）：仙临寺、中心小学、乡公所、丰溪庙、吴氏宗祠、总相吴公祠、万二公祠、学忠公祠、淑琳公祠、吴氏公祠、宗源公祠、炮楼（十三所）。另新建乡公所及中心小学可用。

朱合乡（可容两单位）：吴氏宗祠、成氏宗祠、白庙侧祠堂、吴氏祠堂（三进）、天主堂、中兴小学（及炮楼一座）、培源小学三楼、吴氏宗祠、□□小学及乡公所。

塘头坪（可容一单位）：玉虚宫、桂香小学、炮楼（三座）、黄尚宗祠（保部）。

东田坪及东江（可容一单位）：上林寺（广大）、真阳观（广大）、陈氏宗祠、陈家祠、炮楼（十三间）、文昌楼、□□小学校（共两间）、大坪坊何氏宗祠、唐家祠（广职）、皇侯庙、保小学。

西岸（可容一单位）：观音阁、廻龙庙、大阳观（妇女团）、清□观、合水观、唐家祠（广职）、曹家祠（广职）、大庙（二间）、林家祠（在上马石）、邓家祠（在上马石）。

各乡房舍名表

设立先遣站，安排遣散

开展学校的疏散工作，是一项大工程，即使在战争年代，也需要未雨绸缪，科学进行安排。1934年6月29日，学校安排了国立中山大学由栗源堡至连县迁校疏散站先遣人员名单，共分六站。第一站栗源堡，站长是张湛，副站长是邓祥；第二站红庙脚，站长是毕仲炘，副站长是胡日；第三站万安寺，站长是雷穗均，副站长是何玉书；第四站大路边，站长是陈禄恒；第五站星子，站长是何继兴，副站长是陈鑑；第六站连县，站长由校本部各处组人员共同负责；另设临武牛头汾一站，站长蔡润鸣及工警两名。

1945年1月16日，日军突然侵入湖南宜章栗源堡，坪石亦陷于包围之中，中山大学、岭南大学农学院、培联中学等学校被迫紧急疏散。1月18日，日军自道县、宜章分四路向坪石袭来，中山大学一分为三。一路由总务长何春帆带领，1月20日撤抵连县三江镇；一路由代理校长金曾澄率领，经乐昌、仁化、龙川抵达梅州；农学院部分师生则迁往梅州五华。1月21日，日军攻陷坪石，岭南大学紧急撤离岭大村。

栗源堡至连县迁校疏散站先遣人员名单

师生队伍抵达连县

国立中山大学连县分教处位于现连南瑶族自治县三江镇，连州市西岸镇、东陂镇；省立广州女子师范学校则在连州镇鸬鹚咀村。

此次中大连县分教处的疏散是由总务处处长何春帆（连县三江人）组织，各学院的分布是：处本部、文学院、法学院、理学院、工学院、师范学院在三江镇；医学院在连县县城；农学院在连县的东陂、西岸。按《连临教字第三号》所示，"在连县招考文、法、理、农四学院三十四年度一年级新生共一百五十名。"连县三江距离连县县城连州有13公里远。到连县的教授包括梅龚彬、邓植仪、盛成、周郁文、叶述武、邹仪新、岑麒祥、张葆恒等，许崇清又被聘为教授，上两门课，分别是哲学概论和教育哲学。时中山大学代理校长是金曾澄，教务长兼连县分教处主任是邓植仪。农学院教授有钟敬文、陈秋帆、岑麒祥、李一剑、周梅羹、郑师许、胡耐安、何文广、王宝祥、董百洵、黄朝中等。连县籍的学生有邱世友、关照禧、何敏来、唐秀文、邓怀森、黄光景、罗代宗、董百锐等。

其中档案《国立中山大学农学院运赴东陂最重要公物册》显示了迁校是忙中有序的，迁到东陂的农学院资料十分丰富：畜医系12箱，农经系2箱，农学系4箱，农化系17箱，森林系14箱，蚕桑系19箱，农艺组53箱，园艺组12箱，植物生理2箱，土壤调查所18箱，植物研究所10箱，农场1箱，昆虫部36箱，植病部4箱，共204箱。

国立中山大学农学院运赴东陂最重要公物册

中大分教处农学院畜医系一部分迁到连县东陂后，民国三十二年（1943年）八月二十八日，省长李汉魂还专门为此写了个函给建设厅及农林局："据查照饬知当由此准，除今饬本府建设厅转饬农林局知照外，即希查照为荷。"

分教处组织架构

分教处设立后,为尽快开展教学,随即组成了各部门的组织机构,详见下表。

国立中山大学分教处各部组院主管人名表

部分别	职称	姓名	备考
分教处	主任	邓植仪	
分教处	秘书	岑麒祥	
总务部	主任	何春帆	
文书组	组长	林国铨	
出纳组	组长	董百洵	
庶务组	组长	梁寒碧	
校警中队	队长	何化南	
教务部	主任	邓植仪	
注册组	组长	王宝祥	
图书馆	馆长	岑麒祥	
训导部	主任	张作人	
生活管理组	组长	朱德龙	
课外活动组	组长	方瑞濂	
卫生组	组长	颜书新	
文学院	主任	张葆恒	
法学院	主任	梅龚彬	
理学院	主任	张作人	
工学院	主任	刘鸿	
农学院	院长	邓植仪	
医学院	主任	苏大昭	代
师范学院	主任	钟仁正	

国立中山大学农学院连县招考新生过程

分教处于1945年3月15日开始复学。经过一个学期的办学,学校氛围趋缓,下半年的开学进入正常的招生程序,档案《连临教字第三号》是这样记载的:

"事由：函报本大学连县区招考新生经过情形并检同取录新生名单一份，请察核由。

案奉台电准本处在连县招考文、法、理、农四学院三十四年度一年级新生共一百五十名等由，当经召集本处各学院主任成立招生委员会订定招生简章印发，于本年九月二十九日、三十日两日在本处举行入学，验业将各科试卷成绩评定并由招生委员会议定本年度招生录取标准。国、英、数三科零分者不取，该三科平均分数最少须达最低标准总平均分之一半，其属于华侨生与先修班学生之录取标准比普通标准低二分为原则。至各学院新生最低标准之录取，议定其总平均分数计文学院二十分，法学院政治、经济两系各为二十四分，社会学系二十三分，法律系二十一分，理学系、数天系二十四分，物理系二十七分，化学系三十分，地质系三十分，地理系二十分，生物系二十分，农学系二十分。现计取录文学院一年级新生一十五名，法学院三十五名，理学院七十名，农学院三十名，共计取录文、法、理、农四学院一年级新生一百五十名，另取录试读生补行参加新生入学试验三名。准电前由除公布周知外，相应将办理连县区招生经过情形连同取录新生名单一份（附试读生参加入学试取录学生名单）备函送，请察核。至于报名单及成绩总册俟日间登记完竣时再行禀报，合并声明。

此上。

校长金

附本大学连县区录取新生名单一份（附试读生参加入学试取录学生名单）

教务长兼连县分教处主任邓植仪

中华民国三十四年十月二十七日"

农学院连县分教处在西岸黄家巷的师生住宿处旧址（邵文技摄）

分教处撤离连县

1945年8月9日，许崇清在三江镇接到电话，得知苏联宣布对日作战，红军已打到中国东北。8月15日，日军宣布无条件投降，沸腾的三江镇爆竹和枪声响成了一片，师生们与当地人民一起迎来了抗日战争的伟大胜利。10月份，许崇清带着大家陆陆续续地回到广州。1951年，他再任中山大学校长，于1962年任广东省人民政府副省长。因时间久远，原作为分教处办公楼的图书馆早年被拆，现为三江镇中心小学。

分教处大部分师生于1945年10月迁往广州复学，但是在连县仍设立了留守处，处理善后工作，留守主任是朱穗龙。结束全部分教处业务的时间是1946年1月，留守处撤销。

中大理学院留守连县教职员名册

参考资料：

1. 《广州档案》2001年第5期。
2. 档案《连临教字第三号》。
3. 档案《国立中山大学农学院运赴东陂最重要公物册》。

抗战时期迁韶的广州女师

冼鸿遇

广东省立广州女师创于清末,有80余年的历史,校址原在广州莲塘路。

烽火中坚持办学

1937年全面抗战展开,广州常遭敌机轰炸,女师迁往南海西樵筒村上课。广州沦陷,一度停办。1938年底,留在香港的师生组织自修班,仅有师一、二、三年级。借知用中学的校址,在夜间及星期日上课,是战时临时措施。1939年暑假,留在港澳的女师、女中及广雅三间中学的学生共200余人,联合呈报广东省教育厅,要求解决继续就学问题。后决定在中山县湾仔开设临时中学,专门收容这三间学校的学生,另再招考新生补充。日寇入侵中山,学校辗转澳门、香港。同年8月,省教育厅再派老校长李雪英率领全校员生取道沙鱼涌转上韶关,在黄塱坝复课。跟校同入内地的学生有30余人。因师三班在香港自修班已毕业,师二班在"中临"亦学习期满毕业,原师一班已升至师三班,亦跟同学校入内地继续学习。未启程前,还在香港招有师一及师二插班生备一班,共120人,正式复校上课。

复课后朝气蓬勃

在黄塱坝的校址,是新搭起的茅棚,靠正北江岸边,真正是青山绿水,风景宜人。但吃的九二米(扑米再碾一次,至九成二便是),青菜也不多,配以少量的肉食。学生伙食费完全由国家供给。教职员要自付伙食费,吃的标准与学生相同。各人从未叫过苦,也没有提出改善生活的要求。冬天虽然是寒风凛冽,但也不用热水洗澡。课余,冒着寒风在北江河边洗衣裳。学生由于对日本侵略者的仇恨，因此更加努力学习。除了学习本身功课之外，还根据个人的志趣，学习专门的学科及艺术，如书法、图画等。如高中三年级有位名叫刘宝珠的，写得一手好字，绘得一手好画。有些同学还排演救亡话剧、演唱救亡歌曲等，既增加充实师生的文娱活动，还借此激发当地农民爱国的热情。

学校也比较重视学生的军体训练，常组织学生从黄塱坝跑至马坝，后学校搬至连县，同样组织学生从鸬鹚咀跑步至连南三江。

学校变成一大家庭

整个学校如一个大家庭。校长李雪英称学生是自己的小孩，凡对外人介绍都称"我的小孩儿×××"，说得十分亲热。学校的其他主要人员如主任、导师及实习教师对学生也同样称呼。而学生对校长及老师，也像亲人一样。同学与同学之间亲密无间，在班里又排出姐姐与妹妹，做到全校姐姐爱妹妹，妹妹敬姐姐，像大家庭一样，亲亲热热，减少离乡苦恼。

复课后班级的调整

女师在黄塱坝复课，除了港澳跟随入内地的同学120人外，还在曲江招收初中生及附小生。幼师师资因未能适用于内地，故暂不开办。当时内地师资的奇缺，尤其是初小的师资。因当时农村普遍办国民小学（1—4年级），如果等待普师毕业生的派出，时间实在太长（因普师是招收初中毕业生再读3年）。为配合当时各国民小学教师的需要，故多办简师班，因简师班是招收小学毕业生，3年毕业，时间可缩短了年。而初中及附小，也根据实际情况不断扩充。由于班级及学生不断的扩充，女师师资也出现严重缺人问题。李雪英想到就地取材的办法，商诸兄弟单位领导，介绍能胜任的教师兼教。这时大学生最多的单位是农林局。因该局是技术单位，除了农科大学的毕业生外，文、法、社、科的毕业生也不在少数。农林局局长刘荣基也很支持，凡被聘为女师兼任教师的人，只要能将本身工作做好，都不加阻止，所以能顺利地解决教师问题。

1943年底，韶关局势又告紧张。女师又迁往连县的鸬鹚咀。那时各县的小学教师更缺。女师请准省教育厅的同意，开设速师训练班，半年毕业，凡具有初中以上程度的，由各县选送到校学习，培养她们的教学能力，毕业后根据她们的成绩、特长作出签定，送回原送单位，量才录用。这个班级学习时间虽短,但在当时师资缺乏的情况下,起了一定的作用。

当时的毕业生,除各自找学校任教外,亦有由学校协助安排的,而且负责到底(因校长李雪英颇得学生家长信赖,故学校送入内地复课时,学生家长能放心让女子进入内地求学)。学校还经常派出实习老师到各县了解毕业生的工作情况,遇存问题,及时予以解决或协助。记得1941年入内地第一批毕业生分配工作时,英德县县长左新中派出教育科科长谭雨享前往女师,要求校长派一批优秀毕业生到县城的英城小学。校长即介绍刘宝珠,带同蔡丽英、沈梅、胡楚坚、叶秀珊、吴秀贞、黄润德、梁桂龄等7人前往,她们分当一至六年级班主任,梁桂龄当总务,蔡丽英兼教务,待遇不分高低,一律月薪48元,学米平均分配(抗战期间因教师待遇低,教育当局动员每个学生每月斤米养师活动)。通过她们的努力,第一学期初见成效,一年以后,全校改观,英德县因而在这年度的全省教育评比中名列第一。第三学期开始时,有些教师表示下学期不受聘,刘宝珠也有些灰心而想辞职。李雪英校长闻讯,即派出教师周作福赶赴英城小学处理此事。处理结果,刘宝珠打消辞意,各教师不愿续聘可自由安排,所缺教师由女师保证在本期毕业生中派出优秀毕业生补上,此事便得到完满的解决。

周玉珍毕业证

附注:时任校长李雪英,早年留学日本。陈济棠主粤时其任女师校长,陈济棠下台后,其转香港德明中学任女中部主任。后举家由港迁入内地。

(摘自《韶关文史资料》第十三辑,韶文化研究院编辑)

抗战时期迁粤北的真光中学

韶文化研究院

1937年七七事变爆发，日本帝国主义发动了全面的侵华战争，广州日夜遭到敌军飞机的轰炸。真光女子中学何荫棠校长为了全校师生员工的安全，为了让老师安心地教学生静心地学，毅然决定将全校师生员工撤离白鹤洞，撤出广州。真光女子中学旧址在广州沦陷期间，就成为难童所和妇孺收容站。

1938年，在何荫棠校长的带领下，真光女子中学迁到了香港。起初在香港铁岗体育学校复课，后来租借肇辉台大厦上课。

1941年12月，日军攻打香港，香港沦陷。何荫棠校长又率领真光女子中学的师生员工绕道迁徙到粤北，于1942年初到达粤北战时省会曲江。正当大家筹备着复课的时候，日寇的飞机又飞到曲江，对粤北战时省会进行大轰炸。全校师生只有撤出曲江，徒步到临近湖南、广西边界的连县三江墟[①]，借用中华基

1942年以连县三江墟东门城楼为背景的复校开学典礼师生合照

[①] 即现在连南瑶族自治县的三江镇。

督教教堂为课室复课。在连县三江墟复课期间，真光女子中学打破传统，招收男生，在真光女子中学最困难的时候，体现出真光人"创造建设"的精神。此时真光学子仅剩下150人。

1943年，粤北渐渐地恢复了安定。为了办学和生活的便利，何荫棠校长带领师生又回到了曲江。在曲江郊外武水之滨的上窑，一片荒芜的山岗上，真光人以百折不挠的精神，用木板和竹子搭建起"真光堂"，新的真光女子中学出现在曲江上窑。

接着，何荫棠校长与几个校董前往广西桂林，在桂林开设真光女子中学分校，聘请何玉瑛女士为分校校长。后来由于何荫棠校长的夫人——罗道真女士病重，何荫棠校长紧急赴美，真光女子中学校长一职暂时由校董会主席黄玉贞代理。

1944年5月，战火又蔓延到粤北曲江。5月30日，曲江紧急疏散人群，真光女子中学也接到撤出曲江的命令，迁移到连县双喜山复课，并选任李耀宇女士为校长。恰好培英中学此时也从曲江迁到连县双喜山，本着培英中学和真光女子中学都是教会学校，两校的创始人原是亲兄妹的关系①，而且两校的广州原校址都在白鹤洞，因此两校决定在双喜山联合复课，实行合教分管。李耀宇校长决定以后不再招收男生。这时候真光女子中学只有66名女学生。

1945年1月，日寇又侵犯连县。接到连县政府下发的紧急疏散命令之后，李耀宇校长率领真光女子中学师生徒步走了30里路，到达三江墟，全校师生住在三江墟的教堂内。而在这时，学校已经没有一分钱经费，学生助学经济来源也断绝了。真光女子中学还办不办得下去，成为师生员工必须要解决的首要问题。

从广州白鹤洞到香港铁岗，到连县三江墟，到曲江上窑，到连县双喜山，再到连县三江墟，6年来真光学子虽

1945年以连县三江墟中华基督教教堂为背景的毕业典礼师生合照

---

①1879年，真光女子中学创始人那夏理的二哥那夏礼博士在广州沙基同德大街创办安和堂。1888年迁到芳村花地，并改名为培英书院。

孙伟民1944年毕业证，现藏于省档案馆

在多难之秋，身陷艰难困境，但迫切求学。真光学子坚信：中国的抗日战争一定会取得胜利。经李耀宇校长提议，全体师生员工同意，决定迁回双喜山继续上课。

1945年8月，抗日战争胜利了。辗转到粤北连县双喜山顽强求学的真光学子听到了这一令人振奋的消息，双喜山上顿时爆竹齐鸣，锣鼓喧天，大街上欢呼声、敲铜盘声、击铁桶声交织一起，一片欢腾，正义战胜了强权。9月15日，李耀宇校长率领由6人组成的先头部队，南下广州，接收白鹤洞真光女子中学原址。

9月23日上午，李耀宇校长抵达广州就马不停蹄地坐船到白鹤洞。远远望去，校园荒草萋萋，校舍门窗破烂不堪，一派凋零的景象；走进校园，满目疮痍，臭气熏天，一片百废待兴的景象。

10月18日，滞留连县的师生返回广州，22日正式在白鹤洞复课。当时全校学生350人，没有床，就睡在地上；没有桌椅，就站着吃饭；没有电灯，就用油灯；没有自来水，就喝井水。原来的合作社，一座曲尺形的平房在广州沦陷时被拆毁了，还有白鸽亭、晨光亭等也被拆掉了。对校舍进行维修，是摆在李耀宇校长面前亟待解决的问题之一。

11月，李耀宇校长亲自前往香港，将存放在香港能够运回的学校用具全部运回广州，以弥补当时学校用具的匮乏。李耀宇校长除了号召全校师生捐钱解决生活问题外，还致信美北长老会，申请巨资来维修劫后余生的校舍。

1947年，李耀宇校长去美国继续深造，真光女子中学校董会聘请马仪英博士为校长。马校长继续维修校舍，在校园里大规模植树，美化校园，终于在庆祝真光女子中学建校75周年纪念前完成了校舍的维修工作。是年，白鹤洞真光女子中学、仁济街真光学校、香港真光中学联合举办庆祝真光女子中学建校75周年纪念活动。

（摘录自《真光中学校史概述（1872—1947）》，韶文化研究院整理）

广东省立艺术专科学校两迁连县

魏文石　整理

广东省立艺术专科学校创办于1940年春，初名"广东省艺术馆"，地址在韶关市郊塘湾。馆长由省教育厅厅长黄麟书兼任，副馆长赵如琳兼戏剧系主任，教务主任胡根天兼美术系主任，黄友棣任音乐系主任。学生来源是由机关、团体、学校保送有一定基础的艺术爱好者再经考试录取，学习期限三个月至半年。

学校成立不久，即组织学生演出抗战戏剧、歌曲和举行抗战画展，因曾将苏联话剧《苏瓦罗夫元帅》改编为《百胜将军》一剧演出，遭到国民党当局的敌视。

1940年底，曾一度迁连县，于1941年初又迁回韶关，在市郊五里亭建大棚七八座做校舍，改名为"广东省艺术院"，学制改为两年毕业。一年后，由于院内科系尚未达到学院体制，乃再改名为"广东省立艺术专科学校"。1942年底，再迁校于韶关上窑。师生组成"实验剧团"，对演出的内容和演技方面不断提高，颇负盛名。曾于1944年赴桂林参加田汉、欧阳予倩、夏衍等人所发起和组织的"西南五省剧展"，演出多场，获得好评。

1944年底，因战事再迁校连县。韶关沦陷后，连县

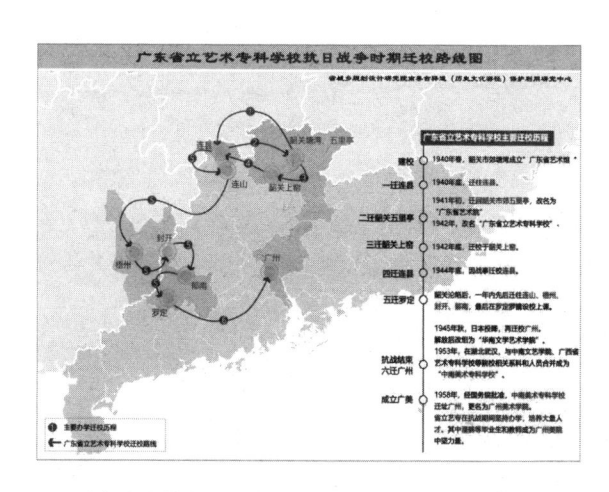

广东省立艺术专科学校抗日战争时期迁校路线图
省城乡规划院设计研究院南粤古驿道（历史文化游径）保护利用研究中心制作

吃紧，再辗转迁于连山、梧州、开建、封川、郁南等县，后在罗定卢镜设校上课。1945年秋，日本投降，再迁校广州，暂借宝华路正中约第一小学设校。

1946年，国民党当局发动内战，全国学生工人掀起反对美蒋反动派的爱国运动，艺专师生在中共地下党组织的领导下，投入了反内战、反饥饿、反迫害的斗争，引起国民党当局的仇视，派人到校调查，指责校长、教务主任纵容学生，逼赵如琳辞职。1946年8月，派丁衍镛任校长。丁上任后，解聘辞退了进步教职员40多人，并将艺专迁往越秀山原仲元图书馆址设校，不久再迁光孝寺设校，招二年制专科和一年制训练班学生，仍设美术、音乐、戏剧三科。至1947年8月，再将二年制专科改为三年制，增办二年制图音师范科，在校学生有200多人。1947年底，学生目睹国民党的反动腐败、丁衍镛的贪污和无能，掀起了"倒丁"风潮，师生联名要求省教育厅撤换丁衍镛，但无结果，于是引起教职员辞职、学生罢课的反抗运动。

新中国成立后，改组为"华南文学艺术学院"。

（转载自《广州文史》第三十二辑）

2

名家汇集

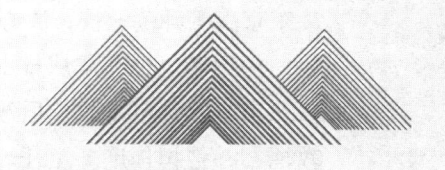

林砺儒，全人格教育的先行者

官演武

一

1889年7月18日（清光绪十五年六月二十一日），在广东信宜北界结坡上村——一个山色明秀、古树蓊郁的小村庄，诞生了一个婴儿。从此林家族谱里，便多了一个名字——林砺儒，原名林绳直。

林砺儒出生于一个书香世家。高祖林汉源是清朝贡生，祖父林兆蓉是同治庚午科举人，父亲林达是秀才。林砺儒4岁时丧父，母亲患癫痫。幼时靠祖母抚养，尔后跟随廪生伯父林鸿（字渐云）和以教书为生的优贡叔父林适（字若南）生活。在有知识、重教育的长辈哺育下，林砺儒自幼受诗书熏陶。年纪稍长后，两长者聘来家庭老师专门教他，使林砺儒在心灵和学识上都得到正确引导，健康成长。1905年，林砺儒进高郡中学堂（现高州中学前身）读书，学习刻苦勤奋。1911年以优异成绩毕业，即应聘到信宜景中义学堂任教，同年考取公费留学日本，选读东京高等师范学校，决心终身服务教育。

1918年，林砺儒从日本留学回国，次年到国立北京高等师范学校（后改为北京师范大学）任教授，并曾担任庶务主任、教育系主任等职。先后讲授过伦理学、哲学、教育概论、近代教育思想、西洋教育史等课程。在五四运动期间，他支持学生运动，帮助学生办平民夜校识字班并积极参加救援被捕学生活动。1921年，为使教育事业能得到保障，他还参加北京8所高等学校向北洋军阀政府的索薪斗争。在1922年和1925年，他

林砺儒

曾参与我国率先教育立法，参照德国《魏玛宪法》，两次起草《宪法》教育章草案，送给北洋军阀国会，但是均无结果。1925年上海发生五卅惨案时，他发表文章，倡导组织援沪工人协会和使用国货同志会。1926年在北师大学生反对段祺瑞政府卖国行为的斗争中，他支持进步学生，并为死难者妥善处理后事。1928年，国民党政府教育部把北京9所学校合并为国立北平大学，北师大改为北平大学第一师范学院，林砺儒任临时院务委员会主席主持院务。当时，学校拿不到经费，甚至靠抵押校产、拖欠借债度日，他不避艰苦，坚持办学，勉励全体教师要"振铎声，执师道，明德而辨惑，立己以立人"。

林砺儒于1931年兼任北京大学附中主任（即校长）。他大开教育改革之先河，在附中实行"六三三"学制（小学六年，初、高中各三年），组织教师自拟规章制度、自定课程、自编教材，还向全国介绍"六三三"制的经验，附中自编的教材被当时的教育部向全国推广使用，这对当时我国的学制改革起到了推动作用。林砺儒还在附中推进男女同校的试验，对中学男女同校也起到了一定的推动作用，经过几年的努力，北师大附中成为中国颇有影响的学校。

1931年"九一八事变"后，北师大学生纷纷呼吁抗日，开展支持东北义勇军活动。国民党教育部新派校长对北师大严加整顿，林砺儒拒绝同流合污，遭到排挤和打击，最终被解聘。林砺儒愤然离开北师大，南下广州，在中山大学任教授兼教务处处长，讲授师范教育、教学法等课程。1932年又兼任广州市立师范学校校长，随后参加广东省勤大学的筹办工作。1933年勤大学成立后，林砺儒任教务长兼师范学院（后改为教育学院）院长。1938年勤大学改组，教育学院独立为广东省立教育学院（后改名文理学院），其仍任院长。抗战期间，林砺儒积极参加抗日救亡活动，支持进步学生兴办民众夜校，成立战时后方服务队，亲任总队长。他在校内提倡思想自由和学术研究自由学风，聘请进步教授张栗原、尚仲衣来校任教，根据救国形势需要，增设新哲学（马列主义基础）、经济学（讲资本论）、现代经济史（讲政治经济学）、国际政治、世界革命史等新课程。要求图书馆订购《群众》《新华日报》等报刊，让师生接触新思想，学生可以组织各种社团，探讨各种问题。他抵制国民党当局派特务插手学院工作。学院进步学风的迅速发展，引起国民党当局不满，视文理学院为"红色学院""小延安"，要加以改组，并以停发经费相威胁。1941年，国民党政府利用皖南事变的反击逆流，逼迫林砺儒辞职。同年5月，广东省政府下令免去他的院长职务，遭到全院师生的强烈反对，引发了长达两个多月的"挽林"斗争。师生们成立了"挽林"委员会，召开了声势浩大的"挽林"大会，派出教师代表团和学生代表团向省政府请愿，并向全国大学、社会名流、国民党教育部发通电。在此期间，林砺儒写了一首慷慨激昂的文理学院校歌交给学生，由黄友棣作曲在院内外广为传唱。歌词写道："民族抗战的烈火，炼出我们这支青年军。走遍了险阻，历尽了艰辛，却淬砺了奋斗精神。我们要探索真理之光，我们要广播文化食粮，那怕魔高十丈，恶战千场。同学们，挺起胸膛，放大眼孔，这是我们的校风，这是我们的大勇；同学们，挺起胸膛，放大眼孔，这是我们的校风，这是我们的大勇。"学生们用很短的时间集体创作了一首《挽林战歌》，歌词道："风已来了，雨也来了！我们学校在风雨中飘摇，我们的生活在风雨中震荡。我亲爱的同学们，团结起来！我们的生活在风雨中震荡。我亲爱的同学们，团结起来，挺起我们的胸膛，放大我们的眼光，我们坚决挽留林院长。林院长是教育的明灯，林院长是青年们的保姆，八个年头，一贯作风，探索真理，追求光明。我亲爱的同学们，团结起来！挺起我们的胸膛，放大我们的目光，我们坚决挽留林院长。"《挽林战歌》声和口号声此起彼伏，极大地激励了师生们的抗战热情和对校长林砺儒的爱戴之情。

1941年10月，林砺儒到桂林广西教育研究所任导师，次年到成立不久的桂林师范学院任教授兼教务长，讲授教育概论、教育哲学等多门课程。同时，把他在文理学院的办学方针带到那里，吸引大批进步学者来校任教，开设适应时代发展的新课程和讲座，支持学生组织的进步活动。当时国民党特务插手该院，令他深为烦恼，他在家门口写了一副对联："读书幸未成君子，学园犹堪作小人。"还写了许多讽刺文章揭露和抨击当时教育界的黑暗。1942年，他反对国民党对青年实行部勒控制，在《文化杂志》发表《精神剃须论》，导致杂志被停刊。在桂林期间，由于林砺儒积极投入民主运动和发表进步言论，国民党特务用匿名信恐吓他，甚至曾威胁他："李公朴的下场就是你的下场！"他置之不理。1946年，国民党桂师院决定将该院迁南宁，并撤换了院长。他鉴于环境恶劣又长期患肾炎亟待医治，决定辞职回广州治病。在离开桂林师院之际，他还为中山大学和文理学院被勒令退学的进步学生办理了转学桂林师院的手续。

1947年8月，他到厦门大学任教授，教西洋教育史、国民教育等课。他运用马克思主义观点，积极参加罢课、罢教斗争，支持学生运动。此时，他已被国民党教育部列为不入准聘书的名单之内，还受到特务的监视。

1949年4月，在中共地下党组织的安排下，林砺儒秘密离开厦门到北京，参加新政治协商会议筹备会以及中国人民政治协商会议第一届全体会议。他怀着新中国无限美好前景带来的喜悦,参与新政协和中华全国教育工作者代表大会的筹备工作,并作为教育界代表在政协第一届全体会议上发言,在这次会上,他当选为政协第一届全国委员会委员。

1949年10月新中国成立之际,周恩来签发林砺儒任教育部司长任命书。1950年2月,毛泽东把北师大校长林砺儒请到中南海,详细地询问学校的发展历史及现状,并指示说:"北师大应当进一步发展培养更多的合格教师,教育行政部门要为师大提供有利条件,使师大在各方面为全国高等师范院校起示范作用。"1950年8月,林砺儒请毛泽东为北师大题写校名,毛泽东欣然接受,并送去三幅供挑选。林砺儒牢记毛主席的嘱托,勤奋工作,锐意改革,把北京师范大学办成了中国师范院校的排头兵。1952年10月,毛泽东签发林砺儒任中国教育部副部长的任命书。1954年,林砺儒当选为第二届全国人民代表大会代表,后又连续当选为第二、三届全国人大代表。

"文化大革命"时期,林砺儒已年逾古稀,面对"十年动乱"对教育事业的破坏十分痛心。他怀着老教师的一颗赤忱之心,撰写《教育革命怎样进行》《为人民服务的教育》等多篇文章,并寄给周恩来总理,直陈自己对教育的看法和建议。他还向在大学执教的学生提出编写《大众教育学》的设想,并草拟了提纲初稿。

1977年1月10日,林砺儒因胃癌病逝于北京,终年88岁,骨灰安放在北京八宝山革命公墓。林砺儒的一生,是爱国知识分子的一生。他一生坚守教育岗位,曾被誉为最有恒心的教育家。他学识渊博,光明磊落,追求进步,勇于探索和坚持真理,为发展我国的教育事业献出了毕生的精力。

二

林砺儒有专著《文化教育学》《论理学要领》《教育哲学》《教育危言》等,论文则有百余篇。1984年,中央教育科学研究所选编他的部分著作,定名《林砺儒教育文选》出版。其主要教育思想和方法又集中在《林砺儒文集》。该50余万字的文集分上编和下编。上编包括专著:1.《伦理学要领》,在该著作里对道德研究之前由来及其必要、行为及品性之道德要义、意志自由问题、目的与善恶之区别、道德生活之里面——真心、道德之表面——功用、道德生活之自我、本务之性质、制约的自由与差别的平等、道德之进步与人生观等,进行了深入详尽的阐述。2.《教育哲学篇》,对教育之本质、教育目的、教育的效能、教育方法、现代教育演进之鸟瞰等,进行理论与实践的探究和富有卓识的启示。3.《教育危言篇》,对国民教育和师范教育、中学教育、中国教育新论,进行了气脉贯通、俯瞰全体的概括和分析。下编是涉及教育百象的阐述,具有精辟独到的见解,回答了教育事业中所遇到的种种问题,积极探讨新时代教育的方法及对策。这些充分展示了一个教育家精细的思维和宽广的胸怀。

林砺儒毕生从事教育工作,撰写了多部教育专著和大量教育论文,形成了丰富的教育思想体系,主要涉及中等教育、师范教育和国民教育。他的教育思想源自其留日生涯和丰富的教育实践,以及他对教育的历史考察和对教育现实的思索。

在中等教育思想方面,林砺儒提出了其核心思想,即"全人格"教育思想。在西方教育思潮涌入中国之际,不盲从照搬,而是结合实际坚持自己的教学方式。他重视女子教育,主张中学男女平等同校,任用优秀女性人才管理学校,为推进中学女子教育做出重要表率。他对职业教育提出了一些新的观点和视角,将中学教育与对社会的重大作用紧密联系。林砺儒主张教育要独立要发展,不能缺少附属学校师范教育担负着教育改革的重要使命,应该重视试验与理论研究。师范教育对师范生的培养,形成大批优秀的教师队伍。林砺儒的国民教育思想形成于平民教育实践,在抗日战争、解放战争等时代背景下,渐趋

林砺儒故居

成熟，并体现出忧国忧民的爱国情怀。他探讨了国民教育在中国落后的原因，分析了国民教育发展的必要条件，对国民教育的发展之路充满信心，提出了一些深刻的观点，把国民教育置于民族富强的高度予以认识。

林砺儒的教育思想丰富而深刻，是中国现当代教育思想的重要组成部分。他是中国现当代著名的教育理论家，其教育思想和办学理念，对于当今的教育实践仍具巨大借鉴作用。

林砺儒的突出贡献在于推行全人格教育。他在就任北师大附中主任（即校长）时发表演讲《我的中等教育见解》中说道："教育是人格的成长，学校里教学生学习是他们人格成长的资本，要能生息，要将来能应用到各方面应付自然、应付社会，才算是真为他们所有。"他提出中等教育的任务是引导优秀人格放射到各方面去。这些都鲜明地体现出他全人格教育的思想。

当时，北师大附中不论是从课程改造、教材编写、教学方式，还是从成绩考查、思想教育和道德品行评价机制、体育成绩考查方法等，都融入"全人格教育"的思想。全人格教育"把人格培养放在中心地位，以健全的人格带动学生的全面发展，终极教育目标就是完成对学生'人'的塑造，将一个高尚、完善、坚定而富有人格魅力的人还给社会"。在这样的育人模式下，北师大附中培养出数以百计的优秀毕业生，成为各个行业的杰出人才和领军人。其中就有被誉为"中国航天之父""中国导弹之父"的钱学森，还有张岱年、于光远和十几位中科院院士。

追踪林砺儒漫长的教育历程，展读他的丰富著作，可窥到一个著名教育家在实践与理论上的统一。在教育战线，林砺儒首先提出了具有时代意义的全人格教育。全人格教育内容极其丰富，主要包括如下内容。

一是全面发展教育视野，发挥教育本身的潜能，健全人格精神，增强自信自尊，富有创造力。林砺儒认为教育的效能在于教人生长。他主张教育家培养进步的人格，以适应进步的社会。因此，教师必须具备健全的人格，在教育事业上要懂为教人而教书的道理。要走出封塞狭隘的教育围墙，教育要和政治结合，服务于社会，适应时代的发展趋势而获得广泛应用。

二是德育是教育之首，倡导德育是全人格教育的基础、方向和力量。德育是对诸如博爱、自由、勤劳、勇敢、朴素、尊敬生命等良好品质的传承和发扬。《林砺儒文集》有伦理道德教育的专著，对此做出了详细的阐释。德育还包括培养坦诚做事、以诚待人的优秀人格，爱己爱人、福祉社会的大爱情怀，勤于学习、勤于思考、勤于探索、勤于实践的可贵精神，和面对困难时无所畏

信宜砺儒中学

惧、勇往直前的人生态度。即诚、爱、勤、勇。

三是全人格教育，特别强调博学。博学是增强自我意识和创造力的潜能，是一种拥有万千的情怀与涵养。这打破了以往单一的和线性的教育思路和方式。林砺儒一生中任过多个教育职务，都是通过各种方式和途径引入新的教育机制和方式，增加教育内容的多样性，把专业与兼攻有机地统一起来。

四是强调培养学生的爱国热情与品质、敢于承担大任的情怀和勇气。每当国难当头时，鼓励师生们投入抗敌救国的战斗，并走在队伍的最前面，展现出中流砥柱、力挽狂澜的大丈夫的豪迈气概。在这个过程里，将个体生命与追求和国家的命运高度融合，并形成爱自由、民主和科学的鲜明态度和价值取向。林砺儒在《文集》谈自由与意志时写道："吾之决意为吾所强制，即吾为吾之意思决定的理由也，我不为非我所强制，即吾为吾之意思决定之力。""所谓意志，即这个意思活动之表现，非何种特殊之力，亦非存乎吾中之何种特殊实体，不能离乎吾独立存在者也。故意思即我也，即我自己活动之人格也。决意者云者，吾人格内面向于某标的之活动也。故意思即我，意思之自由即我之自由，亦即我内的人格之自由也。"倡导自由意志高度融合的人生态度，并以此激发爱国情怀。

五是对于各种教育思潮注意探本溯源，主张缜密分析，大胆试验，消化吸收。反对模仿抄袭，赶时髦，盗虚声。林砺儒师范院校出身，又主要在师范院校工作，他结合自己的工作实践研究了西方200多年的历史，以及我国师范教育的变迁，系统地对师范教育的特点、任务、课程设置、教育实习、教学方法等，都提出了自己的见解并运用于办学实践中。他认为师范教育必须服务于政治，师范教育应该与学术结合，师范性绝不是不学无术，师范院校应把学生培养成具有进步的人生观、世界观，具有专业性和高文化科学水平的人才。

林砺儒在几十年前就倡导全人格教育方向，对推动我国教育由旧式向新式转化，激活教育机制，创新教育方式，培养有理想、有道德、有知识和素质全面发展的国家和社会的人才，至今都还有着十分深远的影响。

林砺儒的突出贡献，还在于率先倡导并推行"六三三"学制（即将原来小学七年、中学四年，改为小学六年，初中、高中各三年），一直沿用至今，从而实现了我国基础教育学制与世界接轨。所谓学制，广义地讲，是学校教育制度的简称。它反映着各级各类学校教育内容的结构及其相互关系，规定各级各类学校的性质、培养目标、入学条件、修业年限及它们之间的衔接、转换等。20世纪20年代，林砺儒带领北师大附中在国内率先进行学制改革，实行"六三三"学制，成为我国基础教育改革的开路先锋。

三

林砺儒是个具有革命热情和爱国情怀的教育家，是学贯中西、学识渊博的教育家，是思与行、理论与实践高度融合的教育家，是一位位高而有平民意识、思想先进而生活简朴的教育家，是穷其毕生精力倡导和实践全人格教育，深受人们尊敬和爱戴的教育家。他在漫长的教育生涯中培养了数不清的国家人才、民族栋梁。林砺儒的光辉业绩和人格精神，将长留在中国的教育史上。

林砺儒辞世后，其家人检点遗箧，发现笔记本中有他于1973年10月15日拟写的自挽联："服官自笑立仗马，遗稿尚无封禅诗。"这确是对他的确切写照。

全国人大常委会原副委员长、民盟中央原主席楚图南为林砺儒题词："远见卓识教育先驱，言传身教的楷模。"并于1991年11月25日为《林砺儒文集》作序称："林砺儒先生的一生，是一位老一辈爱国知识分子的一生，他是一位笃实而正直的学者，是一位忠诚而勤恳的教育家。他为培养中国新的青年一代，为中国的教育事业献出了毕生的精力。"著名学者、大书法家启功为《林

林砺儒出席全国政协一届全会和成仿吾、叶圣陶等教育界代表合影

《砺儒文集》题书名，在林砺儒100年诞辰为他题词："革命先锋的帮手，立教育事业的丰功，为后世学人的榜样，争知识分子的光荣。"广东省原省长朱森林于1992年6月为《林砺儒文集》题词："中国社会主义教育科学的先驱。"

中国导弹之父钱学森在回忆恩师林砺儒说："1923年至1929年间，我在北师大附中的6年，对我打下知识基础、树立人生观起了很大作用。我们全班学生学习积极性很高，除了上课，我们都参加学科小组，有物理、化学、博物、天文等，利用课外时间和中午休息时大家互相讨论，发表见解，兴趣很浓。"1991年，钱学森在被中央军委和国务院授予"国家杰出贡献科学家"称号的颁奖大会上讲话说："说起旧事，我还非常怀念我的母校北京师大附中。我从1923年至1929年在北京师大附中念书，当时的旧中国和旧北京是个什么样子，在那样一种艰难困苦的年代，办学真不是一件易事。但是北师大附中当时的校长（那时称主任）林砺儒却把师大附中办成了一流的学校，真是了不起！我今天说了，恐怕诸位还不相信，那个时期高中分一部、二部，一部是文科，二部是理科，我在理科，高中毕业时，理科课程已经学到我们现在大学的二年级了。所以，师大附中在那个时候办得那样好，我是很怀念的。"

林砺儒全人格教育思想及其一生的教育伟绩，将永远记载在中国教育史上鼓舞后来者，彪炳千古。

（转载自《茂名政协》。摄影：丘立贺）

创校先贤林砺儒

陈海平

林砺儒是当代著名教育家。1889年7月出生于广东省信宜县一个书香世家，1911年公费留学日本，入东京高等师范学校学习，1918年学成归国，受聘国立北京高等师范学校（后改名北京师范大学）教授兼中学部主任。1933年8月至1941年5月，历任华南师范大学前身勷勤大学师范学院院长、勷勤大学教育学院院长、广东省立教育学院院长、广东省立文理学院院长。此后又曾任职（教）于桂林师范学院、厦门大学。新中国成立初，曾任北京师范大学校长、中央教育部副部长等职。自日本学成归国至1977年1月因病辞世，他在教育战线上奋战了60年，坚持不懈地办学育人，不断为发展教育奔走呼吁。

华南师范大学档案馆馆藏照片

一、献身教育

林砺儒先生被称为"忠诚而勤恳的教育家"，他首先把自己定位为一名教师，在任文理学院院长时期，学校行政工作虽然繁忙，但仍坚持每周主讲师范教育这门课。他一心扑在教育事业上，抗战期间，学校反复迁徙，为了能全身心地投入到学校的管理和教学中，他将家里四个孩子（其中包括一个待哺的儿子）和妻子全部送回老家，自己则跟随师生奔波在学院迁徙路途上。正是林院长的认真负责，保障了学院迁徙过程中校产的完整。据说，当时全省乃至全国之内迁院校，校产保存最为完整的，当首推广东省立文理学院。

林砺儒先生执着于师范教育的发展。他钻研师范教育理论，在这一领域颇多建树。同时，也积极探索创新师范教育实践，创造性地在学院开展针对中学师资培养的课程设置体系，突破一般大学系科的课程系统，根据地方中学教育的实践，构建培养"一专多能"的中等师资课程体系。《勷勤大学教育学院课程编制原则》就是这一探索的成果，其中对于课程设置的规定如下。

"教育学系：本系课程，第一、二年级除工具学科外，为教育的基础学科，及一般社会的人文的基本学科，至第三、四学年始设较专门学科。

"文史学系：本系课程，包含本国语文及中外历史。第一、二年级文史并重，略无偏畸；三、四年级分国文、历史两组，较偏专门，俾作精深之研究。又以本院重在培养中等师资，故本系课程之编订，教育科目几占总数四分之一，而于国文、历史二科之教学法，尤所注意。盖一方期学子于文学、史学上有所贡献，一方又期学子为中学之良好文史教师也。

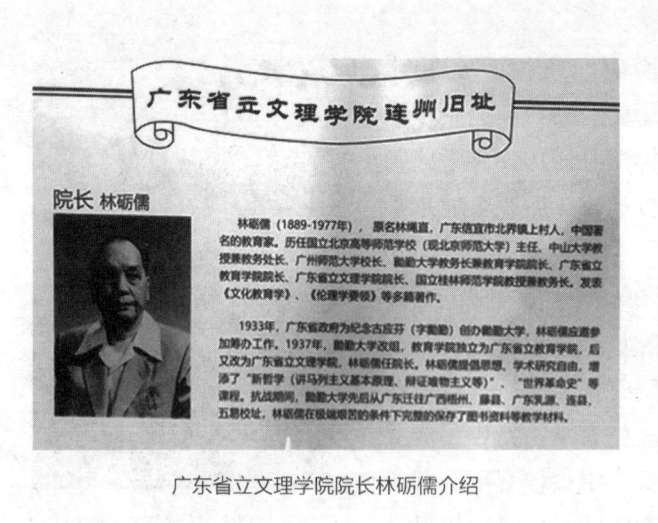

广东省立文理学院院长林砺儒介绍

"数理化学系：本系课程，包含数学、物理及化学三科。一、二年级所授多为基本之共同课目，三、四年级分为数理及理化二组，俾得作较专门之研究。

"博物地理学系：本系课程，包含生物、地理及地质三科，故课程之编制，与其他大学甚异其趣。一、二年级均为共通课目，三、四年级分为生物组与地理组，课目多涉专门，以便作较精深之探讨。"

二、思想进步

在师范教育的探索过程中，林砺儒先生并不局限于教育本身。针对当时教育救国的思想，他指出国家衰弱的原因在于社会政治经济的腐朽，单靠教育不能救国，要改造教育必须改造社会，教育只能配合政治，并且受生产发展的制约。他认为救国首先需要改造政治、改造社会，没有好的政治，就没有好的教育，教育应服务于好的政治。

林砺儒先生在留学时即受许崇清先生的影响接触马列主义，回国后，也很重视学习马列主义，常以马列主义的观点研究教育问题。为了能阅读这方面的书籍，还特意叮嘱即将赴日本留学的阮镜清，为其代为购买在国内不易买到的马列主义著作。

林砺儒积极聘请进步学者在学院任教传播进步思想，其中郭大力教授《资本论》，张栗原教辩证唯物主义、西洋哲学史（当时课名新哲学、哲学思想发展史），陈守实教中国通史，林仲达讲社会教育、教育社会学……这些课程都是用马克思主义观点来讲的，这对学生接受马列主义起到了启蒙作用。同时，他还邀请进步学者邹韬奋、钱俊瑞、杨东莼等人来学校作时事报告。

林砺儒鼓励支持学生开展进步活动，在听闻进步学生关景霞所在的战教社要搞一个《抗战教育》杂志需要支持时，马上在学校拨了200块钱帮助出版了几千本杂志。林老同情进步学生，关心青年。1940年8月，在得知江苏教育学院进步学生凌志谦、高若容、汪季昆、冯荣光、陆万里等数人因所谓思想问题被反动政府退学后，不顾当时民国教育部不准这批学生转学的禁令，批准这些学生转学到文理学院社会教育系学习。

正是由于这些原因，文理学院被反动政府定性为"红色学院""小延安"，林老也不见容于当时的反动政府。1941年5月，国民政府下令免去林砺儒院长职务，为反抗政府暴行，学院师生自发组织了"挽林运动"，教师代表团（梁溥、盛叙功教授等组成）和学生代表团都到广东省政府所在地湛江请愿，虽然斗争未能留下林院长，但也取得了一定成果，同时，"挽林运动"也体现出师生对林院长最简单、朴素的爱，体现出林院长育人成效显著。"挽林运动"中，林院长有感于师生之情谊与抗争精神，写下了一首慷慨激昂的校歌，鼓励师生挺起胸膛、放大眼孔，去探索真理之光，广布文化食粮。

三、心系学院

林砺儒先生即便离开学院，也牵挂着文理学院的广大师生，牵挂着学院的发展。1946年，文理学院学生吕刚华、揭培之、罗杰林、杨芷芬等7人，被以"思想不纯，不守校规"为由勒令退学，当时在广西桂林师院任教务长的林老刚好因事回到广州，得知此事后，当即把这7人转入桂林师院继续学习。

1957年4月30日,已是中国教育部副部长的林砺儒先生到广东视察工作,还专程到以广东文理学院为基础组建而成的华南师院视察,同陈唯实院长等领导长谈了一整天,并对全体教师作了关于师范教育问题的报告。随后,林老又向广东省政府建议,应想方设法为华南师院创造条件,使它成为重点院校之一,有计划地增建课堂宿舍,彻底结束当时茅棚校舍的历史,并建议华南师院多招收学生,多聘教师,多添置和更新各种教学设备,并提议把原来贯穿华南师范学院院内的那一段广九铁路的路轨迁出校外,以免影响教学工作。

参考资料:

1. 广东省立勤勤大学教务处《教育学院课程》,《广东省立勤勤大学概览》,中山图书馆,1937年3月。

2. 阮镜清《林砺儒对广东教育事业的贡献》,《林砺儒教育思想研究》广东高等教育出版社1991年版,第105—110页。

3. 华南师范大学校史编写组《华南师范大学校史》,广东高等教育出版社2003年版,第31页。

4. 华南师范大学档案馆《华南师范大学校友口述实录》,2018年7月(未公开出版)。

[陈海平,华南师范大学档案馆、华南师范大学校史文化研究中心副研究馆员(副高),中山大学情报学硕士研究生,从事高校档案管理工作11年,负责多个门类档案的整理及档案的查询利用工作,同时负责档案编研工作,主编、参编学校校史相关研究书籍多部。]

抗日战争时期的郭大力

严恩萱

20世纪30年代前期至40年代中期,是中国人民伟大的抗日战争时期。在这个时期,中国的仁人志士、热血青年,有的参军参战,浴血沙场;有的宣传真理,启迪民智。郭大力属于后一种人。这里,我们根据所掌握的资料和调查获得的情况,将郭大力在抗日战争时期由上海回到赣南老家翻译《资本论》和《剩余价值学说史》,宣传马克思主义的一段艰苦经历,介绍给读者。

一

1937年初,我党在上海领导的一个出版社——读书生活出版社决定出版《资本论》的中文全译本,并与郭大力洽谈和签订翻译出版合同。为了使郭大力集中精力翻译《资本论》,出版社每月给他40元生活费。郭大力很高兴,全力以赴地从事《资本论》的翻译工作。在此之前,他曾零碎地翻译《资本论》的某些章节。

1937年7月7日,卢沟桥事变后,日本帝国主义旋即于8月13日向上海发动侵略战争,郭大力住地附近真如车站屡遭轰炸,使他无法静下心来从事《资本论》的翻译工作。为了转换环境,以便继续翻译《资本论》,郭大力把已经译好的第一卷译稿交给读书生活出版社的艾思奇,随即携妇将雏离开上海辗转回到江西南康。他的老家在南康县三江乡斜角村。这里确是个穷乡僻壤,交通很不方便,但坏事变成好事,对郭大力来说却是一个安静去处。他住在老家一间厢房里,出房间是天井,光线比较暗。他就在这样的条件下,专心致志地继续翻译《资本论》第二卷和第三卷。早上洗漱之后工作2个小时,中午工作4个小时,下午工作3个小时。傍晚太阳下山后,即在田野小路上散步或护理菜园。晚上,在微弱的桐油灯下工作3小时。天天如此,从不间断。期间经过译出初稿,进行修改，再行誊清。他的书稿，先是译好一部分，就往重庆王亚南处寄一部分，再由王亚南转到上海，后来上海局势平稳，就直接寄往上海读书生活出版社。为了减轻重量，郭大力的书稿是用最薄稿纸（航空纸）誊抄的。

就在第三卷接近译完的当口，1938年4月初，读书生活出版社留守上海"孤岛"的郑易里打电报给郭大力，要他速去上海，共同处理译稿的排印、出版等事宜。郭大力接到电报非常高兴，因他辛勤译出的书稿有出版的希望了。家人戚友却为之担忧。当时，从江西到上海，要经过交战区，沿途时常有日机空袭、土匪抢劫，很不安全。与此同时，上海沦于日本侵略者之手，除租界之外，到处都有张牙舞爪的敌人。可是郭大力为了早日实现向中国人民介绍《资本论》的夙愿，毅然于4月17日踏上征途，经香港历两星期的旅途劳顿，终于到达目的地。

郭大力到达上海时，读书生活出版社处于秘密状态之下，该社的负责人黄洛峰早已带领大部分人员迁往重庆，艾思奇也去了延安，只有郑易里夫妇接待他。当时出版社的条件很差，只有在法国租界的两间平房，郑易里夫妇就在后房摆了一张行军床和一桌一椅，算是他的住处兼工作室。郭大力不但毫不介意，而且夜以继日地拼命工作，简直到了废寝忘食的程度。有时彻夜不眠，有时困了只打盹片刻又继续工作，有时三餐并作两顿，饮食无定时，有时随便买些干粮，一壶开水，聊以充饥。但是他的任务是相当繁重的，必须一方面赶译第三卷未译完的部分篇章；一方面校订全书的译文，包括王亚南离沪时留下的那部分译稿在内；一方面校对新排印出来的清样，真是"三"管齐下。就这样，在出版社同仁特别是郑易里夫妇的密切合作下，经过4个月高度紧张的校对工作，《资本论》的中文全译本就在1938年8—9月出版了。这部马克思伟大著作，指导劳动人民解放的经典，第一次全貌展现在中国人民面前。郭大力怀着无比喜悦的心情，离开上海返回家乡。

二

郭大力这次回家仍然取道香港经广州。就在快到家门口的大余岭时，一伙暴徒抢劫了他乘坐的汽车，绑架了全部乘客，并把他们蒙上眼睛用绳子牵着在深山密林转移了20多天，吃尽了苦头。这伙暴徒有200多人，打的旗号叫"抗日自卫团"，团长叫钟秀山，是南雏县的一个豪绅。钟的儿子平日游手好闲，欺凌乡里，调戏邻村的一个妇女，妇女家里的人与之斗争，被钟家小子用枪打死，引起公愤，发生械斗。钟家寡不敌众，只得上山靠抢劫为生。郭大力被绑架之后，不畏强暴，一方面义正辞严地斥责他们的不义行径，一方面对他们晓以大义，向他们宣传抗日救国的道理，规劝他们弃暗投明，把枪口对准日本侵略者。最后，他们不但放了郭大力，而且真的走上了抗日的道路。回到家乡不久，郭大力在江西省立赣县中学当教员时，还把这一段经历写成文章，发表在该校铅印的第189期校刊上，文章题为《在匪窟中》，记述了他在旅途遭到匪徒绑架的情况。这次事件加深了他对社会的深刻认识，文章也反映了他当时忧国忧民的宽阔胸怀和不凡志向。他在文中写道："在匪窟中，已是第四天了。在这四天中，我所感触到的是人民的痛苦和社会的黑暗。由一身的痛苦和危险，我渐渐感到社会的痛苦和危险，由对匪徒的憎恨，我渐渐发生一种对匪徒的怜悯了。我在大众中把自己看得小了。我必须救他们，并在救他们的当中，救我自己。"

从这里可以看到，郭大力决心要把这伙人改造过来，把他们引到抗日的正道上去。经过几天的反复说服和耐心教育，团长的儿子吩咐人拿纸笔来让郭大力草拟文书（宣言）。郭大力顺笔写了一篇，表示他们不为匪、不反抗政府的决心，说明战局日益迫近，华南民众有加速动员的必要，并切实保证不侵犯民众，现时有一切不过是极暂时的过渡情形。

这篇东西在匪徒中产生影响，他们不仅不再向郭大力勒索钱财，团长还特意去看望他，过了几天，通知郭大力决定释放他。郭大力将信将疑，但仍然不忘对他们进行教育，于是郑重地说："好，谢谢你们，我感激你们的义气，感激你们的好意。但我希望你们能够把爱护我的心，推广起来，爱护我们的民族。否则，你们虽把我释放，也还是和不释放一样的。"

《在匪窟中》最后一段落是这样写的："次日早晨我被释放出来了，夏连附和刘排长都送我到村的前头，有两名兵一直送到青龙不远的地方。"

《在匪窟中》的末尾有一个"补记"，是这样写的："到大余的时候，我写了一封信给他们，还希望他们的回信，但听说他们不待我的信，就收编了。我祷祝他们将来能为国家尽他们的力。"

郭大力在大余岭遭绑架的这一段经历，正如他的夫人余信芬所说，"是他的《资本论》的出版而劳碌奔波的一个插曲。"虽然是一个小小的插曲，它却显示了郭大力的大智大勇。

三

我们知道，德文本《资本论》附有马克思与恩格斯有关《资本论》的通信25封和论文3篇。1938年，中文本《资本论》出版时，这些通信和论文尚未翻译出来。为了帮助广大读者深入学习和研究《资本论》，郭大力回到家乡后，又投入了翻译那些通信和论文的工作。

在翻译通信和论文时，为了弥补家庭生活费用，1938年秋，郭大力应江西省立赣县中学（今赣州市一中）校长周尉生的聘请，任该校高中部英文教员。这时，他住在校门口侧一间租赁来的低矮破旧的平房中，房里的陈设简陋得不能再简陋了。一家四口，未雇用人，生活俭朴，天天自己打扫清洁和提个小角箩上街买菜，他在家务方面花费了不少时间。至于教学上则是很认真负责的，学生有什么问题他总是耐心讲解。由于他平易近人，学生乐于和他接近。学生知道他最近到过沦陷了的上海，所以在课余饭后散步时遇着他，往往凑近去问这问那，他总是把他在上海所见所闻的日寇蛮横残暴和汉奸为虎作伥的种种罪恶行径，向围近的学生谈述，激起他们同仇敌忾的爱国热情。

从上所说，可知他在这一段时间里，生活是够忙碌的，但他仍然挤出时间把《资本论通信集》很快译出，并于1939年交读书生活出版社出版发行。

1939年，赣州这个偏僻的山城，也未逃出日寇的空袭，日机三天两头飞来轰炸。因此，江西省立赣县中学只得迁移到离赣州80华里的山区——王母渡办学。郭大力夫妇也随校迁去。当时郭大力任教英文课的高中部在王母渡圩上，其夫人任课的初中三年级在横溪，两地相距10华里。每逢星期六郭大力步行前往横溪接其夫人，星期一又步行送其夫人回横溪。但郭大力不顾生活的奔波和工作的劳累，为了对读者负责，又将已出版的《资本论》对照原文，把三卷《资本论》的译文逐字句进行校订，把错译、误排的地方加以订正。这项工作整整花了一年时间，更正了1700多处。据说，订正文字是用红笔写在译本的天地头或行段间。这部写有订正文字的《资本论》，现在保存在其弟郭勘手头。

当时，郭大力还把校正文字抄下按页、行顺序编制一个长达33页的勘误表，于1940年夏初寄给读书生活出版社。接着，出版社把这个勘误表和彭迪先译的《〈资本论〉第一卷补遗》编在一起，以《〈资本论〉补遗勘误》的书名出版，随《资本论》中译本一同发行，受到读者的欢迎。从这里可以看出郭大力严谨的治学精神和负责的工作态度。

四

郭大力在译完《资本论》附录的通信、论文及勘误完毕后,1940年春,又按计划着手翻译《剩余价值学说史》,完成他译《资本论》未竟的事业。为什么这样说呢?原来马克思生前曾多次把《资本论》的前三卷称为理论部分,而把《剩余价值学说史》作为历史部分列为《资本论》第四卷。实际上,《剩余价值学说史》是整部《资本论》不可缺少的重要组成部分。因此,翻译《剩余价值学说史》早就在郭大力的翻译计划之中。现在《资本论》前三卷的遗留工作已经完成,当然要开始翻译《剩余价值学说史》了。

翻译《剩余价值学说史》都是在乡间进行的。那时江西省立赣县中学临时地址在王母渡山区,交通很不方便,1940年上学期结束后,郭大力即于这年的下半年改就广东文理学院之聘。由于该学院驻地广东连县东陂,地方闭塞,交通不便,生活条件也很差。郭大力教完一学期后,即于1941年上半年回到江西南康老家斜角村。100多万字的《剩余价值学说史》的翻译工作,就是在这样生活不安定的环境中进行的,到1943年才算译完,其困难情况可想而知了。

郭大力家境清贫,除藏书和译稿外,身无长物。他的生活主要靠有限的版税和稿费以及他夫人在邻近乡镇女子师范任教工资。1941年夏至1947年3月,将近6年的时间住在乡间老家,既未当教员,也无其他职业。于是他第三次重译《恩格斯传》,修改誊抄《剩余价值学说史》,校订《资本论》一、二、三卷,以及用马克思主义立场、观点、方法,用通俗语言撰写文章;同时,每天与其夫人有计划有步骤地教儿女读书。他的儿子根本没有进过小学读书,全靠父母教读,1943年考入附近私立中学初中班,后来成为大学教授。他平时还要帮助处理家务琐事,到离家8华里的风岗买生活必需品和菜类,也参加家务劳动,每天一早一晚到菜园子里松土、除草和浇水等。

住在乡间老家钻研马克思著作的郭大力,除去湖头圩邮政代办所取邮件外,从不去亲友家串门,也回绝一切高薪聘请。春节时,附近豪绅请他赴春宴,他一一谢绝。重庆的三青团中央团校请他去当教官,他拒绝了。赣南行政督察专员蒋经国请他去当经济顾问,他拒绝了。彭健华在赣州创办中华正气出版社,请他去当编辑,他只同意为其审稿,不愿在赣州办公。南康豪绅卢桂山在唐江创办私立岭北中学,亲自登门请他去主持教务,他拒绝了。他父亲要他去谋求一任县长,他回答说:"当县长有什么意思,我现在从事的工作比当县长更有意义。"他就这样不求名利，过了几年"隐士"生活，不与外界交往，专心致志从事翻译工作。

这里还要提及，郭大力当时在赣南翻译马恩著作，传播马恩思想，是要担一定风险的。我们知道，赣南这个地方是富有光荣革命传统的地方，因此是国民党反动派强加控制的地方。1927年蒋介石发动"四一二"政变，掀起反共高潮，他的反革命第一枪就在赣州打响的。赣州工作领袖陈赞贤就在这年3月被杀害。1929年冬，中国工农红军向赣南闽西进军，赣南全区几乎成了一片红。国民党反动派调集大批军队，长期坐镇赣南，镇压革命。1938—1943年，蒋经国又任赣南行政督察专员，1941年1月"皖南事变"发生后，出现第二次反共高潮，在国统区的进步人士惨遭杀害，赣南也不例外。郭大力在赣南被视为"赤化分子"就毫不奇怪了。但具有大智大勇风范的郭大力，仍然"富贵不能淫，贫贱不能移，威武不能屈"，一如既往，专心致志翻译、传播马克思主义，像普罗米修斯一样从天帝那里偷来火种，点燃革命烈火，照亮人间。

1944年冬，日寇侵占赣南。1945年日本投降前夕的7月，日寇从广东经赣南往南昌撤退，骚扰了郭大力的家乡。当白天日寇下乡抢劫粮食时，郭大力带领家小，或藏在甘蔗地里，或躲在松树林中。在这样东藏西躲中为了保存译稿，免遭遗失，他把译稿分包捆好，分散随身携带。后来又怕带在身边出事，便把译稿埋在菜园里、树底下。这些由他精心保藏下来的译稿，终于在新中国成立前夕出版了。

郭大力从1937年七七事变回到赣南起，到1947年春应厦门大学王亚南聘为该校政治经济学教授而离开赣南止，度过了八年全面抗战和两年解放战争的艰苦岁月。这段时间，他颠沛流离，历尽艰险，是他一生中最艰难的年代，也是他对传播马克思主义贡献最着力的年代。

（转载自《粤北华南教育历史研学资料辑刊》2020年第6期，作者系赣南师院中文系原教授）

翻译《资本论》的王亚南与郭大力

秦　墨

在我国，凡是研究经济学的人都会知道王郭二先生的名字的，他们两人曾合作翻译过许许多多的西洋经济名著，最著名的如亚当·斯密的《国富论》，李嘉图的《经济学及赋税之原理》和划时代的马克斯《资本论》。他们二人的名字常摆在一起，因此常有人提起了郭大力，大家就必然会联想起王亚南来，假如说"文人相轻自古皆然"是一个通则，那么，在经济论坛上，王郭二先生能长期合作到二十年之久，真算是一个例外了。当我阅读过上述的几本伟大的译作，而尚未见到王郭二先生之前，就曾听到过一些关于他们年轻时期苦学情形的神奇传说，这些传闻也许有过甚其词，但他们两人是从苦学成功的，确是事实。

王亚南先生的家境并不富裕，他是用版税来充作自费留学德国的费用的。当他在动身出国之前，《富国论》的中文本已经出版了，他便与出版商订了一个合同，按期汇款给他。版税的款额当然很有限，但他的生活克勤克俭，就这样，他完成了出国研究的使命。抗战军兴的那一年他才回国，回国后就主持中山大学的经济学系，接着，应福建省研究院之聘，主持社会科学研究所，最近又到厦门大学了。十年来，他始终未踏出学术与教育界一步。王先生是一个多产的作家，不但译作多，著述也很多，早期的作品大都是用"王渔邨"或"王渔村"的笔名，新近出版的《中国经济原论》，销量也很广泛。王先生性情直爽，向来不苟且不敷衍。有一次，是在长汀地方，当地的工业机构请他作公开学术讲演，题目是关于工业合作运动方面的。该机构的原来用意是希望王先生对于"工合运动"吹嘘吹嘘。可是，想不到王先生竟下了一个不愉快的结论，他说："合作事业，在社会主义的社会里是不会存在的，因为在社会主义社会中，各尽所能各取所需，根本就不需要再提倡什么合作运动。合作运动是因为现社会中，资本主义的弊害加深后，财富集中到少数巨头手中，富者愈富，贫

者愈贫，形成强者榨取弱者的现象，弱者贫者为着对抗这种榨取，起而要求合作，才产生出来的。所以，合事业不可能成为任何社会中的主要生产形态，充其量不过是，为着补救资本主义制度的缺陷，而产生的一种辅助的生产形态而已。合作事业的产生，仅只能减轻资本主义社会中的矛盾对立，而不可能根本消除这种矛盾对立。因此，今后的工合运动，无论在我们中国，或者在世界上任何国家，都不可能有重大的发展。"以上所说的，虽然句句都是真话，但对于主持人的满腔热望无异浇上一股冷水，弄得主持人啼笑皆非。

当我还未见到郭大力先生之前，在我想象中的郭先生该是一位鬓发蓬松的长者，至少是应该比王亚南先生年老些，因为他们两人合译的书本上，郭先生的名字，总是摆在王先生的前面。想不到郭先生并不如我所想象的那样年老，其实，他比王先生还要年轻。我与郭先生初次见面，是在一次由一众青年所举行的欢迎会上，被欢迎者郭先生，穿着一套草绿色的布质制服，透过深度的近视眼镜，闪闪的目光注视着在座的每一个人，郭先生的样貌很像国父孙中山先生，无论是从正面看，或从侧面看都像，只要取掉那副近视眼镜，一定有人会把他认作孙总理的化身。在一片热烈的掌声中，郭先生开口了，他很谦恭，说了许多客气话，他说："著译几部书算得什么呢？"接着他便针对现实，对目前我国的经济学界加以批评："我国经济学术的进展，正受到两种力量的阻碍：一是主观主义，许多学者在讨论经济问题时，都是用一己主观的意见下结论的，他们忽视了客观的条件；另一阻力是技术主义，以为技术能够解决当前的一切经济难题。谈到工业建设，他们就高喊机器大量进口，以为一有机器，工业建国就可完成。当然啰！在工业建设中，机器固然为一极为重要的因素，但单就机器一项是解决不了问题的。机器是离不了人的。机器需要人去管理，

秦墨文章：《翻译〈资本论〉的王亚南与郭大力》

此其一；怎样去使用，又是一个问题；如何配合去使用又是另一个问题。许多人一谈到农村问题，都以为举办农贷就可使农村繁荣，他们单单是注重'钱'一项。唯在事实上，近年办理农贷以来，农村并没有得到利益。假使说农村中的高利贷是一种恶势力，而农贷是一种新势力的话，那么，我们知道，当新势力不能克服恶势力的时候，常常会被恶势力所克服的。所以，我们谈论经济问题，尤其不要忽略生产关系这一点。一种经济上的新的改革，是需要新的配合的。"

现在王郭二先生都在厦门大学执教，该校有经济研究室的设立，内分"中国经济史"和"南洋经济"两个研究部门。由于他们两人的通力合作，将来的成绩是不难预期的。他们的私生活很严肃，早晨只要你起得早，也到厦大附近的海滨去漫步，一定可以看到王郭二先生在边走边谈，几乎天天如此，已经二十年了。他们两人始终在合作着，共同耕耘荒芜的"中国经济学术的园地"。假如说近二十年来，我国经济学术界尚有些微的成果的话，那么，王郭二先生的功绩是不可磨灭的。

（转载自《粤北华南教育历史研学资料辑刊》2021年第1期，魏文石、梁冬敏整理）

郭大力在粤北的几位挚友

魏文石

　　1940年秋季，郭大力应省立文理学院院长林砺儒之聘，到位于连县东陂的省立文理学院讲授经济学。1941年，林砺儒受到国民党当局的迫害，当局同时以扣押学院经费为手段迫使学院搬迁，致使学校办公费与教职员工薪资无着。林砺儒愤然辞职，受牵连的郭大力在1941年上学期尚未结束就被迫辞职，从连县回到江西南康斜角村定居。1941年7月9日，已到达坪石的郭大力写信给省立文理学院同事，告知了7月5日从连县洛阳至星子途中遇劫情形。

　　1941年7月9日中午，他接到原文理学院同事谷神、叙功、寿宜的慰问电话，下午即写信回复给谷神、士仁、守实、叙功、寿宜、许杰、栗原先生，感谢谷神、叙功、寿宜先生他们给了电话慰问。当时有古道联系连县和乐昌，信中郭大力描述自己抵达星子镇后生病，但不是很重，因病雇用了轿夫前往坪石。7月8日到了坪石住友人处，二三日后很快就可动身回舍。

　　据省档案馆馆藏的那封郭大力在韶关坪石写给位于连县东陂广东省立文理学院同事的信中，抬头写给谷神、士仁、守实、叙功、竺同、寿宜、仲杰、栗原先生，感谢谷神、叙功、寿宜先生他们

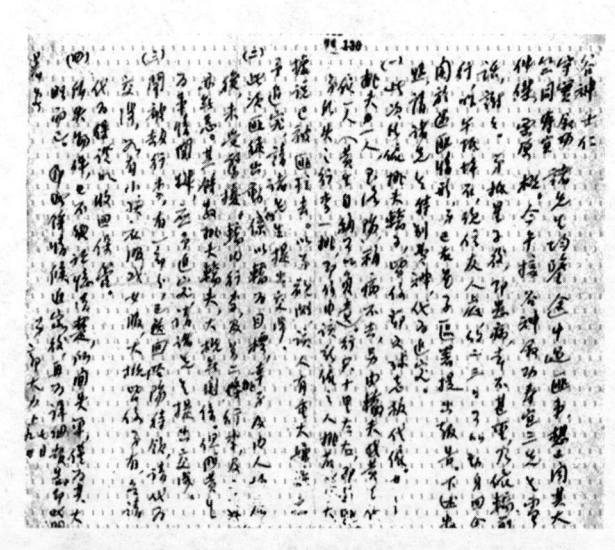

郭大力写给广东省立文理学院同事的信。现藏于省档案馆，转载自南粤古驿道网

给了电话慰问。

信中的"谷神"者为潘祖贻（1883—1946），原名潘善庆，字竹孙，曾用名潘祖彝、潘祖贻，笔名潘谷公、潘谷神。福建崇安县城关人。清光绪三十一年（1905），青年潘谷公留学于日本岩仓铁道专科毕业，其时加入孙中山创立的同盟会。1940年2月任广东省立文理学院教务长，1943年7月受聘到管埠的国立中山大学师范学院任哲学教授，是对中国易经有深入研究的名家。他以讲坛为阵地，向学生灌输革命道理，培养了一批又一批的革命青年。

士仁即是许杰（1901—1993），男，汉族，原名世杰，字士仁，笔名张子山，浙江天台人，中国当代著名文学家、教育家、文学理论家。从民国三十年（1941）度的《广东省立文理学院教职员表》中可知，他被聘为文史系教授，于民国二十八年（1939）9月到职，之前曾在国立中山大学、安徽省立大学、暨南大学任教授。

守实即是陈守实（1893—1974），著名历史学家。江苏武进人。别名漱石，字淮佩，号哭云，室名冷庵。中学时，著名史学家吕思勉为其师。民国十四年（1925），陈守实考入清华大学研究院国学门。民国十六年（1927）从清华研究院毕业以后至民国三十一年（1942），陈守实先后在天津南开大学、大夏大学、中山大学、安徽大学任职，民国二十三年（1934）8月开始广州勷勤大学任教，曾任勷勤大学文史系主任、广东省立文理学院教授兼文史系主任。治学涉猎甚广，如明清史、哲学史、史学史、文献史、佛学等。他在大学中开设过中国通史、中国哲学史、中国史学史、中国土地关系史、历史文选、元明清史等课程，其中中国土地关系史是新中国成立后全国高校中最早开设的。20世纪30年代前后，陈守实就开始钻研《资本论》等，并运用马克思主义考察、剖析中国土地关系史、中国史学史、农民战争史、民族关系史等，持论独特，使人耳目一新。

叙功即是盛叙功（1902—1990），教授，浙江金华人，是我国当代著名的地理学家之一，在人文地理、区域地理、历史地理领域的学术成就已为国内外多数同人所公认。1923年毕业于北京高等师范学校史地部，后留学日本。历任国立劳动大学校务主任及暨南大学、勷勤大学、广东省立文理学院教授兼训导主任，当时已经出版《西洋地理学史》。1947年加入中国民主同盟，新中国成立后是西南大学历史地理学科创始人，1985年加入中国共产党。新中国成立后，历任北京师范大学教授、西南师范大学教授、西亚研究所所长。专于世界经济地理、世界历史地理。著有《外国地理》《中国人文地理》《世界经济地理》。

竺同即是陈竺同（1898—1955），原名经，字啸秋，以字行，后改名竺同，温州城区人。南京支那内学院研究部毕业，日本东京帝国大学研究院研修年半。1925年任教于温州艺文学校，1927年2月加入中国共产党，1930年回国，任教于上海复旦大学、中国公学、中山大学。1937年抗战全面爆发后，陈竺同回到家乡，在温州中学和温州师范学校任教7年，国立暨南大学任教5年，广东省立勷勤大学任教2年，广东省立教育学院任教1年，1940年8月任广东省立文理学院教授，授地理，后任广西省立桂林师范学院教授。颠沛流离于粤北、滇南和桂林之间，直至1954年才由广西大学调回广州中山大学。1945年47岁时，已经有著作《中国上古文学史》等，后著有《中国戏剧史》《中国哲学史》等。

寿宜即是杨寿宜，男，广东顺德人。国立北京高等师范毕业。曾任广东省立第一女子中学事务主任、广东省立勷勤大学注册部主任兼代附中主任、文理学院副教授兼事务主任。民国二十三年（1934）9月到职。

信中还有一位叫"仲杰"的先生，在民国二十九年（1940）度及民国三十年（1941）度的广东省立文理学院教职员名册中没能找到相应的教师名字，估计是其中一位教师的字。由于资料有限，未能全部查到教职员的字和号。

信中"栗原"先生即是张栗原（？—1941），1937年秋受聘在广东省立勷勤大学任教，主讲哲学概论、教育社会学及教育生物学，在广东省立文理学院任教时主讲教育哲学。作为同事兼好友，郭大力当时在东陂翻译出来的《恩格斯传》译稿就放在他家，后来张栗原不幸在连县惠爱医院病故，这份珍贵的第二稿手稿也就遗失了，郭大力并未就此罢休，后来又重译了第三稿。张栗原既是教育学家、哲学家，又是地质学家，1930年编译《社会科学理论之体系》，1940年编译《地质学》，1944年编写了《教育生物学》，合译《古代社会》，汉译世界名著《古代社会》第一、二、三册全。1941年8月12日因肺结核逝世于惠爱医院，林砺儒在《悼张栗原教授》中盛赞他"汪汪大度，至诚至明，感动青年们深而且久，确是一位导师，名副其实的导师"。

值得推敲的是郭大力信中提及的"……昨午抵坪石，现住友人处，待二三日可以动身回舍"中的"友人"的身份。考郭大力在1940年秋前往位于连县东陂的广东省立文理学院教学前，1938年秋，郭大力应了江西省立赣县中学（今赣州市一中）校长周尉生的聘请，任该校高中部英文教员，并把《资本论通信集》译出来于1939年交读书生活出版社出版发行。《王亚南和郭大力学术年谱（1938—1948）补遗》中得知，1938年4月郭大力在上海读书生活出版社的两间房大小的社部里，与留守在上海的出版社负责人郑易里一起完成《资本论》

最后的编校工作。郭大力于1938年出版译作的译者跋中写道："就第一卷说，序跋以及由第一篇至第四篇是我译的；第五篇至第一卷终，是亚南译的。就第二卷说，序和第一篇是亚南译的；第二篇第三篇是我译的。但到第三卷，因为亚南担任更重要工作的缘故，他只能译极少部分（第六篇第三十七章至四十章），其余的部分就都归到我肩上来了。我为使译名统一，笔调近于一致起见，当时对全稿负起责任。" 这里所写的"亚南"即王亚南，他们于1938年8—9月出版了全套的中译本《资本论》，此后最重要的经历是先后来到粤北教书：王亚南是1940—1946年受聘于抗日战争时迁至韶关乐昌县坪石镇的国立中山大学；郭大力是1940—1941年受聘于当时迁址至尚属于韶关的连县东陂镇的广东省立文理学院。郭大力开始埋头苦干翻译马克思《资本论》的第四部分《剩余价值学说史》和《恩格斯传》，王亚南在韶关乐昌坪石武阳司建立了马克思政治经济学的研究传播阵地。故而在郭大力离开连县途经坪石回赣南老家时，定会在故友处停留，除治好病外，再探讨一下学术。

郭大力受林砺儒之聘，在连县东陂教学短短的两个学期，却结识了一批文史教授、经济学家、教育学家，与其成为患难之交的挚友，加深了彼此的感情，更加促进了学术的交流，他们共同成为古道上的一盏盏明灯。

广东省立文理学院院本部旧址西塘村五福公祠（魏文石摄影）

参考资料：

1. 阿瑞《王亚南和郭大力学术年谱（1938—1948）补遗》。
2. 阿瑞《烽火古道的学术成果》。
3. 严恩萱《抗日战争时期的郭大力》。

3

革命烽火遍连州

广东文理学院"挽林"斗争纪略

刘渭章

著名教育家林砺儒先生从1933年广东省立勷勤大学创办时起出任该校师范学院院长职务。抗战开始以后,他支持师生提出的战时教育改革,增添新哲学、救亡理论、国际政治、世界革命史等多门公共选修课;邀请著名文化人邹韬奋、金仲华等人来院作抗战形势报告;在东陂时期,他聘请一批进步教授来院任教,《资本论》的译者,即经济学家郭大力开设经济学、现代经济学说史课程,通俗讲授马克思的资本论、剩余价值学说史。哲学教授张栗原,教育学

广东省立勷勤大学原貌

教授王越、林仲达，历史学教授陈守实，文学教授许杰，自然科学领域教授黄友谋、熊大仁等一批教授，都是林老聘请来的进步教授。

文理学院在当时国统区里，确实是一所学术自由的学府，有利于我党开展学生运动工作。文理学院迁到东陂时，只有杨顺、张普士、杨钟昌三个党员，初由中共连县中心县委联系领导，随后由粤北省委青年部张江明直接领导。刚回校复学的林敬文任支部书记，林敬文毕业离校后由江国光任支书，刘渭章、骆维强从地方党转来，郑彦文、钟国祥从附中升上大学又先后建立两个支部。1942年初为加强统一领导，在三个平行支部基础上建立中心支委，由江国光任书记，刘渭章、郑彦文分任组织委员、宣传委员。在党的领导下，文理学院的学生运动蓬勃发展，壮大进步力量，团结广大师生，坚持抗日民主，争取自由，并且有力有礼有节地正确领导了"挽林""驱徐"两次学潮斗争。

1941年春，国民党掀起第二次反共高潮。在广东的教育战线上，国民党广东省政府企图免去文理学院林砺儒的院长职务，改派CC派顽固分子任职，压制抗日民主的学生运动，控制教育阵地，实施法西斯专制教育。为此，国民党当局先造成舆论，到处散布文理学院是"红色学院""小延安"各种谣言，加强文理学院反动党团特务活动。1939年，重庆国民党政府教育部曾发文件要学院成立国民党区分部，否则便由教育部直接委派。当时林砺儒同一些教授商量，与其由教育部委派人下来，不如自己派一教授到重庆"受训"回来担任训导长兼区分部书记。由盛叙功教授赴渝受训担任此工作以对付国民党。区分部成立时，只挂了个空招牌。1940年春林砺儒到重庆开会时，陈立夫见到他，要他参加国民党。林砺儒以"君子不党"为由拒绝参加，由此而引起国民党的不信任，直接派遣反动党团特务分子进入学院、混入学生队伍，兴风作浪，到处调查我党和进步学生活动情况。张栗原教授讲授哲学时，特务学生竟带手枪放在课桌上，进行威吓。特务学生还公然追打学生自治会主席皇甫奎（中共地下党员），激起群众义愤。为了寻找借口免去林砺儒院长职务，教育部督学张北海偕同国民党学者崔载阳（当时任中山大学师范学院院长）以视察和讲学名义来院活动。张北海召集全院师生训话，崔载阳作长篇学术演讲，大谈什么三民主义哲学"依存统一""质进量进""肯定之肯定"。张北海、崔载阳来院当晚又找盛叙功等几个教授谈话。拿出在文理附中就学的崔载阳女儿的信作为证据。她在信里向崔载阳提出十六个问题，其中有"新四军为什么要解散""新四军人员为什么被杀害""三民主义为什么有三种"等问题要崔载阳作答。崔载阳对在座教授说："你们学院很红，我的女儿到你们这里半年就变了。"张北海跟着拍张栗原的膊头说："这是你们教育的成功。"（崔载阳的两个女儿后来都参加了中共和东纵游击队）张北海视察回到韶关后不久，1941年5月，国民党省府便下令免去林砺儒院长职务，改派崔载阳接任，由此而引发一场"挽林"运动的学潮斗争。

林砺儒先生雕像

"挽林"是一场反击反共逆流的政治斗争，全院成立了"挽林委员会"，由皇甫奎（党员）任主席，赖至茂（党员）任副主席。文理附中的同学也参加到"挽林"的斗争。我们向全院师生揭露国民党顽固派反共分裂、投降卖国的罪恶阴谋，在教育战线上压制学生的民主思想，实行文化专制法西斯教育的反动措施。"挽林委员会"通电、写宣言、印传单寄给国民党教育部、省政府以及全国各大学和社会名流，争取社会舆论。派出盛叙功、梁溥教授组成的教师代表团，李鸿子等三人组成的学生代表团到韶关分头向有关当局请愿。国民党当局一意孤行，请愿无结果。省政府的负责人说："林砺儒另有安排，叫学生不要管。"同时我们针锋相对，派代表找崔载阳，请他帮忙挽留林砺儒院长，说明林砺儒德高望重，是教育界的老前辈，我们全院师生坚决挽留他，反对别人来接任。这一来把崔载阳准备上任的车子刹住了。我们学生代表团在韶关面见林院长，代表全体同学表示深切慰问和支持，他大为感动，就在这期间，写下了一支慷慨激昂的校歌交代表带回去，并说希望他回到学校时能听到校歌的歌声。文理学院校歌歌词如下：

民族抗战的烈火，炼出了我们这支青年军。
走遍了险阻，历尽了艰辛，却淬砺了奋斗精神。
我们要探索真理之光，
我们要广播文化食粮，
那怕魔高十丈，恶战千场。
同学们，挺起胸膛，放大眼孔，

这是我们的校风,这是我们的大勇!
同学们,挺起胸膛,放大眼孔,
这是我们的校风,这是我们的大勇!

这支校歌给同学们极大鼓舞,谱曲歌唱,激昂的校歌声同"挽林"的口号声响彻东陂的原野。我们坚持了几个月的"挽林"斗争,挡住了崔载阳接任的车子,迫使国民党省府当局改以教育厅长黄麟书任代院长,委派进步教授林仲达为教务主任代表接管院务。林砺儒于1941年5月离院到韶关,同年8月回东陂交接。此时欢迎队伍,人群蜂拥,歌声、口号声彼落此起,情况热烈。

这场斗争结果,使国民党顽固派的进攻遭受挫折,争取有利于我党的局势,斗争适可而止,一切恢复正常秩序,平静下来。但正如林院长话别时所说,"世界上只有阴谋,没有阳谋"。1941年秋新学期开始以后,国民党当局派来了顽固分子徐颂平任训导主任和一些CC派教授来院。他们竭力推行法西斯专政教育,压制学生抗日民主运动,打击进步力量,妄图破坏我党组织。徐颂平一连串的阴谋活动和倒行逆施,激起同学们强烈的不满和愤怒,同年冬又爆发了"驱徐"斗争,这是"挽林"政治斗争的继续。国民党当局为镇压这场斗争,趁寒假学生力量分散之机把学院搬迁到国民党省政府所在地韶关附近的曲江桂头。1942年5月1日,国民党当局下令逮捕学生自治会主席和"驱徐"委员会常委赖至茂(赖辉)、张启彤(张其川)等人(经过狱中斗争和营救获释)。"驱徐"委员9人被开除学籍,8人被记大过。而被搞臭了的徐颂平和特务教授也被迫先后溜走。这场"驱徐"斗争虽然被压了下去,但斗争有力地回击了顽固派的反扑,打击顽固派特务分子的嚣张气焰,使他们在政治上陷于孤立。广大同学经过斗争锻炼教育,更加认清了国民党顽固派特务分子的嚣张面目。原来政治上处中间状态的同学大部分向我们靠拢,进步力量壮大了。

我们在文理学院这个时期的学生运动,坚持抗日民主,争取进步自由。"那怕魔高十丈,恶战千场。"对国民党法西斯专制教育和

《林砺儒教育文选》封面

政治镇压，进行了英勇的公开斗争和长期隐蔽工作，积蓄了力量。当时在院师生300余人，学生党员从1940年初3人到1942年发展到40余人（包括复学和地方党转来关系的）。这期间，党和进步力量在文理学院始终起着决定性作用。抗日战争和解放战争期间先后参加东陂和各地武装斗争的党员和进步同学据不完全统计就有50多人。其中，江国光、黄海晏、李严、王怀勋等同志为民族和人民解放事业献出宝贵的生命。

1949年解放后，文理学院广大同学成为教育战线骨干，一批人担任大、中学校和政府教育部门的领导职务，为人民教育事业作了出色的贡献。文理学院学生运动取得的光辉成绩，主要是有中共的正确领导，也同林砺儒院长的开明进步，对学生的支持是分不开的。

（节选自刘渭章《广东文理学院挽林斗争纪略》，《林砺儒教育思想研究》，广东高等教育出版社，1991年版，127—131页。华南师范大学档案馆陈海平老师整理提供，南粤古驿道网采编整理）

（刘渭章，男，广东清远人，1944年7月毕业于广东省立文理学院文史学系。）

省立文理学院在粤北的学生运动概况

林敬文　刘渭章　郑彦文

在中国共产党领导下的文理学院学生运动,在学生运动史上写下了光辉的一页。这篇回忆录,是由原文理学院三个支部书记写的。先由林敬文同志找有关同志商谈,写出了初稿,征求意见,再由省青运史办公室召开座谈会讨论修改,参加座谈会的有刘渭章、关景霞、许实、李焕华、林敬文、郑彦文、张震欧、张普士、张江明、徐效鹏、罗克汀、钟达明、钟克中(曾环代)、虞泽甫、赖至茂,以及省青运史办公室负责人徐墀、曾建昭等同志。此外,还有杨行、夏伟聪、彭荣华等同志写了书面意见。丁辛人同志提供了石榴岗一段的详细书面材料,然后由刘渭章、郑彦文同志根据大家的意见进行修改,并补充写了东江纵队参加武装斗争以及抗日战争胜利后有些同志又派回文理学院工作,直至解放前这一段的学生运动。这篇回忆录比较全面地记录了文理学院从创立至和中山大学师范学院合并为华南师范学院的整个战斗历程,可以使今天的青年学生看到:解放前,党是如何领导学生运动、引导青年走上革命的道路,党员和青年学生为了民族的独立和共产主义事业如何进行艰苦斗争,如何听从党的号召冒着被逮捕的危险在蒋管区进行反对国民党当局的斗争和冒着生命危险参加武装斗争(有好几位同志牺牲),以便更好地发扬我党和党领导下的学生运动的优良传统,在振兴中华、实现四个现代化中发挥应有的作用,争取新的更大的胜利。

广东省立文理学院的学生运动,在中共广东省委领导下(具体工作由省委青年部直接联系),利用抗战初期学院上层有开明院长和进步教授的有利条件,建立和发展了党组织,壮大了进步力量,团结广大师生,坚持抗日民主,争取进步自由。正是"那怕魔高十丈,恶战千场"(校歌)。他们对国民党法西斯专制教育和反动镇压,进行了英勇的公开斗争和长期的隐蔽工作,发展和积蓄了力量;随着形势的发展,走上与工农兵相结合、抗日武装斗争的道路。

抗战胜利在广州复校后,在中共广州市委的领导下,配合全国形势的发展,与兄弟院校一起,展开反内战反迫害反饥饿和迎接解放及准备接管的斗争;为抗日战争和解放战争输送了一批又一批的干部,发挥了青年学生在中国革命运动中的桥梁作用。他们的艰苦斗争,为争取抗日战争和解放战争的胜利、迎接新中国的诞生,献出了自己的力量,写下了广东青年学生运动史上光辉的一页。

一、文理学院前身的学生运动

文理学院的前身,是一九三三年创办的广东省立勷勤大学三个学院中的师范学院。院址在原广州市市立师范学校。后来,经历了三次易名,五度搬迁。第一次是一九三六年迁往市郊石榴岗,改名为"广东省立勷勤大学教育学院",全面抗战爆发前,在勷勤大学师范学院便有地下党组织和党领导下的学生运动。"一二·九"运动后,开始在学生中有党领导的"抗日五人团"和秘密读书会。为了配合全市行动,曾在学院礼堂召开过声援"一二·九"大会。一九三六年九月迁到石榴岗期间,有林振华(绰号高而瘦)、李木子、黄书光、黄玄、苏宏、邹优瑞等地下党员,并建立党支部,培养了地下学联一批骨干。在学校中成立了"活路社",出版定期刊物《活路》,还有儿童刊物《孩子们》。在地下党领导下,传阅《八一宣言》以及《西安事变真相》等书籍。当时全校性组织有歌咏团、剧团以及根据各自的兴趣成立各种学术研究小组,如世界语、新文字、文学研究、诗歌、教育、时事等,雨后春笋般发展起来,都环绕着一个共同目标,广泛开展抗日救亡运动。上述组织不少是跨校的。彭和章、麦若鹏等参加到外面的《中国诗坛》;陈能兴搞"乡村服务社",在土华村办起"民校";林敬文、林道俭搞剧团,曾在学校大操场演出《打回老家去》《撤退赵家庄》等抗战话剧,使抗日救亡运动逐步从校内到校外,走向与广大农民群众相结合的道路。

第二次,一九三七年秋,学院迁梧州,以参加地下"学联"的同志为骨干,组织了"战时教育工作社"(简称"战教社",有进步教授参加)促进了全院救亡运动,并在张栗原、李平心、陈守实等教授参与指导下推动了学院战时教育运动。当时,"战教社"向全国发出《响应武汉大学同学争取战时教育设施的宣言书》,还提出《战时教育改革的实施方案》,提请学院院务会议研究通过,要求实现课程改革,增添"新哲学""救亡理论""国际政治""世界革命史"等公共选修课,尤其在"七君子"之一邹韬奋以及金仲华、沈兹

九、钱俊瑞、杨东莼、张仲实等一行,赴重庆取道梧州,来院作了抗战形势报告,向"战教社"提出了"树立华南教育的两面旗帜"的要求后(一面是我们"战时教育工作社",另一面是在广州的尚仲衣同志负责的"战时教育实践社",尚仲衣曾任教育学院教授),大大鼓舞了我们的工作积极性。院长林砺儒当时最欣赏杨东莼在报告中提到的一句话:"抗战即教育。"(其实,这是党在"九·一八"后提出的教育方针)由于得到学院上下一致的支持,我们提出的教育方案,很快经由学院院务会议通过实施。选修课采用上大课的形式,结果是全校文理各科系的学生都参加听讲,甚至校外的学生和一些驻军也来旁听。

"战教社"还做了下面几项工作:如出版《抗战生活》共三期;组织李平心教授的讲演会;办民校;街头学校等等。这些活动,有些是联合广西大学、梧州高中等校的同学共同进行的。

当时学院只有区保龄一位党员,随后又转来一位。

第三次,学院于一九三八年迁广西藤县禤州,改名为"广东省立教育学院"。过去离校参加"广东省青年抗日先锋队"的同学这时又回校复学,他们在学院开展抗日救亡工作,救亡运动得到进一步开展。

第四次,一九三九年春,学院迁至广西融县。除了与融县中学联合开展抗日救亡宣传工作外,还在学院举行过在开展广东民众教育工作中覆车逝世的尚仲衣教授追悼会。教育系的同学在离学院几里外的地方办了民校,进行抗日救亡宣传工作。

二、党组织的活动和学生运动的发展

第五次,一九三九年秋,广东省立教育学院从广西融县迁回东粤北乳源侯公渡,改名为"广东省立文理学院"。这时我党党员彭和章同志复学回校,他和张震欧等发起组织抗日救亡工作队。成立时,全院师生参加了大会,林砺儒院长应邀讲话,提出工作队改名战时后方服务队,全院同学都是队员,他兼任总队长。会上民主选举了领导机构,组织了歌咏队、话剧队,开展活动,并由壁报组定期在学院内和乳源县城出版壁报。时事组曾组织座谈当时苏联红军出兵波兰问题,澄清了一些糊涂思想。

十二月下旬,壁报刊出了彭和章同志写的有关西安事变真相的稿子,立即被驻防在学院附近的国民党宪兵连拿去作为"异党"活动的"罪证"。接着,国民党广东省党部便来文责令学院区党部、训导处，追查作者及壁报负责人的政治情况。区党部书记、训导主任盛叙功复文作了掩护，不久，日寇进犯曲江，粤北大撤退，学院迁往连县东陂，此事便算过去了。

一九三九年底，学院在日寇包围了曲江之后，撤到连县，在组织同学撤退中，彭和章同志做了不少工作，还写了一些号召日军反战的日文标语，沿途张贴。经过十天的艰行军，党的好儿子彭和章同志因辛劳过度，肺病加剧，到东陂后终于病殁。留院师生开了追悼会。

一九四〇年初，文理学院搬到连县东陂后，党组织便由连（县）、连（山）、阳（山）工委组织部长周锦照同志联系。不久，连阳工委改为连（县）连（山）阳（山）中心县委，张江明任中共北江特委青年部长兼连阳中心县委书记，直接联系文理学院党组织，他有一段时间住在东陂，经常和支委研究工作；周锦照任中心县委组织部长，管地方党工作。在这时候，文理学院共有三个党员：杨顺、张普士、杨钟昌。由于学院多次搬迁，党的活动未有广泛开展，还未引起国民党很大注意，加以连县东陂偏于粤北一隅，有点"鞭长莫及"。国民党掀起第一次反共高潮时，广东国民党当局的重点放在韶关，忙于建立三青团，统制青年运动，解散在我党领导下的广东青年抗日先锋队以及广东青年抗敌同志会（主要在潮梅一带）等等，在这方面的斗争很激烈，还没有把很多注意力放到文理学院。所以，林砺儒仍任院长（主持院务八年），他锐意革新，广罗专家，提倡思想自由、学术自由，不趋炎，不附势，敢于面对困难，逆风而上。他既是一位阅历丰富、不断进步的教育家，又是一位勇于探索、坚持真理的学者。国民党当局不让张栗原教授的新哲学开课，他换了一个名称，叫教育哲学，仍然讲授辩证唯物论原理。林砺儒聘请郭大力教授开经济学、现代经济学说史等课程，实质上是通俗地讲解马克思的《资本论》《剩余价值学说史》以及《中国经济史》。他还聘请了历史学教授陈守实、教育学教授王越、文学教授许杰来校任课，还有数学、物理、化学、生物、地理各个自然科学领域的教授黄友谋、陈兼善、熊大仁等人，在偏僻的山区、农村的土房搞科学事业。

我们党利用这样的有利形势，一方面大力加强党的工作，健全党的组织，培养建党对象，积极在学生中发展党员，使党组织真正起到战斗堡垒作用。文理学院迁到连县后，由回校复学的林敬文任支部书记。林敬文于一九四一年夏毕业离校后，由江国光任支书。刘渭章、骆维强等人从地方党转来，钟国祥、郑彦文等一批党员从文理学院附中考入文理学院，又先后建立了两个支部，由刘渭章和郑彦文担任支书。一九四二年三月，省委青年部为了加强统一领导，在三个平行支部的基础上，建立文理学院中心支部，由江国光任书记，刘渭章任组织委员，郑彦文任宣传委员。另一方面，我们党同林砺儒和进步教授始终"风雨同舟"，坚决支持学院的进步措施和学术自由研究的风气，对学生青年广泛地深入地宣传党的主张，组织他们学习马克思主义和毛泽东同志的著作，介绍八路军、新四军英勇抗战的光辉业绩，揭露日本帝国主义侵略中国的罪行和国民党顽固派投降妥协的无耻行径，从而提高群众的觉悟，使他们团结在党的周围，衷心拥护党的政策。

这个期间，根据党中央和省委的指示，我党在青年学生中的活动方式，同抗战初期比较已经有了很大转变，不是轰轰烈烈的形式，而是扎扎实实，埋头苦干，灵活多样而又深入细致地在学生中开展思想教育和扎根工作，尽量利用合法的、适合青年群众要求的形式开展革命活动，不断扩大党的影响，壮大党领导的革命队伍。

概括起来，这个时期在党领导下的文理学院学生工作，主要是做好"四个结合"（这"四个结合"已成为学院学生运动的一种较好形式）。一是课内和课外相结合。张栗原、郭大力等进步教授的讲课，阐明了马克思主义的基本原理和社会科学中的重大理论问题，对学生的教育和影响很大。我们不仅推动文科学生，也发动理科学生选修这些课程，用心听讲，接受教育。对国民党策划的破坏诬蔑，我们给予揭露和批驳。教授在课堂上讲课，着重于讲清基本原理，不可能很鲜明地联系当时许多重大政治问题。我们采取听课后举行各种各样座谈会的办法，加强理论联系实际，以提高政治思想觉悟。例如听了哲学课中关于对立的统一和斗争问题，在座谈会上针对第一次反共高潮后的形势，讨论争取时局好转、坚持抗战到底问题，阐明团结和斗争的关系，宣传我党关于坚持抗战、反对投降、坚持团结、反对分裂、坚持进步、反对倒退的主张。要统一于抗战，不能统一于投降，统一于进步，不能统一于倒退。

除了组织听好进步教授的讲课外，我们把主要力量放在开展课外的学生活动方面。青年学生接受革命思想的重要途径是通过听讲、阅读革命书籍。我们既充分发挥图书馆的作用（当时我党有一个党员专做图书资料工作），更重要的是通过各种办法、渠道，从各个方面把马克思主义书籍、报刊传到学院中来。当时，马克思的《共产党宣言》《资本论》，恩格斯的《反杜林论》《费尔巴哈论》，列宁的《国家与革命》《共产主义运动中的"左"派幼稚病》，斯大林的《列宁主义基础》和毛泽东的《论持久战》《抗日游击战争的战略问题》《中国共产党在民族战争中的地位》《新民主主义论》《为皖南事变发表的命令和谈话》等等，以及我党出版的报刊如《新华日报》《解放》《群众》等等，共订了四十多份，全国各地进步书籍刊物，也都能交流畅通。我们因势利导，建立各种形式的学习组织，包括以公开的、秘密的、学术性的形式，组织他们学习进行马克思主义理论教育，宣传党的政策，扩大党的影响。

在学生群众组织方面，我们尽量利用原有的学生组织、群众组织，派党员参加到这些组织之中，掌握它的领导权，如"学生自治会"、级会、班会、"战时后方服务队"各种学术研究会、同乡会等进行工作。学生会办的《东陂快报》《文站》等刊物和文化活动，如文艺、画画、墙报、歌咏、戏剧、晚会等都逐步开展起来，深深地吸引了群众。还把连县地区流行的传统艺术，如"唱春牛""粤北山歌""彩绸"等，加以运用和改编，到群众中演出，宣传坚持抗战，反对投降，受到群众热烈欢迎。

二是校内和校外相结合。在工作上，我们着重做好校内工作。对校外方面，我们组织了一定力量在文理学院的江夏村及其附近开办夜校，既使知识青年和农民相结合，了解农民情况，获得农村教育的经验，又可提高农民的文化政治思想水平，培养积极分子，作为在农村建党的准备（负责夜校工作的是徐效鹏同志）。到解放战争时期，连县东陂等地举行过几次武装起义，有的到夜校学习过的农民积极分子参加了武装起义，有的入了党，全国解放后，担任农村支部书记。我们除了同当地农民和连县地下党取得联系之外，还和中山大学，以及重庆等地的大学取得联系，互相交流情况，秘密交流马克思主义书籍，传递延安党中央和八路军、新四军的消息和战绩，扩大党的影响。各个学校之间发生重大的斗争，互相支持。

三是上层和下层相结合。我们的工作重点放在广大知识青年学生；对学校上层，特别是教授们的工作也注重做好。我们和他们的关系已远远超过一般的"尊师爱生"的范围，而是在战争年代中患难相依充满了战斗友谊的关系，不仅在政治上、思想上做好教授工作，而且在生活上也对他们关心照顾。我们通过各种关系和林砺儒建立关系，包括传递党的书报给他阅读。

四是公开工作和秘密工作相结合。根据第一次反共高潮后出现的形势，文理学院党组织比较注意划分为公开工作和秘密工作两条线，既有区别，又有联系。党支部委员和一部分党员，着重从事党的秘密工作避免暴露；另一部分党员则着重做公开工作，有意识地在群众中培养他们的威信，让他们担任各种学生群众组织的主要负责人，站在斗争的第一线。我们除了掌握公开的群众组织之外，还建立秘密的群众组织，主要是各种形式的秘密读书会，提高积极分子对马列主义和党的政策、主张的认识，培养建党对象。由于学院内我党领导下的进步力量占很大的优势，所以，对于国民党和三青团，共产党员和进步群众都不去参加。因此，文理学院的国民党和三青团是比较孤立的，但有几个国民党、三青团特务分子，猖狂活动，能量也不小，同我们进行激烈斗争。我们为了深入了解国民党和三青团的特务活动情况，于是派了一位党员——卢以谦（明）同志一度打入他们里面，为我党提供了不少有价值的情况。

这个期间，张江明同志传达了党中央关于《大量吸收知识分子》的决定，提出要坚决执行；要重视知识分子的工作，吸收具备党员条件的知识分子入党；要贯彻以上说的"四个结合"，积极地开展工作，尽力把党在抗日战争时期的方针政策深入向群众宣传，努力把党的政治主张变为群众的主张，变为群众的自觉行动。这时，做公开工作的党员采取各种形式和方法积极领导好群众组织，开展各项活动，维护广大同学的正当权益。作秘密工作的党员，做好党的组织工作，抓好党员和进步分子的教育，建党对象的培养工作，密切联系群众，经常了解与反映群众的意见和要求，注意敌情变化，研究布置对策，总结经验，带领群众前进。经过这样一段比较安定的时间，党组织力量成长比较快，发展了一批党员，掌握了学生自治会、大部分的班级会，以及各种群众性组织，还建立了几个秘密读书会，成为党的外围组织。当时文理学院的学生共有三百人左右。学生党员从一九四〇年初的三个党员，经过"挽林"斗争、"驱徐"斗争，到一九四二年已发展到四十多名党员（包括一部分复学和考入文理学院读书转来组织关系的党员。现在记得姓名的党员共有四十二人，还可能有个别党员的姓名记不起来）。在整个抗日战争时期党和进步力量在文理学院始终起着决定性作用。

三、反击反共逆流的"挽林"斗争

一九四一年春，国民党掀起第一次反共高潮。为了揭露国民党的反共反人民、准备对日投降的阴谋，我们根据党中央和广东省委（地下）的指示精神作了全面布置，采取公开与秘密相结合的方式，散发了党中央《为皖南事变发表的命令和谈话》的严正声明，以及各界民主人士发表的谈话，揭露皖南事变的真相。学院党组织还广泛宣传我党对时局的主张。同时，还出版墙报，使我党的主张获得广大师生的了解和支持。又分头向学院教师进行秘密访问，听取师生对事变的反映。林敬文同志参加了这次访问，据他回忆，林仲达教授说："前线将士，有的衣单缺食、浴血苦战，而有些人却脑满肠肥、养尊处优，不去打仗，专搞摩擦，多不公平！"在访问张栗原教授时，郭大力教授在座。我们提出："是否有人在搞和平（即远东慕尼黑）。"张原栗教授激愤地说："和平，只有投降的和平！""奴隶的和平！"郭大力教授则沉默了片刻说："国共分裂，国家民族则不堪设想（大意）。"陈守实教授在"皖南事变"后，写过一首七言律诗，其中记得有"遥闻北国树干城"之句，把抗日胜利寄托于八路军、新四军。教授们的话反映了学院上层舆论对国民党的倒行逆施均表不满，而广大学生的激昂慷慨则更不必说了。

国民党当局配合"皖南事变"在军事上的进攻，在广东的教育战线上也展开政治进攻。其中最突出的：一是国民党中央教育部下令免去进步教育家许崇清的中山大学校长职务，改派国民党军统人物任职；二是通过国民党广东省政府免去进步教育家林砺儒的文理学院院长职务（表面上采取所谓自动辞职的方式），改派国民党中统人物任职，企图进一步控制教育阵地，压制学生抗日民主运动，削弱我党的力量。这是反共逆流在广东教育战线上的反映。

国民党当局为了夺取和控制文理学院这个阵地，做了许多准备工作，主要是：（1）制造舆论。先由一个国民党的中大学生在韶关的国民党报纸上连篇累牍地指名对林砺儒的教育观点和文章横加指责，进行攻击。同时，到处散播文理学院是"红色学院""小延安"等等谣言，对林砺儒施加压力，迫他参加反共行列。（2）加强在文理学院的国民党、三青团和特务活动。在教育学院和文理学院刚成立时，还未有国民党区分部组织。虽然在一九三九年四、五月间，重庆国民政府教育部曾发文件要广东教育学院成立国民党区分部，否则，便由教育部直接委派。当时林砺儒和几位教授研究，认为与其由教育部直接派人下来，倒不如派位教授到重庆"受训"，担任训导长兼国民党区分部书记，大家商定由盛叙功教授担负此工作，以便更好地对付国民党。区党部成立后实际上只是挂了一个招牌，没有开展什么活动。一九四〇年春，林砺儒到重庆教育部开会，陈立夫见到他，要他参加国民党。林砺儒以"君子不党"为由，拒绝参加，引起国民党对他不信任。因此，国民党当局便直接派遣一些国民党、三青团的特务分子进入文理学院，打入学生队伍，兴风作浪。他们到处调查我党和进步学生的活动情况，偷偷地摘抄贴出的宣传抗日民主的墙报，宣扬"一个党，一个领袖，一个主义"反动理论。张栗原教授讲授《教育哲学》时，一个特务学生竟带手枪放在课桌上，进行威胁。为此，林砺儒写信给张栗原，婉转地说：近来一些学生在课堂听课很不礼貌，请他留心提防。表示对他的关怀和对特务的愤慨。特务学生还公然追打学生会主席皇甫奎（党员），激起同学的义愤，此外，他们还煽动把文理学院改为国立学院，叫喊要改组学院，实际上是要由国民党中统派人来控制学院，并为免去林砺儒的院长职务制造舆论。

（3）派国民党教育部督学（两广特派员）张北海和国民党学者崔载阳，假借视察和讲学，来院寻找借口，以便动手。张北海召集全院师生"训话"一顿。崔载阳作长篇"学术演讲"，大谈三民主义哲学，说什么"依存统一，质进量进，肯定之肯定"，等等。当天晚上，在张北海、崔载阳的临时住处，他们找盛叙功、王鹤清、杨寿宜等三位主任谈话。拿出崔载阳女儿的信（信内向崔载阳提出十六个问题，其中有"新四军为什么被解散？人员被杀害？为什么三民主义有三种？"等等，要他答复），他对在场的几位主任说："你们学院'很红'，我的女儿在中大附中是很好的，到你们这里半年就变了，你们要负责！"（按：崔载阳的两个女儿后来都参加了共产党，也都到了东江纵队参加游击战争）此外，在东陂一景楼的宴会上，张北海拍着张栗原教授的肩膀说："崔同学的新思想，是你的成功！"在这里，从一个侧面反映了当时文理学院和文理附中党组织和进步力量占了上风，在这个环境里，促进同学们进步。

张北海、崔载阳回到韶关不久，一九四一年初夏，通过国民党广东省政府下令免去林砺儒文理学院院长的职务，要让崔载阳任院长。这是"皖南事变"反共逆流在广东教育战线的表现，是一场政治性斗争。在党领导下全院广大师生一致奋起，进行坚决的还击！这时，文理学院党组直属中共广东省委青年部领导。张江明同志于一九四一年春被调到省委青年部任副部长，住在坪石中山大学，每个月到东陂一次，日常工作由连县中心县委特派员钟达明（远扬）同志联系。省委青年部部长是陈能兴同志。当时省委青年部由省委书记直接领导。这一次，在张江明同志和钟达明同志的参加下，文理学院党支部研究了校内外的形势，分析了国民党中央与广东地方的关系，决定积极进行统一战线工作，团结广大师生员工，利用矛盾，集中力量打击最反动的一小部分，开展"挽林"斗争。全院成立了"挽林委员会"，通过各个学生组织，向广大师生进行组织宣传工作，揭露国民党当局的反共分裂、投降卖国的罪恶阴谋，表示我们挽林的最大决心。我们提出从上到下，各班级党组织要发挥战斗堡垒作用。学院沸腾起来了，附中、附小也发动起来了，在全院"挽林"大会上，张栗原教授代表全体师生员工作了义愤填膺的发言，群情激昂，大会在愤怒的口号声中一致通过了若干提案交"挽林委员会"执行。对挽林工作，教授们都极为认真，提出建议或参加文电起草（如吴三立教授）。我们用"挽林委员会"名义，发通电，写宣言，印传单，寄给国民党教育部、省政府，以及全国各个大学和社会名流。同时派出以盛叙功、梁溥为代表的教师代表团，以李鸿舒等三人为代表的学生代表团到韶关分头向有关当局请愿。教师代表团到国民党广东省政府请愿无结果，学生代表团找到国民党省政府负责人，他们说："林砺儒另有安排。"叫学生不要管。其实只给林砺儒一个什么广东省政府参议之类的空名好让他下台，以缓和学院的反抗情绪。我们采取"风从哪里来，便打回哪里去"和分化瓦解的策略，首先给崔载阳发去一电报，请他帮忙挽留林院长，还派人找他，说明林院长德高望重，是教育界的老前辈，全院师生员工坚决挽留，反对派别人来接任。他不知所措，连忙说："这不关我的事！这不关我的事！"这一来把"崔上任"的车子煞住了！我们党另派出四个同志以代表团的名义面见林砺儒，代表学院全体学生向他慰问并表示对他的支持，使他深为感动，就在这期间写下了一支慷慨激昂的校歌，交代表团带回学院，并对学生代表说，希望他回到学院时能听到校歌的歌声。这首歌词写出了学院师生团结战斗的精神面貌，现将歌词录下：

广东省立文理学院校歌

　　民族抗战的烈火，炼出了我们这支青年军。
　　走遍了险阻，历尽了艰辛，却淬砺了奋斗精神，
　　我们要探索真理之光，
　　我们要广播文化食粮，
　　那怕魔高十丈，恶战千场！

> 同学们，挺起胸膛，放大眼孔，
> 这是我们的校风，这是我们的大勇！
> 同学们，挺起胸膛，放大眼孔，
> 这是我们的校风，这是我们的大勇！

这支校歌，给青年学生们很大的鼓舞。与此同时，一支《挽林战歌》在江苏教育学院转学来的陆万里等同学的积极努力下，花了几个钟头就将歌谱写出来了。连县中心县委特派员钟达明同志也参与歌词的修改、定稿。激昂的歌声同"挽林"口号汇合在一起，很快就响彻了东陂原野。

《挽林战歌》的歌词如下：

> 风已来了，雨也来了！
> 我们学校在风雨中飘摇，
> 我们的生活在风雨中震荡，
> 我亲爱的同学们，团结起来！
> 我们的生活在风雨中震荡
> 我亲爱的同学们，团结起来！
> 挺起我们的胸膛，
> 放大我们的眼光，
> 我们坚决挽留林院长！
> 林院长是教育界的明灯，
> 林院长是青年们的保姆，
> 八个年头，一贯作风，
> 探索真理，追求光明。
> 我亲爱的同学们，团结起来！
> 挺起我们的胸膛，
> 放大我们的眼光，
> 我们坚决挽留林院长！

对于文理学院的党组织情况、学生情况、国民党、三青团的情况和"挽林"斗争等等，由省委青年部定期向省委汇报，及时把党中央和省委的指示精神向党支部和党员传达。我党在当时分析了形势，一方面作最恶劣的准备，另一方面争取这场斗争有个较好前途，在有利有节的情况下，适可而止。结果，国民党广东当局改为以广东教育厅长黄麟书任代院长，委派学院教授林仲达为教务主任代他接管。

林砺儒于一九四一年五月中旬离开东陂到曲江，八月回东陂交接。此时欢迎队伍从学院到东陂小镇，路上蜂拥的人群、激昂的歌声和口号声彼落此起，而郭大力、王鹤清、盛叙功、陈守实、许杰、陈竺同等进步教授，因形势恶化，也于放暑假后，陆续离开学院了。这场斗争，考验、锻炼了我们的党，锻炼了全体师生，我们并不会因为局势逆转而后退，而是更前进了，阵线分明了，我们学院党组织人数，仅仅在"挽林"运动开展两个多月间就发展了两倍以上。张江明同志分别和文理学院党支部、文理附中（粤秀中学）党支部从马克思主义战略与策略理论上对文理学院党的工作和"挽林"斗争，作了一个初步总结。

最令人悲痛的是张栗原教授的逝世。张老师是一位"治学严谨"的学者、教育家、社会科学家，是中国早期的马列主义哲学的传播者之一，又是一位较早地把马列主义的观点方法运用到教育领域上的教育理论家与实践者。在张老师病重期间，党曾派邓焯华（罗克汀）同志前往连县惠爱医院看望；一九四一年八月十二日他病逝后，党又派邓焯华料理他的丧事。九月二日《新华日报》发表了有关"通讯"。十一月三十日学院举行追悼会。十二月一日，《新华日报》用了一大版篇幅发表董必武、邓初民、章伯钧等的悼念文章及董老写的挽联。

挽张栗原先生（董必武）

> 季良遇害，亦石病亡，挚友渐凋零，西来又哭先生恸；琴台音沉，鹤楼笛裂，故乡久沦陷，东望弥增远客悲。

张栗原教授遗下一位八十多岁失明的老母亲，夫人是一位农村的家庭妇女，有两个年幼的子女。党中央以董必武的名义捐了款，文理学院的师生也捐了款，委托有关方面将款按月支付，抚养他的家属。

我们坚持了几个月的"挽林"斗争，经过各方面的努力，争取了以进步教授林仲达为代表的接管，缓和了气氛。我们也表示为恢复正常读书作了有利于局势好转的让步。东陂顿时平静了下来，学院一切都好像平时一样，有秩序地上课、读书。但正如林砺儒话别时所说，世界上只有阴谋，没有阳谋，人们普遍担心的这只是个短时的过渡。果然这暂时的平静由国民党顽固派派来训导主任徐颂平和一批特务，以及一连串的"阴谋"活动结束了，于是另场"驱徐"的斗争又开始。

四、反对专制教育的"驱徐"斗争

徐颂平（又名徐家骥）和一批中统分子上台，恃着有国民党教育部和国民党省政府的支持，竭力推行国民党顽固派的反动教育方针，进行专制教育，压制青年学生的抗日民主运动，打击进步力量，妄图破坏我们党的组织。徐颂平的倒行逆施，主要有如下几项：

按照张北海的意见把文理学院从连县搬到韶关附近的桂头，便于国民党省政府直接控制；同时把文理学院和文理附中分离开来，文理附中仍然留在连县，改名为粤秀中学。因为文理附中的党组织和学生进步势力更强，更活跃。他们采取一搬一留的办法，以图分而治之。这个国民党的如意算盘，实际上并未达到。关于学院搬迁桂头，熊大仁教授解放后写了一个材料说："张北海向国民党广东当局汇报说东陂地方偏僻，是培养共产党的好地方，所以除撤林砺儒的职务外，并把学院迁到桂头干训团旁，勷勤法商学院也同时迁桂头，借干训团以控制两个学院，实行其太上皇统治。此后新生入学都在开学时进干训团，并强迫集体参加三青团，压迫学生，不准思想自由。"

按照国民党教育部和省政府的指示，调进一批中统分子，或同他们有联系的教职员，包括江光宇等，加强对学院的统治。

徐颂平把重点放在压制我党和进步学生方面。首先是争夺学生自治会的领导权，提出各系推出候选人名单送训导处圈定后，才由学生投票选举，经我们极力反对，他不敢坚持。选举结果，我们党员又是委员中多数，并当选为主席，徐这一手失败了。

其次，想控制学生自治会出版的有关刊物，要求送稿审查，而且要写上真名，经我们反对，他也无可奈何。还有，拉拢收买学生，比如，徐多次找学生自治会主席赖至茂（党员）谈话，以咖啡、牛奶、点心等盛情招待，要赖与他"合作把学院搞好"，要赖参加一个组织，填一张表，他可代为保密。徐许愿：经济上除正常的助学金外，还有额外补贴；可介绍美女，在校内任由挑选，校内不成，可另外介绍；毕业后给予优厚工作岗位（对徐效鹏等也施用过类似的手法）。但徐颂平这一套拉拢腐蚀、收买惯技，早为我党员看穿，赖至茂同志不仅没有上当，而且立即报告了党组织。

　　林砺儒虽然离职，但他所作的《文理学院校歌》却一直为文理学生所爱唱。这就引起徐颂平、江光宇等的畏忌，但又不敢公然禁止，便对校歌散播一些诬蔑言论。十二月某日，江光宇在课堂上对校歌个别词句进行挑剔，绘形绘声地说什么"放大眼孔，就是眼光无神"等，引起广大学生不满，特别江光宇对某女同学大耍流氓，引起公愤。于是当晚一批同学自发地找江质问，在群情汹涌下，将他殴打，江挣扎逃脱，被扯下皮大衣，同学们把它挂在大操场"示众"，使他威风扫地。事后，徐颂平以此为借口，声言要开除学生，他一面急电教育部提出所谓保障教授人身安全要求，一面要教务处停止考试，企图做成停课局面，扩大事态。这更激起同学们的怒火，纷纷要求反击。党组织充分研究了局势，认为：江光宇事件是广大同学激于义愤，反对国民党专制教育的自发斗争。徐颂平想借此扩大事态镇压学生运动，正是配合当时国民党日益严重的投降反共活动的，形势虽然严峻，但我们不能消极等待，必须积极领导群众有理有利有节地对徐颂平进行反击。经过群众性的小会大会酝酿，于数天后的一个晚上，大家蜂拥而至找徐颂平说理，徐颂平跑到国民党的驻军那里去要求庇护，躲藏起来。于是大家立刻举行群众大会，成立"驱徐委员会"，选出委员三十一人，发起"驱徐运动"。委员会发出驱徐宣言，分送全国各大学各报社各机关团体；同时发电报给黄麟书，请求撤换徐颂平；校内出墙报，举行各式各样的座谈会，控诉徐颂平的罪行，耐心地做好同学和教师的工作，取得绝大部分同学和教师的支持；同时要求教务处继续考试（教务处接受了）和上课，安定学院秩序。徐颂平向国民党广东省政府写报告诬蔑造谣，说什么"共产党暴动"，并在东陂"煽动抢米"（按：当时在东陂小镇恰好发生一起群众"抢米事件"），国民党当时正在全国掀起反共逆流，所以对驱徐斗争采取"迫迁"（把学院迁往韶关附近的桂头）和加紧镇压的措施。学院迁桂头后，一九四二年五月一日，由国民党广东当局下令将赖至茂、张启彤两人逮捕（按：赖是学生会主席、"挽林委员会"副主席，张、赖是"驱徐委员会"五个常委之一，张是首席）；宣布开除"驱徐委员会"常委赖至茂、张启彤、徐效鹏、许伊（实）、钟国祥和委员朱丽芳、李鸿舒、李有杰、杨钟昌九人的学籍；被记大过者，有张仲熙、邓焯华（罗克汀）、杨蘅芬（行）、张宽仁等八人。与此同时被搞臭了的徐颂平也只得以"另有任用"为名，离开文理学院（江光宇则早就离开）。这场"驱徐"斗争，向张江明和钟达明同志作了汇报，一起研究，作了部署。面对着国民党当局的这些暴行，我们采取了如下对策：一、组织大小集会进行谴责，捐款慰问被捕同学。二、派学生代表向黄麟书请愿，要求释放被捕学生，取消开除决定。三、国民党当局来院"训话"时，发动同学四处躲开，拒绝"欢迎"和"听训"。四、与院方反复交涉，迫使他们发给被开除同学成绩单或转学书。五、通过各种关系，积极想方设法协助被开除同学安排好转学或职业，加强联系，互相鼓舞。六、积极设法进行营救我们指定打入国民党省政府工作的张普士，每周前往探望、关怀，党中心支部书记江国光也亲自到狱中慰问；杨蘅芬、关景霞等多方奔走；还通过赖至茂的家庭社会关系向余汉谋、李汉魂等做工作，说明被扣押的张、赖二人被指控为"共产党暴动"和"东陂抢米"的头头都是捕风捉影、瞎说一顿。赖、张在狱中表现坚定、良好，把反动派反驳得理屈词穷，他们无可奈何，先后经过韶关警备司令部监狱、省保安司令部监狱、省绥靖公署监狱、七战区军法执行监狱，时间长达七个月之久，卒以事无佐证，取保释放先后出狱。林砺儒曾为此事写了一首诗："黄石出巡乘小骥，闯入榴园杀桃李，二人贯耳七人鞭，园公闻讯心惘然。"（按：黄石指黄麟书，徐颂平又名徐家骥，"榴园"指文理学院，因原址在广州之石榴岗，迁广西融县时，曾用它作学院代号）

驱徐斗争这一澎湃的学生运动，有力地回击了广东教育战线上的反共逆流，打击了国民党顽固派和特务分子的反动气焰，使他们进一步陷于孤立，再不敢轻举妄动了。徐颂平、江光宇也被迫先后溜走了。广大同学经过斗争的锻炼和教育，原来中间态度的大部分向我们靠拢，党和群众的战斗友谊密切了，进步力量壮大，党的组织也得到发展。

驱徐斗争后，我们的一些同志产生了一种急躁情绪。一九四二年党内组织学习，省委青年部在坪石办了一个学习班，结合学院实际情况，克服"左倾关门主义"的思想情绪，以便更好地贯彻党中央关于"隐蔽精干、长期埋伏、积蓄力量、以待时机"的白区工作方针，江国光同志还写了学习心得体会，刘渭章主编了三期专刊，由李秋英抄写，在内部秘密传阅。这次学习收到一定效果，"左"的思想有所转变，党组织更注意隐蔽精干，积蓄力量，稳扎稳打地进行工作，避免暴露突出；尽量利用合法形式，有事同群众商量，使群众更能接受，以便开展工作。学生会中的一部分进步同学在"驱徐"中遭开除学籍，我们便利用中间力量，夺取"战时后方服务队"作为公开合法活动的阵地。因此，在"战时后方服务队"的改选中，我们设法击败了国民党、三青团的控制，选举了中间分子陆瑶媚作为学生代表，担任队长。她是国民党省干训团教育长陆冠莹（李汉魂的亲信）之妹，既有后台，又敢于和我们靠近。许多问题由她出头活动，较易得到解决。我们分配政治上没有暴露的党员梁兆松经常接近她，又分配活动能力较强的党员卢以谦、李焕华、叶大年等参加服务队工作，有艺术才能的党员杨衍咏（桦）、崔南波等参加话剧、歌咏活动，还吸收落后同学和一些对立面的同学参加各种活动。曾演出《愁城记》《法西斯细菌》《钦差大臣》《黄河大合唱》等，并经常出版墙报，使服务队成为我们团结中间、争取落后的阵地，以及联系各学系、班级的桥梁。从一九四二年起，新生都要进省干训团受训，强迫集体参加三青团，妄图以此使新同学不受文理学院学运斗争传统的影响。新同学对此很不满，有些人进行了抵制和抗拒，谭铁骖（谭林）等三人因此被停止入学。我们则利用新同学进校机会，为他们做好事，例如，代携行李，介绍情况，广交朋友，很快结识了王怀勋、蓝芳俅（明生）、胡德成、朱景超等一批进步同学，并通过他们做好新同学的工作。所以，在这个时期，一直到日帝侵占韶关以前，文理学院中的党组织和进步势力都成为起决定作用的力量。党组织没有受过破坏，党和群众有着密切联系。

一九四二年五月下旬，发生了广东省委遭严重破坏的事件，为了避免党组织继续受破坏，党中央决定广东党组织停止活动，党员执行勤学、勤职、勤交友的"三勤"任务。党员没有组织联系，长期隐蔽埋伏，等待时机。一九四二年八月接到党中央指示，于九月间，文理学院中心党支部听到传达，并布置贯彻执行。文理学院党组织于十月份开始停止活动。虽然我们没有组织联系，但党员之间还是有联系的，工作上还是经常有商量的。

一九四二年底学期结束前，国民党当局酝酿以丁等操行开除三十多名同学。我们闻讯后，一方面发动同学广泛对教授开展工作，争取了大部分教授的同情和支持；一方面派出代表与院方反复交涉。上台不久的院长黄希声，因阵脚未稳怕出乱子，只好暂时收回成命。到一九四三年暑假，突然强行饬令余松烈、李焕华、王克虎、方志武、陈铭昌五人退学。我们利用各种关系协助他们转学或就业去了。

在这期间，我们除了坚持后方工作队这一公开阵地外，还开展了交朋友的工作，特别是和进步分子一起做好团结教育中间分子、争取落后分子的工作，对团结争取对象有分析又做了分工。由于坚持采取交朋友的、共同学习的、深入个别发动的方式，因此，党的群众基础还是很广泛的。

五、走与工农兵相结合的道路，踏上武装斗争的征途

一九四三年冬，张江明同志去东江纵队前和一九四四年春从东纵回来粤北后，都曾约文理学院原中心支部的三个同志到坪石碰头会面，汇报情况，研究工作。后一日，张江明同志传达了党中央关于形势和任务的指示，介绍了东纵的武装斗争活动，提出在粤北要准备武装斗争，并把从东纵带回来的党的文件，毛泽东同志写的文章和东江纵队成立宣言等发给我们。回校后，我们对党员作了个别传达，认真学习，对大家鼓舞很大。张江明到东纵时，把文理学院、粤秀中学、中山大学等党组织和党员名单、联系代号等交给中共广东临时省委书记、东纵政委尹林平同志（党中央决定在东江纵队成立中共广东临时省委）。

一九四四年夏，日帝发动打通粤汉、湘桂线的进攻，韶关形势紧张，国民党当局进行紧急疏散，文理学院决定迁罗定。面对这急剧转变的形势，刘渭章、郑彦文同已毕业离校的江国光交换意见，作出应变部署，决定不跟学院撤迁，而有计划地把我们的党员和进步分子，转移到粤北的南雄、始兴和北江、西江的前线，互相保持联系，迎接广东武装斗争高潮的到来。郑彦文、骆毓柽（骆征）等五个党员和十多个进步同学转到了南雄、始兴，同南雄的党员和进步力量（邓事型等）创办了珠玑中学，并到省立南雄中学任教；通过叶璞琼的社会关系，安排了一批同志到始兴小学、中学、妇女会工作。刘渭章回到清远潖江前线，同地方党组织取得联系。江国光回广宁任师范校长，刘渭章后来受聘任教导主任，彭荣华也到了广宁工作。黄海晏、夏伟聪到了肇庆。我们共产党员好像种子，撒到每一个地方，都会生根发芽。那时我们同地方党虽然没有发生组织关系，但彼此了解，互相配合，为当地后来的武装斗争力量做了一些准备工作。如南雄珠玑中学和广宁师范为党领导的武装斗争培养和输送了不少干部。

日寇发动打通粤汉线和湘桂线的进攻时，东江纵队派同志到南雄找到郑彦文，告诉他要通知和动员文理学院等院校的党员与进步群众到东纵来，郑立即电约刘渭章见面，传达通知，分别贯彻执行。从一九四四年冬至一九四五年春前后，文理学院的党员和进步群众，积极响应党的号召，踏上武装斗争的征程。他们穿过敌占区，偷渡封锁线，先后到达东纵游击区。据不完全统计，有江国光、刘渭章、郑彦文、黄海晏、杨蘅芬（杨行）、钟国祥（钟克中）、夏

伟聪（张帆）、许伊（许实）、李鸿舒、骆毓柽（骆征）、叶大年（叶超）、梁棣生（梁棣）、李秋英（李萌）、彭荣华（彭少平）、彭育祥、胡德成、卢以谦、关景霞、李严、崔承宪、胡德成（胡庚）、蓝芳俫（蓝明生）、李单彰、王维新、冯荣艺、叶璞琼、张宽仁（张启中）、杨娣、尹叶枝、李伊、彭淑莉、黎炳炎、朱景超等。他们经过东纵青干班的短期学习后，又奔赴到东纵、珠纵、北江、西江、中区各个武装斗争的前线，担任部队政治、军事工作和地方工作。早已离校转到各地工作的林敬文、骆维强、郑英慧、徐效鹏、张启彤、刘元兴等等，后来也先后参加了各地区的武装斗争。青年学生走与工农兵相结合的道路，参加武装斗争，发挥桥梁作用，这是文理学院学生运动的丰硕成果。

（录自《广东文史资料》第三十六辑，魏文石整理）

基联中学中共领导的学生运动

唐 键

抗日战争爆发后,连阳地区成为广东省抗战的后方,国民党省政府机关和一些大专院校相继搬迁连县。1941年,经省港教育界知名人士李应林(岭南大学校长)、傅世士(培英中学校长)、洪高煌(岭英中学校长)等倡议,由原广州的岭大附中培英、真光、美华、协和、真中,香港的岭英、协恩及澳门的广中十间中学在连县合办基督教联合中学(简称基联中学),主要是接收从港澳穗等地来连县就读的高、初中学生。此倡议得到了省教育当局的赞许。于是,1942年秋,基联中学便在连县县城河西的双喜山正式招生开学。

基联中学开学后,中共连阳地区副特派员李信(又名李琳、李炳超)便在该校物色建党对象,建立党的组织。经过一段时间,很快建立了地下党小组,由学生党员黄菘华任小组长。党小组的主要任务是组织学习党内文件(手抄本或油印本),联络进步同学,开展学生运动。具体内容有:

一是组织读书会。读书会有章程,是中共连阳副特派员李信亲自起草的。读书会的核心成员有潘润燕、潘伟明、黄奋莺、莫三球、周宣妙、张钜源等。读书会经常阅读的书刊有《新华日报》《评中国之命运》等。仅两年时间,读书会就组织学习过有关辩证唯物主义、抗日战争形势、苏德战争形势、第二次世界大战形势的文章。李信还为读书会在阅读文章时提出学习要点与讨论题目。读书会设在连县县城北杨柳坑三号,是地主邓尚平的房子,当时由爱国进步人士莫雄租住。但莫雄经常不在连县,这所房子便成了读书会既方便又安全的理想会馆。由于读书会成员求知欲旺盛,学习积极性高,影响了其他同学,因此,成员不断增多,使读书会成为发展进步力量的阵地。

二是掌握公开群众组织领导权。如学生会、班会(大部分)、合唱团、膳食团等公开的群众团体均为掌握。党小组发动进步学生利用这些群众团体出墙报,唱《胜利进行曲》《黄河大合唱》等进步歌曲,演《杏花、春雨、江南》

等进步话剧,组织写作比赛和郊游等活动。这样,党员和进步同学的团结面便愈来愈广,从而发展了进步力量。

三是开展对敌、顽分子的斗争。当时,学校的军训教官不少是国民党军统特务。他们对进步学生跟踪盯梢、私拆信件,进行暗中监视,发现进步学生就勒令其退学。如进步学生莫三球,在同学中鼓动反对教官吴积勋,吴诬指莫带头煽动闹事,不准莫注册入学。党小组便通过一些上层关系,迫吴积勋给莫注册入学。又如1944年初,学校当局以成绩刁难进步学生,致使毕业考试时,初中毕业班的同学有半数以上不及格,不能毕业。党小组便发动毕业班全体同学向学校当局请愿,要求补考,并以学生会名义支持这个正当要求,学校当局不答应,便进行了罢课,提出了强烈的抗议。最后,学校当局不得不给予补考,党小组终于取得了胜利。

四是为武装斗争做准备。1944年,日寇为了挽救在太平洋战争的失败,阻止盟军在华南登陆,打通华中与华南的大陆干线,在华南发动了一次大的进攻。李信召集了黄蓁华等地下党员分析了形势,认为连县有可能成为敌后。根据上级指示,党的主要任务应为开展武装斗争做准备。为此,地下党便利用侨生证把南雄中学进步学生伍平、麦扬、张洛平、邓陵等转学到基联中学就读,

基联中学所在的惠爱医院旧址(魏文石摄)

从而加强了基联中学的进步力量。接着，李信又布置伍平、潘润燕、黄菘华等三人组成临时党支部，由伍任支部书记，潘、黄任支部委员。他们领导读书会的成员利用莫雄家中存放的步枪，以旅游为名，到湟川河的下游、人烟稀少僻静的岸边，进行射击练习，学习军事技术，为开展武装斗争做好准备。

五是发展党的组织，建立党的联络据点。李信调离连县后，中共连阳中心县委继续关怀基联中学的学生运动，曾先后委派党员干部杨重华（杨士衡，中心县委宣传部长）、冯华（冯文咏，中心县委组织部长）、郑江萍等到基联中学任教，以加强党的领导，发展学生党员，壮大党的队伍。学生文超、王建泉等就是那时入党的。为了便于掩护我党活动，县委还根据基联中学是基督教会学校的特殊地位，在基联中学建立联络据点，负责县委与上级党的联系，接送来连县的上级领导和党员。如1949年初，杨重华从香港回来，途经连县，引起了敌特的注意。杨当机立断以曾是基联中学教师的身份，回基联中学探访老同事为由，住在基联中学秘密联络站，使之化险为夷，顺利完成了连江支队交给的联络任务。

基联中学的学生运动在地下党的领导下开展得较好，发动了群众，壮大了党的队伍，完成了党交给的任务，在粤北学运史上写下了光辉的一页。

（转载自《广州文史》第七十七辑，魏文石整理）

战斗的友谊，深情的《告别歌》

戴 江

一九四四年的初夏，我们高中三年级的同学即将毕业离校。提前考完毕业试之后，文科班（高中三分理科和文科两班）的同学们决定在离校前，开个告别晚会，要创作和演出反映几年来学生生活的话剧和一首毕业歌。四幕话剧由我和陈从远（陈康）很快写出来了，后因种种原因没有排演。毕业歌（即告别歌）由我作词，马文钰（马鲁）作曲。

在这之前，我和马鲁有过多次合作。这次以为写一首歌词并不难，可是，一进入构思，却不那么容易。这几年生活，怎么概括在一首歌词里呢？写歌词所耗去我的时间和精力，比写话剧多得多，不少设想在脑子里产生，又一次次被自己否定了。马鲁一再催促我，甚至严厉批评我。平时大家称我是快手（我习惯于即兴就章），今天却一筹莫展了。

一天我躲开马鲁（怕他又来催我），把自己关在周奕文同学在江夏村租下的小阁楼上，苦思苦想。

几个月来，对动乱的时局，对自己的前途，不想则已，一想起就彻夜不能成眠。不时听到日本侵略者要打通粤汉线，有大举南北夹攻之势，在韶关的国民党省政府要搬迁到连县来；国民党反动派变本加厉地反共反人民，某某人被捕，某某人被杀。东江抗日游击队要北上的消息，曾振奋过同学们的心，但又久久不见动静。如此种种，如乌云盘绕着每个人的心。像我们这些家乡沦陷了的人，有家归不得；身无分文，大学肯定不能上了，找职业更谈何容易！此地既不能留，又往何处去？

我坐在临窗的桌子旁，想起朝夕相处的同学们即将各散东西，离愁别绪，纷至皆来，抑不住，理不清……我抬头向窗外，一片新绿的田野，映入我的眼帘。在阳光下，嫩绿的禾秧，在微风中摇曳，生机勃勃……一种突如其来的冲动，撞击着我的心扉。啊！这些新苗不就是我们这些同学，在东陂这块土地上，茁壮成长的象征吗？我抓住这一瞥间的灵感，多少天来散乱如麻的思绪，突然像流水，找到了它的河床，奔流而出！思路打开了，写告别歌吧！我对着田野的新苗，就像对着即将离别的兄弟姐妹们，倾诉自己的情怀！

四年了（我和马鲁都是留级一年，高中读了四年）！一千多个难忘的日日夜夜，我们朝夕相处，患难与共，情同手足！

我踏上东陂这块土地，迈进竹棚茅舍的校舍的时候，还是个无知的少年。在几年时间里，地下党和进步老师同学们，以兄长般的爱，一步步搀扶我前进。从他们手中，我看到被禁的马列主义著作和高尔基等无产阶级作家的著作，还有党秘密印刷的小册子。革命的理论和作品对我这个仅有抗日救国模糊思想的人，进行了共产主义的启蒙教育。晚霞中的枫林漫步，阳春三月杜鹃丛中的野游，龙塘陂击水的欢声笑语，都在潜移默化地熏陶着我。几个同学围坐在昏黄的油灯下，阅读"禁书"，心中涌起一腔热血，忘却了五更寒！还有那学生会歌咏团的嘹亮歌声，剧团的纸糊布景下的演出，油灯下，搓着冻僵的手指编写的墙报，所有这些，都使我永志难忘！

我到粤秀中学的第二年，太平洋战争爆发，家乡变成沦陷区，经济来源断绝了。在整整三年里，全靠同学们在精神上的安慰、鼓励和物质上的无私支持（那时大家都不富裕）。像马鲁、麦明（麦扬）、李淑均（戈沦）等同学在我身上花了不少心血，使我不至于在迷惘中走入歧途，在绝望中沉沦。我的铺盖和好一些衣物给债主抵了债，剩下的又给小偷偷去了，是陈善棣（陈持平）、张善儒（文藻）等连县同学，在寒夜难眠的时刻，给我送来了棉被和毯子；在蚊虫如蝗的夏夜，是陈斯（沙萌）给我送来了蚊帐。冬天没有鞋子穿的脚，冻裂开一道道血口，是同学送来了鞋子，我身上里里外外所穿的，没有一件不是同学们送来的。当我患了严重的疟疾，是开药店的同学，从家里拿来了当时十分贵重的针药；有的同学用她教书得来的微薄工资，给我买了药。

一个春寒透骨的日子，大雪纷飞，学校饭堂因我没有交伙食费，把我的名字挂上了停膳牌，我坐在四壁透风的教室里，饥肠辘辘，单衣又难御寒。我流着泪给母亲写信。不久，母亲来信了，信中写道："孩子你回来吧，母亲就是卖田卖屋也给你筹足路费。"母亲，远隔千里你怎能救你儿子燃眉之急？！我看罢信，只有孤单一个躲在宿舍里流泪。就在这时候，平时沉默寡言的陈明同学来了。他默默地看了我母亲的来信，便领我到他搭食的地方去吃了顿热饭，后来，我还跟他共餐好长一段时间。我在粤秀中学三年间，周济过我的同学，如黄永（子衡）、马淑琼等，不下十多名。同学们对我无微不至的关怀和无私的支援，就是至亲的亲人，也不过如此。

　　暑假期间，我们这些沦陷区和港澳来的同学，因经济来源断绝，几个人结伴，赤着脚或踏着木屐，踏着被烈日烤得发烫的青石板路，爬山越岭，在这位同学家住几天，又转到另一位同学家住几天，把两个月的暑假打发过去。陈善棣、张善儒、邓锡勋（邓强）、成碧华……连县籍同学的家，都是我们常去的地方。当地同学们的家庭成员和当地乡亲，对我们都热情款待。有一次我们到丰阳乡一位同学家里，适逢过旧历年，乡亲们争着请我们去作客，家家拿出炸糖环、炒粉、大肉和美酒来招待我们。这是我人生第一次体验到山区人民的深情厚意。

　　在几年时间里，我们踏遍了连县的山山水水，览尽了连县美如仙境的风光，享尽了人间的温情，还练就了一身硬朗的筋骨。

　　连县啊，东陂：你那挺拔、秀美的巾峰山，巉岩壁立的峰峦，清如明珠、柔如锦丽的小北江；你那古朴的民歌、唱春牛、舞火龙、舞火猫等民间艺术；还有那绣出锦绣河山和创造出古朴艺术的质朴、热情、辛勤的人民，是那样使我难于忘怀！

　　我们这帮同学，生活和斗争在民族解放战争的伟大时代。在伟大时代精神感召下，我们亲如手足，患难与共。我们的战斗友谊，如巾峰山那样凝重，如星子瀑布那样从高崖直下，一泻千里，源远流长！

　　我一口气把歌词写下来了，收不住的感情，使我一下子写了几十行。但这样怎能谱曲呢？后来还是由马鲁同学作了删节。马鲁也是在几天内谱成曲子，还是男女声四部和声合唱呢！

　　在告别晚会上，文科班同学演唱了这支新歌，虽然因为练唱时间不足，唱得还不够熟练，但是，由于曲子表达了澎湃的革命激情和临别叮咛的深切情意，抒发了同学们共同的心声，仍然给同学们留下了深刻印象和永恒的思念！

《红色马》曲谱

马鲁同志牺牲四十多年了。一九四五年冬天，他在与国民党反动派军队斗争中，牺牲在博罗县河坑头。他当时是东江纵队指挥部铁骑队的指导员。他牺牲时才二十一二岁。马鲁同志没有上过音乐院校，靠天赋和勤奋自学，在十多岁时，就崭露出音乐的才华。他在粤秀中学几年间所写下的几支曲子，至今仍给同学们留下深刻印象。如《红色马》（卢积仁作词），不仅为当时同学们所爱唱，而且流传广远。有同学在国民党狱中，听到隔壁不知名的狱友哼唱过。山东省长清县城解放不久，我在一间学校的课室里，也看到黑板上抄了这支歌。

（转载自《连县文史资料》第五辑，魏文石整理）

忆往昔峥嵘岁月稠

——广东文理附中粤秀青运回忆

钟国祥

一九三八年十月广州沦陷后,广东师范学院由广州迁至广西藤县禤州,设有附属中学;一九三九年又迁至广西融县;同年迁回广东粤北乳源县侯公渡,改名为"广东省文理学院"及"文理学院附中";一九三九年底学院和附中再迁至连县东陂,学院设在江夏村,附中设在塘头坪村。东陂地处广东的西北角,远离国民党广东战时党政中心的韶关,广东统治当局对它大有鞭长莫及之感。它既是青年学生们学习和争取进步的好地方,更是中国共产党播种耕耘的理想之地。

文理学院院长林砺儒先生和文理附中校长丁景堪先生,都是爱国的民主教育家;他们是主张学术自由、思想自由和锐意革新的学者;他们阅历甚深,不趋炎附势,敢于面对困难,探索真理。他们广罗专家教授、进步老师,充实教学力量。在学院有郭大力、张栗原、陈守实、熊大仁、王越、许杰、黄友谋、阮镜清、陈兼善等著名专家学者;在附中有黄庆云、虞泽甫、莫福枝、林克武、梁汉生、曾如阜、吴汉明等进步教师。他们在边陲的山区,偏僻的农村,辛勤地培育祖国青年一代。

文理附中的学生,有来自南路临中的、中区临中的、庚戌中学的、南海联中的,也有从香港、澳门来的,还有从省内其他学校来的;跟随学校从乳源来的只有百多人,大部分来自沦陷区或半沦陷区。受到反动派迫害而离开前线工作岗位的青年和一批国民党干训所的青年(广州沦陷后参加中学以上学生集训后转到省干训所学习的),也转到附中来就读。这时候附中就有学生将近五百人。

当时学校政治势力是两头小中间大。在学校中有正式组织关系的中共党员，只有钟国祥（钟克中）、张赵宽两人；组织关系未转来的党员有梁碧光、赵芳杏、李树中、梁庆逵、张远达、周奕文等（李树中在一九四一年初重新入党）。教师方面在一九四二年以后，才有莫福枝、虞泽甫两位党员。当时附中党的力量十分薄弱。国民党、三青团在学校的力量也不大。初到东陂时，学生中的国民党员、三青团员有黎启新、梁金意、王保持、王畅叙等人；教师中的国民党员有陈志晃、梁汉生、黄克欧等，以后还来了黄继植、黎杰、陈琦等人（梁汉生参加国民党是为了饭碗，根本就不跟随他们走，因此他曾被军训教官巫琦指为"共党分子"并上报国民党师管区）。在附中师生中中间势力很大，谁能争取得到中间势力，谁就能取得开展工作的优势。因此，争取中间势力成为附中党组织的重要任务。

学校迁来时，由于经费拮据，只能在村边的山坡上搭建几间草棚作为教室，把村里的大祠堂作为学生膳堂；校本部前面的个碉楼用作学生宿舍，男女学生挤在一起。后来突然增添三四百个战区学生，村里四个碉楼都用作宿舍，住宿问题还未解决，只好让他们分散租住村里农户闲置的房间和楼阁，所以同学的住所遍及这个山村的许多农户。学生住地的分散，有利于秘密读书会活动和建党工作的开展。

附中建党初时，即贯彻中共中央南方委员会书记周恩来同志指示"隐蔽精干、积蓄力量、长期埋伏、等待时机"的方针，而且一开始就在省委青年部副部长张江明同志直接领导下开展工作。初期只建立有钟国祥、张越宽两人参加的党小组，由钟国祥担任小组长。

一九四〇年十月，附中党小组利用学生分散居住的有利条件，首先动员群众建立秘密读书会，借以团结教育同学，争取中间势力，培养骨干，为建党做好准备工作。读书会有以来自中区临中的同学为核心的"励志读书会"（后改名为"海屋读书会"），以庚戌中学同学为核心的"十月社"（后来改为"努力读书会"），以南路临中同学为核心的"春雷读书会"和其他学校来的同学组织的没有名字的读书会（或读书小组），这些组织如雨后春笋般建立起来。各个读书会都有一批骨干力量，如"海屋读书会"有李树中、李士熊、郑彦文、梁棣生、赵克墀、邝惠娟、刘伯伟等；"努力读书会"有钟国祥、黎绍裘、彭绍光、岑煜荣、崔克玲、柯耀存、马文钰、钱玉芝、岑三楚、陈志方等；"春雷读书会"有吴荣宇、罗万明、张福光、张家裕、马翼豪、严天任等。这些读书会，成员多则三四十人，少的也有十多人。读书会成员总人数占全校学生人数的五分之二，都是学生中的进步和积极分子。党的外围力量的壮大，使党组织在学校的各项活动中，起着领导作用并为筹组全校学生会组织准备了力量。

一九四〇年底，张江明同志传达了中共中央《关于向青年知识分子开门，吸收进步青年学生入党的决定》。一九四一年初开始，党小组根据张江明同志的指示，在各个读书会中，认真培养吸收骨干分子入党。第一批经过教育、考察审查并经上级党批准入党的同学有：李树中、李士熊、黎绍裘、岑煜荣、彭绍光、郑彦文、李焕华、王克虎等，由钟国祥担任附中第一任党支部的书记。以后在一九四一年中，又继续吸收了吴荣宇、梁棣生、赵克墀、罗万明、陈志方、张肇周、郑志文、林乃燊、潘其滨、邝本玲、劳次英等入党。

一九四一年六月，钟国祥毕业离校，由李树中继任党支部书记。一九四一年暑假时，在党支部领导下，由李树中、黎绍裘、李士熊三人组成群众工作核心小组，领导全校公开合法的组织（如各班、级会、学生会，各个读书会）的工作。一九四一年九月以后，在支部领导下，又成立了平行支部，由李士熊、陈志方分任正副书记，领导高中二年级以下的各班党组织的工作。一九四二年六月，李树中毕业，附中党支部由李士熊任支部书记；一九四二年粤北事件发生后，八月，附中党组织遵照中共连阳特派员钟达明同志传达上级党的指示，停止党组织活动。一九四四年底至一九四五年初，在连阳特派员李信同志领导下，附中党组织恢复活动，先后由廖拔成等任党支部书记。

附中党组织在各个读书会中，提出"坚持抗战，反对投降；坚持团结，反对分裂；坚持进步，反对倒退"的政治口号，以此来教育同学。党组织首先掌握各班、级的领导权，进而掌握学生会组织，把全校同学团结起来，进行三坚持三反对的斗争。学生会成立时，钟国祥、周炳钧、梁汉辉三人分别被推选为正副常务干事（即学生会正副主席），以后各届学生会，分别由陈近仁、麦明、王桐照等担任常务干事。

附中党组织掌握了学生会的领导权，就有条件开展符合青年学生爱好的各种活动（如组织歌咏团、话剧团，举行各种座谈会、时事讨论会，出墙报，组织郊游活动等等），来对他们进行形势教育和宣传党的主张和政策，并推动抗日救亡宣传工作。

各班级参加歌咏团的同学很多。学校歌咏团的发展，从学校到各村镇，都掀起大唱抗战歌曲的热潮。很多歌曲，如《黄河大合唱》《生产大合唱》《我们在太行山上》《游击队之歌》《朱大嫂送鸡蛋》《热血》《丈夫去当兵》《喀秋莎》等，不但同学们爱唱，连老百姓也都爱听爱唱。歌咏团不但在校内演出多次，而且到各村，到东陂、丰阳、县城演出，备受群众欢迎。歌咏团由赵芳杏同学担任指挥，优秀的歌手有马文钰、柯耀存、张家裕、罗万明、崔克玲、崔爱碧、劳次英、马淑琼、陈婉翩、包文英、谭铁骖、徐裕棪、马联豪、何佩瑗、邹震芳、黎玉媛、何慧珠、蒋慧儿等等。

赵芳杏是共产党员，是一位训练有素的歌唱能手和具有指挥才能的同学，来校前曾在军队中的政工队工作过。她为人热情，有魄力，善于团结同学，帮助同学进步。一九四二年七月，赵芳杏毕业离校，歌咏团工作由邝惠娟负责。马文钰和柯耀存也是共产党员，是歌咏团的坚强组织者和领导人之一。马文钰的艺术天资较高，特别在音乐方面。他在谱曲和声乐上有一定成就，由他谱曲的歌有《红色马》（卢积仁作词）、《告别歌》（戴俊森作词）等，歌曲旋律优美，情意深切，充满革命激情，给同学们留下难忘的记忆。

学生会的话剧团，同样团结了大批同学。剧团主要骨干有区达生、李严、李伊、王克虎、周占楠、徐裕棪、王桐丽、崔克玲、包文英、关燕如、柯耀存、戴俊森、马文钰、黎玉瑗、邹震芳、马淑琼、唐乔、黎玉珊等同学。

一九四一年春，剧团利用寒假，组织一百多个同学到县城连州演出大型话剧《心防》。导演由区达生、李严、李伊等同学担任。区达生同学在导演上是有经验的，过去在中区临中时，导演过几个戏，都很成功。李严、李伊俩兄弟搞后台工作十分熟练。由于演员工作人员通力合作，积极排练、准备，演出博得了县城观众的好评。剧团还演过大型舞台剧《法西斯细菌》《雾重庆》《凤凰城》《雷雨》《日出》《水乡吟》《杏花·春雨·江南》《北京人》等等，还到农村演出街头剧《放下你的鞭子》，宣传抗日救亡，活跃农村文化生活。除了演剧，团员还出墙报、贴标语，进行街头宣传，访问群众，号召群众组织起来，武装保卫家乡，收效都很好。

附中党利用公开合法的形式进行活动，既使党员有机会广泛接触群众，了解群众政治、思想、学习、生活上的要求，与群众建立深厚的感情，密切党群关系，同时又能掩蔽党的秘密活动读书会、座谈会、歌咏团、话剧团、野外郊游等活动，十分适合青年人的特点和兴趣，因此通过这些形式，党组织就能达到依靠进步分子，团结教育争取中间分子，孤立少数顽固分子的目的。

秘密读书会是党在学校中培养革命干部和建党对象的最好形式。读书会初期是没有分年级的，都是由互相比较了解的同学组成，后来因人数增加，几十人一个读书会，活动不便，又不利隐蔽，就把读书会分开，成立了"尖兵社""青山社"等许多新的读书会。为了更好地活动和做好隐蔽工作，后来又改为分班级的读书会,这样会员人数较少,而且连"××"读书会名称也干脆不用了。当时参加读书会的同学,约占全校学生人数的百分之四五十。

读书会初期着重启蒙工作和提高同学们的阅读兴趣,方法是向他们介绍优秀的文艺作品,如《母亲》《铁流》《钢铁是怎样炼成的》《海燕》《阿Q正传》《狂人日记》《祝福》《子夜》《雷雨》《家》《春》《秋》和斯诺写的《西行漫记》等等,使他们养成经常读书的习惯,并通过文艺作品,认清中国和俄国旧社会的面目,认识封建社会和资本主义社会的腐朽性,认识旧社会贫富悬殊,人剥削人,人吃人的社会根源和阶级根源,认清半封建、半殖民地的中国贫穷落后和受人欺凌的根本原因,从而懂得青年人必须积极参加革命斗争的道理。

读书会第二步工作是,介绍同学阅读一些通俗的革命理论书籍,如《大众哲学》《辩证法唯物论入门》《思想方法论》《唯物论和唯心论》《什么是唯物主义》《列宁主义概论》《社会发展史》《通俗政治经济学》等等。目的是使同学们能概括地认识马列主义的三个重要组成部分,树立辩证唯物主义的思想方法和确立革命的人生观。

读书会还根据同学们理解能力的不同,分别介绍和指导阅读《政治经济学》《联共(布)党史简明教程》《共产党宣言》《列宁主义基础教程》《辩证唯物论和历史唯物论》《帝国主义论》《社会主义从空想到科学》《"左"派幼稚病》《反杜林论》《国家与革命》《费尔巴哈论》《法兰西内战》等较高深的理论书籍,有个别同学还通读了《资本论》。

此外,读书会还规定成员一定要阅读《中国革命与中国共产党》《论持久战》《新民主主义论》和《整顿三风》等重要著作。读书会除了有计划地组织同学阅读进步书籍之外,还强调成员一定要学好文化课,所以每个成员,在各班级中学业成绩是优良的,常受到老师的赞扬。

读书会每两周组织同学们结合所阅读的书籍内容,举行学习讨论会。每次都由学习组长拟就讨论提纲和提示参考书籍的章页,帮助同学们做好发言笔记。所以开会时大家都争着发言,有些问题争论不下时,由学习组长指导大家阅读有关书籍章节后,才由组长进行总结。这样的学习,使同学们得益甚深,进步很快。

读书会每半个月还针对同学的思想倾向和国内外政治形势,举行一些座谈会,如举行"人生观正确的恋爱观""关于苏德战争问题""太平洋战争问题""关于开辟第二战场问题""关于皖南事变问题"等等的讨论。

各个读书会的骨干,如李树中、黎绍裘、吴荣宇等人,组成墙报编辑委员会,共同出版全校性的墙报《兵工厂》《尖兵》等,以文艺形式,宣传党的主张和人民军队在敌后战场上的胜利;揭露讽刺国民党政府的黑暗腐败和它在政治上搞投降、分裂、倒退的种种表现;分析报道政治形势,推荐进步文艺书刊。办墙报,从开始起就旗帜鲜明,墙报带领同学们沿着正确的道路前进,备受同学爱护和欢迎。

读书会有严密的纪律,不管时局发生什么变化和学校迭次更换校长,都从未发生过意外的事。

读书会,常利用野外郊游的方式,举行座谈会,或三三两两在枫树林中漫步谈心,交流学习心得。

读书会成员间亲如兄弟姐妹。太平洋战争爆发后,港澳同学因家庭供应完全断绝,生活十分困难,有些人连膳费也无法缴交,有些一人开膳两人分吃,有些要住户(屋主)照顾。政府发的战区学生生活补助,因物价飞涨,根本无济于事,各读书会在党组织的教育下,发扬互助友爱、同甘共苦的精神,谁家有钱来就分给大家用,做到有饭分着吃,有衣分着穿。寒暑假一到,本地同学就邀请战区同学到家里度假。毕业同学要上大学,没有旅费,本地同学就捐款支助,甚至连金饰也变卖。

一九四一年下半年,附中同学在党秘密领导下,组织了公开合法的文艺团体"文苗社",成员有一百三十多人,由李士熊(共产党员)负责领导,黄庆云老师担任顾问。"文苗社"报由梁汉生老师撰写《发刊词》。梁老师后来还写过《沉落与新生》等文章。一九四二年上半年,粤北省委被破坏,政治环境恶化,李士熊退居幕后,由钱玉芝(共产党员)负责"文苗社"的工作。除出墙报外,"文苗社"还举行小组讨论。

文理附中于一九四一年下半年改名为"粤秀中学"后,国民党省政府派黄继植来任校长。一九四二年下半年,又改派黎杰来任校长,黎杰掌管校政期间,出了很多坏点子。有一天,他召集"文苗社"负责人钱玉芝、岑三楚谈话,他恐吓说:"'文苗社'这个组织,引起社会上很多议论,上面(指国民党政府)很注意,你们是否考虑把它解散?"消息传出后,全校进步师生十分愤怒,议论纷纷。黄庆云老师向教务主任易唯志了解情况,易老师说:"这是省教育厅的密令,说'文苗社'是共产党的组织,还说李士熊是共产党分子。如果不解散,学校就无法向上交差,还是解散为好。"钱玉芝向学校党组织汇报,党支书李士熊根据广东当局的政治局势和我党斗争策略,决定同意解散。

"文苗社"在东陂大口岩召开大会,由钱玉芝宣布解散,虞泽甫老师(共产党员)参加了大会,黄庆云老师发表愤激的抗议,使许多同学激动得热泪盈眶。

后来,党组织决定由学生会出墙报,继续进行有理、有利、有节的斗争,还动员各班级出墙报,最多的一次共出墙报三十八版。出刊前,同学们夜以继日,围着小油灯工作;有画刊头的,有写美术字标题的,有抄稿件的。大家用无言的抗议与国民党的倒行逆施进行针锋相对的斗争。在一个早上,几十版墙报同时出版,万紫千红,壮观异常。学校反动当局为之震惊,手足无措,狼狈不堪。当局迫害了一个"文苗社",几十个"文苗社"又涌现出来,真是"野火烧不尽,春风吹又生"。全校师生纷纷围着墙报阅读和辩论。墙报除文艺作品外,还有政治评论、专题讲座等。在评论欧洲开辟第二战场时,还把欧洲和亚洲战场形势图绘画出来,用小红旗标明盟军在各个战场上的胜利情况,鼓舞了同学们对抗战必胜的信心。

学校当局虽然把公开的组织"文苗社"迫害解散,但对秘密的读书会组织仍然毫无办法,读书会越办越好越扎实,越得人心,后来又建立起地下图书室。张惕丞同学(张栗原教授之子,后来入了党,参加了东江纵队)是兼学校图书馆管理员工作的贫苦学生,他把被学校封存的禁书悄悄拿出来,充实地下图书室。后来学校发现图书丢失,四处查访,企图发现失书去处。由于党组织与当地群众的关系十分融洽,老百姓把那些图书藏起来,才不致被学校当局发现。

一九四二年,在粤北的省委组织受到破坏。附中党组织遵照上级指示,停止组织活动。附中党领导下的读书会,并没有解散或停止活动。恰恰相反,还扩大发展起来。学校反动当局故意阻挠进步同学杨乃鎏等人升入高中,杨等就到连州中学去就读,并和连中同学一起组织读书会。学校迫害学生会主席麦明等人,麦等就到基联中学去就读,并和基联进步同学一起组织读书会。在读书会的教育下,很多同学决心跟共产党走,积极要求参党。一九四一年,附中党组织发展了李树中、李士熊、黎绍裘、郑彦文等二十多人参党。一九四二年八月党组织停止活动之前,又吸收了成碧华、王自珍、麦明、李淑钧、何纫秋、杨惠育、何佩瑷、陈甲寰、唐乔、钱玉芝、劳道明、张善谨、张善儒、郑云英、成崇仕、张筱芬等人入党(资料不足,怕有错漏)。到了这时,附中党组织有党员五十多人,此外,还有不属学生支部领导的党员教师虞泽甫、莫福枝等。附中党组织在一九四一年下半年由中共北江特委连阳特派员李信同志负责领导(钟达明同志领导时,为了工作需要,曾派他的爱人关婉明同志来附中就读)。上级党组织指示把高中、初中党组织分开,派来专人负责工作。这是具有战略意义的措施,因为高中同学在校时间短,而且外地人多,初中同学在校时间长,而且多为当地学生,对建设地方党组织和武装斗争,都有着战略作用。一九四二年八月以后,停止发展新党员,但同学们仍积极靠拢党。

一九四三年下半年到一九四四年,粤北各县的党组织先后恢复活动,李信同志到连县进行恢复党组织的工作时,曾指示文理附中廖拔成、岑煜荣两位同志准备着手恢复党的组织（廖拔成后来是附中党支部书记）。一九四四年冬,日寇企图打通粤汉、湘桂两线时,学校大部分党员和进步学生南下参加东江纵队,一部分党员为准备抵抗日寇侵犯,在粤北组织人民武装。因此,附中党组织没有立即恢复活动。解放战争时期,附中参加武装斗争的学生成为粤桂湘边纵队连江支队的骨干力量。

附中党的建设和青年学生运动的开展,并不是一帆风顺的,而是经过许多尖锐斗争。例如:学校的训育主任、国民党员陈志晃为了便于监视限制学生的行动和实行突击检查,竟在塘头坪村给农户都编上了门牌。同学们用番薯刻成有"志晃屯谷"四个大字的印章,在一夜之间,给全村的木门牌都盖上印,使老百姓和师生都认为他要搞屯谷居奇的勾当,陈志晃气得叫校工连夜把全村门牌拆下。又如:军训教官黄克欧,以便于管理为名,规定学生外出时要穿制服和打绑腿,连出去距学校仅三里路的东陂墟也无例外。同学们对此十分反感。有一天早操后,同学们把黄克欧包围起来,责问他在抗日时期还留着"仁丹"胡子,是不是想投降日本？限令他在十二小时内剃掉,并要他取消不合理规定,一些人还把他的军帽扯上旗杆顶上。黄克欧被困得无法解脱,一一答应同学们的要求。他在当天上午便把胡子刮掉,第二天便悄悄地离开了学校。接任的军训主任巫琪,曾把学校进步老师梁汉生和学生会干部梁汉辉指为"共产党分子",用黑名单上报韶关师管区；他常以检查学生宿舍内务为名,搜查同学们阅读的书籍；又常用突击检查办法,闯进在村内农户寄住的学生房子里来。他还布置三青团骨干分子王畅叙、林崇式之流,煽动同学对学生会的不满,企图夺取学生会的领导权。学校军训处对学生实行法西斯式的管理。同学们操法稍有错误,教官即罚跑步、罚跪,甚至拳打脚踢,同学们积怨甚深。一九四一年冬某日,当国民党广东当局要迫走林砺儒院长和丁景堪校长时,愤怒的同学趁势包围军训处,斥责巫琪,少数同学使用扫帚当头拍下,痛打了他,他威风扫地,灰溜溜地离开了学校。同学们对训育主任陈琦的各项反动措施十分不满,也对他进行包围和说理斗争,批驳得他无言以对。他经这么一斗,鉴于同学们对待军训主任的先例,也夹着尾巴悄悄离校。

在激烈的斗争中，党组织注意做好统战工作。对官宦之家出身的同学，采取团结教育的方针。如国民党广东省府主席李汉魂的儿子李焕，我们就是采取这样的方针把他争取来的；对中立的和进步的老师，我们极力争取他们的同情，争取他们为同学们通消息，打掩护。例如：训育主任陈琪以关心在外住宿学生的生活和学习为名，要黄庆云老师带路到指名的同学宿舍中去，企图以突然巡察手段，发现我党的活动和检查同学阅读的书籍，并借此来挑拨教师与同学的关系。黄老师深知陈琪的意图，便以检查同学作业为名，抢步先行，把同学们放在桌面上的进步书籍覆盖起来，用手按实，并用转换话题办法，支开陈琪。在黄老师的掩护下，同学们虽受到陈琦的突然袭击，仍安然度过难关。后来每当陈琦要对进步学生采取措施时，黄老师常事先透露消息，使大家能有所准备，化险为夷。校长黎杰指派三青团分子四处侦查读书会的活动，迫令进步学生转学他校，还把进步学生的操行评得很坏，以此来迫害进步学生。他这样干，曾招致一些进步老师的不满。黄庆云老师曾背着他更改学生操行成绩，使他的阴谋破产。

一九四一年初，国民党反动派制造了皖南事变，并在全国掀起抗战期间第二次反共高潮。他们在教育战线上也加紧了反共反人民的勾当。在韶关利用报纸，对文理学院院长林砺儒的教育思想和观点横加指责，散布流言蜚语，说连县东陂是"小延安"，"文理学院是红色学院"。他们这样做，目的是在于迫走林砺儒，夺取文理学院和文理附中的领导权，控制学生活动和阻止进步思想的传布。在制造舆论之后，重庆教育部派来督学张北海，省政府派来御用学者崔载阳，名为来学院视察讲学，实则是来对林砺儒进一步施加压力和找寻开刀的借口。在他们到来之前，发生了这样一件事：崔载阳的女儿崔克玲是附中"努力读书会"的成员，对皖南事变，读书会举行过专题讨论会，并阐明了事变真相。克玲激于义愤，写信给他父亲，提出十六个问题请父亲解释，其中有：新四军为什么被解散？新四军人员为什么被杀害？国民党为什么不抗日反而要打内战？三民主义为什么有三种？等等问题。崔载阳为了捞取政治资本和向主子邀宠，便指示爪牙严明，在反动杂志《民族文化》上用公开信的形式，对克玲所提出的问题作了歪曲事实真相和思想反动的答复。当林砺儒在东陂一景楼设宴接待张北海、崔载阳时，张北海竟拍着张栗原教授的肩膊嘲讽说："崔克玲同学具有新思想，是你教育的成功！"张教授严词申斥了他。

一九四一年初夏，国民党广东省政府下令免去林砺儒院长职务，要崔载阳担任院长，文理学院和附中同学在党的领导下，开展了"挽林"运动。学院成立了"挽林委员会"。附中师生也行动起来,声援学院的"挽林"斗争,反对崔载阳担任院长。

中共广东省委青年部对"挽林"斗争的形势,进行研究分析后指出:这次"挽林"斗争,应本着"有理、有节、有利"的斗争原则进行;要充分估计敌人的阴谋,斗争要适可而止,不要硬干到底。文理学院和附中的党组织遵照上级指示,积极领导这一斗争。后来,国民党当局派广东省教育厅长黄麟书兼代院长,由学院进步教授林仲达任教务长代他接管,并把学院迁往乳源桂头(靠近韶关,便于控制)。把附中改名为粤秀中学,迁往学院旧址江夏下山坪(把学院和附中分而治之)。附中丁校长被迫辞职。粤秀中学校长由黄继植担任,时间仅一年,国民党政府认为他是个庸才,又派黎杰任校长。林砺儒离任后,一些进步教授(郭大力、陈守实、黄友谋、熊大仁等)和教师,因形势恶化而陆续离开学院和附中。一批特务文人教授如徐颂平(又名徐家骥)、施琦、江光宇等钻进了学院,附中由陈琦之流来担任要职。"挽林"斗争坚持了几个月,锻炼了全体师生,争取了以进步教授为代表的接管,恢复了正常教学秩序。后来虽然政治形势逆转,师生们并没有因此而气馁,争取进步的斗争没有因此而停止,只是斗争方式方法比较隐蔽一些。

一九四二年秋,附中党组织停止活动,在校党员自觉贯彻执行中共中央长江局周恩来书记指示的"三勤"——勤学习,勤工作,勤交友方针。为了更好地隐蔽和保存党的力量,不搞大规模的宣传活动,只在农村和东陂街办民众夜校和识字班。学生会还组织同学到农村去做调查研究工作,了解山区人民的疾苦,密切群众关系。读书会分得更细更便于隐蔽,并将工作的重点放在对本地青年学生培养教育上面。此外,还利用公开合法的学生会,到农村和东陂街去办识字班、民众夜校。利用这些阵地,播下种子,为今后工作做好准备。

一九四四年下半年,广东人民抗日武装队伍扩大发展,部队党组织决定把在国民党后方停止组织活动的党员调到部队来,同时动员青年学生参队。是年八月,东江纵队驻广州代表杨和同志,把组织的决定,通知在广州东纵交通情报站工作的钟国祥,要他到粤北去,并把一些组织关系带去。钟九月到达坪石,即向李树中传达党组织决定。李树中、黎绍裘、彭绍光三位同志与钟国祥研究,并决定了分批调到部队去的党员名单和动员参队的青年学生名单。党员和青年学生们积极响应党的号召,走上武装斗争的道路。他们分成多批,穿过敌人占领区,通过封锁线,先后到达广州。东纵广州交通站负责人钟达明同志派他爱人关婉明,将他们送到游击区去。他们先后参加东纵政治部青干班学习后，被安排到各武装连队、政权机关、文工团等部门去工作，成为各部门的骨干力量。据统计（资料不全，会有错漏），当时到东江纵队去的同志有：

李树中	钟国祥	黎绍裘	李士熊	李树民
彭绍光	柯耀存	马文钰	劳道明	唐　乔
麦　明	袁式邦	卢积仁	成崇实	王同照
王同丽	杨惠育	冯庆奕	崔克玲	崔爱碧
陈次青	蒋慧儿	何慧珠	陈慕静	梁怀之
钱玉芝	戴俊森	何佩瑗	劳次英	包文英
李淑钧	甘迪垣	徐尧志	张惕丞	陈　明
陈婉翩	潘润燕	潘润濂	黎玉媛	马淑琼
赵克埠	罗万明	何星栋	郑彦文	徐裕棪
梁棣生	吴坤英	李惠琼	叶大年	李剑霜
骆毓柽	李　严	李　伊	王维新	杨　娣
尹叶枝	刘渥丹	张华甫	岑文凯	祈九如
施泽霖	陈兆明	梁淑媛	陈从远	郭雪珍
成碧华	陈甲寰	宋丽英	王自珍	郑云英
张善行	郑志文	陈志方	林万桑	张肇舟
陈善棣	黄国祥	林松光	邓衍洪	谢震寰
吕先伦	黄海涵	闰路平	谢巧瑜	黄永燊
王明珊	宋丽瑶	杨　素	邝淑琼	邝炯书

等九十多人。

此外，一九四五年春，中共连阳特派员李信同志本来也要把在连县的一批党员和青年学生送到东江纵队去，当他带领一批同志前往时，因省委认为清远一带，由于日寇策划打通粤汉线，国民党军队封锁很严，怕途中出问题而中止。李信同志返回连县，他带去的同志留在英德一带。协助组织青年学生参队，并参与当地人民抗日武装工作。这批同志，据统计（资料不全，会有错漏）粤秀中学的同学有：

岑煜荣	廖拔成	潘其滨	李树民	梁兴禹
凌　扬	张秀珍	杨婉如	成碧贞	吴立贵

肖日园	刘明秀	成崇仕	吴重晖	欧阳助
吴恩远	沈立嵩	吴纲积	何文巨	成崇九
吴智兰	吴元嵩	黄显荣	麦纯忠	欧阳城
杨承泽	梁格夫			

此外，有小部分同学如郑志文、陈志方、张肇舟、林方燊等则到大别山游击区去。后来参加解放战争的同学，据统计（资料不全，会有错漏）有：

陈敏南	李单彰	黄 辉	刘碧霞	张家裕
岑文凯	周占楠	肖少雄	邓锡勋	吴道岐
李家璘	吴元伦	吴绪治	吴由俭	张华流
谢显志	陈佐裳	杨泰源	邓国法	李国雄
吴裕元	黄贤昭	梁乾禧	黄文基	吴运美
肖佑贤				

在珠江水域、东宝平原、粤北山区、东西两江，到处都有附中（粤秀）的健儿，在人民武装的革命队伍中，为中华民族解放，为共产主义的壮丽事业作出了他们应有的贡献。

在抗日战争和解放战争中，附中党的部分党员和先进的青年，为党为国家英勇牺牲的烈士有：

岑煜荣	廖拔成	潘其滨	李树民	梁兴禹
凌 扬	张秀珍	杨婉如	成碧贞	吴立贵
肖日园	刘明秀	成崇仕	吴重晖	欧阳助
吴恩远	沈立嵩	吴纲积	何文巨	成崇九
吴智兰	吴元嵩	黄显荣	麦纯忠	欧阳城
杨承泽	梁格夫			

等二十四位。他们浩气贯长虹，英雄事迹永垂不朽。他们永远为我们所崇敬和怀念。

（录自《连州文史资料》第二十一辑，韶文化研究院编辑）

碧血染白花，丰碑垂千古

——忆战友王桐烈士短暂的一生

徐 志

对着书桌上放着的刚从惠东县白花区取回来的四十一年前王桐鲜血染红的泥土和埋葬他忠骨的棺木碎片，几天前从成都来的王桐胞妹同惠，抱着王桐墓碑痛哭的悲恸情景，又显现在我眼前，我忍不住老泪纵横，思绪万千。烈士生前形象，又一个个地在我脑海中涌现。

一九四五年冬，东江战云密布，国民党154师向我稔平半岛进攻。我东江纵队江南指挥部参谋长高健同志，率领七支队到半岛北白花一带堵击敌人，以支援在半岛内和敌人苦战的"山东"（东进指挥部）部队。七支队一出师，便杨梅嶂、铁炉嶂、平白公路和黄田仔一连打了四次胜仗。敌方发现我主力要截其后路，大为震惊，忙令154师向北回师，又令驻淡水的153师东进并兵分五路，妄图在白花地区一举灭我高健部队。

我部队在黄田仔战斗结束后，即获悉这一情报，决定在洋沥水凹消灭其从淡水来的只有一个连的最弱一路。因部队连日作战，十分疲劳，来到伏击地点已是深夜两时多，而又未勘察地形，这样对伏击战极为不利。高健同志当机立断，放择这次伏击，率部涉过洋沥水河，进驻洋沥水村。部队由村民何漆协助、安排住处后，生火煮饭。因敌情严重，高健令指导员郭柏林在村后山放步哨，又令高宏大队政委叶森到村外查哨，自己则带着中队长温才、政治服务员王桐等一个小队住进村边的何氏宗祠。大家和衣抱枪躺下。拂晓时，叶森急忙跑来高喊："高健同志，呵呵鸡来了，呵呵鸡来了！"（"呵呵鸡"是东江军民对国民党军的蔑称）原来，沿公路来进攻的敌人，见村子里有几处生火煮饭，知有我军驻扎，即占领对面叫黄蜂托的山头。当我哨兵发现时，敌人轻重机枪以暴雨般火力，向祠堂和村庄射来。幸而祠堂前面有条围墙，部队沿墙运动，打开墙洞，边抵抗边沿着村边后撤。途中，一位战士头部中弹身亡。温才、王桐等四人，站立山坡，手持机枪，向已冲过小河的敌人射击，掩护同志们沿山坑撤退。因温才和王桐都是大个子，温才又穿一件日本军大衣，目标很大，敌人集中火力向他们四人射击，不幸全部中弹倒下。王桐腿部被打断，不能行走，仍顽强地高喊："同志们打呀！打呀！"敌人冲过来，用枪口对着他胸膛要补枪时，他高呼："共产党万岁！"王桐就这样壮烈牺牲了。

第二天，部队派人到洋沥水村，通过村里的农抗会长林彦昌，买了五副棺材，把这次战斗牺牲的五位烈士就地安葬了。第三天，部队在森木坑为温才、王桐等五位烈士开追悼会，叶森主持，高健讲话。参加大会的有二三百人，群情激动，不少同志为失去战友悲痛万分，痛哭不止。

一九四六年东江纵队北撤后，国民党对抗日的东江人民大肆屠杀。曾组织安葬温才、王桐烈士的农抗会长林彦昌同志（六十多岁），被敌人抓去，以通匪罪名杀害。

一九七一年惠东县白花区政府把五位部队烈士和四位洋沥水村为革命牺牲的烈士，移葬于洋沥水凹公路旁，并建起一座四点五米高、一点五米宽、墓台六米的墓碑。碑上有温才、王桐、林彦昌等几位烈士的名字。每年清明节，附近驻军、共青团、中小学生都前来扫墓，悼念为人民解放事业而献身的英雄们。

王桐是我最亲密的同学和战友，原名王同照，江苏无锡人。一九二八年三月三十一日生。他是文理学院化学系主任王赞卿教授的儿子，随父母在文理附中读书。他属龙，父母叫他"龙儿"，兄姐叫他"龙弟"，附中同学都亲切地叫他"龙仔"。一九四〇年八月，我从沦陷了的广州来到连县在文理附中读初二，和他同班。一九四一年春，在"挽林运动"（文理学院院长林砺儒是一位进步学者，国民党免去其院长职，另派反动学者崔载阳来任院长。学院和附中的师生在中共地下党领导下，写宣言、发通电、印传单、请愿、罢课、要求林院长不离校，这次学潮震动全国）中一同参加地下党员吴荣宇组织的"秘密读书会"。林院长被免职后，许多著名教授、学者纷纷离开学院。王赞卿教授于一九四一年底也离职到贵州去。当时蒋管区大学教授生活十分困难，他只能把最小的儿女同焕和同惠带走，把同丽和同照留下。从此同丽和同照失去父亲的接济，和我们这些沦陷区来的学生一样，过着半温半饱的极其困苦的生活。同照积极参加学校各种进步团体，在"歌咏团"，他唱男中音；在"剧团"他搞舞台装置。我们常利用寒假到连县县城演出。他和同学们一起，冒着寒风细雨，忍着饥饿，抬着布景道具，从东陂步行六十华里到连州。我们公演过《凤凰城》《北京人》《法西斯细菌》《水乡吟》和《雾重庆》等进步话剧。在那艰难岁月中，同照始终保持旺盛的革命朝气。一九四二年上半年，他协助党员同学唐乔负责初中部"秘密读书会"工作。初中同学多是连阳山区人。每到暑假、寒假，他们结伴到山区同学家，向山区人民宣传革命真理，和他们结下了深厚的情谊。同年秋，他误以为我已是中共党员，向我要求入党。当时因广东省委组织遭到破坏，广东白区党组织停止了活动。当时我们入党都未能如愿，那时他才十四岁。

一九四四年十一月，我和同照经连县中心县委特派员李信同志介绍，一同参加了东江纵队。我们这一批去的共十位同学，除我们两人外，还有马鲁、马咏、戴江、王辛、林风、黄海、李炼、张源。我们同在政治部第三期青干班学习，马鲁是一组组长，我是二组组长，王桐是三组组长。全组十余人，数他年纪最轻。一九四五年二月，我和同照当时由原文理附中第二任党支部书记李树中介绍入党，并于二月九日在东莞县观栏并站着举行入党宣誓。监誓人是张江明同志，同时宣誓的有三十余人。附中同学除我们两人外，还有吕农、黄海和黄国祥同志。

入党后，我们两人和黄海、宋伟、成经冠一齐被分配到司令部电台任机要员。我们两人讲了"价钱"，坚决要求下连队打仗。干部股长老红军刘建华同志见我们两人血气方刚、斗志昂扬，即欣然同意，并说："你们刚来，对部队情况不熟，先到非战斗部队工作一个时期再下连队吧！"这样，我被分配到医院，他分配到兵工厂，都是低级政治服务员（小队级政工干部）。同年七月，他调往七支队高宏大队温才中队任政治服务员。无论在工厂、连队，他对工作都很积极负责。由于他工作作风深入，平易近人，经常保持乐观的革命精神，深为工人、战士们爱戴，也为高健等领导同志所器重。

一九四五年日本投降后到一九四六年上半年，全国处在相对和平状态中，但广东内战却十分严重。国民党来了主力新一军、新六军、四十五军等六万之众，妄图在地方军队配合下，采用"填空格"战术，用两个月时间，全歼我东江纵队。在敌众我寡情况下，我军伤亡重大，王桐就是在这个时候献出了年轻的生命。

王桐牺牲后第三天，我就获悉了他牺牲的消息和经过。当时我已从江北指挥部民主大队调来东江军政干校教导队一中队任指导员。有位和王桐并肩战斗的小队长来军校学习，他背包未放下就向我报告这一噩耗。当时我悲痛万分，随即写信并派通讯员急送司令部当时任曾生司令员秘书的王辛（王桐胞姐）。她接到信后痛哭不止。曾司令为了缓和她的情绪，假说他收到战斗报告：王桐重伤入院。王辛半信半疑要去医院寻找。曾司令叫在电台工作的赵林（即附中同学包文英）陪同，并做王辛的思想疏导工作。

一九四六年七月，东纵北撤山东烟台后，我被编入干部大队。有一次，学习组长郭柏林用一支蓝色钢笔做记录，会议休息时我对他说："你这支笔是我的。"他愕然问："为什么？"我说："笔上刻有我父亲徐勉的名字。"他一看果然。经过交谈，我才知道他是王桐牺牲时所在连队的指导员，那支笔是他保存的王桐遗物。那是一九四六年六月我从医院调往江北部队前到兵工厂告别时送给王桐的。当时我曾说："这支笔留给你作纪念吧。如果我牺牲了，有机会时告诉我父母一声。"没想到，那竟是我们最后一次见面。

为了纪念我这位难忘的同学和战友，我给第一个儿子取名徐桐。

王桐牺牲已四十一年了。他可亲的形象，他的光辉业绩，将永远留在同学、战友们和惠东县人民的心中。

一九八六年六月一日脱稿

本文承高健、容少伟、叶锡治、周杰、冯斌、罗斌、温芳等战友，惠东县委、白花区委、洋沥水村干部和群众，王桐亲属同炽、同惠提供材料，特此致谢。

（录自《连县文史资料》第五辑）

新中国成立前华南师范大学中共党组织发展简史

华南师范大学

前言

华南师范大学的历史可以追溯到1933年创建的广东省立勷勤大学师范学院，之后先后改名为广东省立勷勤大学教育学院、广东省立教育学院、广东省立文理学院、广东省文理学院。1951年，根据中南教育部的指示，以广东省文理学院为主体，加入中山大学师范学院、私立华南联合大学教育系，合并组建了华南师范学院；1952年院系调整中，学院进一步壮大；1982年华南师范学院改名为华南师范大学。可见，华南师范大学是一所拥有悠久办学历史的学校。而学校建立后不久即成立了地下党支部，自此，学院师生开始在党的指引下一路前进发展，至今已历88载。

这88年间，学校党组织的发展在不同时期有其不同的特点，结合这些特点，我们可以将学校党组织的发展历程划分为四个大的阶段：初创阶段（1933—1949年）、发展阶段（1949—1978年）、壮大阶段（1978—2012年）以及新时期党的建设阶段（2012年至今）。

早在勷勤大学时期，学校的有志青年们就在救国图存的实践中找到了马克思主义的正确道路，一群志同道合的青年共同组建了勷勤大学第一个学生地下党支部，并在之后抗日战争和解放战争中进行了不屈不挠的地下斗争，这就是学校党组织发展的初创阶段。伴随着1949年10月14日广州的解放，学校迎来了新生，华南师范学院组建之初就建立了党小组，并很快成立党支部，不久又发展为分党委和党委。在学校党组织的引领下，华师人为全面建设社会主义进行了长时间的探索，在探索中有曲折与反复；在真理标准问题的大讨论中，学校党委带领华师人解放思想，拨乱反正，进而开启了波澜壮阔的改革发展之路，从而进入了学校党组织壮大阶段；党的十八大以来，以习近平同志为核心的党中央从培养中国特色社会主义事业合格建设者和可靠接班人、保障中国特色社会主义事业后继有人的战略高度，对加强高校党建工作作出一系列重大部署，学校党建进入新时期，学校党委秉承"抓党建、促发展，创品牌、求卓越"的工作理念，大力实施党建"五大工程"，全面提升党建工作质量，取得较大成绩。

以下首先介绍学校党组织发展的第一个历史时期——新中国成立前的初创阶段。

周良书在研究了1921—1923年间中共创建阶段的状况后指出：不只是在五四时期，就是在整个中共创建时期，高校的作用和影响都是举足轻重的。[1] 而长期参与并领导高校党建工作的张江明也认为，广东两次建党都是从革命知识分子起步。即1920年陈独秀的学生谭平山、谭植棠等从北京大学毕业回到广州便进行建团和建党工作，到1934年，广东党组织被国民党反动派全部破坏；1935年夏到1936年秋，广东党组织得以重建和恢复，也是首先成立"中国青年同盟""突进社""马列主义行动团"等作为党的外围组织，以中山大学、勷勤大学、中大附中、广雅中学、教忠中学、市一中和女师等为重点发展党员，建立党支部，通过学生党员的关系到市、县建立党组织。[2]

可见，新中国成立前中共在高校的建设虽然多数时候处于地下状态，但是高校党建在整个中共党建历史中处于一个相当重要的位置，有必要认真加以梳理。

根据周良书的研究，新中国成立前高校党建的历史进程可划分为1921—1927年、1927—1937年、1937—1945年以及1945—1949年四个阶段。1921—1923年，中国共产党党组织基本是首先在高校建立的，可以说，高校是中共早期建党的策源地。1923—1927年，最初中共试图让党组织走出校园、到工农中去，不过在1924年国共合作以后，中共把目光重新转向了校园，并掀起了一次学生加入政党的高潮。[3]

结合历史背景、国共关系、中共对高校党建的态度以及我校前身学院自身状况，考察我校新中国成立前党组织建设情况，参考以上时期划分逻辑，可以将我校新中国成立前党组织发展阶段划分为1933—1937年、1937—1945年以及1945—1949年三个阶段。以下分别介绍各个时期学院中共党组织建设的情况。

一、勷勤大学党组织的产生与初步发展（1933—1937年）

1927年国民党执掌政权后，严令清党，一面严肃查封一批"异端"学校，一面又强力推行党化教育，以训练党员的办法来训练学生，力图实现学校教育的国民党化[4]。而此时，中共在高校党建中执行"左"倾路线，只强调"斗争"而不注重"建设"，只重职工运动而忽视学生运动。在内外双重因素作用下，1931年前中共高校党建经历了低潮期，基本处于停滞状态。

直到1935年华北事变，一时平津危机，华北震荡。爱国学生更是忧心如焚，但又不知何去何从。恰值中共发布的《为抗日救国告全体同胞书》，即"八一宣言"传入北京，所以很快就在学生当中得到回应。与此同时，中共地下组织也秘密地展开了活动。于是在12月9日，一场大规模的学生运动终于爆发，这就是"一二·九"运动。这个时期，中共在思想上纠正了党内"左"的错误倾向，并加紧在高校中恢复和发展党的支部，从而促使中共在高校的状况大为改观。

具体到勷勤大学党组织的产生与发展。在学校成立之时（1933年8月），正值日军侵华日渐加剧、国内民族意识觉醒，国民党因不抵抗政策失去更多民众的信任，中共借此在前期反革命镇压的颓势中重新回归，在广东重建党组织，其中，勷大学子发挥了重要作用。这一时期学校党组织的产生与发展得益于两方面因素：其一，1935年前后，中共重新开始重视高校党建工作。自"四一二"反革命政变后，中共在各领域党组织建设都受到沉重打击，高校党建也不能幸免，直到"一二·九"运动爆发前后，才有所改观，中共也开始重新重视高校党组织建设。1934—1935年，上海党组织多次遭到敌人的破坏，负责地下发行工作的王均予被迫转移到广州开辟新的工作据点。[5]王均予的到来促成了勷勤大学党组织的建立，而他的到来也正值中共北方局开始重视高校党建，所以命其首先在"中青"建党。其二，勷勤大学的有利条件。一方面，师范学院院长林砺儒是一个非常开明的院长，他特别重视培养学生民族意识，强调学生应当担负起复兴民族的责任，在日军侵华形势下，他启迪学生关注国内国际局势，更支持学生参与到救亡图存的斗争中去，因此为学院党组织的产生创造了宽松的环境。另一方面，1936年勷勤大学师范学院和工学院迁入石榴岗新校址，便利了进步学生的交流。由此，勷勤大学第一个地下学生党支部于1936年10月成立。

勷勤大学党支部通过秘密读书会带动一批进步青年，然后在校内传递共产党宣传资料。勷勤大学学生运动的先驱麦浦费（在校名为邱萃藻）就是通过中共秘密刊物《时代文化》与当时上海临时中央局发行科的王均予取得联系，并受命组建《时代文化》读者会，再将读者会改为"中国青年同盟"，先后吸收同学林振华，中大钱兴、曾振声（即曾生），国民大学陈健和广雅中学尹焯辉等加入"中青"。最终,王均予也是首先在"中青"内建党的。而在当时勷勤大学的普通学生中间,也开始流传翻印的有关毛泽东、朱德等共产党领导人所发表的抗日言论的油印刊物,大家秘密地争相传阅。同学之间逐渐形成了漫谈抗日形势、共同读书的风气。[6]

中共勷大地下党支部开展活动特别重视团结和发展外围组织,在学校开始筹建勷勤大学学生会时,就公推教育学院李木子(中共地下党员)为学生会主席,从而抓住了学生会这个公开的合法组织开展抗日救亡活动,同时还以秘密组织"抗日五人团"为基础成立了"活路社",寓意要为中华民族探索一条活路,参加的学生有100多人。[7]

二、由巅峰到停滞的剧变(1937—1945年)

1937年7月7日,卢沟桥事变爆发,中国由此开始了长达八年的全面抗战。此时,不论是共产党还是国民党,都希望将青年学生置于自己的领导之下。

国民党方面主张采用"严格主义",在"中等以上学校一律采用军事管理办法",并规定高校院长以上的行政负责人必须加入国民党,即以此达到"以党治校"的目的。[8]1939年11月,国民党广东当局又建立三民主义青年团,企图控制青年运动。当然,也因为抗战形势所迫,国民党不得不有限度地放开对群众运动的管制,从而,中共在这个夹缝中组建了类似"广东青年抗日先锋队"的组织,受到国民党承认,同时实际却由中共掌控。中共此时已在延安稳定了基础,放眼日益严峻的政治形势,党认为只有发起民众才可将日寇驱逐出中国,但工农的"民族意识是模糊的,政治警觉是微弱的",因此"训练民众、组织民众的重大任务,是必然落在青年的肩上"。对此,中共也有深刻体认,即在中国的革命运动中,学生青年常起着推动的作用,起着桥梁的作用。因此中共中央于1939年发出《大量吸收知识分子的决定》,指出:全党同志必须认识到,对于知识分子的正确政策,是革命胜利的重要条件之一,要求各地区和军队都要大量吸收知识分子参加我们的工作。

全面抗战初期,学院西迁至广西境内,与广东党组织距离较远,除了参加广东省青年抗日先锋队训练回校的那批队员带来了上级党组织的指示外,更多地靠自身摸索,主要通过开办民校、演出话剧、出版壁报等方式开展抗日宣传工作。而且很多同学在此时也被鼓励走出学校去参加各种抗日救亡运动,如彭和章在学院西迁融县时离校回乡,组织南路乡村工作团,深入民间宣传抗战救国,直到学院迁回粤北乳源,才重新返校学习。因此学院在广西境内时,党组织的发展并不算快。

1939年8月,学院迁回粤北乳源,得到了粤北省委下派人员的悉心指导。1940年,北江特委青年部设在连县,为了便于了解情况,及时解决问题,青年部部长兼连阳中心县委书记张江明甚至从县城搬到文理学院所在地——东陂居住。伴随着中共大量吸收知识分子政策的实施,学院党组织在抗日战争时期有了极大的发展。与此同时,学院仍由林院长主政,加之地处偏僻,国民党鞭长莫及,林院长对国民党的党化政策非常排斥,自己本人坚持以"君子不党"为由不加入国民党,在教育部要求必须配备训导主任的情况下,找了教授盛叙功兼任,却并不曾开展过像样的训导工作。而林院长的很多进步措施却得以很好贯彻,如聘请郭大力在学院讲授《资本论》、张栗原在学院讲授辩证唯物主义等马克思主义学说。在内外双重力量的推动下,学院党组织得到了空前发展,由1938年初到乳源的3名党员,发展到1942年在连县共42名党员(此数字仅为张江明记得名字的党员人数),学院先后建立了3个党支部,并在此基础上再建立了一个中心党支部。粤秀中学(原文理学院附中)从3名党员发展到80名党员,党员人数占全体学生百分之十几。还有一大批进步学生团结在党的周围,进步力量在学生中占优势,起着决定性作用。"三青团"无法在粤秀中学发展团员,便采取欺骗手法,不告知本人而将各年级学生都登记为团员。这个时期学院党员和进步学生发起成立"战时教育工作社""战时后方服务队"等组织,开展了一系列抗日救亡活动,取得了很好成效。

然而,伴随着抗日战争相持阶段的到来,国民党开始消极抗日、积极反共,制造国共摩擦。1941年皖南事变爆发。支持进步运动的林砺儒院长被国民政府教育当局无理免去,学院开始被顽固派掌控,但是即便如此,学

1939年12月24日,学院地下党员彭和章在乳源县街医院门首贴出《由西安事变说起》一文揭露"西安事变"真相,被国民党宪兵发现,并作为异党证据向学院发文兴师问罪,林院长在公文处理单上给了"派员解释"的处理意见,让训导处设法掩饰,保护进步学生(广东省档案馆馆藏档案,档号21-2-32.0001)

院党组织还是在1942年发展到巅峰，这与上级党组织的重视是分不开的。

1942年5月，中共南委组织部部长郭潜被捕叛变，粤北省委、南委和广西工委相继被破坏。党中央决定广东国民党地区党组织停止活动。

因粤北省委遭到破坏，加上学院顽固派的肆意破坏，学院党员在"挽林"运动和"驱徐"运动中被

郭大力，《资本论》第一个中文全译本翻译者。1940—1941年来到东陂时期的文理学院，以经济史的名义讲授政治经济学的内容

开除很多。党组织出于保护暴露党员的需要，隐蔽精干，决定将这些人转移，未暴露党员则被要求在学院开展"勤业、勤学、勤交友"的"三勤"任务，以获得广大同学的信任和拥护，并执行"隐蔽精干、长期埋伏、积蓄力量、等待时机"工作方针。学院中心党支部在1942年10月停止活动。1944年底，临时省委指示学院党员动员党员和进步群众到"东纵"去参加武装斗争，据张江明回忆，文理学院先后有50多人在1944年冬到1945年春前后，穿过敌占区，偷渡封锁线，先后到达东纵游击区参加武装斗争。在此形势下，学校内的公开阵地，如学生会、系会、级会，被国民党控制的"三青团"掌控、占据了几年的时间，进步学生受到监视、逮捕，学院大部分同学在此期间甚至被蒙骗参加全市性的反苏游行。

三、革命斗争向执政准备的转变（1945—1949年）

解放战争期间，作为执政党，国民党自然不能忍受中共在学生中所积累的影响力，因而夺回学生运动的领导权被其认为是巩固其执政地位的重要步骤。而中共在这个时期则逐步完成了由革命党向执政党的角色转换。这不仅表现为解放战场上的军事胜利，更重要的还是取决于广大民众对其执政地位的认同。因此，此时党的重要工作之一就是开展好统战工作，尽可能多地团结各种可团结力量。

对文理学院而言，首先需要解决的问题是尽快恢复党组织。因此1945年抗战胜利后，学院从罗定迁回广州光孝寺，上级党组织在1945年底从东江纵队调派郑彦文、梁棣生、李秋英3名党员回校复学，重建了学院党支部，由中共广州市委的吴震乾同志具体领导。

学院党组织重建后，开始着手开展各项工作。学院地下党组织筹划了1946年"为改善生活而请假待命"斗争、"抗缴学米、减低收费"斗争，这些斗争一般都是"从学生本身要求发动起来，但一经发动，便马上联系到政治口号，于是要饭吃要和平，反饥饿反内战，均成为不可分离的斗争口号"。同时因为"民族问题往往是日常斗争走向政治运动的最好中介"，所以也特别注意抓紧民族口号。在1946年"沈崇事件"中，学院党组织也开展了揭露美军暴行的活动，最终矛头均指向国民党反动派。这个时期党组织开展学生运动可以做到收放自如。

因应解放战争大背景，解放前夕学院党组织的重要工作就是为中共夺取政权后执政做必要准备。为此，需要做好统一战线工作，团结一切可团结力量；同时，要为革命和建设工作培养和造就一批人才。

中共特别指出："今天我们在学生中的工作，主要是与国民党争取中间分子的问题。这一问题应明确认识。"并且，"争取中间分子的方式是多种多样的，一般的政治性不宜过浓，以趣味、体育、娱乐、谈天、友谊、学术研究、团契等为宜。组织起来后，可以逐渐地提高其政治兴趣。"同时落后分子虽然"数量不大，但因其思想落后，常常成为反动分子的社会基础"。然而与反动分子毕竟不同，他们同样有"不易解决的经济要求，同样对现实不满，我们应该了解他们的思想动态、切身要求，提高他们的认识，走向进步方面来，或至少不向反动方面走"。此外，中共还主张通过学生联系教职员，以开辟校内各阶层的联合战线。中共要求派"专人去进行工作（问功课，做论文，选导师，或以助教为桥梁），尊重之、关切之、帮助之，了解其苦闷矛盾，政治见解，思想系统，以请教、谈话、开会、聘做指导、通过系级会、运动时访问、尊师拜年、搞好私人关系等方式进行教育及争取的工作"。

这个时期党的统一战线工作在文理学院得到了很好的贯彻落实。为团结学院不同觉悟的同学，学院地下党以地下学联骨干为主体组建了榴花歌咏团，并注重掌握各系学生会领导权，将学院大多数的同学团结到中共领导的各团体外围。对老师的接触，如曾鸶珠曾忆及受组织指派接触学院黄友谋教授，阮镜清老师曾忆及王怀勋以研讨戏剧心理学的名义与其保持接触，覃刚深得莫熙穆教授的信任而被给予杂物间钥匙，为其开展地下工作提供巨大便利。学院地下党员和地下学联成员积极向教职工介绍党的主张，摸清其思想动向等，让学院高级知识分子可以安心，便于争取，为解放后接管工作的开展提供了必要的准备。

同时根据中央"维持原校加以必要与可能的改良"的主张，学院进步学生在团结广大师生的同时，做好了护校斗争，迎接解放。

1949年10月14日，广东省立文理学院学生集会升起第一面五星红旗，学院地下学联负责人罗治华同学主持并亲手升旗（华南师范大学档案馆馆藏档案）

中共地下党员及"爱协"会员与师生紧密团结，成立了"文理学院护校委员会"，秘密清查学院重要资产，还通过合法途径，掌握了部分枪支，武装巡查放哨，以保护学院财产和留校师生的安全。1949年10月14日，学院留校师生兴高采烈地迎来了广州的解放。

解放前夕，国民党当局日益猖獗，肆意逮捕、杀害进步人士和共产党员。为保护这批进步势力，党组织将学院已经暴露的地下党员和地下学联成员大规模转移，所以，解放初期，学院是处于无党员状态的。但是尚未暴露的地下学联成员被留下来，正是他们在解放之初担负起了学院党建的重要任务。如学院第一个党小组组长蓝继嫦，就是解放前学院地下党员陈培玉和曾鹜珠培养的地下学联成员，奉命留守学校，在解放后，陈培玉和曾鹜珠作为其入党介绍人发展其入党，蓝继嫦成为解放后广东省文理学院的第一个党员，从而开启了之后华南师院党组织发展的新篇章。

参考资料：

［1］周良书：《1921年—1923年：中共在高校中党的建设》，《北京党史》，2006年第一期。

［2］张江明：《粤北青年运动与抗日武装斗争》，《广东党史资料丛刊》，1999年第4期。

［3］周良书：《中共高校党的建设百年历程与经验》，《兰州大学学报》（社会科学版），2021年3月第二期。

［4］周良书：《1927年—1937年中共在高校中的建设》，《北京党史》，2006年3月。

［5］钟祥胜：《邱萃藻在重建广东党组织中的贡献》，《广东党史》，1995年8月。

［6］苏世炘：《蓬勃兴起的勤大教育学院的爱国运动》，《广东省立勤勤大学成立六十周年纪念专刊》，1992年11月。

［7］华南师范大学校史编写组：《华南师范大学校史（1933.8—2003.8）》，广东高等教育出版社2003年版。

［8］周良书：《1937年—1945年：中共在高校中的建设》，《北京党史》，2006年第四期。

回忆在连县旧城一个地下党组织的活动地点

张 源

在粤北连县县城北郊西岳庙后一处僻静的地方,有一座独立的两层楼房,坐落在一个大水塘中心的孤岛上,只有一条狭长的沙土路与外面连接。那就是杨柳坑三号。1943年下半年到1944年上半年,差不多一年的时间,这里成了中共地下党员黄菘华、潘润燕组织领导的一批进步学生秘密集会和政治学习的隐蔽地方。这房子原来是孙中山时代的国民党员、同中共中央和地下省委高层有长期联系的专员公署专员莫雄租住的邓家房子。莫雄在新中国成立后任广东省政协副主席、省参事室主任。这时莫雄已经调任第七战区挺进第二纵队司令,在他自己的家乡英德浛洸经营他地方武装去了。这房子当时只有他的二姨太和她的儿子莫三球居住,而莫三球当时是个进步青年学生,后来成为中共地下党秘密外围组织——抗日青年同盟的成员。

在基督教联合中学(简称基联中学)读书时,我同黄菘华和莫三球最初认识是在1942年的春夏之交。当时我刚满14岁。由于经历了日本侵略的深重苦难,我对日本鬼子充满仇恨。适逢幼年海军学校在连县招生,我就去报名,通过县、省试后,被送去重庆复试,因体检不及格落第。回到连县基联中学后,学校领导要我向大家讲一讲"陪都见闻",于是,许多听讲的师生认识了我,我也因此同黄菘华和莫三球第一次见面。我家因逃难而越来越贫困,此时只靠比我大四岁的哥哥当店员养家和供我上学。我申请到工读生待遇,免交学杂费,课本有些是高年级同学读过后送我的。但我努力学习,成绩较好,群众关系也不错,老师和同学对我都很友善。

有一次,我突然病倒了,高烧昏迷,睡在床上起不来。同学们见我没去上课,跑来看我,也不知道怎么办。黄菘华和莫三球知道了,把我送进了附近的惠爱医院并帮忙交付医药费,原来我得了急性痢疾。此后,我们的来往就逐渐多起来。

暑期，我没有路费回家，就独自留在学校。每天除了在连江游泳、划船和在沙滩上晒太阳之外，又从图书馆借了几本小说，比如《西游记》《镜花缘》《三国演义》《红楼梦》等等。其中还有一本诬蔑共产党遗弃老年人的书，书名现在忘了。暑假过后，黄兹华回校碰见我，问起度假情况，当问到读了什么书时，我一一告诉了他，并说："这样对待老人太残忍了。"他立刻认真严肃地说："不是这样的！"以后，就给我看一些小册子，如苏联的《丹娘》、美国进步作家写的《Slave Mother》中英文版，还有艾青的新诗，使我扩大了视野，初步接触到苏联伟大的卫国战争和斯大林的形象、美国工人家庭的贫困生活和解放区的风貌。他陆续介绍我认识了几个像我一样从战区逃难来的学生。在生活上，除了大唱抗战歌曲之外，我们还传唱着一些苏联歌曲、解放区歌曲和法国大革命的歌曲。

一个星期天，黄兹华邀我进城，跟着他绕了好一些路，最后才到达了杨柳坑三号。进了房子，就见到几张熟悉的面孔：莫三球、潘润燕、潘润洁、周宣妙等。我是年龄最小和年级最低的一个。以后一年多，每月我们总有一两个星期天在这里集会，并享受莫三球母亲给我们烹制的颇为丰盛的午餐。

在那里，可以看到一些学校里看不到的报刊读物，如莫三球用他父亲的名义订购的《新华日报》《评中国之命运》《大众哲学》及《钢铁是怎样炼成的》《静静的顿河》等苏联名著。我们还连续几个月集中讨论了艾思奇的《大众哲学》。讨论会的主持人是黄兹华。除了学习，黄兹华还给我们经常分析我们学校的政治状况，布置我们分头串联，扩大队伍，组织反击特务学生的阴谋活动的斗争。他经常提醒别被坏人跟踪，给我们讲俄国革命党人由于对细节疏忽而被沙皇特务发现并逮捕的故事。这些对我们后来若干年的隐蔽斗争都很管用。此后我们又在各自的班里组织了班会，进行了旨在团结同学的各种公开活动。黄兹华和莫三球在校学生自治会中掌控了领导权，出面进行校际活动，如迎接文理附中地下党组织领导的学生业余剧团来校演出抗战话剧"水乡吟"等等。这对发动群众，继续推动进步的抗战文化，起到了一定的作用。我们在班里则大力配合，发动同学观看和协助演出。

到了1944年初夏，黄兹华在杨柳坑三号的一次集会中以"个人看法"为名，传达了上级党组织对粤北抗战形势的分析，认为日军要打通从大陆到东南亚的交通线，包括粤汉线和湘桂线，以应付盟军的进攻。这样，连县地区将成为敌后，将来可能创建成新的根据地，并要求我们做好武装斗争的准备，到时候组织游击队打击日寇。莫三球还从他父亲的警卫员那里拿来了一支日式步枪，以打鱼为名到连江下游一处僻静的河边进行了一次实弹射击。

初中毕业后，我跟着黄菘华到星子他家，等候参加连阳中心县委组织的武装起义的信息。后来因为形势发生了变化，东江纵队推迟了北上的时间。我们如果再等下去也容易引起敌特的注意，便决定分头隐蔽，等待时机，我也就被通知离开了那里。

杨柳坑三号的学习生活，帮助我树立了正确的人生观，明确了我的政治方向，并且同地下党建立了长期的政治联系。

（录自《广州文史》第七十七辑，魏文石整理）

鸬鹚咀村（魏文石拍摄）

广东省立文理学院"东陂事件"片断回忆

李千芬

一、事件前学院的变化

1938年年底，粤北第一次告急，广东省立文理学院也由乳源侯公渡，越过秤架山，转入连县，最后决定在东陂复课。

院长林砺儒先生，思想是比较进步的，对年轻的学生思想启蒙工作，有他一定的贡献。所以，学院的教授，不少是思想进步的。如郭大力、张栗原、盛叙功等都在学院授课。这当然要引起国民党当局的仇视。但由于主持粤省教育厅的是许崇清先生的关系，加以林先生在教育界的名望，其院长职位，勉强立下足来。但是，随着抗日战争的发展，国民党当局那种"真反共、假抗日"的面目也日益暴露出来。因此，对所有进步思想的人士，都或明或暗地进行打击、迫害。有一次在重庆召开的高等教育会议，林砺儒先生只列席，而不是出席，出席权被剥夺了。

1941年暑假，国民党中央教育部任命黄麟书接掌广东省教育厅后，进一步迫害进步的教授，下命撤除林砺儒任广东省立文理学院院长职，酝酿以崔载阳接替。这事给文理学院学生知道，就由学生自治会名义，从连县打个电报到曲江给崔载阳，内文大意是：闻林砺儒院长请辞院长职，素闻先生热心教育，爱护青年，谨请代为挽留林院长。并请转当局，我们拒绝任何人莅院接任。崔载阳接了这电报后，究竟有何感想，有何活动，没有报道。不过，盛传一时崔载阳接长文理学院事，以后就没有实现。

但是暑假后，林砺儒的院长职还是被撤了，由教育厅长黄麟书兼任院长，派教育厅一个秘书陈家骥驻院，名为秘书，实际是代理院长职务。

林院长走了，教育长王鹤声、训导长盛叙功也相继走了，名教授陈守实、郭大力也离开了。只有病体蹉跎的张栗原仍留任。国民党教育部就派了CC系统的徐颂平（家骥）来接充训导长，调教育系教授陈子明接充教务长。另外还派一个叫江光宇的任英语教授。徐颂平和江光宇两人就把持了学院。

徐颂平掌握了训导长后，首先就拉拢三民主义青年团的骨干分子，如云昌海、徐国屿之流，作为他的爪牙。他玩弄的一贯手段是利诱威迫。据一个叫黎品的同学说，一天晚上，徐颂平以训导长的名义约他到他的房子谈话。进门后，就以咖啡等招待，并对黎品说："你的学业很好，现在有些同学想组织一个基督团契，你也来一份吧。"但黎同学婉辞了，因而黎同学说他自此以后，一言一行都很小心，深怕给徐颂平抓了把柄。

不久后，张栗原教授因病逝世，身后萧条。学生自治会曾发起募捐，并定期开追悼会。徐颂平为了分化学生，授意那些基督团契分子去郊游活动。

江光宇因是教授身份，他只是在课室上多方攻击林砺儒院长，如林院长曾为文理学院写一阕院歌，其中有"同学们，挺起胸膛，放大眼孔……"江光宇就随心所欲地曲解说："挺起胸膛是个一字肩，是一个鸦片烟鬼的形象，放大眼孔，就是眼光光，是个傻相。"

二、事件的近因与过程

1942年上学期近期考的时候，江光宇给一年级的同学复习，诋毁广东人发音不正确之后就说："我过去在贵阳教书的时候，一般是分作三类：一类是及格的，一类是要补考的，一类是不及格的，各占三分一。照你们的程度看，连这个标准也达不到。"接着，就大肆攻击林砺儒先生和文理学院，引起了同学们的极度不满。

当天晚饭后，学生先是三三两两叙议，接着就鼓涌起来，高呼打倒江光宇的口号，约莫过了40分钟时间，同学们就越聚越多，从宿舍涌向院本部那间祠堂门面。

本来，院本部听到学生的鼓噪，已把大门关了，但同学们齐集在院本部门前时，有人一拍门，就有人开门了。事后知道这是一个工友开的。

门开了，进门的左边的房子，是江光宇和另一个教授同住的，当时门是关了，摇了很久还不见开，一位同学就叫大家让开一条路，他发力跑几步，一脚就把门踢开。在火红的炭炉边，坐着脸色铁青的江光宇，一位同学一手抓了他的大衣衫袖子，把他拖出来，在门旁拖拉了很久，江光宇身上皮大衣的袖子拉下来了，拉着他的手拖出来。

拖出大门外空地上，同学自然地成了个包围圈，东边一拳，把他打回西边，西边的迎上一拳，把他打到东边，活像大伙儿打球。突然不知哪一位同学把手电筒一亮，也许这位同学是怕黑暗中误打了自己同学，所以把手电筒亮了。但这电光一闪，却解救了江光宇，他一头向院门一窜，冲出重围跑回院本部房子里去。原来他跑回院本部内，就跑进陈家骥秘书的房子，据说还钻到床底去躲起来了。

这时，陈家骥也被迫请出来了。大家拉了一条凳子叫他站上去，他劝告说："大家同学不要太冲动，我们学院里是一家人，有事慢慢商量。"

同学们向陈家骥提出了要求：一是把徐颂平、江光宇开除出学院；二是保证不开除同学；三是不许借口解聘教授。当时，陈家骥也答复很婉转，说他只是个秘书，无权答应大家的要求，不过，他一定把事实和大家的意见报告给黄院长，并请大家安心学习。

第二天，同学们又集合在礼堂召开全体学生大会。三民主义青年团的一些骨干分子，有参加的，也有不参加的。参加的是为了做情报，不参加的是为了避风头。大会通过成立一个叫"驱除徐江委员会"，由学生自治会主席张启彤和赖至茂当主席，不同于学生自治会的，是在委员会下，成立个检察组，由两个平日有些正义感而又老粗的李千芬、黄杰夫担任组长。

也是在第二天清早，徐颂平和江光宇雇了两乘人力轿子去了连县城，据说是躲到连县县政府那里，当时的县长是李仲仁。江光宇先跑去验伤，徐颂平则打电报给国民党中央教育部，说共产党在文理学院捣乱。

事情发生后，期考当然是草草了事，有些课目根本就不考试了。过了不久，广东省教育厅就下令，叫文理学院迁出曲江县桂头。

三、反动派的迫害手段

迁校是国民党当局的一种手法，一方面是利用迁校过程，涣散同学们的斗志，涣散同学们的团结；另一方面是趁着动荡的日子，对同学们进行迫害。二月间到了曲江，一些同学迁入桂头新院址，一些则留在曲江同学会住。不久，住学院的同学用电话通知住同学会的同学说，国民党当局为了压制这一事件，开除了八人，七个人记大过；并通知一些同学设法避开，因国民党当局已逮捕了学生自治会主席张启彤和赖至茂二人入狱。据说在狱中，国民党当局给了他们许多三民主义的书看，还要他们写思想总结。

接着，学院就发出布告，以黄希声为院长，于四月中复课，徐颂平还赖在那里当训导长，江光宇大概是觉得面子丢尽了，走了。

徐颂平当然还是玩弄他的手段，拉拢一位所谓三青团骨干做爪牙，那个云昌海甚至公开做了"职业学生"，当他在社会教育系修业期满了，说是要学生物，又从一年级开始入学。

徐颂平还利用他的职权，企图打击报复，据参加训导会议的教授透露，徐颂平要把李千芬的操行列丁等，准备不予其毕业，但毕业生导师朱竹友教授不同意，在会上争得面红耳赤。徐颂平说李千芬旷课过多，朱竹友叫他拿出证据来，但点名册上，尽管李千芬没上课，但并没有记有缺席，都是出席，因而朱竹友教授认为理由不充分。如果这样，他以导师名义抗议不签名。徐颂平没办法，只可照朱竹友教授的意见，在毕业证书上写上操行列乙等，但他手头上的底册却写上丙等。

事件发生后，林砺儒院长写了一首"七古"，其中说两马（暗指徐家骥及陈家骥）闯入了榴园（文理学院前，是勷勤大学师范学校，原在石榴岗），把园土践踏了，他不免有"牵藤抱蔓空踟蹰"之叹。

（录自《广州文史》第七辑。原文为"广东省立文理学院'车陂事件'片断回忆"，应为笔误，现按实际情况更正。魏文石整理）

关于基联中学的一些回忆

杨重华（士衡）

从1945年10月到1948年2月，总共两年零四个月（五个学期），我都隐蔽在连州镇双喜山的基联中学教书。

日本侵略者投降之后，中共北江特委便调我到连州任连、阳中心县委宣传部部长。新到的时候在一间小学教书。过了十几天，中心县委书记李信同志要我转到双喜山基联中学任教师，认为那里是教会区，除了中学之外，还有教堂、医院、小学，国民党反动当局对这些地方一向不大注意，便于隐蔽。当时日本投降不久，基联的教师中已经有人辞职返回广州、香港，学校缺了一些教师。我拿着中共党员邓秀勋（邓强）父亲写的介绍信，到双喜山教会区找到一位姓欧阳的老教友，他带我去见基联的校长简国铨。因为教师缺乏，并有老教友的介绍，而我又是中山大学学生，简校长一口便答应聘我任教，要我教高中一年级一个班的国文、历史，并兼教其他班级的史、地课。

到校之后，我认为，要在基联中学站稳脚跟才能开展我所担负的地下党的工作。要站稳脚跟，就要做到两条：第一要把书教好，第二要和校长、同事、学生搞好关系。为了教好书，我白天黑夜抓紧备课，除了使讲课内容充实之外，还力求讲得生动活泼，在不致暴露政治面目的前提下，技巧地运用进步观点讲课。我讲的课对学生起到了一定的启蒙作用。前年见到原基联高一学生，现任中共中央编译局译审，精通葡萄牙、西班牙语的陈用仅，他说，当年听我讲历史课，觉得很新鲜，领会了一些社会历史发展的道理，对他后来成才起了很大作用。在对待校长、同事方面，我注意谦和有礼，乐于助人，很快取得他们的好感。临到学期结束，绝大部分教师都催校长发薪水，好赶回广州过年，而学校又处于经济困难的情况下，我陪同简校长深夜外出借款。后来（1948年）我在香港碰到简国铨先生，他一定要我到他在香港办的廉伯中学教书。

从1946年开始，基联中学发生较大变化。原来，广州、香港沦陷之后，基督教会办的培正、培英等十间中学，原拟在广东的大后方连县复办，但当时的条件又不可能十校独自复办，因此十校协商，在连县办起一间私立基联中学，经费由十校维持。日本一投降，十校都要迁返广州、香港复办，不再愿意维持基联中学，因此，从1946年初起到连县解放，基联中学就由连县地方基督教会接办。其时简国铨已辞职到香港，改聘杨景循任校长，并且缩小规模，停办高中，只办初中。

因为基联十校在教会区，只有初中，学生年少，国民党方面很少在那里搞党、团活动。部分学生虽然参加诗歌班、青年团契等宗教活动，但不带政治色彩。前后在基联任校长和负责校务的杨景循、袁衍玲、张兴孝几位先生，都是热心教育事业的基督教人士。特别是张兴孝先生，以70余岁的高龄，从1947年接任校长，一直在经费不充裕、困难多的情况下，坚持办校至新中国成立初期，实为难得。

这样的一个环境，对我们中共地下党的工作是有利的。我曾先后介绍过连阳中心县委书记李信、青年部部长唐北雁（已和校长谈妥来校教英文，后因故未到任）、组织部部长冯华（冯文咏）和党员郑昭萍（郑江萍）等来任教。1946年上半年，在张江明领导下编的秘密党刊《锻炼》，便是我深夜在基联的教师宿舍，关起门，落下窗帘，刻写钢板，油印出来的。后来县委机关便设在基联中学附近的菜园坝一座小房子的楼上。历任中心县委书记或由外地来的负责同志，如李信、李福海、黄式培、张江明、魏南金、张彬等，都曾在这里住过和活动过。

在基联中学这些年月中，一是因为要使这个点做得很隐蔽，二是因为学生年少，对学生着重在思想教育，所以，学生的学习成绩是比较好的。

关于地下党的一些活动，以及我后来撤离到香港，又再回来连阳游击队等情况，这里就不做叙述了。

1986年10月24日草

（杨重华，离休前任广东省出版局党组成员、广东人民出版社副总编。）

忆基联中学

冯 华

抗日战争期间，穗、港、澳相继沦陷，连县地区便成为本省抗战的小后方，广州一些大专学校都迁来连县，一大批青年学生也涌了进来。为了解决这些人的学业问题，由省港知名教育界人士李应林（岭南大学校长）、傅世仕（培英中学校长）、洪高煌（岭英中学校长）等人的倡议，广州岭大附中、培正、英培、真光、美华、协和、真中，香港的领英、协恩，澳门的广中等十间中学，联合在连县双喜山创办了"基督教联合中学"（简称基联中学），取得了教育当局的赞许，于1941年9月招生开学。

第二排中坐者为学生时代之李应林

学校的经费来源，主要靠收取学费，另有连县基督教会、美国长老差会的资助。

双喜山与连州镇隔河相望，风景秀丽，山上古木参天，三面绿水环绕，非常幽静，是一处极好的读书之地。我于1946年9月，化名冯文咏，以连阳中心县委组织部部长的身份，在那里隐蔽任教。现就我当时知道的一些情况，做一些简要的回忆。我认为基联有三个特点。

一、具有勤教苦学的学风

教师素质好，学生学习热情高。例如校长张兴孝老先生，是当时广东有名的教育家、数学家。他年逾古稀，身为校长，还亲自任高中数学课，深得学生爱戴。1948年，在他任教50周年之际，师生们演出了话剧《万世师表》，以表彰他热爱教育事业，辛勤树人的业绩。又如杨重华（化名杨士衡，连阳中心县委宣传部部长。离休前任广东省出版局党组成员，广东人民出版社副总编）担任高中文、史课程，并任班主任。由于他勤于学习，教学认真，关心体贴学生，深得学生的爱戴和学校领导的赏识。还有郑江萍（化名郑昭萍，中共党员。曾任广东作协党组书记、副主席），除认真教学外，还经常利用课余时间辅导学生演剧。此外，谢子康、李锡龄等均是积极热情的教育工作者。

学校实行奖学金制度，对那些学习成绩优良，而经济上又有困难者，给予"工读生"待遇。如学生王建泉、钟金水、胡仲达、蒋秀兰等10余位同学，除免收学费之外，还给予一定的资助。王建泉同学除免收学费外，每月还发给伙食费，他则利用课余时间为教务处誊印教材、文件。为了培养瑶族青年学好文化科学知识，学校资助瑶族青年李志初、唐秀芳等成为连县瑶族第一代高中毕业生。解放后，他们都成了连南瑶族自治县的领导骨干。

由于学校教学质量高、学风好，1944年基联中学首届高中毕业生中，有90%以上的人考入高等院校。基联中学的存在时间虽然仅有10年，但为国家培育了大批有用之材，不少人在新中国成立后成为各级政府和企、事业单位的骨干，还有不少人成为总工程师、主治医生。

二、避开参加反动的政治活动

从抗战后期至广东解放这一段时间，连县的反共气氛是很高的，国民党县党部在连中、独社等中学均派遣了特务，以控制进步师生。而基联中学由于是教会办的学校，校长张兴孝先生又是一位开明的教育工作者，学校自1946年后就不再搞什么"三青团""国民党"活动，并以教义不同为辞，拒绝参加关帝庙举行的杀鸡头反共宣行，后来在当局的压力下，才由学校集中学生烧了一张"誓词"交差了结。

三、有较好的群众基础

基联中学有了这些特殊的条件，经过党组织的精心培育，群众基础是比较好的。从校长教师以至多数学生，对国民党的腐败现象认识较清，一些思想反动或作风很坏不能为人师表的，均由学生用请愿、罢课等方法把他们赶走。所以，在学生中言论比较自由，有小部分师生还可以看到通过教师李锡龄由香港的亲人夹寄进来的在港出版的《华商报》等刊物。

其次，是通过出版校刊、墙报等，提高学生的文化知识，使他们成为国家有用之材，进步老师还通过批改文章等方式，提高学生的政治觉悟。

我离开基联已经三十八个春秋了，但仍经常怀念我曾经工作和战斗过的这块美丽的地方，怀念我生死与共的战友，怀念我教育过的学生。

1986年春初，基联校友数十人在广州泮溪酒家聚会，我也有幸参加了。并即席写了一首颂诗，借以抒怀：

岁月峥嵘忆基联，春风桃李溯渊源；
万里奔腾湟川水，四化征途喜团圆。

（录自《韶关文史资料》第九辑，韶文化研究院整理，魏文石配图）
（冯华，1937年参加中国共产党，现离休享受老红军待遇。）

4

回忆与见证

林砺儒院长主政文理学院最后两年的回忆

黎 品

学生生死攸关的一次迁校撤离

1939年夏秋之间,文理学院经过几度搬迁后选定粤北乳源县为新校址。乳源在广东战时省会曲江之西数十里,学院分别在东江、南路及曲江招收了约100名新生,分文史、数理化、生物博地、社会教育四个系和体育专科,另有约100名高年级学生。设施配备齐全,新建的房子作为教室和办公室,学生宿舍则设在一栋方形古老的大楼房里。开学几个月秩序井然,师生情绪很好。

1939年12月或1940年1月,日军沿北江东西两岸清远、佛冈大举进犯,逼近曲江,政府下令机关学校立即撤离,文理学院也在其列,这对于学院的学生是生死攸关的大事。这是由乳源的位置及其交通条件决定的,乳源往南、往北都是山区无大路可通,只有东西一条从曲江到连县的公路经过这里,并且每天只发一次的长途汽车,学院决定迁往连县东陂,如果让学生自行前往,其难度和风险是非常大的。患难之中见真情,学院领导决定组织学生集体步行前往,沿途的后勤工作由学院全包起来。当天夜里在大饭厅召开全体学生大会,决定打破年级科系和性别界限,自由组合成8个人一小组,作为沿途行军和生活的单位,并选出正副组长。小组之上再分若干队,会上选出两位同学任正副总指挥。

从乳源到连县的直线距离约200华里,但沿途几乎全是山路,上山下山都要

黎品先生(蔡一珍摄)

走"之"字路,沿山坡走也是弯路,所以路程并不短。学生如没有病,走路是没有问题的,问题是沿途吃饭饮水睡觉怎么办,这就显示出学院总务部门的负责精神和工作效率了。

总务处配备了一辆卡车,以老何为首的两三名得力员工率领全体厨工随学生行动。他们安排得非常严密周到,每天凌晨起来把学生的早饭准备好,学生七八点钟分小组领饭菜吃饭,他们赶紧把炊具食具、学生夜间盖的棉被装上卡车赶往下一站宿营地。厨工准备晚饭及第二天早饭,总务处员工则要到老乡家借房子给学生住宿,买稻草铺地睡觉。在山区的村落或小坪镇要借房子供一二百学生过夜谈何容易,但我们到达后很快就能找到自己小组的住房和铺地的稻草,喝到茶水并吃到不错的饭菜。为此打前站的人员该付出多大的辛劳!

我们是沿着五岭南侧山区走的,曾有部分长征红军沿此路线从连县进入广西(乳源城墙上仍残留着红军标语)。我们登上过个别山顶,往北远眺就是"五岭逶迤腾细浪"。我们最后三天是这样走的:早饭后从一座大山脚开始爬山,直至傍晚才能爬到山顶并在此过夜(从曲江到连县的长途汽车也得在此过夜);第二天下山,下午到达连县城;第三天从县城走到东陂又历时一天。全部行程约七八天,总算没有辜负学院对学生的极端负责和支援,也没辜负学生团结互助的精神,全部学生平安到达了目的地,没有一个人掉队或伤残。同学们经过这次行军还大大增进了友谊。学院总务处功不可没,他们清廉、高效、

陈氏宗祠(广东省立文理学院办学地旧址)

极端负责，三种素质缺一不可。

另一个奇迹是我们到达连县东陂时，竟已准备好新校舍，我们很快就安顿好生活，继续上课，弦歌不辍。在极端困难的战争期间，这样的学校岂可多得？

图书馆和实验室对学生全面开放

全面抗战八年，文理学院先后搬迁到广西、广东各地六七次，难得的是大量图书仪器保存完好，更为可贵的是最大限度地让学生充分利用这些设备从事学习研究。

先说图书。在连县东陂，图书馆设在一座庙宇里，它紧挨着学生宿舍的东侧。大厅四周排列着摆满了图书的书架，这就是书库，大厅中央和前厅是阅览室，学生可以在书库的书架上选择图书在馆内阅读，看完后放回原处，那里座无虚席。我就是用这种方式在那里通读完《资本论》一、二卷的（该书主要译者郭大力先生当时正在学院任教）。院长林砺儒也曾到那里查阅外文书刊。

再说实验室。不仅仪器充足，还特别为学生着想。生物系学生每人配备一部显微镜及有关用品，化学系学生每人有一套供自己使用的仪器用具，这两系学生可以在白天黑夜自由进出实验室做试验。我宿舍对门有几位化学系同学常做实验到深夜才回来，其中刘福祥选择了几种食物和中药材做定性和定量分析。这样对学生开放实验有助于培养学生的过硬本领。这两个系的同学后来在华南师大任教授，化学系有刘福祥、李耀章、陆乾生，生物系有苏炳芝、潘炯华（他还任华南师院校长多年）。

像上述这样让学生使用图书馆和实验室，一般高校是很难做到的。这固然与设备的数量及学生人数有关，更重要的是学院领导及有关职工对学生的高度关心和高度信任。我把这名为"把学生视同家里子女"。

给师生一个安全的环境

先说学生。当时出版有两份新诗墙报，一份是由高年级的廖光汉（廖曾任广州某高校历史学教授）主编的，另一份是由低年级学生黄流沙（《文理校友（17）》曾有文章提到他）主编的。两诗刊虽风格有别，但是充满进步的思想。当时在文理学院，中共书刊是可以公开阅读的，我曾汇款到重庆新华日报社订报和买书，报馆每天把报纸邮寄来，买的书也如数收到，这些书报我是放在宿舍桌上公开阅读的。"皖南事变"后情况才改变。

再说教授。有好些教授是以马克思主义理论为指导思想来授课的。如第一代的马列学者张栗原讲西方哲学史，郭大力讲经济学史，著名作家许杰讲中国新文学史，著名历史学家陈守实讲中国通史，他还把苏联出版不久的《联共（布）党史简明教程》推荐给学生。当时学院有一名挂名训导长盛叙功，他的事在别的院校是难以想象的。

广东省文理学院在西塘村的办学点

盛叙功教授是专攻西亚（中东）地理的学者，编有中华书局出版的高中地理课本，为人憨厚，个子高大。下雨天常穿木屐来上课（有些学生也如此）。我说他是"挂名"，因在我印象中，他只做过两件有关训导的事。一是学院在乳源时他主持过早上的升旗仪式（迁东陂后不再举行），另一件是学院在东陂开运动会，他代表院领导讲过话。我选修他教的世界地理课，有一次他在有几十名学生的大教室中，把话题转到他是如何当上训导长的。他说，国民党政府的教育部要给文理学院派来训导长，林砺儒院长为了抵制，就找他商量要抢先任命他为训导长，他体谅林院长的良苦用心就"屈从"了。不料任此职必须是国民党员，他奉命参加了国民党。到暑假接到通知，高校训导长要到衡山中央训练团集训，他又奉命前往。在会中上要他发言讲对三民主义的认识，他没读过孙中山的《三民主义》，只粗略知道民族、民权、民生三个主义有连环性，就以此为题说了一通。他受到严厉的批判，说这是大汉奸周佛海的理论（当时周佛海已随汪精卫叛逃南京成立伪政府），盛叙功是以很凝重的精神谈此事的。

我理解他不仅在诉说个人的委屈，也在抨击国民党当局的顽固蛮横，由此我又联想到，当时我们在连县东陂有一个比别的高校安全的环境是来之不易的，不仅有林砺儒院长在上面、在外面为我们顶着大山般的压力，还有像盛叙功这样善良的教授为我们做出了牺牲。我想，在国民党统治区，在课堂教学众多学生面前说那些话是有风险的,这又表明他是把学生视同家里子女般来信任的。

注:关于文理学院的回忆,作者设定的时限是1939年秋至1941年秋,即林砺儒任广东省立文理学院院长的最后两年。文中部分图片由南粤古驿道网补入。

(节选自黎品《林砺儒院长主政文理学院最后两年的回忆》,《文理校友》2018年第18期,9-12页。华南师范大学历史文化学院胡列箭老师整理,南粤古驿道网采编整理)

(黎品,男,生于1919年11月,北京市第四十五中学退休教师。1939-1943年在广东省立文理学院文史系学习并毕业,当时曾伴随学校在战乱中迁徙。)

文理学院在东陂之忆

廖 钺

广东文理学院1939年从广西融县迁校回广东乳源县侯公渡。那一年，日本鬼子有向粤北韶关进攻的企图。学院又走上了逃亡的道路，搬迁到连县东陂去。当时，粤北山区交通是非常困难的。虽然由韶关到连县有公路可通，但车辆十分稀少。学校师生只好徒步前往，从乳源出发，经过汤盆水、天井山，越过秤架山的崇山峻岭，步行了三四天才到达连县。我们在县城燕喜小学住了好几天，然后才转到东陂去。

连县在广东西北部，与桂东、湘南接壤，是颇有名气的地方。县城连州从前是州府所在地，是政治、文化、商业、交通的中心。源于连县的小北江是流入珠江三大水系中的北江重要水系的主流之一，是连阳几县至广州的交通动脉。不少客商从连县购进大量的食盐和广货销往湖南，从湖南带来大米、油、生猪、山货，与桂东也有不少货物交流，连县成为省际贸易的转口点。因此，河上樯橹云集，陆道肩挑背运者往来不绝，商业繁荣景象，可谓极盛。抗日战争时期，广东省政府又迁来连县，连州的政治、经济、文化中心作用更为突出，名噪一时。

连县的风景也是十分美丽的，有桂林之山、阳朔之水。山城依坡地建筑，高低起伏之势所组成的城市结构别具一格。特别是东门城楼和街景，至今还给我留下深刻印象。燕喜小学在当时是一所颇具规模的小学。校园内怪石丛丛，树木葱郁，有如一个个大盆景。走进这个学校，仿如观赏盆景展览，美不胜收，还有亭台楼阁把校园点缀得像个公园。最使我难以忘怀的是燕喜亭，有韩愈留下的"燕喜亭记"；东坡亭，有苏东坡亲笔题写的石刻"鸢飞鱼跃"，为学校增添了古雅气。当日，我在连县停留时，每流连于此情此景，颇有"青山绿水留人处，对景开怀我欲仙"之感。

连县到东陂往西走约60华里。东陂镇毗邻湖南，因此有它与众不同的地

燕喜亭

位。它的一条长长的街道，用一块块青石板镶嵌铺垫得整整齐齐，很有特色，两旁用河卵石砌结。听说修整扩大街道是1921年（民国十年）冯某区长做的一桩德政。当时能够这样地改造街道，足见市场繁荣，经济发达。

文理学院之所以选址东陂，固然由于它内陆交通还算便利，更主要因为它是一个偏僻安全的地方。

1939年冬，文理学院来到东陂，设立在隔河的西塘村和江夏村的下山坪，它的附中也一起迁来，设在东陂河北边的塘头坪村，和学院遥遥相对。学院的院本部借用一间大祠堂（陈氏宗祠）为办公厅，有一栋是两层的楼房，算是阔气的了。课堂主要在院本部那几间屋子，可是还不够用，有时，我们上课就要到两里外的东陂街去。西塘往尖寨村路上的一间观音阁，学院就用来做仪器室和实验室。它距离院本部有2里左右，还不算远，在当时情况下，是难得的房舍。学院迁来给东陂送来了高层文教气息，广大群众都非常欢迎。

文理学院在林砺儒院长领导下，是一个进步的学府。教师队伍中不少有名望的专家、学者，如林汉达、许杰、张栗原、郭大力、吴三立、王越、黄友谋、陈兼善、王鹤清……学院提倡自由学风，唯物论、唯心论都可以在讲坛上宣扬各家其道。同学当中也有不少进步的学生。院系之间有自己组合的学术团体，如读书会、诗社之类，一般都是进步性质的，那些组织时常举行进步的活动，起到很好的影响。当时，山区的生活是很艰苦的，物质条件是很低劣的，但同学们学习的情绪很高，老师教课也很认真，大家都珍惜这个学习的机会。这种勤教苦学的精神都是和抗战爱国的情绪结合在一起表现的。当时学院经济困难，师生都能艰苦朴素，除借民房之外，还在下山坪用木板和杉树皮搭了几个棚厂，学生的宿舍就在那里，同学都住"高低床"（分上下二层的架子床），还有的学生分散住江夏村的老百姓家。

学院图书馆设在江夏村头一间古老的叫"香林寺"的庙里。我们就在那样

"简陋"的情况下弦歌不辍。师生之间、同学之间,无论在学术气氛上或者生活情趣上,都可以说是气氛热烈,情绪高涨。有时候,还载歌载舞。大家都不感觉寂寞和枯燥单调。记得1940年上半年,学院组织抗日宣传队下乡宣传,宣传队就在古庙门前的大榕树下排练演唱,搞得很活跃。有一队由张栗原教授率领到三江(连南县城)宣传演出。我记得,杨钟昌和我等几个同学一起到东陂街头刷写大标语,画抗日宣传壁画。我们都是一群热血沸腾的青年,宣传抗日,保家卫国,大家都做得很起劲。同学们也经常在壁报或向外投稿发表文章。我在东陂时,就曾写过一篇《湘江颂》的长诗,发表在《中国诗坛》诗刊上。学院有个体育系,看球赛和去东陂河上游的龙塘陂游泳,特别是观看跳水健儿在10公尺的高崖上跳水是饶有兴趣的。

文化教育的沸腾,活跃了古老的东陂。因此,学院在那艰苦年代结下的缘分,是令人深刻难忘的。这是文理学院在东陂写下的一段荣誉的历史,也是东陂一段光荣的历史。

1989年12月我来连县期间,县政协副主席谢平等特意陪同我重游了东陂和学院旧址。谢副主席是东陂人,也是文理附中的同学,他对那里的情况很清楚,给我一一做了介绍。这时的东陂比48年前有了很大的变化,旧时代的面目已经不能一一可辨了,但那里的一草一木仿佛带我回忆到旧日朝夕与共的日子。旧日学院图书馆那间破庙已不再存在了,建了新的村小学校,但那棵郁郁

陈氏宗祠(广东省立文理学院办学地旧址)

葱葱的古榕树仿佛在告诉人们："文理学院在东陂，只有我这棵古榕树是有力的证人了。"我们来到它跟前，古榕树仿佛默默地告诉了这里过去的一切。我沿着熟悉的道路，到江夏村寻找旧时同学住过的老百姓家。可是走访了不少住户，也无从记认了，我自己也感到茫然。后来找到往日黄家的旧址，可是这间屋已经成了杂品商店，面目也不容易辨认了。物换星移，事物总是在不断变化，怀旧也许是因为要开展新的境界而产生的一种心境吧。

这一天刚好是墟日，墟场非常热闹，我们在街口"东陂酒家"吃上东陂名产水角糍（用黏米做皮包馅的）和糯米团子，香甜美味、名不虚传。我对谢平副主席说，旧日我们在东陂的穷学生是无法品尝这些食品的，那时这里唯一的一家大餐馆"一景楼"更是望门不入，因而对它全无印象。只有几分钱一斤的粒粒硕大、清甜爽口的东陂马蹄，至今还在我脑子里留下深刻的印象。

我们溜达了往日文理学院东陂旧址之后，我想能在这些地方刻石题记立碑，以便校友们回来参观、访问时有所了解，这将是很有纪念意义的。

（廖钺，广东省归国华侨联合会副主席、中华全国归侨联合会委员、中国地方史志协会常务理事、中国书法家协会广东分会理事、广东华侨历史学会副会长兼秘书长。）

回忆文理学院在连州的日子

许 实

日机轰炸与广州沦陷前后,中山大学迁往广东乐昌县坪石,省立文理学院迁至粤北连县东陂。那个时候,大学生的生活苦极了!文理学院的校舍、宿舍,全部由树皮和竹笪搭成。四个人合住一间房,睡的是木板床,室内各人有一张长方形木台和一张木凳。没有电灯,也没有自来水,点的是油灯,用的是井水。学校每人每月发给一竹筒煤油。粤北天寒地冻,洗脸、冲凉全是井水,冻坏人了!生活条件很艰苦,但当时的学习风气却很好。晚上,学院图书馆在汽灯照耀下,莘莘学子都在那里埋头攻读。当年学院没有电视、没有电影,也没有收音机。入夜后,除了在油灯下读书与聊天,什么文化娱乐都没有。

一、艰苦的学习生活

尽管学校每月给每人发一些助学金,但也只够两餐伙食费用。抗战期间,我家早已破产,早餐也吃不上了。早餐,每逢看见一些同学从店铺买下一碟碟热气腾腾的糯米饭(附上一点猪油、酱油和辣椒粉),心中羡慕到了极点。自己偶尔也买一点吃,感到滋味比现下的高级点心不知好多少倍。有时学习到深夜,有的稍为富裕的同学,偶然请我到农民的店铺吃腊肉炒面,尽管面条炒成糊状,但都感到其味无穷。

教授的生活同样十分清苦。有一回,我到东陂墟,看到哲学家张栗原教授手里仅拿着两块豆腐做菜,心中不禁为之凄然。那时,他正染上肺病,不久即在贫病交迫中逝世。由于生活难熬,经过当地地下党员介绍,我在东陂小学担任音乐教师,每月待遇一担半谷子(因物价飞涨,以实物代薪),生活才稍有好转。

那时候,文理学院分大学与附中两部分,两校相隔一个东陂墟。互相交往,要经过颇长的田间小径。我与过去中学低班同学仍互有往来。他们在附中念书,晚上,我经常前去参加他们的读书会。读书会设在农民屋。一天深夜,读书会讨论艾思奇的《大众哲学》后,大家饿极了。有个绰号"猪肉佬"的同学,提议偷门前竹竿上挂着的地主、富农的腊鸭腊肉。大家齐声附和,一下子,把一些腊鸭、腊肉偷来,用装水用的铁罐煮了一罐饭,痛痛快快地吃了一顿。这是我所吃过的一顿肥美难言的夜宵。不过这种行径,回想起来,不论从任何角度看,都是错误的。

二、殴打反动教授被开除

在大学读了一年半,我便被开除。当时的院长林砺儒是个深孚众望的教育家。他罗致了一大批知名教授,如翻译《资本论》的经济学家郭大力等人任教,学院的进步势力蓬勃发展。国民党反动当局鉴于学院位于粤北连县山区,远离战时省会韶关,难于遥控,决定撤掉林砺儒的院长职位,改由省教育厅厅长黄麟书兼任,还派出国民党党棍徐颂平担任训导长,江光宇任英语教授。学生中则有三青团骨干多人上下呼应。在这之前,全院同学为挽留林砺儒,以各种形式包括上书国民党当局,开展"挽林"运动而未果。院内地下党员与进步同学一起召开秘密会议,决定组织"驱徐委员会",以反动教授江光宇在授课中攻击林砺儒写的"院歌"为借口,大造舆论,并于1942年春的一个晚上,由地下党员发起,敲响铜面盆为号,动员同学前去质问反动教授江光宇(内部计划是先打徐颂平,后打江光宇)。事前,地下党员已先拟定"驱徐委员会"委员9人名单。为掩护地下党员不致暴露,委员以进步同学为主,党员为辅。我不属委员名单之列。

事发前,地下党员先在同学中大骂江光宇诬蔑院歌,然后敲起铜面盆,鼓动同学前往教授宿舍找江光宇算账。江光宇因是教授身份,曾在课室上多次攻击林砺儒院长。如林院长曾为文理学院写一阕院歌,其中有"同学们,挺起胸膛,放大眼孔",江光宇就随心所欲地曲解说:挺起胸膛是个一字肩,是一个鸦片烟鬼的形象;放大眼孔,就是眼光光,是个傻相。当晚,地下党员很快就召集了200多名同学,手挽手浩浩荡荡地高唱院歌,穿过田野间小道向教授宿舍前进。徐颂平听到同学们激昂的歌声,早已闻声先遁,偷偷爬上树上躲藏,唯有江光宇仍在房间,遭到同学们的一顿乱打,连身上的皮大衣也给撕碎。

当晚,大家在现场的空地上召开大会,成立和选举"驱徐委员会"委员,由学生自治会主席张启彤和赖至茂当主席。当中有个胆小怕事的同学拒当委员。我一时发急,当即发表了一番慷慨激昂的演说,同学临时推举我当了委员。

三、反动派的迫害手段

第二天清早,徐颂平和江光宇雇了两乘人力轿子去了连县城,据说是躲到连县县政府那里,当时的县长是李仲仁。江光宇先跑去验伤,徐颂平则打电报给国民党中央教育部,说共产党在文理学院捣乱。事情发生后,期考当然是草草了事,有些课目根本就不考试了。过了不久,广东省教育厅就下令,叫文理学院迁往曲江县桂头。

迁校是反动派的一种手法,一方面是利用迁校过程,涣散同学们的斗志,涣散同学们的团结;另一方面是趁着动荡的日子,对同学们进行迫害。二月间

1948年《文理学院院刊》登载的《十五年来之广东省立文理学院》

到了曲江，一些同学迁入桂头新院址，一些则留在曲江同学会住。不久，迁入新院的同学用电话通知留住同学会的同学说，反动派为了压制这一事件，开除了7人，另外7人记大过；并通知一些同学设法避开，因反动派已逮捕了学生自治会主席张启彤和赖至茂2人入狱。据说他俩在狱中，反动派拿了许多三民主义的书给他们看，还要他们写思想总结。接着，学院就发出布告以黄希声为院长，于四月中复课。徐颂平还赖在那里当训导长，江光宇大概是觉得面子丢尽了，便走了。

在被开除的7个人中，就包括担任"驱徐委员会"委员的我。从此，我便转移到社会上另一个天地，揭开了我人生新的一页。

（许实，原名许伊，笔名微音，广东佛山人，1919年5月出生，2004年9月去世。1940年秋至1942年春曾在广东省立文理学院文史系读书，1942年春因参与殴打反动教授江光宇被学校开除。曾担任广东省人大常委会委员、广东人民出版社社长、《羊城晚报》总编辑等职位。）

郭大力在连县翻译《剩余价值学说史》

魏文石

广东省立文理学院两迁连县东陂

广东省立文理学院在抗日战争时期两次易名,九载十迁,是整个抗战时期迁徙次数最多、经历无数苦难的一所大学,师生们踏遍两广边远山地,用脚步丈量求学路。学院大师云集,尤其在东陂驻扎时间最长,分布也相对集中,学术成就最辉煌。1939年冬初迁连县东陂,租用观音阁、祝山祠、陈氏宗祠、伟臣公祠、五福公祠、香林寺及原西塘乡乡公所7处,因校舍不够使用,又用杉树搭建课室及男生宿舍棚厂各4座,还有生物实验室1座。学院在广州沦陷前已经开始着手西迁,仪器和大量的图书都没有遗失。因此化学、物理、生物、心理各科仪器标本模型基本完备,中西文图书共约4万册。广东省政府又将前广州市立中山图书馆寄存广西省的书籍5万余册也拨归文理学院收藏,其中不少岭南重要文献。

1942年春,粤北战事缓和,学院搬至韶关曲江。1945年夏曲江失守后,学院再次迁到东陂旧校舍,然后辗转再迁到罗定。

郭大力教授课余翻译《剩余价值学说史》

1940年秋季,郭大力应省立文理学院院长林砺儒之聘,到省立文理学院讲授经济学,而经济学归入社教系。《连县动员日报》于中华民国三十年(1941年)7月25日刊登了"广东省立文理学院连州区招生"简章,简章的内容包括学系及学额:中国文学系、史地系、理化系、生物系、社教系(即社会教育学系)、体育专科各30名;招生区域为曲江、肇庆、四邑、茂名、连县、梅县、揭阳、桂林、香港。省立文理学院当时驻地为连县东陂,地处山区,交通不便，非常闭塞，生活条件也很差，郭大力没有考虑这些，只希望找到一个更能发挥自己作用的职位。

郭大力一边任教，一边在课余翻译《剩余价值学说史》。同时，他还在原来柏林大学教授古斯达夫·梅尔著的《恩格斯传》第一版中文译稿基础上，再次翻译该书[①]。据《广东省立文理学院教职员名册》（民国三十年六月）记载，学院教职员共有63人，郭大力所教的是社会教育学系经济学，张栗原任系主任兼教授，郭大力在东陂教学之余的第二份《恩格斯传》译稿就是放在同事张栗原的家里。1941年8月12日，张栗原不幸因肺结核病在惠爱医院去世，这份珍贵的第二稿手稿也就遗失了。郭大力并未就此罢休，后来又重译了第三稿。

郭大力《剩余价值学说史》手稿、郭大力在1938年原书上校译1953年出版的《资本论》发排稿和郭大力先生任学部委员的聘书，由郭大力女儿郭宝璘教授捐赠

郭大力教授的宿舍和文理学院的校舍

省立文理学院的"驱徐委员会"委员许实，在《回忆文理学院在连州的日子》[②]里回忆说，"文理学院的校舍、宿舍，全部由树皮和竹笪搭成。"竹笪，是当地村民用竹片编织成的一种粗竹席，可以遮风挡雨，也可以用来晾晒谷物。大部分校舍使用了当地的简易建筑材料进行建设，所以现在部分校舍旧址、遗址难以寻找。

黎品在《回忆教师住宿》[③]一文中说："当时家里人多的老师，就租老乡的房子住；人少的跟着自己的爱人住在学校里面，校本部里面有几个房间，不过条件很差。"

郭大力儿子郭奕玲（清华大学物理系教授，1931年生于上海，原籍江西省南康市。1949—1952年在清华大学物理系学习，1952年毕业后留清华大学物理教研组任教，1992年退休）及爱人沈慧君（清华大学物理系教授）于2013年11月2—4日来到连州，特地到东陂石板街头铺顶寻找当时居住的旧址。据郭奕玲回忆，郭大力一家当年居住在西溪河的东岸、东陂墟的头铺顶，郭大力在江夏村和西塘村的省立文理学院教学，郭奕玲则于1941年初年（仅10岁），在省立文理学院附小上了他仅有的两个学期小学（附小旧址即江夏村黄氏宗祠，现已修缮好，南浦宗祠已重建）。在东陂西溪河，郭奕玲学会了游泳。当年在东陂石板街头铺顶租住的六层高的炮楼（现址为东陂镇胜利街125号对面的小巷内，居于胜利街125号与新华街之间的巷子口）已多次易手，拆后重建为红砖砌筑的现代民居。长长的石板街中段有一间很大东岳庙，庙前有一个古戏台；从东陂石板街通往江夏村横跨西溪河，河面上有一座临江桥（已被洪水冲毁，残存石桥墩）；往前走就是当年广东文理学院校址江夏村下山坪。临江桥建于清乾隆年间，由东陂镇塘头坪村述诗公倡建，建成后多次被洪水冲垮。村民在临江坊码头搭建了一条水桥通往对岸沙州果园再转入东陂街，水桥为木质结构，当有船通过或遇上洪水时，水桥于中心处一分为二，收归两岸，东陂的水桥街由此得名。当年吴三立先生在文理学院中国文学系教文学，他不但学术造诣很高，而且在诗词、书法方面均有颇高成就。文理学院及其附属中学迁到西岸的江夏村和塘头坪村复课后，东陂人口倍增，为行人的安全，政府倡议重建临江桥，先后由清远长城建筑公司、湖南的建筑师傅承建。民国三十一年（1942年）底临江桥重修竣工，由广东省省长李汉魂题写"临江桥"，吴三立先生为之写了《重建东陂临江桥序》。

郭大力一家租赁的炮楼旧址（右前方红色砖砌的房屋位置）（魏文石摄）

郭大力教授避难精心保护译稿

担任文理学院院长的林砺儒关心国家民族的命运，同情劳动人民的疾苦，追求进步，探索真理。在他的影响和领导下，进步师生曾组织抗日战时后方服务队深入群众,到连县东陂等地从事抗日宣传。帮助农民收割及从事其他农业劳动、举办扫盲识字班;晚上,队员携带灯火到农民家上课,宣传团结抗日、反对妥协投降。当时,国民党教育部派督学张北海到文理学院"视察",实则是对学院的窥测和"警告"。

1941年,国民党广东省主席李汉魂迫林砺儒改变校风,遭到林断然拒绝。李汉魂见用计不得逞,便用扣押学院经费为手段,致使学校办公费与教职员工薪资无着。林砺儒愤然辞职。员生听到消息,掀起了一场声势浩大的"挽林运动",纷纷捐款及自动节约膳费,由连县步行数百里到达曲江,向广东省政府"请愿",此举深得社会上各方面的同情与支持。

1941年上学期尚未结束,受牵连的郭大力就被迫辞职,从连县又回到江西南康斜角村定居。从1940年秋至1941年上半年,郭大力在省立文理学院任教约两学期。

从此,他回绝了一切聘请,在家乡一心从事译作。到1943年11月,终于将100多万字的《剩余价值学说史》全部译出初稿。

1944年冬,日寇侵占了赣南,骚扰了郭大力的家乡。日寇烧杀掠夺,民众东躲西藏,郭大力也带领家小东奔西跑,每次外出,他只带一个沉甸甸的纸包——《剩余价值学说史》的译稿。后来,他怕带在身边反而容易丢失,便把译稿埋在菜园里。经过精心保护,译稿总算免遭劫难,1948年由上海读书生活出版社出版。

郭大力教授离开连县在洛阳遇劫

广东省档案馆馆藏有一封郭大力先生1941年的信札。1941年7月9日,已到达坪石的郭大力写信给省立文理学院同事,告知了7月5日遇劫情形。

1941年7月9日中午,郭大力接到原文理学院同事谷神、叙功、寿宜的慰问电话,下午即写信回复给谷神、士仁、守实、叙功、竺同、寿宜、许杰、栗原先生,感谢他们的电话慰问。当时有古道联系连县和乐昌。信中,郭大力描述自己抵达星子镇后生了病,但不是很重,因病雇用了轿夫前往坪石。7月8日到了坪石住友人处,二三日后很快就可动身回舍。

7月9日所写信函,向同事们讲述了7月5日遇劫情况:此次请了挑夫和轿子,都是东陂邓文球老板代请,其中挑夫一人,到了洛阳后就称病不去星子了,另由轿夫找黄生代请一人(黄生自称可以负责)。走了10里左右,就遇上劫匪。郭大力所丢失的一担行李，就是由该新请来的挑夫所挑，该夫说已被匪抢去。信中郭大力估计，该人有重大嫌疑。幸好郭大力及其夫人均在后面，未受劫匪袭扰。两个小孩亦无恙。

由此可知，郭大力教授离开连县的具体时间是1941年7月5日。

洛阳至星子路上的九寿亭（古奕灿摄）

郭大力教授来往连县所经过的线路

《连州市志》[5]载：连州公路始建于民国十八年（1929年）。民国十九年（1930年）连州至星子、连州至东陂公路竣工。民国二十一年（1932年），续建星子至坪石公路。民国二十七年（1938年），连（县）韶（关）公路通车（途经黄沙堡、栗源堡、坪石）。民国二十八年（1939年），兴建另一条韶关至连县公路（即连县经阳山至乳源线），至民国三十年（1941年），建成通车，全程272公里，途经境内的西江、连州，境内长24公里。是年秋，省政府从韶关撤到连县，为抵御日军进犯，将韶关至连县的公路桥梁炸毁，公路停止通车。

林砺儒任省立文理学院院长后，聘请了郭大力到学院教经济学。时1938年8—9月间，由上海读书生活出版社出版了郭大力译的《资本论》第一至三卷，同年11月，郭大力在赣州省立赣县中学任教，并着手翻译马克思的《剩余价值学说史》。因此，1940年9月到连县教学前，郭大力一直在赣州省立赣县中学任教，时学校地点在赣州市王母渡。据郭大力儿子郭奕玲于2013年回到连州的回忆记录，1940年秋，年仅9岁的他随父亲从江西南康经过坪石，再步行来到连州东陂。

而黎品先生在《林砺儒院长主政文理学院最后两年的回忆》[6]中提到："1939年12月或1940年1月，日军沿北江东西两岸清远、佛冈大举进犯，逼近曲江，政府下令机关学校立即撤离，文理学院也在其列……乳源往南、往北都是山区无大路可通，只有东西一条从曲江到连县的公路经过这里，并且每天只发一次的长途汽车，学院决定迁往连县东陂。"因此，郭大力是从赣州经大余、南雄、韶关、坪石、星子到达连县的，时连（县）韶（关）公路已建成通车（途经黄沙堡、栗源堡、坪石），因当时车辆班次极少，他们未必能坐上车，极有可能是沿着公路走路来连县。

按照1941年7月9日已到达坪石的郭大力写信给省立文理学院同事，告知了7月5日在星子遇劫情形的事实，证明离开连县的路线是从连县东陂经四甲洞、洛阳、沈家村、上庄村至星子镇，再经湖南黄沙堡、栗源堡，广东坪石、乐昌、韶关、南雄和江西大余，到达赣州南康，和来连县的时候是同一条线路。

洛阳大营村文笔塔

参考资料：

①④南粤古驿道网：阿瑞《王亚南和郭大力学术年谱（1938—1948）补遗》

②许实《回忆文理学院在连州的日子》

③黎品《回忆教师住宿》

⑤连州市地方志编纂委员会《连州市志》，广东人民出版社，2011年版

⑥黎品《林砺儒院长主政文理学院最后两年的回忆》

冼玉清在连县的经历

魏文石

冼玉清（1894—1965），岭南大学、中山大学中文系教授，堪称岭南第一位女博学家、20世纪广东不可多得的女学者和女诗人。她对岭南历史、风物、史志文物的发掘与整理，千百年来岭南巾帼无人能出其右。她集诗人、画家、文史考据家、金石考据家、金石鉴赏家、收藏家于一身。

1944年5月开始，日军发动豫湘桂战役。6月，日军南进至衡阳一线，曲江告急，冼玉清所在的曲江（犁市）仙人庙岭南大学，被迫迁往乐昌坪石，以应对日军发动粤汉线作战，学校做好随时西撤连县准备。7月上中旬，长沙、耒阳等地失陷，在闻知消息后，19日，在坪石的岭南大学部分人员，先期从坪石撤往连县，冼玉清亦随队撤迁至连县。至此，冼玉清在抗战粤北韶关3年中，有在连县3个月的经历。

期间，冼玉清在省立广州女子师范讲课，业余时间就精心采阅志书，咨询观察，对连县历史源流、湖光山色、气候物产、风土人情和名人轶事了如指掌，先后写出《连县之史地赏析》《刘禹锡在连州》《静福山之文献》《孟宾于之诗》《连阳掌故》《连州三月记》等文章，以"连阳掌故"系列和诗歌集《连州诗草》刊发于韶州《大光报》《建国日报》上。

1927年同学日女同学合照（前坐左第二人为冼玉清），摘自《岭南大学校史》

冼玉清与杨芝泉

杨芝泉先生是现代著名书画家,原籍广东连县九陂小水乡车田村,祖居数代。祖母黄氏出身于书香门第,长于绘画、精于刺绣。她发现杨芝泉天资聪颖,好学多问,3岁便教他绘画写字,为了杨芝泉的学业,他们举家迁往三江镇(今连南县城)。杨芝泉13岁参加辛亥革命,17岁考取广东高等师范图工科,毕业后留学日本。回国后,先后在省广雅、高师附中等10多所学校执教。25岁荣获广东省省长廖仲恺委任,以"南洋华侨教育视察"身份出国,发动侨胞捐款支持孙中山,后凯旋。1935年,杨芝泉受聘为中山大学文学部画史、画理讲师,副教授。1938年10月广州沦陷,杨芝泉回到连县,曾任燕喜小学校长、燕喜中学校长,直至1950年初任连州联合中学副校长兼连县师范学校校长。

冼玉清是在1944年7月19日从坪石乘车到达连县的,同行的有时任广东省银行连县支行胡继贤行长、继良及继雄夫妇。她途中有感写下了《甲申五月廿九日偕胡继贤行长继良及继雄夫妇乘小汽车从坪石至连县》:"胜游难复五人同,况在干戈傲扰中。一路风驰逃劫火,蒲车安稳到湟东。"

在连县期间,冼玉清是寓居在燕喜中学校内的,所住的地方叫做"至圣楼"。甫一抵连,冼玉清就被杨芝泉热情地安排在学校中住下,当即写下《卸装燕喜学校杨芝泉校长辟至圣楼下座以居》做纪念:"珍重玄亭礼意优,四围嘉树任藏修。穷经廿载怜虚负,幸许居依至圣楼。"可惜,经过岁月的洗礼,现在已经无法在燕喜中学中找到至圣楼的遗址了。

期间,她游遍了燕喜山的山山水水。燕喜山水清树翠,石奇洞异,景色殊胜。周围亭台楼阁,古朴典雅,构筑别致,名胜古迹众多,尤以唐代"燕喜亭"著称。历唐、宋、元、明、清、民国等,名流学者,流连咏歌,诗文石刻,可诵者不可胜记。杨芝泉在育才之余,攀石摩崖,风雪无间。随着学生日增,校园需要扩展,杨芝泉不遗余力地发动社会人士筹款建亭筑舍。独具匠心地利用开敞的空间,选择环山盆地之中,或岩石陡壁之间,错落有致地建筑了铁城亭、会友亭、醉翁亭和崇岳堂、慕黄堂、几之堂。在"燕喜书院"(燕喜中小学前身)的大门,杨芝泉先生殚精竭虑地予以设计、修葺、装饰,并献上自己的墨宝。题写了匾额"燕喜",中门两侧对联"吏部文章高北斗,连州水石冠南陬",精辟地表述了燕喜山在历史和风景两方面的价值和特色。上联旁边小注为"明进士福宁游太初燕喜亭诗刻亭右石上字小痕浅风雨剥蚀墨迹半湮今节录于此",下联旁注为"中华民国二十九年元旦邑人杨芝泉书"。牌坊背面门顶有"引人入胜"行书大字,中门两侧二联为"泽涌泉流入与双清寻活水,巾峰垂地脉境缘一览小群山"。游走燕喜亭台楼阁之间,冼玉清为之留下了《燕喜亭晚坐》《会友亭晚眺》《燕喜校园赏石》《燕喜校园写兰》等诗句。

1952年11月,杨芝泉任广东省博物馆科员,次年9月任广州市文史馆馆员。而冼玉清在1955年退离教职,1956年任广东省文史研究馆副馆长。故友之间喜相逢,工作之余与杨芝泉来往密切。

调查连县民俗

冼玉清对岭南历史、风物、史志文物的研究颇深,离不开她在各处深入田野进行调查,我们可以从她的诗句中得知她在连县期间的去向。

刘禹锡刺连期间,曾作《连州刺史厅壁记》曰:"山秀而高,灵夜渗漉,故石钟乳为天下甲,岁贡三百铢……石俜琅玕,水孕金碧,故境物以丽闻……"作为资深文史专家,难得到刘禹锡曾经屡做赞美的连州,冼玉清又怎么不会到处逐一核实呢?受此影响,她到了东陂赶集,进入大口岩游览,并以《东陂赴集》"一记争传句不刊,连州美石比琅玕。长墟稳砌东陂路,白蜜黄精满地摊"描述了东陂物产的丰富,既有美比琅玕的钟乳石,也有满地摊的白蜜黄精。

连县位于粤西北,在当时信息传播比较慢,人员流动非常缓慢,这样就造成了每个农村都会渐渐形成属于自己独特的风俗习惯。风俗习惯,就是大多数的人与人之间达成的某种默契,进而形成一种约定俗成的行为规范,素有语"五里不同风,十里不同俗"。适逢重阳节,即使是兵荒马乱的时代,宾于乡照例举办盛大的赛神活动。为瞻仰静福名山以及一睹最有趣味的赛神盛况,冼玉清和各县民教馆诸友共7人至静福山旅行。其时他们可以坐船沿保安河逆流而上,到达保安墟,但是为了便于沿途考察民风民俗,从燕喜中学校至宾于墟,步行了数小时才到。她以《九日游宾于乡登静福山》做了记录:"廖仙丹灶冷无烟,诗价犹传孟令贤。九日宾于乡例在,迎神箫鼓看喧阗。寒林松桧异森苍,惨淡缘知历劫长。举世再难称福地,避灾何处问长房。"

冼玉清在连县的教学

冼玉清在连县教学的学校是省立广州女子师范学校，具体地点是在连州镇鸬鹚咀村。

广东省立广州女子师范学校创办于1907年。初名官立女子初级师范学堂，民国后改为广东省立女子师范学校。1928年2月，吕兰芳任校长，改为广东省立第一女子师范学校，1935年8月，增设幼稚师范班，改校名为广东省立广州女子师范学校。抗日战争开始，迁校于西樵简村。广州沦陷后停办。到1940年6月，在韶关市郊黄塱坝复校，复以省立女子师范为校名，设师范科、简易师范班及初中，后再增设附属小学，由李雪英再任校长。1942年6月，迁校连县，兼办国民教育师资短期训练班，学习期限半年毕业。每年秋季都招收6个班新生（初一、简师、普师各招2班），全校分3个部，即普师部、简师部、初中部。各班都是一至三年级，每级分知、礼两个班，全校共18个班，附设小学一至六年级。学校领导有校长李雪英、训育主任胡俊甫、教导主任叶卓霞、总务主任杨鸿声等，全校有50多名教职员工，有1000多名学生。

那时各县的小学教师极度缺乏。女师请准省教育厅的同意开设速师训练班，半年毕业，凡具有初中以上程度的，由各县选送到校学习，培养他们的教学能力，毕业后根据他们的成绩特长，做出鉴定，送回原单位，量才录用。这个班级学习时间虽短，但在当时小学师资缺乏的情况下，起了一定的作用。师范学生除了本身功课外，在冼玉清的带领下学习专门的学科及艺术，如书法、图画等等，有的同学还排演救亡话剧、演唱救亡歌曲等。时冼玉清教授寓居燕喜中学校内，距离连州城北的鸬鹚咀仅2公里，还是比较近的。《女师前进曲》是该校的校歌，随着学校的迁徙，传播遍了南粤大地南北。歌词为："体魄强健，精神活泼。各人尽力修身，勠力相助，同心相爱，大家做事认真。应当快乐时尽情欢笑，应当奋勉时自励，励人莫负良师益友殷勤意。我辈前途正无垠，身心快乐奋勇前进，不怕艰苦辛，使我国家基础安稳，培养健全国民。前进！扫除清净满目之烟云！还我江山之旧观！扬我民族精神！"

谢健朝先生的《烽火岁月中的冼玉清二三事》中说，平日，她除在国立中山大学连县分教处、省立广州女子师范等学校讲课外，还经常"以文会友"，即兴作诗，表示冼玉清曾在国立中山大学连县分教处任教。果真如此吗？据档案《国立中山大学关于栗源堡至连县迁校检送疏散站先遣人员名单的函》显示，受战事影响，1944年6月9日农学院由栗源堡迁往连县办学，分设6处疏散站以便沿途照料。后又遇上战事趋缓，疏散工作暂停。8月31日派赵善欢迁往东陂勘察疏散地点（见1944年《农学院请赵善欢赴东陂勘察疏散地点的函》）。档案《国立中山大学关于筹设农学院东陂办事处的签函》

《女师前进曲》曲谱

（1944年9月8日）显示，派研究院讲师梁宝汉带同工役一名赴连县东陂筹设办事处，随后农学院迁往连县（见1944年8月28日《农学院运赴东陂重要公物册》）。1945年1月16日，日军突然侵入湖南宜章栗源堡，坪石亦陷于包围之中，中山大学、岭南大学农学院、培联中学等学校被迫紧急疏散。1月18日，日军自道县、宜章分四路向坪石袭来，中山大学一分为三。一路由总务长何春帆带领，1月20日撤抵连县三江镇；一路由代理校长金曾澄率领，经乐昌、仁化、龙川抵达梅州；农学院部分师生则迁往梅州五华。1月21日，日军攻陷坪石，岭南大学紧急撤离岭大村。中大农学院连县分教处3月15日才恢复办学（见《粤北时期中山大学各学院简况》）。因此，冼玉清在连县期间，国立中山大学连县分教处尚未迁到连县办学，可以确认冼玉清并没有在中大农学院连县分教处任过教。

以文会友，即兴作诗

冼玉清善工词，对连县如画景色赞不绝口。时任省立文理学院中国语言文学系教授兼训导长的友人王韶生看了她的诗歌《卸装燕喜学校》后，赞不绝口，即席和作。其《燕喜学校闲居》诗云："谪居犹得佳蓬莱，倚槛看云日几回。唐宋风流亭颓落，鬼神斧凿石崔嵬。摩崖清晓寻璇字，临水斜阳泛玉杯。如此林泉供寄傲，江南莫赋子由哀。"潘诗宪、盛九万等教授见诗即时挥笔和作。此外，还有文毅甫教授的《访冼玉清教授》、刘一庐教授的《玉清教授来连》、黄文宽律师的《小诗四章》等。这些诗歌，后由她汇编为《连阳诗录》，发表在《建国日报》副刊上。因此，时在连县许多大学教授、讲师和学生，文化、教育界知名人士，都觉得能和她吟诗作对、谈笑风生是一种幸事。

对连县历史文化进行研究

唐元和年间（815—819年），连州刺史刘禹锡初理州政，即组织疏浚州城北郊海阳湖，添建吏隐亭等亭台楼阁，他为此撰文曰："元次山始作海阳湖，后之人或立亭榭，率无指名，及余而大备。"元次山即中唐诗人元结，刘禹锡继承了前贤的善举。而其于《海阳十咏》《吏隐亭述》《插田歌》等诗文中，像"吾郡以山水冠世，海阳又以奇甲一州""天下山水，非无美好""刺中若问连州事，惟有千山画不如"等美文佳句，深深地折倒了冼玉清。寓居燕喜校园间，她写下了《刘禹锡与连州》。而对于闻名天下的燕喜亭，也做了深入的研究，认为王仲舒与韩愈并未在连州交集。在《连阳掌故：建燕喜亭之王仲舒》中是这样说的："考唐德宗贞元十三年（797年）礼部员外郎王仲舒以与阳城等论裴延龄之奸贬为连州司马""仲舒以贞元十三年（797年）贬为连州司户参事，时年三十六岁"，而韩愈"贞元十九年（803年）九月甲寅王仲舒以与左补阙张正一友善，为王伾王叔文等所反馋，远贬峡州。是年闰十月韩愈以论京师旱饥□□幸臣所恶，由监察御史贬为阳山令。是则韩愈南来之年，仲舒亦并不在连也。""韩愈南来，迟王仲舒六年。""十七年愈在师调四门博士。是王仲舒在连之时，佛愈并未南谪也。"

冼玉清在连县的时间不长，但却对连县进行了深入的考究，写下了大量的记录，为连县的历史留下了宝贵的资料。

冼玉清（图片来源网络）

广东文理学院在连县

陆 良

编者按：为凝练与弘扬抗战时期华南中高等学校烽火办学精神，探索华南教育历史研学基地资源活化利用措施，推进我国抗战时期教育史研究，在省自然资源厅等单位的指导和支持下，华南师范大学启动第一期华南教育历史研学资源挖掘与活化利用项目。近期，该校研究团队发现一大批文理学院的本科毕业论文，数量在500篇以上，涉及各个办学时期。其中，有些论文直接以当时的办学地点为研究对象，既有专门研究连县的毕业论文，也有专门研究连县东陂的毕业论文，还有专门研究罗定等地的毕业论文。现对较有意义的论文进行分析整理，形成系列研究成果进行发表。

一、搬迁最多的学院

我们的学校——广东省立文理学院，在全国说起来恐怕要算是搬迁最多的学院了吧。民国二十六年（1937年）因为广州的形势渐趋紧张，便离开了那使人陶醉的好地方——石榴岗的校舍，而搬到了广西的梧州去，这是第一次的移动。第二年因为广州的沦陷，使梧州又紧张起来，不是最适宜读书的地方了，于是改迁藤县，在

广东省立勤勤大学旧照（图片来源网络）

粤北曲江马坝镇新村五拱石桥

那儿逗留不久,因为觉得还是离梧州太近,于是再迁到融县去。

这样在邻省逗留了两年,直到二十八年的暑假期中,才奉到省政府的命令又迁回广东的乳源县来,在这县境内一个小地方,名叫"侯公渡"的设校,并改名为"广东省立文理学院"——因为以前曾经被称为"广东省立勷勤大学教育学院"及"广东省立教育学院"的。

这一年,即是去年,添招了百多个公费生,并且努力地把新地址中的校舍建设起来,费了半年的功夫,才算是略具规模,满以为可以好好地过些日子了的,不料事实表现的结果并不如人所愿。在去年的年尾,疯狂的侵略者扰到粤北来了,骤然间,韶关非常地紧张起来了。乳源离曲江不及百里,这一来便又非搬不可了。于是在去年最后那天,我们员生工友暨附中附小诸人毅然离开了那住熟了的地方——侯公渡,向西迁移。

集体步行,连休息共费了十多天,

1940年《学生杂志》第20卷第6号

我们才到连县。在我们未到之前，学校当局早已找到新地址了的，所以到连县后，我们休息两天便向校新校址——东陂墟迈进。

二、连县东陂墟

连县缩处粤北的一隅，是一个平常的县份。在平时是并不觉得有什么重要性的，但随着抗战的进展，连县的地位也日渐重要起来了。

连县城东有公路可通曲江，南经阳山可至清远，西经连山通广西贺县，北通湖南，交通是相当便利的。最近年多，好些机关团体搬到这儿来，也有些是正在预备搬来的。因此这个平常的县份才渐渐重要起来了。

东陂在连县城北五十里，是个小墟场，有百多间店铺和若干的人口。在这个墟的四周还有几个小村落，每个村落都有相当数目的农人，这些农民的生活是简单的，他们没有丰富的知识，更没有充裕的金钱，他们所知唯一的大事业是种田，最多再做个小手工业而已。

东陂之南有公路可通连县城，春夏天水涨时也有民船来往，北行六十里，便入湖南境。故虽僻处一隅，而并不觉其孤陋。往时已多湖南人来往此间，近因抗战关系，各样人等迁徙到此者更多而且杂。

这里的土地很是肥沃，故收获很丰，且因农民大多辛勤劳作，所以食物非常便宜：上米每单只需十元，比较中山大学在昆明的情形，

陈氏宗祠（广东省立文理学院办学地旧址）

"黄尚书祠"内部，省立文理学院当时最大的教学空间

相差真不啻天壤了。不过因为洋货来源稀少，所以价值很贵：一衣之费，动辄十元——然而比之昆明或徽江，还可算是便宜。土产大量输出的，有土纸、片糖、腊味及荸荠等。

三、我们这团体

我们的学校搬到东陂之后，因为校舍和用具的关系，不得不停课，然而很迅速地在二十多天之后又复课了。现在，第二学期二十八年度下学期都早已开始了。

全院现在分文史、理化、生物、社教四系，另付体育专修科。各科系都不收学杂费的，有些应用的东西，还由学校发给。公费生及贷金生在免缴杂膳宿费和领用讲义及火油外，每人每月得领公费（或贷金）七元，但我们的膳食每月只费六元而已。

设备方面：因为从广州迁出来的时候是非常从容的，所以除了最大件难以搬动的东西之外，普通的图书仪器差不多都没损失，虽因屡次迁校，玻璃的仪器损坏了一小部分，但照现在所有的，与其他各院校现在的情形相比来看，可算是非常丰富的了。

我们现在有一百九十多个同学（附中附小除外）分属上面所说各科系。同学们在生活上表现出来的特点是静，没有嚣张浮躁而不务实际的情形。但是每个闲静生活着的同学身体之内都包藏着一颗热烈的心，我们每时每刻都不会忘记侵略我们的人，我们也会灵巧地抓紧每个适当的机会干我们的救亡工作。

总之，我们这学院为了日本侵略中国的缘故，而致屡次搬迁，现在是搬到连县东陂墟来了，我们是经过了几次辛苦的移动。然而我们移动的次数越多，我们的印象越深，而我们还是照从前一样的可以读书。侵略者迫我们和别的许多同胞们所得的结果，只是燃烧起无限个心头恨的火把，自促对方本身的□□而已。

（注：部分图片由南粤古驿道网补入。）

（原发表于1940年《学生杂志》第20卷第6号。王独慎推荐，喻明玥整理，南粤古驿道网综合整理）

一个知识分子的道路

——回忆一代教育家梁汉生

黄薪华

一

"起来！不愿做奴隶的人们，把我们的血肉，筑成我们新的长城！……"

"工农兵学商，一齐来救亡，拿起我们的铁锤刀枪，到前线去吧，走上民族解放的战场！……"华北危急！祖国危急！全中国人民危急！抗日救亡的歌声震撼着祖国的大地，民族自救的巨浪一波又一波冲击着每一个角落，使人们心绪不宁、坐立不安，进而心潮澎湃、热血沸腾，谁都不甘心成为亡国奴，必须以血还血，救亡图存。当然，对这一切最为敏感的首推青年学生了，他们认识早，行动快。

时为1935年9月，20多岁风华正茂的梁汉生刚踏上勤勤大学三年级。在大学一、二年级时，他还在发愤读书，希望在学问的积累中寻觅自己的前途。但上了三年级，在苦难中挣扎多年的中国由于内战不断而毫无起色，反而陷于危机四伏之中。日本帝国主义不仅对中国虎视眈眈，而且侵吞中国的一片片国土。受到抗日救亡的巨浪一次又一次的拍击，青年梁汉生无法按捺自己埋头苦读的心情，眼看周围的同学终日为抗日救亡忙个不停，也不知不觉被卷进这个浩瀚的浪潮中。

伴随着抗日救亡运动而来的，就是许多要求进步的青年阅读进步书籍的风气。梁汉生所在的班级，同学们几乎全部都讨厌那些课本（被称之为"老古董"），如饥似渴地阅读新的书刊，如艾思奇的《大众哲学》，张仲实译的列昂节夫的《政治经济学》，萧军的《八月的乡村》，还有其他许多人写的通俗革命史、哲学、科学社会主义的读物，都成了青年学生的"伴侣"。特别是当时由邹韬奋主编的《大众生活》《新生》等刊物的煽动性和影响之大，充分表现舆论力量的作用，非亲历的人是难以体会的。这些刊物，成为当时青年的必读书，他们争着先睹为快。梁汉生深受这些书的感染，也夜以继日地读着。多年后，他对人说："《大众哲学》使我开始接触马克思主义，邹韬奋的《萍踪寄语》三册使我认识社会主义的具体图景并对之进行追求，成了自己的理想，还有萧军的《八月的乡村》使我知道在沦陷了的东北还有一支游击队同日本鬼子进行殊死的斗争，认识到革命队伍的伟大并向往不已。"

当时的形势使梁汉生的人生道路发生了转折，他受到了启蒙，开始有了觉悟。当时还流传着其他的许多关于哲学、历史的进步书籍，梁汉生都不停地读着，从一本书到又一本书，从个人学习到小组讨论，他懂得人生并不是为自己享乐，还要为人民大众谋幸福才有意义。再加上当时学院的进步教授尚仲衣（共产党员）、陈守实（后来去了抗日根据地）在上课时运用了唯物史观来进行讲授，对包括梁汉生在内的广大同学产生了巨大影响。

这是梁汉生一生转变的关键时期，当他踏进大学四年级时，他已不满足自己只是读书并和几个同学议论议论了，他要用行动去实践他的理想，眼前最直接可行的，就是投身于抗日救亡运动中。

当时，已有进步同学在地下党的领导下组成了秘密的"抗日五人团"。这是由地下党员麦蒲费负责领导的，林振华、黄书光等人先行参加，他们以五人团为骨干组织一个公开的群众组织。他们认为，有组织就有计划，有分工，事事有人牵头负责。组织的名称叫"活路社"，意思就是从抗日救亡中找到活路。

梁汉生的第一个行动就是参加"活路社"。该社一成立参加的就有数十人，叫人十分振奋！梁汉生平时喜欢哼几句歌，便到了歌咏组去。但他的文章流利，又写得一手好字，出版也少不了他。他对话剧又有兴趣，演出也有他的份。他和黄书光、李锦波、苏铉、林振华等10多人，成了活路社的骨干。不久，该社发展到百多人，以教育学院为主，其他学院也有同学参加，成了一个跨学院、跨班级的全校性的组织。抗日救亡活动搞得生气勃勃，不仅在校内还到附近的农村如土华、仑头等演出《打回老家去》《撤退赵家庄》等抗战话剧，鼓舞群众的抗日热情。

"活路社"还根据社员的要求进一步成立各种学术性组织，如世界语研究组、新文字学研究组、教育研究组、时事讨论组，等等。"活路社"除了出墙报外，还出版铅印周刊《活路》宣传抗日救国。这时中共中央发表了《八一宣言》，"活路社"便公开提出联合抗日的主张，立刻受到进步教授尚仲衣、陈守实的鼓励和支持。当时在上海，发生了沈钧儒、邹韬奋、史良、章乃器、李公朴、王造时、沙千里七人团主张抗日救国而被当局逮捕入狱的"七君子事件"，引起了全国人民的不满和反对。这事件使梁汉生义愤填膺，立即奋笔疾书《爱国何罪？！》一文，发表在墙报上。

学生的救亡运动使当局既恐惧又咬牙切齿，但以抗日救亡的名义入罪又不能服众，毕竟是抗日的怒潮已席卷全国，势不可当，同这个怒潮发生碰拉恐怕难以下台。现在竟然出现这种"越轨"的文章，就以为抓住了把柄，施以恐吓可以镇住那些蓬蓬勃勃的抗日救亡活动。

当局经过研究，由教育学院训育主任出面去训斥梁汉生，梁既是"不法"文章的作者，又是"活路社"的负责人之一。他把梁汉生传到校本部之后，便开门见山地进行指责：这七人入狱是政府行为，你写文章反对就是反对政府。你们反对政府难道是想坐牢吗？接着又说："聪明的快把墙报撕下来！"血气方刚的梁汉生毫无惧色，他冷静地回答说："这是大家的意见，怎么能撕呢？这决然是不能撕的。"

训育主任未料到梁汉生会这样的回答，仅忿忿地再加重一句，作进一步的恐吓："你真的就不怕坐牢吗？""如果写文章要坐牢，那我们就准备去坐牢好了！"梁汉生还是不卑不亢地回答。训育主任吃了一个软钉子又再吃一个软钉子，双方毫无妥协的余地，结果不欢而散。

那时勤大教育学院的院长是林砺儒，他是以开明著称的，训育主任恐吓的结果不了了之。

"活路社"那时也得到地下党员陈翔南的关心，为该社提建议。"活路社"到农村去演抗战话剧，发现土华没有小学，许多人没有书读。为了进一步推动抗日救亡运动，便派出同学到那里办了一所半日制的小学，使学生同工农群众进一步结合起来。

受到恐吓的梁汉生，热情不仅不减，反而高涨起来，他又和容汉勋、黄承燊、秦紫葵等四位同学集资办了一张小报《孩子们》。这是一张以儿童文学形式以抗日救亡为内容的小报，配合和扩大"活路社"的活动。

从此，梁汉生以他的进步思想步入以后的日子。

二

1937年暑假前夕，梁汉生大学毕业了，但抗日战争的炮火声已迫在眉睫，卢沟桥事变爆发后，全国处于抗战总动员状态，虽然日机还未轰炸广州，但广州已是一片混乱，逃难的人把车站、码头挤得水泄不通。各大中学纷纷谋划搬迁，有许多学校已在行动。面对这样的混乱局面，梁汉生不无彷徨情绪。

一日，梁汉生突然接到培正中学的通知，要聘他任教。有了栖身之地，确使他喜出望外：工作有了头绪，其他问题都好办了。当时培正中学正迁往鹤山县，他便前往赴任。他在培正中学并无相识，只因为教育学院曾把应届毕业生的姓名、成绩等材料分送给各个中学，请他们录用，而培正中学选择了他。

虽然生计连带逃难的事情解决了，但不久日本侵略者的炮火使他全家的财产都丢光了，家人也各散东西。培正中学是间教会学校，许多学生的家庭在港澳，由于广州局势紧张，不少学生已回港澳家中，随同学校迁移的为数不多，致使学生人数大减；而教师是原来聘好的，学生人数减少使教师的任课十分轻松，这同战局的紧张形成了鲜明的对比。

梁汉生只在培正中学呆了一学期，勷大教育学院院长林砺儒约他到学院附中任教。梁汉生素来对林院长十分敬佩，认为他的学问、为人都是自己的榜样。在大学时互相有点往来，林院长对他也有一定了解。直到解放后，两人都往来不断，师生之谊甚好，这是后话。此时林砺儒的聘请使梁汉生十分高兴，便欣然赴约。

当时，附中已从广州迁至开平芦村。不少附中学生受进步思想的影响，救亡运动搞得蓬蓬勃勃，并且深入到小山村。对于救亡工作梁汉生算是驾轻就熟，便和学生一起同台演出，唱抗战歌曲，演抗战话剧。到了暑假，因芦村用房太少，附中又迁到开平百合，救亡工作越搞越起劲，不仅经常演出，还派出师生办了7间民众夜校，学生千多人。广州沦陷之后，开平离敌占区日益逼近，梁汉生和广大师生一起帮助军队挖战壕，救护从前线运来的伤员，还到军队里讲政治课、作报告，宣传抗日，受到民众的好评。

这时，由于民众的抗日情绪高涨，国民党当局不得不对进步力量的发展稍为"开明"一点。离附中不远的赤坎，出现了不少书店，出售大批当时的进步书籍，如《联共（布）党史简明教程》《论"左"派幼稚病》等马列著作应有尽有。附中图书馆也买来了一大批图书，许多学生对这些书籍都争相借阅，一手传一手,读个不停。梁汉生也一如既往地读着。其中一本书对他印象最深影响最大,这就是斯诺的《西行漫记》。《西行漫记》使梁汉生认识共产党和它的领袖们,各个领导都有令人肃然起敬的事迹,如毛泽东、朱德、周恩来、徐特立,等等,使梁汉生一生难忘。他对人说:"我看到了中国的黎明。"

一个学期之后,是年8月,由于抗战局势的影响,开平受到威胁,附中又迁到乳源。交通工具的缺乏使梁汉生尝到长途步行的滋味。要步行10多天,每天走40多公里,这是个什么概念他不清楚,也没有信心。但第一天走了45公里,连他不到8岁的孩子竟坚持走了40公里,而且是赤脚走的,使他的信心大大增强。这次长途跋涉,既考验了他的体力,沿途又增加了许多见识,特别经过小北江的一段路程时,看到船夫拉纤的艰苦:船夫们用自己的体力把湍急逆流中的大船硬拉向前,特别在两岸都是悬崖,船夫连站的地方都难找,水流快把船冲向后退时,他们发出阵阵撕裂人心的叫喊在搏斗。这种艰苦,梁汉生非亲身经历是无法懂得的。

到了乳源,刚开课不久,又碰到第一次粤北局势紧张,日寇沿从化、新丰、英德一带企图进犯韶关(当时称曲江,战时省会)。乳源离开韶关10多公里,为安全计,学校又从乳源迁到连县东陂。当时教育学院已改为省立文理学院,附中也跟着改名为省立文理附中。在这里,梁汉生度过了整个抗战时期。

三

文理附中随文理学院迁到连县东陂之后,落脚于一条叫塘头坪的村子。院长林砺儒、附中校长丁景堪都比较开明,主张学术自由,延聘了不少进步教授、教师来校任教,并支持学生的进步活动。当时,学校的图书、设备堪称一流,虽然多次迁校,但由于全体师生员工的努力,校产依然保存完好,有这样的图书、设备在战争年代的学校中可算是凤毛麟角了。当时大批进步学生考进学校,或从工作岗位回来复学,他们把进步活动搞得有声有色,学习又十分努力,成绩好,每年都有大批人考入名牌大学。因此,学校被公认为是设备一流、师资力量雄厚、教学质量高的名校,不仅在粤北,而且在港澳、东南亚的华侨社会中都很有声望。

教育厅当局也以该校作号召,吸引华侨子弟回国就读。

梁汉生由于业务上有一定功底,有了几年的教学经验,注意总结又与同学打成一片,在教学上已崭露头角,成为不仅在附中,而且在连县、在粤北都有名气的教师。他在附中是教学骨干，同黄庆云、虞泽甫、莫福枝、林克武、曾如阜、吴汉明等既是进步教师，又是享有盛名的教师，受到广大同学的爱戴。梁汉生一如既往同学生一起搞进步活动，演出《法西斯细菌》《杏花·春雨·江南》《北京人》《凤凰城》《黄河大合唱》《生产大合唱》《朱大嫂送鸡蛋》等话剧和歌曲，既宣传了抗战，又丰富了学校的文化活动。林砺儒院长曾为校歌作词，深为广大同学喜爱，经常用校歌激励工作和学习，歌词写道："民族抗战的烈火，炼出我们这支青年军。走遍了险阻，历尽了艰苦，却淬砺了奋斗精神。我们要探索真理之光，我们要广播文化食粮：那怕魔高十丈，恶战千场。同学们！挺起胸膛，放大眼孔：这是我们的校风，这是我们的大勇！（末句重唱）"这确是一首振奋师生不断向前的歌。

当时的附中还组织了不少社团、读书会（有些是秘密的），不断组织广大同学活动和学习进步书籍，如《共产党宣言》《反杜林论》《国家与革命》《唯物辩证法入门》和文学作品如《母亲》《铁流》《钢铁是怎样炼成的》《祝福》《子夜》等等。在社团当中，"文苗社"是最大的社团，是党的外围组织，有130多人参加，黄庆云、梁汉生是该社顾问。梁汉生为《文苗》的面世写了发刊词，里面写道："人失了说话的自由，好像被关在牢笼里，幽怨地在低诉，欢悦地在喧呼，悲凉地在长啸，愤慨地在怒吼：尽情地倾吐吧！"他还为《文苗》写了《沉落与新生》的文章，其中说："在沉落与新生的矛盾运动中，腐蚀的被扬弃了，新生的成长了，社会又进了一个新的阶段……在血的斗争中，让沉落的毁灭，新生的永生吧！"梁汉生为什么而呐喊，可见一斑。

梁汉生是进步学生的良师益友，大家信得过他。1941年蒋介石制造了"皖南事变"后，随即掀起第二次反共高潮。国民党当局已撕下了伪善的面具，赤裸裸地露出反动的面孔。梁汉生不止一次地把当局所定的黑名单上（通知学校监视的）那些同志隐蔽或撤退，脱离了危险。是时，阅读进步书刊已成非法，读书会有些也变得秘密起来，但活动仍在继续。当时毛泽东发表了《新民主主义论》，许多同学暗中传读，大家都感到眼睛亮了，看到中国革命的前途和应走的路。地下党员组织了秘密的讨论会，邀请梁汉生参加，梁在讨论中受到教益和鼓舞，热烈的气氛使他感动不已，并畅谈了自己的体会。

在课堂上，梁汉生一直教语文（当时称国文）和历史。在历史课中，他用历史唯物论的观点，重新组织教学内容，观点鲜明、条理清晰、旁征博引，使人折服，听课的常常不限于本班的同学。至于语文课，更是他的拿手好戏，以讲词为例，上课时不带书本、笔记，凭着他良好的记忆力，把词抄在黑板上。

每堂课讲一首词，如果是两首对比的，则板书两首。讲解时，他准确而形象地解释词句，并运用自己丰富的修辞学知识讲解词中的比喻和衬托，发掘作者的内心世界，层层分析，引人入胜。特别是他把词讲完时，说"今天就讲到这里，早点下课"，下课钟声跟着就响了，真是一点不差。这种情况不是一次两次，而是经常出现。那年代没有手表，他能如此准确掌握时间，说明他对讲授的内容、语言运用的量，都了如指掌，驾轻就熟。连无心向学的学生，都不得不赞叹梁汉生是个"的确有料"的老师。

附中的进步活动早已引起国民党当局的注意：梁汉生讲课时不按教科书，讲的又是历史唯物主义观点，加上一直参与"可疑"的活动，身为一个教师，竟和学生无拘无束地演出在一起，学习在一起，这不是一般教师的所为，更引起了当局的注意。抗战开始后，国民党当局在高中设立了军训课，军训教官由军区派到学校，随时可以调换。用军训教官的身份就可以把特务派进学校，执行反共任务。附中的军训教官巫琪、黄克欧等，都被进步学生视为特务。这些军训教官到处打听情况，监视师生活动，以便干出成绩向主子领赏。

1941年1月，巫琪便向军区打报告说梁汉生是"异党嫌疑分子"。所谓异党，就是共产党，其根据无非是在课堂讲的是共产党的理论，又同学生打成一片搞异党活动等等。军区接到报告后，便转到省教育厅处理。省教育厅当然不敢怠慢，即派督学霍广河来学校调查。他找教官听汇报，找教师谈话。调查虽说是不公开的，但结果成了公开的秘密，变成引人注目的暗涌。人们非常关心梁汉生的命运，担心失去一个好老师。

霍广河查来查去，也就是一些鸡毛蒜皮的事情。附中的总务主任区植佳曾是霍广河的同事，霍当然找他调查。霍问："你看梁汉生像不像共产党？""他怎么会像共产党？"区植佳又说，"我对梁汉生很了解，梁长期教书，爱唱歌，拉二胡、弹琴，所以就搞搞活动，他没有什么的。"看到霍对自己说的还不太反感，区便加了一句，"说实在的，我可以保证。"

霍无可奈何地苦笑了一下，便去找校长丁景堪商量。丁认为没有什么证据就定共产党的罪，很难搞，便一笑置之。这件事也就不了了之，梁汉生才告幸免。

虽然事情暂告一段落，但巫琪打报告的阴影还是存在的，国民党当局的倒行逆施愈来愈严重。在逆流中，党领导的革命浪潮仍向前奔腾，不过在方式方法上有了改变而已。梁汉生也并无畏缩，一如既往地工作和生活。

到1942年2月，文理学院教授徐锡龄到连县城兼任基联中学校长。他了解梁汉生对教务工作很熟悉，工作起来得心应手。基联是1941年暑假才开办的，备案的问题一直未解决好，便请梁汉生帮手解决这个问题；况且，徐每星期只能在基联中学呆一天，整个校务都交由梁汉生处理。梁一直不愿离开教学，仍担任高中的语文和历史，他的爱人彭素文则任教务员和美术课教师。

在梁汉生来基联中学一段时间后，地下中心县委书记（特派员）李倍（当时化名李超，人们习惯叫他超哥）被派来连县，他通知过基联中学的地下党组织，接头时他对我说，"梁汉生是进步教师，你们要多联系他。"

梁汉生1942年在基联中学任职时的职员表，现藏于连州市档案馆

梁汉生在历史课中还是讲历史唯物论，他用几节课概括地介绍了社会发展史，从原始社会、奴隶社会、封建社会、资本主义社会到社会主义社会的一般过程，使同学知道课本所叙述的历史事件属于哪个阶段，再对课本中的历史作辩证唯物主义的分析。他的历史知识丰富，把课本中干巴巴的事件讲得活泼生动，本来对历史课厌倦的同学也听得津津有味。语文课中，他把汪精卫出走当汉奸所写为自己辩解的一首词，拿来剖析和批判，说明必须"坚持抗战，反对投降；坚持团结，反对分裂；坚持进步，反对倒退"的道理，使课堂教学同实际政治生活更紧密结合起来。

对于同学的活动，他也给予指导和支持。如对该校合唱团常提出有益的建议，又介绍文理附中演过的进步话剧如《杏花·春雨·江南》给同学们演出，使群众活动内容日渐充实。

到了10月，新学期开课后一段时间，连县三青团书记丘耀南来基联中学找领导，因校长不在，便找到梁汉生，说基联中学是新校，要建立三青团。

梁汉生找到我，把事情告诉我，并征求我的意见如何办。看来这件事是避不开的，没有条件顶住。问题在于，如果落在学校中的一些反动分子手上，将来麻烦就多了；并经报告地下县委负责人李信研究后批准，还是由梁汉生搞更有利，起码可以了解一些三青团的动向。于是便由梁汉生挂上区队长的头衔，但他并不管事，更不会干坏事。当时学生会出墙报，请梁汉生题词，他用苍劲有力的书法写道："失落了的梦，无处找寻，脚踏实地吧！年轻的小伙子。"

这是有针对性的。题词的意思是说，蒋介石的第二次反共高潮愈演愈烈，对他有幻想绝不可能了，还是踏实地干吧！不久，学校不知从什么地方吹来一股冷风，说基联中学有共产党活动。谣言四起，人们感到寒气迫人，白色恐怖似乎快要使人窒息了。

将近期末（1943年1月），我到梁汉生家里时，梁汉生说："现在外边风声很紧，你还是不要多来为好，免得有麻烦。"又说，"如果有什么东西放在宿舍不方便，可以放在我这里。在宿舍一翻就翻出来了，比较起来我这里还有办法收藏。"

那时，梁汉生已感到在基联中学隐蔽不如在粤秀中学有利。虽然那时文理学院已迁到曲江，林砺儒被迫辞职，该校爆发了一场轰轰烈烈的挽林运动，但无法达到目的。文理学院迁走后，文理附中改名为粤秀中学，反动的逆流扑向粤秀中学，但毕竟由教厅粤秀中学的进步力量较为强大，隐蔽更有利；而且，基联中学的向教厅备案已告一段落，徐锡龄校长给他的任务算完成了，粤秀中学又请他回去，他摆不脱对它的深厚感情，已决心回去。到是年2月，便举家迁回东陂。

粤秀中学当时已换了黎杰任校长，黎杰的思想倾向当然被当局所赏识。但学校为什么要梁汉生回去呢？一来是许多师生的要求，特别是教师；二来梁汉生确有相当名望，是支撑学校少不了的台柱，反正校长认为让他当个教师也没有什么了不起。梁汉生回到粤秀中学之后，学校的进步活动已大受压制，研究后决定不采取硬拼的方针，进行了最后一次集会时，便宣布停止活动。许多进步活动采取更隐蔽的方式进行，表面的沉寂掩盖着更深入广泛的斗争。

梁汉生后来又当了训育主任，但他仍然像以前一样用进步的观点教书，并且不止一次把国民党当局所定的黑名单告知地下党。梁的表现当然引起校长黎杰的不满，黎几次批评他，他便辞掉训育主任的职务，只当一般教师。

四

1944年，战局发生了重大变化，日本帝国主义为了应付盟军的进攻，要打通由南洋（现在的东南亚）到中国东北的交通线，兵力调动频繁，在不少地方发动扫荡,意图非常明显。党组织明确指出,连县及粤桂湘赣等省都会成为敌后,其时上级已决定准备在粤桂湘和粤赣湘建立敌后根据地。中央于次年(1945年)指示东纵派部队北上同从延安南下的王震部队会师,作为创立根据地的主力。其后中共与国民党在重庆谈判中协议,长江以南的中共部队均撤出,故此事作罢。

为了适应局势的变化,连县党组织一方面大量动员进步学生参加东纵、珠纵,充实我党武装部队的力量,另一方面留下少数人员准备接应部队北上创立根据地。粤秀中学在这期间去东纵的有90多人,去大别山的20多人,去其他地区搞武装斗争的20多人,可见这所学校培养了不少干部,也难怪人们把它称为"小延安"。1944年暑假,莫福枝老师(党员,解放后任珠影党委书记)去了东纵以后,辗转寄给梁汉生一封信,请他到东纵去,如有困难,也可以举家南迁。当然,信内都是暗示的语言,也不可能讲得很具体。但梁汉生感到一家十几口人,自己去了,留下来的家人生活如何解决?全家南迁,老人小孩这么多,给部队的负担太重,结果没去成。

1945年8月,转眼到了抗日战争胜利之日。听到胜利,人们狂欢了一回之后,又要作新的打算了。国民党当局决定粤秀中学南迁惠阳,并改名惠州师范。明眼人一看就知,当局把粤秀中学当作眼中钉、肉中刺,此举是要把这座红色学校彻底解散重组。大家感到再跟随学校既不会有立足之地,也无值得留恋之处,便各自找出路。

时梁汉生没有别的去处,只有举家回到广州,但故居已成瓦砾之场,一家十几口人无处栖身,想不到胜利带来破产景象。为了维持生计,他便托同事寻找教师岗位。原以为是不难的事,但几次都失败了,因找不到一个专任教师的岗位,便只好零散地在圣心、知用、中正三间中学兼点课。虽然交通不方便,往来走动比较辛苦,但也无别可想,就这样过了半年。之后,原在迁韶的黄埔中正中学迁黄埔军校旧址,离市区较远,不少教师不愿去,该校就聘了梁汉生任专职教师。中正中学接收了伪鸣崧中学校产。因原校是重点学校,设备较好,学校发布招生后,一度竟有五六千人报考。因人数太多,学校为此感到头痛,便叫梁汉生负责招生工作。后见梁把这么繁重的工作处理得井井有条,使学校放下了一个大包袱,他们认为梁汉生是个人才,便聘为教务主任。但日后梁汉生看到办学校的原来是一批黄埔系军人和失意政客,他们接收了鸣崧中学的校产是为了少数人发财,把学校设备不错的印刷厂变成了校长几个人自己开的印刷厂,到处招揽生意并分了赃,学校设备被弄得七零八落。这使梁汉生觉得在这样的学校工作下去没有什么意思,便辞职不干。时有十多个教师一同辞职高校,学校认为是梁汉生搞的鬼,十分恼火。在此后,梁汉生再就约到圣心中学任训育主任,不久,因"训育方法不符合教会学校的要求",梁汉生提出辞去训育主任职务,只做教师。直到1949年中华人民共和国成立前,梁汉生恢复组织关系,并参加地下学联工作。

新中国成立初期,省立文理学院迁回广州石榴岗,梁汉生被聘为附中校长,自此,梁汉生以十倍的精神、百倍的努力去迎接新的奋斗。1987年,梁汉生病逝于广州。

(辑自黄菘华《跋涉的追溯》中《一个知识分子的道路》。原文有删减调整)

回忆广州女师在连县

蒋妙龄

我的母校——广东省立广州女子师范学校创办于一九〇七年。校址在广州莲塘路。一九三八年广州沦陷前夕,母校迁到南海西樵,后来迁到曲江县黄塱坝。

一九四二年,由于时局紧张,母校不能在黄塱坝继续办学。我们德高望重的校长李雪英领全校师生到连县鸬鹚咀村去。没有校舍在连县人民的大力协助下,我们在茂林修竹间用杉树皮、木板搭起一座座教室和宿舍。当时大部分师生都是随校长迁来的。到连县后几年中,每年秋季都招收六个班新生(初一、简师一、普师一各招二班),全校分三个部,即普师部、简师部、初中部。各班都是一至三年级。每级分知礼两个班。全校共十八个班。附设小学一至六年级。学校领导人有校长李雪英、训育主任胡俊甫、教导主任叶卓霞、总务主任杨鸿声等。全校有五十多名教职员工,有一千多学生。师生们同甘共苦,师生关系如同父母与子女,同学关系如同姐妹一样亲密团结。师生的生活艰苦朴素。每晚我们两三个同学一组地围在黄豆大的茶油灯旁,静静地学习。我们的宿舍,一间房子得挤五十多人。床架分上下两层,床位不到一米宽。我们自备一张比凳大一些的矮桌子放在床上,就可以做作业。睡觉时,小桌子就挂起来。炊事员把每顿饭都挑到课室来,我们就在课室内吃饭。艰苦的生活磨炼了我们的意志。我们都以自己是一个女师学生而自豪。当时我们都住校。星期天上街,总喜欢戴上"广州女师"的校章。

女师的物质设备虽然简陋,但师资实力却很雄厚:李雪英校长和担任普师部的数学教师李雪鸿都是美国留学归来的。李雪鸿原是岭南大学的教授,因应其姐姐李雪英聘而转到女师来。普师部国文教师欧阳韶、刘湛泉、黎子敏等都是对古代文学和现代文学研究有专长的。特别是黎子敏老师,他博闻强识,不但对先秦古籍、魏晋文学、唐诗宋词都十分熟悉,而且能将清代诗人吴梅村的名作《鸳鸯曲》《圆圆曲》《楚雨生歌》等等一字不错漏地背诵出来。美术教师是全省知名的书画家胡根天，音乐教师是有名的音乐家俞安斌，历史教师是黎泰锵，地理教师是莫柱孙。因为有这一批好老师，所以女师的教学质量是较高的。

广州女师有勤奋好学的好学风和光荣的革命传统。上课时，教室里只听到讲课和做笔记的刷刷声。学生对体育锻炼也很重视，在与各校进行友谊赛时，女师的排、篮球队员总是凯旋的。据校史记载：女师早在一九二八年就播下了党的革命种子，至抗日战争时期，地下党组织在我校更是迅速发展。在连县，地下党员教师有黎子敏、罗骥等等，参加地下党的同学有孔洁莹、张福源、谢佩玉、胡瑞仪等等。党员们在学校起着带领同学走向进步道路的作用。在一九四二年秋至一九四五年十月这段时期，女师学生在地下党教师与学生会的领导下组织抗日宣传队，经常演剧和进行街头宣传活动，还与粤秀中学、基联中学等校进步师生搞联欢活动。女师师生在连县起到了良好的社会影响。一九四五年抗战胜利，十一月我们离开连县回广州时，鸬鹚咀的乡亲们称赞我们说："女师学生是知礼好学的好姑娘！"

（摘自《连县文史资料》第二十一辑）

（蒋妙龄，连州镇中心小学退休教师。）

记中山大学连县分教处

陈才禄

一九四五年一月,日本侵略者为了要打通粤汉铁路,大举向我省战时省会韶关进犯。其中有一股日寇由湖南江华、兰山窜入我县边陲,经东陂、星子,东犯坪石。

当时,坪石是粤北的一个重镇。一九三八年广州沦陷前,中山大学由广州疏散到云南省澄江,一九三九年底,又由澄江迁回广东,在坪石设立校本部。中大属下的文、理、法、工、农、师范等六个学院和研究院、所,分设在坪石及附近几十里方圆之内,医学院设在乐昌县城。由于日寇来侵事起仓促,中大师生员工在日寇迫近坪石时才仓皇撤离。他们大部分乘火车到乐昌,接着步行到仁化,经始兴、连平东撤到龙川、梅县;一部分人随总务长何春帆,由校警队护送,经湖南省宜章县到连县;还有一部分人则经韶关、乳源、英德、阳山迂回地到连县来。

中大绝大部分师生员工转移到粤东以后就在梅县设立校本部。其属下各学院则分别设在梅县、兴宁、蕉岭、龙川等几个县。连县三江是何春帆的故乡。何春帆回到连县后,见来连县的中大师生差不多有三百人,便和一些同事筹备设立中大连县分教处。分教处设在三江宴苹图书馆(在今连南瑶族自治县三江镇中心小学地方)。一九四五年三月开学时,有文、理、法、工、医、师范等六个学院的师生二百多人。分教处不设宿舍,师生们或投亲靠友,或租住民房,原籍三江的学生就住在自己家里。学校不办膳堂,不少同学要上完课后才回住所动手煮饭。有些手头宽裕的学生就到饭店里去吃包餐(按月计算伙食费)。好些家乡沦陷了的学生,因家庭接济中断,迫得廉价出售衣物和书籍来解决吃的问题。(注:各学院的分布是:处本部、文学院、法学院、理学院、工学院、师范学院在三江镇;医学院在连县县城;农学院在连县的东陂、西岸。)

那时候，来三江分教处任课的教授和讲师，文学院有钟敬文、陈秋帆、岑麒祥、李一剑、周梅羹、郑师许、胡耐安、何文广、王宝祥、董百洵、黄朝中等。理学院有何杰、黄际遇、邹仪新、张作人、熊大仁、叶述武、肖锡三等，法学院有梅龚彬、薛祀光、曾昭琼、刘燕谷、盛成、卓炯等。

农学院师生在西岸黄家巷的住宿处旧址（邵文技摄）

当时原籍连县的学生几乎都来三江分教处注册上课，文学院学生有邱世友、关照禧、何敏来、唐秀文、邓怀森、黄光景、罗代宗、董百锐等，理学院有何奕璇、邵万熊、陈大权、何汉铨、唐德文（抗日胜利后转入医学院）、黄志德等，法学院有黄振乾、曾宪立、廖隆宪、刘衍池、吴道岐、张善儒、黄发彬、熊志良、肖少雅、詹忠礼、陈才禄、成崇廉、成晋科等，工学院有唐法周、何宪钦等，师范学院有成崇彦、张东海、曾宪孟、邵庆文等。另有先修班学生罗玉琴、关彩霞、李传智、黄容苏、邵甲一、熊翠英、黎素云等。

民国版《连县志》记载中大农学院在西岸灵山观办学（石振明摄）

那时候，教学设备是非常简陋的，理、工学院没有什么科学仪器。大多数课程没有课本，也没有讲义印发，学生靠边听课边记笔记。只有少数学科，例如公共课国文、英语等，有油印的讲义发给学生。由于师资不足，上公共课时，各院的一、二年级学生便都在一起听课，大课堂里常常是坐得满满的。医学院只有四个学生，连县籍的有罗玉桃、欧阳恩宁，外地来的有蔡里阁、魏秀勤。因医学院教授没有一个到连县来，分教处只好邀请在连县城开业的医生（中大老校友）苏六昭、莫尚德、郭肇驹等为学生们上临床课（上课地点在县城一间小学课室），还邀请生化教授黄蟠道（连县人，家住河村）在他的家里教授德语。因此这四个学生除办理注册外，是不到三江分教处去的。农学院师生有一百人左右。他们在连县西岸灵山观（道教寺院，在今西岸镇粮所地方）上课，任课教授有丁颖、蒲蛰龙、赵善欢、黄菩荃、侯过、翟克（农经系主任）等。连县籍学生有李绍仪、郑民良、关照祠、李少白、莫家贤、邵万君、邓锡勋、谭广根等。

中大连县分教处虽然物质条件相当差，但师生们研究学术和从事进步文化工作的精神是很旺盛的。学生关照禧、邓锡勋、何国沾（均为中共地下党员）创办了以中学生为主要对象的《时代学生》杂志，连县进步人士龙贤关创办了《青年文化》杂志，著名教授梅龚彬、钟敬文、陈秋帆、岑麒祥、卓炯、邹仪新、张作人和国际问题专家张铁生等都为两个进步刊物写稿，张铁生还应中大学生邀请，在三江礼拜堂讲演国际问题，听众很多。历史系教授郑师许在县城所作关于唐僧取经史实的学术报告，引起了听众很大的兴趣。

1945年日本宣布投降后，中大连县三江分教处很快就与梅县校本部取得联系，于年底迁回广州石牌原校址。分教处之设，时间虽然不到一年，但对连县教育文化的影响，却是相当广泛和深刻的。

（摘自《连县文史资料》第二辑，魏文石整理）

（陈才禄，1925年生，1944年以北江区新生考试及格，被准予入广东省立文理学院中国文学系一年级修学，时院长为黄希声。1949年2—7月被聘为连县私立西溪初级中学教导主任，新中国成立后任连州师范学校教师。）

钦州师范在连县

邵万学

一九三九年冬，日寇的铁蹄践踏至广东钦州防城一带，钦州师范被迫迁移。校长伍瑞楷率领部分师生，经十万大山辗转来到连县。钦师选择东陂四甲洞（现属卫民乡）的宝梵寺为校址。迁移菩萨，利用庙宇为校舍，搭盖棚厂作教室，招生复课。新生多数来自连阳三县。一九四〇年五、六月间，校长改由张开照接任。

当时钦师办学有如下三个特点：

省立钦州师范连县办学旧址（魏文石摄影）

一、艰苦朴素。文体活动时间多半用来参加劳动，如辟操场、开道路、锄地、种菜。学生穿着草鞋。每人一张日字形小竹凳，自己保管，凳随人走，上课、自修都带上它。原来的大雄宝殿，既是礼堂又是饭堂和自修课室。师生同在大饭堂开饭。

二、学生由国家供给。免收学杂费，发给书籍，每人每月无偿供给糙米二市斗三市升（接近二十九市斤）。这样的待遇，普遍受到学生和家长的欢迎。但少数家庭富裕的学生，也有因吃不了苦而中途退学的。

三、学校兼负社会扫盲任务。在附近几里内的农村都办了夜校，由学生（两人一组）轮流去上课，主要是教识字、教珠算、讲时事、宣传抗日等。去上课的学生用小镜灯照路，当晚回校住宿，不给群众添麻烦，深受群众欢迎。钦师在四甲洞一年多，对当地文化的传播是起了一定作用的。

四甲洞民风纯朴，群众十分爱护钦州师范，对师生都很亲切。学校的漱洗棚设在通往东陂镇的大路旁，从来不关锁，漱洗用具和晾晒衣物从未失窃。

四甲洞是个宁静的山乡，人们常可听到"我校何处遥对马援铜柱，男儿岂可让古人……"的雄壮校歌。

学校周围风景优美，是藏修息游的好地方。一条清澈见底的小河迂回群峰之间，汇集深潭，流入石洞便不知去向。距离学校不远的大口岩，有溶洞奇观之誉。钦州光复后，钦州师范迁回原址。不随校迁移的学生被安排在连州中学就读（少数转到其他师范学校去）。钦师连阳属的学生，大部分是连州中学的校友。

（录自《连县文史资料》第四辑，魏文石、梁冬敏整理）

钦州师范迁连办学情况杂忆

陈 康

一九三九年十一月，日军侵犯钦州。钦州师范学校正处在日寇进军南宁的通路上。在敌人到达钦州四个钟头之前，钦师余下来的六十多个师生，在校长伍瑞楷率领下，连夜仓皇出走。他们途经上思、扶南、武鸣等县，绕过战火纷飞的南宁，徒步到桂林，由桂林转到正遭敌机轰炸的韶关，最后翻山越岭步行来到连县。

我们在连县领到一笔战区学生救济款。款不多，每人仅够买一件棉大衣，但是得以日穿夜盖，尚可应一时之急。经过请示、寻访、协商、筹划等活动，学校决定在连县东陂的四甲洞复课，利用一所名为宝梵寺的旧庙宇作为校舍。师生进驻后的第一件事就是动手搬迁寺内偶像。那些偶像全是泥塑的，比人体大得多。按照与当地乡绅成立的协议，偶像由我们完整地迁往附近的田心村去保存。由于迁移工作认真，乡民开始对我们产生好感。房屋经过修补、粉饰、布置，因陋就简，学校在一九四〇年二月间复课。

由钦州来的教师四人，军训教官一人，还有四名职员和工人。上课后不久，补充新教师三人。学生六十余人，其中简师一、二各一班，高师三年级一个班；普通科高中一年级一个班。各班人数多者十余人，少者六七人。

一九四〇年暑假，高师班六七人毕业离校。新招高师一年级、简师一年级各一班，共五六十人，大都来自本县及邻县，几个无力到外地升学的本地青年也被批准插班就读。

学校为了学生实习的需要，创办了一间附属小学。附小校长由钦师音乐教师黄子赓兼任（后期由师范教务员李芳兼任），只招一个班二三十人，用宝梵寺对面的旧戏台为课室，一九四〇年春初开学。钦师由于班级和学生人数增加，又增聘了几名教师。其中有从附近的文理学院毕业的青年教师。

学生上教学实习课，除了利用本校附小之外，还由教师带到附近的保安、东陂、夏湟等地的小学去进行观摩学习。

为了开展体育活动，师生们在宝梵寺背后的山边挖山平土，开辟了一个小操场，安置了篮球架与单双杠架等体育设备。

图书馆陆续购置了一千多册图书，订阅了一些报纸和期刊。师生生活是十分简单和艰苦的。依靠沦陷区学生助学金的微薄来源，无法抵挡物价（尤其是米价）飞快的涨潮。曾经有一个时期，学生饭堂由一日三餐改为两餐，甚至由两餐干饭改为两餐稀饭。教师职工的生活水平也逐步降低。由学生起来组织膳委会监账监厨、参加采购也未能改善伙食状况。吃饭问题尚且如此，衣着用品的困难就可想而知了。有一部分同学后来与家庭取得联系，情况好了些；那些无家庭或亲友接济的同学，实在苦不堪言。

宝梵寺的正殿面积不大，使用价值却很高。它被改造为"一身几用"场所，既是会堂、课室，又是饭堂，有时下雨还充当临时操场。开晚会当然也离不开它了。

一部分课桌是借来的旧桌；一些课室当中钉上一行行木板条，高者为桌，低者为凳。没有课本，只好由教师编选教材，边写黑板边讲，学生边听边抄。这对于训练学生的速记能力，大有好处。用的是本地生产的粗糙而有色的土纸，点的是桐油灯，烟浓火暗，要在晚上复习功课，难上加难。

对于医药设备，当时确是一种奢求。好像人们特别坚强似的，谁也没有发生过什么较大的病痛，似乎也没有资格宣布自己有什么病痛。可见，在一定情况下，人们对环境的适应能力大得惊人，这可以说是不幸中的大幸。

在复课前后一段时间，全体师生自发组织了一个抗日宣传队，由校长亲自率领，经常到学校周围乡村去宣传。各人根据特长，分别参加歌咏、戏剧、文字、口头宣传等小组，各组互相配合，出发到夏湟、丰阳、朱合、保安等地去工作。每逢墟日，《放下你的鞭子》《送郎上战场》等街头剧，吸引了许多观众，街头演讲，听众也很不少，到处回荡着《总动员》《好仔要当兵》的歌声，不少墙壁都留下了用石灰水书写"服兵役是国民的义务""好铁要打钉，好仔要当兵""有钱出钱，有力出力"等标语。由于宣传者本身来自沦陷区，具有深刻的国仇家恨，所以唱得更响亮，演得更真切，讲得更感人，有时声泪俱下，慷慨激昂，在群众中引起了共鸣，收到了很好的效果。

学校还经常把文娱活动和抗日宣传结合起来，举行扩大的文娱晚会，用讲故事、唱歌、演戏、唱春牛等等节目来吸引观众。附近各村的人举着火把，拖儿带女前来参加，在娱乐中受到教育。

开办民众夜校也是钦师员生们的一项重要的社会活动。学校在附近的百家城、寺背冲、过水塘、山下洞等村庄都开办了夜校，纯属义务性质，男女老幼都可报名就读，分文不收。师生被分成若干教学小组，分头到固定地点去上课，刮风下雨不停课。教材由校方印发或由教师写在黑板上。教学内容主要是识字、文化知识、抗日道理和办法。民众夜校的开设，既使钦师员生得到"教学相长"和密切与农民群众之间感情的好处，又在附近各村播下了文化的种子和留下了深远的影响，意义和作用是极其明显的。

　　校长伍瑞楷是一个爱国的、开明的、带自由主义色彩的教育工作者，为人公正廉洁。他历尽艰苦，把一批青年学生从即将沦陷的地区抢带出来，又千辛万苦地为他们安排复课，确是难能可贵的。他将校内学习与社会活动结合起来，与抗日救国结合起来，既锻炼了学生，又为抗日救国出力。他热爱教育工作，热爱学生，常以孟夫子"得天下英才而教育之，一乐也"这句话勉人自勉。对于一些穷苦学生，他尽可能帮助他们，使他们免于辍学。学生问他该读何种读物时，他毫不犹豫地介绍他们读生活书店出版的《青年自学丛书》。在学校图书馆中，有蒋介石的《中国之命运》，也有艾思奇的《大众哲学》《思想方法论》及其他进步书籍。在教育工作的观点上，他介绍胡适及崔载阳等人的主张，同时又对陶行知开办的晓庄师范大加赞扬，对许崇清的办学态度也表示景仰。他在用人方面则实行兼容并包办法，教师中有思想顽固的，也有思想进步的，有的教师公开讲授唯物辩证法，他假装不知，听之任之。他本人也讲过一些很好的教育哲学理论。他善于用设立奖学金和举行各种竞赛等办法调动学生的积极性。对学生的思想从不加限制，但对品行恶劣的学生则毫不放松管教，甚至把他们开除学籍，从没有见过他阿谀奉承过什么权贵人物。在招生工作上，他严格按成绩录取，不讲情面，这是有口皆碑的。过去在一间师范学校当校长时，他的姐姐为儿子的入学问题找他讲人情，一样遭到他的断然拒绝。

　　他有着开明的认真的办学态度，但却招致国民党某些人的猜忌：为什么他要进行抗战宣传？为什么他要开办夜校？为什么他不控制学生思想？……这一连串的问题，使得那些顽固的老爷们感到头痛。于是，他们出难题，在拨付学校经费方面，在学校的行政工作方面……诸多掣肘，直至将他逼走为止。一九四〇年五月，当他辞职的消息传出后，师生们要挽留他，派出代表向上级请愿，要求不批准他辞职。后来挽留失败，在一个告别大会上，师生们心情悲愤，痛哭出声。师生代表为他送行，到百儿里外的县的边境才回步。这是惜别，也是对当局的一种抗议。约在六月间，大有来头的新校长到任了。他口口声声说要保持前任的作风和做法，但是不久，反共的调子唱开了；进步教师一个个离校了；图书馆的进步书籍不翼而飞了；学生中出现了暗中盯梢和打"小报告"的人物；广大师生的疾苦再无人关心了；学校的账目越来越糊涂了。于是，师生对学校的情绪由不满而发展至对立。残酷的现实和学校地下党的教育引导，大大加速了人们的觉醒过程。

一九四二年春天，由于日军撤出钦州，家乡光复了。七月间学校迁回钦县。不愿随校迁移的教师另找工作，学生则到别的学校去就读。

（录自《连州文史资料》第二十一辑，韶文化研究院编辑）

回忆文理附中师生

罗长意 口述　　谢 洪 笔录整理

文理附中师生来到我们村，祠堂不够住，全村人都主动腾出房屋租给他们住，我家房子不多，也宁愿自己住得挤一点。男学生张副光和陈佐，女学生马淑琼和包云英都来我家住。我记得，老师梁汉生、彭素文一家大小住在黄重强家；黄庆云老师两夫妇带着两三岁大的儿子海仔，住在黄重棠家。屋主和房客彼此关系很好。黄老师夫妇要返学校上课，重棠妈妈主动照料海仔，比对自己的儿女还要细心。

当年文理附中的学生是很勤奋学习的。他们一早就起床读英文，放学回来还手不离书，晚上坐在床上做功课。那时没有电灯，也买不到煤油，点的是桐油灯（用竹制灯架，架上面放个像味碟一般的瓦碟仔，放进桐油，用灯草做灯芯，因火焰像豆豉般大小，人们叫它豆豉灯）。常见他们的"豆豉灯"点到三更半夜。有时我看到他们太辛苦了，催他们早点睡，要催促几次才肯睡。我常对他们说："出门人，保重身体要紧，病倒了父母要挂心的，还会影响自己的学习。"他们总是笑呵呵地说："多谢亚婶关心，好，我们听你讲。"

在文理附中读书的学生，真是艰苦朴素啊！课室是棚厂式的，用一块长木板钉上四只脚作书桌用，坐凳也是用一条木方钉上两条杉树尾制成的，四个人共用一张条台和条凳，书本文具都放在板面上。平时返学、回家，没有书包背，都用报纸包书本笔墨。下雨天、下雪天，他们无雨鞋穿，都学当地村民穿布面木底鞋。有个叫陈勤的男学生，起初穿上木底鞋不会走路，和戏台上演古装戏的演员一样，一步一步学着走，东斜西拐的，大家哈哈大笑。后来许多人都爱穿这种鞋，热天穿草鞋，有时穿木屐。

宿舍更加简陋。床铺是用竹架木板扎的，在我家住的学生也是这样。地方浅窄，用一方木板（约半平方宽）钉上四条小木棒制成书桌，叫"革命化的小书桌"。使用时，放在被面上，人坐在床上（用衣物书本垫坐），两脚伸直，转动不易，一不小心，就翻了，弄得书本文具满床都是，墨水和灯油给被面画上多色多彩的图案。晚间坐在床点桐油灯学习，时间长了，都自动化装成包公脸（大黑面）。第二天早上洗面时，白毛巾往鼻孔一撩，立时出现黑点，一盆清水变成黑水。生活虽然艰难，但大家都很乐观。

战时交通不便，通信困难。远地来的学生，钱银往往接济不上，肚子常常闹革命。人是不能不吃饭的，他们是怎样熬过来的呢？靠的是真挚的交情。有些人在学校饭堂开饭，一个人的饭菜几个人共吃；有些人在铺店搭食，无钱时赊账，汇款来到时才交款；那些在住户自己煮饭的，就得靠住户照顾，或由本地同学从家里拿些大米、蔬菜来应急。在我家住的学生，曾经有过几次，大家都没有钱汇来。我看见他们无煮饭，知道是无钱买米下锅，就叫他们和我家一齐开饭。农村穷人家的饭餐是很差的，吃番薯、芋头、杂粮饭，他们也同样挨，有时还得挨粥水。他们当中有人收到汇款了，就高兴地叫喊："亚婶！好消息！有钱来了！"他们就买猪肉同我家里人一齐开荤加菜。有时我家有困难，他们主动借钱给我家解难救急，真正做到了同甘苦共患难。

在课余饭后时间，学生们经常和村民们谈家常，扯生产，讲古仔（故事），讲抗日战争的形势，讲八路军、新四军打东洋鬼子的英勇战斗事迹，还讲穷人为什么穷，富人为什么富，官僚资本家和奸商们不顾国家的存亡，民族的利益，人民的疾苦，黑着良心，只顾发国难财。有个女学生很坦率地告诉我说："我爸爸很坏，娶了五个老婆，是国民党的官员，又是个贪财的奸商。我恨他！"他们还讲，农民兄弟们迟早是要获得解放的。解放后，大家有田耕，有饭食，妇女有自由，穷家人的孩子们都能上学。他们还抽出时间来教村里妇女识字，教小孩子唱抗日歌谣。记得有位叫唐乔的学生，年纪轻轻的，和孩子们玩得很亲热，常常教村民唱歌，还到西溪小学教学生唱抗战救亡歌曲。学生张福光、马淑琼、马文玉他们，几十个人曾为筹款建立西溪松年图书馆而演出长剧《凤凰城》。演出很受人欢迎，一连几晚场场满座。他们还到连县城去演出《北京人》，得到连州人民的称赞。有些老师也参加了他们的演出。

附中的学生真能干，样样事都会做，而且能书又能画。在我们村和东陂街上，画抗战漫画，出版宣传抗日救国的墙报。在细新桥村公路旁的大石壁写上"好男要当兵，好铁要打钉"八个大字，写得又大个，又艺术，非常醒目！给人们的印象很深。他们还在东陂墟场演出街头剧，教群众唱《义勇军进行曲》《大刀进行曲》《救亡进行曲》《游击队员之歌》等。

我村东门外的大榕树坪，是当时附中师生体育活动的中心。老师教学生，学生教学生，很认真锻炼。体育活动有打球、跑步、跳高、跳远、玩单双杠、爬绳索、吊双环、跨木马、拔河赛等等。听说他们参加过连州运动会，获得许多个第一名。龙圹陂是附中师生常去游泳的好地方。夏天去游水，早晚齐上阵，直到寒冬腊月无间断。冬泳是学生们喜爱的体育活动之一。群众把那些冬泳的人称为"受得考验的硬骨头"。

塘头坪村

附中的学生，不但能文能武，而且能动又能静，生活安排得很有条理，经常三个一群，五个一组，坐在房子里看书。有男有女，学习得很认真，学懂了很多道理。后来我才知道，他们是在学习马列主义革命理论，进行革命活动和准备参加武装斗争，解放受苦受难的人民，迎接新中国的诞生。

文理附中的师生很关心我村的青年学生。记得一九三九年附中刚刚搬来时，老师们看见我村有很多小学毕业的儿童，就为我们开办了升中补习班。结果许多人都考入了文理附中，有些人考入连州中学。附中的师生还抽空帮助住地的少年儿童补习功课。因此，一九四一年我村学生考上中学的，有十几人之多。

附中来了，我们农家的穷孩子们可以上学读书了，因为就近读书用钱既少，又可以帮家里做事。以前考上了连州中学的学生因为无钱交费，仍然会失学。附中帮助我们解决了一大难题，使我们村的学生和做家长的，内心都很感激。

笔录者附言：罗长意是连县东陂塘头坪村人，现年八十岁。她当年和文理附中师生建立了深厚的友谊。去年三月，文理附中三十位校友回连县东陂参观学校原址和访问老关系户，我趁机访问了她。她记忆力好而又健谈，谈得详细得体而又生动。

（录自《连县文史资料》第五辑，魏文石、梁冬敏整理）

东陂生活回忆片断

黄庆云

一、难忘的一课

在林院长、丁校长领导下的文理学院附中,我们教语文、历史的教师,在进步师生的影响、支持下,也敢讲授些进步的理论和观点。

我记得有一次我在高中三年级讲授语文课,当介绍到一些进步观点的时候,一位思想落后的同学,站起来要我不要讲那些理论。接着,一位进步的同学站起来说:"黄老师!请你继续讲下去!"他还向全班同学大声说,"谁不愿意听的,滚出课堂外!"经他这样一说,全堂立即响起"黄老师请讲下去"的声音。同学们给我温暖,给我力量,我继续讲下去。下课钟打响时,我愉快地点点头,离开满堂笑脸的课堂。这是我难忘的一课啊!

二、大口岩开会

文理学院"奉令"搬到桂头后,附中改为粤秀中学,校址从圹头坪迁到江夏、下山坪,把学院的校舍竹棚接收了。课室、宿舍集中在下山坪枫树林里。我们初到这里时,正是初秋时节。在"叶红如火的枫林"里,革命斗争在如火如荼地开展。

在枫林战斗中,党的外围组织"文苗社",联系群众较广泛,公开活动较多,成绩也较显著。国民党当局首先要向"文苗社"开刀。他们在散播文苗社是什么反动组织谣言之后,就下令解散"文苗社"。这激起进步师生莫大的愤怒,学潮一触即发。当时,地下党已奉令停止活动,考虑到在当时形势下,学潮爆发会暴露一些党内同志和进步同学,于是决定停止"文苗社"活动,并决定在大口岩召集"文苗社"主要人员,举行宣布停止活动仪式。

会上，钱玉芝同志说明了当时政治形势，宣布了"文苗社"停止活动的决定，要大家做好群众思想工作。最后她说："这次集会，是'文苗社'最后一次集会！"大家听后，默然无语，低头片刻，怀着悲愤情绪离开大口岩。

　　我回校后，以《大口岩之游》为题，写了几句表示当时心情的白话诗，用笔名登在学生的墙报上。诗句如下：

> 这次集会，
> 是最后的一次！
> 大家
> 无言，
> 俯首！
> 谁说它是：
> 野玫瑰，
> 毒蔷薇？
> 这是我们用心血，
> 一年、两年，
> 培成的花朵啊！
> 树！
> 你遮不住
> 阳光的斜照；
> 石！
> 你阻不住
> 潺潺的溪流。
> 树啊！石啊！
> 你是多么的愚蠢！

大口岩

（录自《连县文史资料》第五辑，魏文石、梁冬敏整理）

悼张栗原教授

林砺儒

最近三年间，失掉两位极好的朋友：一位是仲衣，又一位是栗原。他们两位对于教育都有正确的认识，迥异乎时流，而又皆未及尽其所能地披露其所蕴蓄，至这一点已经是教育学术界的莫大损失。仲衣是一位青年运动的骁将，才华焕发，爽直勇敢，很容易得青年们爱戴。栗原则汪汪大度，至诚至明，感动青年们深而且久，确是一位导师，名副其实的导师。

八月十日晚上，我才回到连县县城，在旅馆见着文理学院事务主任杨寿宜君，他头一句话是："我出来三天了，为要赶来看张先生。""哪一位张先生？""是栗原先生。他住惠爱医院，昏迷好几天了，现在仅存一息。医师说结核病很深，兼有恶性疟疾，怕没有希望了。"十一日天亮，我渡江赶往医院，看见他僵卧病榻，只还有气息，连呼不应，夫人带着一个小孩在旁边流泪，据说那两个大的孩子留在东陂家里伴着祖母。当天我回去东陂，翌日接到电话，报道他长眠了。

前年和去年夏秋之交，栗原先后犯了两次咳嗽病，去年一次很厉害，直休息了三个多月。今年七月初旬，陈子明先生由东陂出来曲江，说来曲江那一天，他来为我送行，特托我给一个患初期肺病的学生冯桂森买药，那时他精神还好，断料不到潜伏在他自己体内的结核菌正在预备要他的命，我也料不到那回一别便成永诀。八月三日，他往连县就医那天，还留给我一封信，说这回病不似去年，系主任职务势难继续，若是新任有意留他，只能应聘教席。可见直到那时他还不信自己会死。可是那封信已经是叫小孩代笔的了。

栗原的生死观是严正科学的，追悼他死去，一切流俗的诔辞挽诗都难适用。我回到东陂，对学生们报告他病危绝望的消息，大家都黯然沉默。这"黯然沉默"是最真挚不过的表情，远胜于言语，更远胜于文字。像我的手笔这样笨拙，要发表情感或追述一位亡友的人物，更有点不自量力，然而心里又觉得不能不写，只好想到什么，便写什么。

我和栗原真正订交，始自他来勷大教育学院任教席，那时抗战军兴还未久，学院迁在梧州，他直来到苍梧。开课之后，一个星期日，他来我寓所谈话，彼此交换教育的见解，很融洽，很愉快，直谈论了整个上午。那时使我想起初会仲衣时的情景，而又觉得他的言论更为精细深醇。现在试把当时谈话的结果大略回忆一下：

廿年来，我国教育学术界很热闹地输入舶来的教学方式或教育技术，如什么制，什么法等等，花样时时翻新，遂以为这已极教育之能事，栗原认为这现象殊不佳。他以为人类自文明大启，社会阶级形成之后，教育早变了质而为特权阶级保守原状之具。在我们中国这样长久地停滞于封建文化的社会，教育更显然是士大夫荣身之具，几乎习非成是，牢不可破。一个社会的原有文化若成了它自身生长的桎梏，在那里的教育就必然是自己麻醉，装点门面的勾当，无论仿用什么时髦方法，也不能尽其所应尽的机能。只有快到了革命的转变的前夕，人们才能看见几分教育的本质。我们若能透视教育的本质，便可晓得在数千年人类文明史里面，只有在革命轰轰烈烈的时期，教育才发挥了几分它所应有的功能。现代的教育学诞生于前世纪初期的欧洲，就因为那时民主革命四起。可是自从欧美革命成功之后，市民们代贵族地主而掌握了政权，又希冀维持他们的地位于万世不易，便消失了革命性，甚至于不惜起用以前他们自己所曾经要铲除的封建残余文化。在这样的社会条件之下，教育学便难免夭折，因而现今的教育学实在是未成品，充其量也只能说在要形成之中。我以前说过，近来这样强调地把新教育限于教学方法技术的圈子里，实在是市民教育学者的一种遁辞、解嘲，一种避难所，一种遮眼戏法。栗原对此点很表赞同。因而他以为研究教育科学之建设是今后必需的工作，我们民族抗战是反帝国主义，反封建主义的革命大业，同时就是建设教育科学的极好机缘，关于当时"抗战教育"的呼声，我们都承认这回抗战就是给我们整个民族的最好不过的教育。我提出两句口号："只要抗战能够教育化，教育就必然地抗战化。"他对此也表示首肯，而补充地说："在抗战期间，教育能否彻底改造，还要看能否够得到两个条件：一是富有魄力的新政治，二是相当充足的教育工作干部。"

栗原初治生物学，复治哲学，这样取道于自然科学是研究哲学的最妥当的途径。他的生物学和社会学两面的基础都非常坚实，所以他治教育学的态度是很谨严的。近年他起草一部教育哲学，快要脱稿了，而忽告绝笔，这是多么可惜的事！

张栗原所作《教育哲学》

抗战以来，青年学生都心情活跃，而又往往烦闷激昂，这是一点民族的生机。我虽不肯放任学生们幼稚的冲动，而也雅不愿拘束他们"埋头伏案"，"安分守己"。因而导师们的工作很要十分讲究，辅导青年们蓬蓬勃勃的生气，不耗费而也决不桎梏，才可得到他们悦服。栗原便是很得力的一个。学生们集团的座谈会、读书会、后方服务工作等等，若得他任指导，没有不皆大欢喜，兴致十倍的。偶然有什么辩论、争执，甚至于闹一下子别扭，一经他出来开导，无不立刻消解。四年之间未曾失败。有过失的学术若经他指摘，也很少有不悔悟的。尤其遇着时局有了变化，或学院也受影响而人心惶然的时候，屡次仗他引导大众的注意走上合理的路线。例如广州失守，学院仓促迁藤县的时候，和前年在乳源立足甫定而粤北突然紧张的时候，全院同人们、学生们都很焦虑，很惶惑，而安定人心，决定大计都多得他的助力。今年五六月之交，我来曲江辞职，消息传到学院，同人们、学生们纷纷发电报，推代表来进行挽留，这自然是一番纯洁的情感的表露，而我很不愿意学生把院长更易看得那么重大，而且也恐怕他们会踏上俗套。六月中旬急写一封信给栗原托他安顿。后来据说他曾扶病出席大会发表一番意见，很得了大众佩服。那时学院像要发生轩然大波似的，而结局很有条理地结束了。学生们却特别自动地爱护学院秩序，丝毫不失常态。这当然是受了他感动。他在校四年，全院同事和教育系以及其他各系的学生对他都无不佩服。我又常遇见由别校毕业而曾受他教导的青年朋友，提到张栗原先生，都自称受他感化很深。他的人格的感召力如此之大，据我观察，大抵因为：他一不沾染道学；二不叫卖什么主义、学说；三大公无私，绝不计较自己利害；四头脑冷静，不轻易雷同附和而也不固执成见；五对于青年有同情的了解。他遇事很能迅速地把握着要领，判断妥当而得体。平时我在校提倡"治事如治学"，其实我自己未能做到，而他确能用治学的态度处世接物，虽没有很多担任事务的历练。他的学养都有高深的造诣，不烦恼，不执着，时时不失泰然的风度。他奉侍七十多岁而双目失明的老母流离迁徙，我每替他担心，可是他并不很焦虑，常常说人的生死是纯自然的过程。

栗原已经死了，我们断不该硬诬赖他还有灵魂存在，我写这一大篇当然不是要对他的灵前曰，而交友之中，认识他比我更透彻的也很多，似乎也用不着我饶舌，我只希冀一般未曾识得栗原的教育界同志知道最近死掉一位这样的教育工作者，因而分担一份的悲哀！

一九四一年九月二十日，于曲江

注：2019年12月19日下午4点，华南师范大学历史文化学院胡列箭老师与校友办蔡一珍老师到北京拜访黎品先生。黎品先生聊到他当年的任课老师张栗原晚年的教学。

（节选自林砺儒《悼张栗原教授》，《教育新时代》1941年第7期，第14—15页。华南师范大学历史文化学院胡列箭老师整理，南粤古驿道网采编整理。图片来源于网络，由南粤古驿道网补入）

5

学术与研究

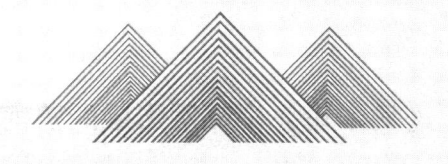

烽火古道的学术成果

阿 瑞

1940年出版的《新经济》半月刊第4卷第3期,刊载了历史学家梁方仲先生撰写的《对于驿运的几点贡献》,文中指出:"运输统制局召集全国驿运会议已于7月15日在行都闭幕了。据8月9日报载,会议的结果,中央方面将由交通部设立全国驿运管理处,统筹主持各省驿运管理处也限于次月一日以前一律成立。"梁先生又阐明驿运的意义:"在敌人加紧对我封锁的今天,从事修复这个原有的制度,使之适应抗战的需要,以补救他种交通的困难,这不但有巨大的历史的意义,而也是急不容缓的一桩要政。"随后提出8项建议,包括组织问题、发价问题、给养问题、设站问题、限制牲口集中问题、牲畜繁殖问题、限制货物运输种类、添置辅助驿运的改良交通工具八方面行之有效的措施。[1]这是历史学家研以致用,在民族存亡时贡献智慧的学术论文。梁方仲先生祖居广州下九路,1949年回乡受聘于私立岭南大学经济商学系教授兼主任。在粤北的烽火古道旁集结了一批忧国忧民的学者,在抗日战争中不忘学术耕耘,留下了一批影响至今的沉甸甸的硕果,也为中国交通史谱写了充满爱国主义精神的可贵的新篇章。

一、《资本论》中文版出版的前前后后

抗日战争时,位于粤北古道旁、乡间里的大学,是中国传播《资本论》最早的课堂,这皆因1940年郭大力、王亚南两人的出现。

(一)从《资本论》翻译到三联书店出版

马克思著、恩格斯编的《资本论》中文译者郭大力于1938年出版译作的译者跋中写道:"就第一卷说,序跋以及由第一篇至第四篇是我译的;第五篇至第一卷终,是亚南译的。就第二卷说,序和第一篇是亚南译的;第二篇第三篇

是我译的。但到第三卷,因为亚南担任更重要工作的缘故,他只能译极少部分(第六篇第三十七章至四十章),其余的部分就都归到我肩上来了。我为使译名统一,笔调近于一致起见,当时对全稿负起责任。"

第一卷共七篇,王亚南先生翻译的第五篇是"绝对剩余价值和相对剩余价值的生产",第六篇是"工资",第七篇是"资本积累的过程";第二卷共三篇,王亚南先生翻译的第一篇是"资本形态变化及其循环";第三卷共七篇,王亚南先生翻译的第六篇第三十七章是"导论",第三十八章是"级差地租",第三十九章是"级差地租的第一种形式",第四十章是"级差地租的第二种形式"。第三卷最后的部分,是1938年4月郭大力赶到上海在读书出版社的两间房的社部里,与留守在上海的出版社的负责人郑易里一起赶出来的。

支持、推动《资本论》出版的重要人物,是读书出版社的负责人艾思奇、黄洛峰和郑易里,三位均是云南老乡。艾思奇先生1934年加入中国共产党,黄洛峰先生1927年加入中国共产党,郑易里先生1928年加入中国共产党,此时艾思奇在延安,黄洛峰在重庆,但出版《资本论》此事三人早已经商定。郑易里为《资本论》中文版的出版贡献良多,出钱出力,帮助校对工作。郭大力先生在跋中最后写道:"最后,我们应当感谢郑易里先生,他不仅是这个译本出版的促成者和执行者,而且曾细密为这个译本担任校正的工作。"《译报周刊》以笔名"史贵"刊发评论文章《在战斗中发展的"资本论"》,并在周刊同一面的"书报介绍"中刊有郑易里和艾思奇翻译的苏联哲学家米定等著的《新哲学大纲》,该书是介绍辩证法唯物论的著作。郑易里还有译作《资本论的文学构造》,为苏联作家聂奇金纳从文学角度研究《资本论》的专著。由此可知,郑易里在当经营者、管理者同时也是翻译者。郑易里做出的历史贡献还包括编辑《英华大词典》,近80岁时创造了"郑码"输入法。

除了读书出版社,新知书店是留守上海的为数不多的进步出版机构。梅益先生在1938年按照组织的安排,找到王益,创办了进步刊物《时代丛刊》。1948年读书出版社、生活书店和新知书店合三为一,就是现在的"三联书店"。

1942年,从国立中山大学毕业的曾生同志领导的东江纵队,成功从香港营救了大批进步文化人士,包括从事出版工作的夏衍、恽逸群、邹韬奋、艾寒松等进步书店创办人和新闻界人士。这时候,被营救的从事出版的文化人士与正在粤北韶关坪石教书的、当年曾被邀稿的作者近在咫尺。部分文化人士还经过了韶关,但残酷的战争使得他们只能在东江纵队的护送下逃往桂林、重庆等地，但也有个别留在粤北从教的，如许幸之先生。

（二）推介进步理论译作的《译报周刊》和左联文化人

《资本论》于1938年8月31日出版第一卷，9月15日出版第二卷，9月30日出版第三卷，当时该书印刷3000部，其中2000部拟运往后方。[2]《译报周刊》署名"史贵"的评论文章《在战斗中发展的"资本论"》写于同年10月20日，离最后一卷出版仅有20天，这应该是梅益先生主编的《译报周刊》及时配合的。《译报周刊》在当时的"孤岛"上海与读书出版社、新知书店等进步出版社联系紧密，栏目"书报介绍"成为推介进步书籍、马克思译作的载体。冒着杀头风险、留在上海联络各方的重要人物就是梅益，《译报》创刊时他与夏衍、恽逸群一起工作。1936年冬，他想与周扬到延安，周扬说等他的来信；1937年胡乔木同志通知梅益和林淡秋，说组织要求他们继续留在上海。1937年，在上海风雨飘摇的日子里，梅益加入了中国共产党。上海沦陷后，他与夏衍开始着手《译报》的创立，并于1937年12月9日出刊，后来转变并派生出《每日译报》《译报周刊》。

梅益先生的回忆录《八十年来家国》中写道："和新知书店的王益保持党的联系，和生活出版社的艾寒松保持党的联系，和当时群众团体内部刊物《团结》的编者潘蕙田、何封保持党的联系，并通过他们认识了钱纳水和胡曲园、李平心等。和林淡秋、戴平万、杨帆共同主编大型报告文学集《上海的一日》。"[3]《上海的一日》100万字，为纪念抗战一周年，于1938年12月出版。戴平万是于1938年加入《每日译报》的编辑，负责本埠消息版。[4]《在战斗中发展的"资本论"》一文写得极为生动深刻，回忆了《资本论》在中国翻译的全过程，引用了郭大力先生的翻译前期的准备情况介绍，指出《资本论》对中国的现实意义，对于考茨基与《剩余价值史论》的关系也进一步介绍。此在上海沦陷区写成，应该为中国第一篇评论全套《资本论》中文版的评介文章。

考茨基出生于布拉格，1874年在维也纳大学学习历史和哲学，1885年在伦敦结识了恩格斯并成为好友，是马克思的《剩余价值史论》（也称为《资本论》第四卷）的编者，于1938年病逝于阿姆斯特丹。

也许郭大力先生和王亚南先生没有想到，他们一年多后会前后来到梅益先生的故乡——广东任教，不知王亚南先生是否想到这所大学，就是在上海孤岛时期共产党领导的文委主要领导人之一、左联12名发起人之一、《每日译报》的编辑、潮州人戴平万的母校。支持读书出版社出版《资本论》最重要决策人之一的艾思奇，当年在香港读书的母校岭南大学和中学也在附近的韶关仙人庙。

（三）战时粤北继续为马克思政治经济学研究和传播的学术中心

一年多后，即1940年，这两位《资本论》翻译家来到粤北教书，郭大力开始埋头苦干翻译马克思《资本论》的第四部分《剩余价值史论》和《恩格斯传》，王亚南在韶关乐昌坪石武阳司建立了马克思政治经济学的研究传播阵地。

王亚南先生在1940年8月到校前，就职中央训导团政治部任设计委员（政治部服务于抗日战争时期国共合作，由周恩来领导），著有《中国经济原论》《经济科学丛论》。以上是1944年王亚南在法学院经济系的登记名册上填写的上年度的内容。

王亚南在坪石武阳司法学院经济学系任主任，创办了《经济科学》，提供了马克思政治经济学研究传播的平台，发表文章的作者不仅有教师，也有高年级的学生。当时在读大三的同学涂西畴，于1940年考入中山大学经济学系，1943年在《经济科学》第三、四期发表《评柯尔"论政治学与经济学"》一文，写道："柯尔是一位运用马克思的方法的人，在1929年出版了马克思之真

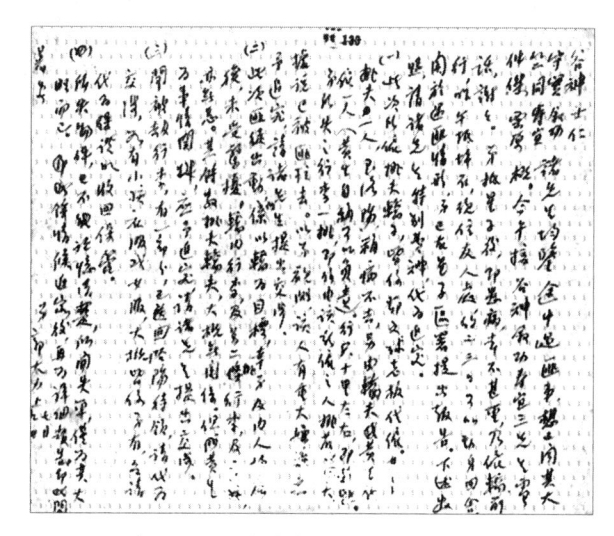

1941年7月9日，郭大力在韶关坪石写给清远连县东陂广东省立文理学院同事的信[5]

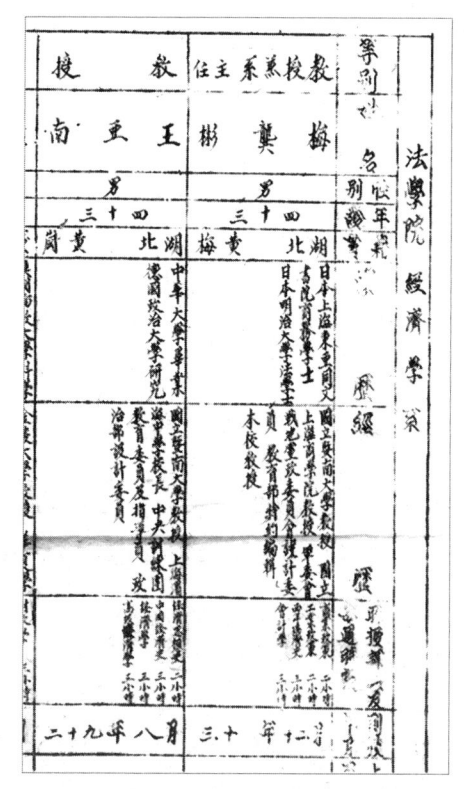

1944年，王亚南在法学院经济系的登记名册上填写的内容

1941年《学生手册》上对王亚南先生的介绍,藏于省立中山图书馆

谛一书中自我表白,'我之成为马克思主义者,是从他的理论中找到他所用的分析社会的正确方法,拿来分析今日政治的和经济的问题,较之其他方法所得的要明白些。'"但作者没有停留在介绍,而是发挥批评性思考问题学术精神,反驳柯尔关于马克思学说是一种政治与经济学说的观点,又写道:"卡尔与恩格斯虽然在生活中,在实践中,把经济和政治观作不可分裂的整体。但学术的研究上,并未视二者为不可分开的研究对象,也未否定政治学与经济学不能成为独立的学科。"[6]柯尔(C.D.H.Gole,1889—1959年)是英国的政治学家、经济学家,毕业于牛津大学,1944年是牛津大学社会学教授。

在《经济科学》发表文章的还有一位在读学生戴锌隆,论文题目是《论经济与法律》。在1942年的《经济科学》杂志上,石兆棠发表了《古典经济学的经济自由思考》,卓炯发表了《社会价值论思考》。涂西畴毕业后留校,新中国成立后曾任湖南大学教务长;石兆棠在新中国成立后曾任广西大学副校长;卓炯曾任广东省社科院副院长;戴锌隆在新中国成立后任湖南大学法律系主任。他们在科研和教学岗位上继续《资本论》的传播。

1941年国立中山大学人事处编的《国立中山大学学生手册》,对王亚南先生的介绍颇具历史价值:"新经济学家王亚南,是湖北黄冈人。他留学日本和德国,专攻经济学。回国以后,他同他的朋友郭大力合力翻译古典经济学,从亚丹·斯密士、李嘉图,到卡尔的经济学著作都先后介绍贡献于中国学术界了。他翻译了一部欧洲经济史(世界书局),另以笔名编译了一本中国社会经济史稿(生活书店),还有其他译著,恕不一一列举了。"

这里有几点值得注意:一是"卡尔"指的是卡尔·马克思,在大学的名师介绍中,王亚南翻译《资本论》是吸引学生的重要学术背景;二是专门提及进步书店"生活书店",王亚南先生出版的译著和著作,与上海重要的两家进步

书店"读书出版社"和"生活书店"有关。关于第一点，许崇清先生特别看重，从1934年许崇清先生发表的文章《姜琦著〈教育哲学〉正谬》、1939年12月发表的《"学术中国化"与唯物辩证法》、1940年为《教育新时代》期刊写的创刊词，均运用了大量的马克思、恩格斯的辩证唯物主义和政治经济学的观点。[7]在坪石的学术气氛是民主和开放的，王亚南先生在1946年回到广州石牌为经济学系的学生补课后，发表的公开信也谈到这一点。王亚南先生与朱谦之先生经常讨论问题，王亚南先生写道："至若就其研究态度讲，我们在几年同事当中，每次见面必争论，每次争论达到面红耳热的程度，结局，他总会给你满意地说：'你所讲的很对。'但这样讲的时候，言外决不忘记也给自己满意的表示：'我所讲的也很对。'这就是说，绝对尊重他人的意见，同时也绝对坚持自己的意见。朱先生的这种做学问的态度，被友人称为是'为生活而学问的态度'。"[8]王亚南先生的描述传神，表现了与坪石先生之间的友谊和学术原则。

二、烽火古道的学术成果

总结粤北烽火中的学术成就，容易以偏概全，但我们可以逐步收集完善，这是前人未做过的总结。前期对吴尚时、胡世华、卢鹤绂、虞炳烈、刘鸿等理工科学者进行了初步罗列；在人文和经济学方面，中山大学在2004年出版了"杰出人文学者文库"，利用这一文库为基础，结合冼玉清文集、邓植仪文集、梁家勉文集等个人专集和《经济科学》《中山学报》《岭南学报》《民俗》《农声》等期刊，对1940—1945年在粤北烽火古道旁产生的人文学科、经济学科、农业学科等学术成果先做总结。以下仅引数位学人学术著作为例。

人类学、民族学和历史学家杨成志在坪石两年间写成《人类科学论集》和《广东人民和文化》两部专著，于1940年发表《现代人种问题的研究》，于1941年发表《文化播迁的差别方式》，于1942年发表《民俗学之内容和分类》《民族学和民族主义》《人类科学的展望》《文科研究所十六年回顾和前瞻》，于1943年发表《粤北乳源瑶人调查》《粤北乳源瑶人的人口问题》《粤北乳源瑶语小记》。合著《大凉山夷民考察团计划纲要》《人类科学论集》《广东名胜古迹之性质分类及其文化象征》《人类学史发展》《人类科学论集》《人类学史的发展鸟瞰》《广东人民和文化》，并于1944年在美国发表《语言科学在中国》《中国书法艺术》。[9]

在教育和心理学方面,当时出现许多颇有分量的学术著作和论文,同样学以致用,围绕民族精神和地域性问题成为主旋律。

广东省立文理学院教授阮镜清于1942年发表《原始画之心理》《学习心理学》专著,于1943年发表《民俗心理学的基本问题及其研究法》《小学课程的心理研究》《社会教育师范学校中的心理学问题》,于1944年发表《性格类型学概观》专著。[10]

许崇清先生在身兼公务校务等繁重事务中,仍然有哲学思考文章发表,早在1934年发表《姜琦著作〈教育哲学〉正谬》,已经大量地引用马克思、恩格斯的唯物辩证法的方法,于1939年12月发表了《"学术中国化"与唯物辩论证法》一文,于1940年为《教育新时代》刊物写创刊词,也谈到了马克思的自由王国和大同世界的关系。在1940年发表的《民族自由与文化建设》,对帝国殖民主义进行了批判。1941年发表《民族自由和文化建设》《所谓社会底层教育作用》,思考人类底层社会的实践活动,1942年为《学园》创作发表了《学园告诉年轻朋友们》,同年还发表了《教育即生长论批判》《社会改造思想机制》。离开粤北中大坪石校园后,他主持出版了《学园》《新建设》《新教育阵线》等刊物。

林砺儒尽管担任院长行政职务,也不忘学术研究,他于1941年发表了《民族建国与国民教育》,1942年发表了《怎样做中学校长》《精神剃须论》,1943年发表《中国民族解放运动与国民教育》《筹措国民学校基金问题》《八·二七路线》,1945年发表了《儿童教育与人性改造》《养士》等。[11]

邓植仪先生也是行政工作负担繁重,但也不忘科研,他于1942年结合地方需要发表了《粤汉铁路北段与土壤》,1940年在澄江时期主持恢复《农声》复刊,并写了序。[12]

梁家勉先生许多论文一直在不断修改中,没有发表,幸在《梁家勉农史文集》中可以读到。1940年,梁家勉的《诗经之生物学发凡》是在连州中学校刊中发表的。1944年,他写的《别树一帜之中国文字学者——杜定友先生》是手稿留存。[13]

三、筚路蓝缕的学术薪火相传

私立岭南大学在粤北韶关大村办学期间,陈心陶先生也在此居住,夫人从香港到广州生下第三个女儿后,乘难民船到曲江再转至大村。2004年,陈心陶先生的夫人郑慧贞纪念陈先生百年诞辰的回忆文章，选择的主题是与仙人庙大村有关的"艰难岁月"，回忆了抗日战争香港沦陷时，陈心陶先生乔装难民只身离港，太太郑慧贞回广州生第三个孩子。等小女儿出生后不久，母女四人乘"难民船"从水路经曲江转大村。新生的女儿名静希，在途中不幸得病，未得陈先生见面就病逝于航程中。在曲江大村团聚两个月，当时春节陈先生从江西回来在大村度过。战事吃紧，陈心陶又带着家人和学生黄启铎赴赣州，在江西幸得一子名"恩轩"。[14]

1928年，在广州私立岭南大学生物系任教的陈心陶考取奖学金留学美国。他仅用一年时间就获得明尼苏达大学寄生虫学理学硕士学位，接着在哈佛大学攻读比较病理学获得哲学博士学位。1931年7月回国继续科研和教育工作。第九届全国人大副委员长吴阶平评价陈心陶先生："一生致力于寄生虫学研究。他研究发现许多寄生虫新种，而且对我国多种寄生虫病有着广泛和深入的研究，写有论文150多篇，其中在国际、国内发表130多篇。早在20世纪30年代，陈心陶所做的华南地区蠕虫区系调查及并殖吸虫、异形吸虫的实验生态研究，填补了我国寄生虫研究上的空白，为华南地区的寄生虫相和人畜共患疾病的研究打下了坚实的基础。"

1940年，陈心陶所著的我国最早有关并殖虫的权威著作《怡乐村并殖吸虫一种结论》，突破了当时国际上认为肺吸虫仅有威氏并殖吸虫一种的结论，引起国际寄生虫学界的重视，促使后来陆续发现许多新种。他在该书提出的形态学和实验生态学的特征，至今仍是公认的重要分类依据。

在抗日战争期间，他培养了进修学生黄启铎、吴青蔡、叶英，黄启铎在1942年从岭南大学医学院毕业，成为陈心陶先生的得力助手，后又赴美国、英国进修，曾任香港大学微生物学系主任、副校长，香港岭南学院院长。20世纪60年代，学生胡孝素为华西医科大学教授，国家科技进步奖三等奖获得者。20世纪50年代的学生柯小麟，为中山医学院教授、广东省寄生虫学会理事长，获国家自然科学三等奖。20世纪50年代，陈心陶先生招收的博士研究生李桂云，为中山医学院教授，获国家自然科学三等奖。

陈心陶在1940—1945年期间用英文发表了数篇高质量学术论文：

1. *Morphological and developmental Studies of Paragonimus Iloktsuenensis with some remarks on other species of the genus.* （1940）

2. *Note on Haplorchis from Hong Kong* （1941）

3. *The metacercaria and adult of Centrocestus formosanus with notes on the*

杨成志先生倡导，梁钊韬先生建立、复办的广州康乐园人类学系教学楼。位于粤北韶关坪石的研究院有人类学部，1948年3月8日，杨先生提出国立中山大学设立人类学系的建议，在人类学部基础上开办人类学系，任系主任，梁先生为助手

natural infection of rats and cats with C. armatus. （1942）

4. *Spelotrema pseudogonoty from Hongkopng.* （1943）

5. *Some parasitic diseases in Hong Kong with emphasis on those caused by Helminthes* （1944）

6. *Harplorchid trematodes from Canton and Hongkong* （1945）

在粤北韶关坪石的国立中山大学研究院以及后来在广州石牌研究院的研究生，大部分硕士毕业生论文质量达到相当高的学术水准，可以说影响至今。他们又成为学术薪火相传的主力军。

1990年12月14日，杨成志先生在中央民族学院接受采访讲道："我培养的学生有戴裔煊、朱杰勤、江应樑、王兴瑞、梁昭韬、王启澍（这几位现在都不在世了）、曾昭璇（现在华南师范大学）、吕燕华（女，加拿大）、刘孝瑜（现在中南民族学院）、张寿祺和容观夐（现在中山大学），还有的名字记不起来了。他们后来都成为人类学、民俗学、历史学各方面的专家教授。"[15] 杨先生提到的朱杰勤为暨南大学历史系主任，江应樑为云南大学西南边疆民族历史研究所所长。

在粤北韶关坪石朱谦志老师、杨成志老师指导下，取得硕士学位的戴裔煊，于1942年毕业，完成40万多字的学位论文《宋代钞盐制度研究》，是中国古代经济研究史领域的开拓性专著，并多次重版。1946年，戴裔煊再入中山大学历史系任教，期间曾在广东省立商法学院任教授，并在广州康乐园专心研究澳门史，学生无数。

述及的容观夐先生，1922年出生于中山三乡，在广州培正小学完成小学教育。抗日战争爆发后，在澳门培正中学度过中学时光。1942年秋，他考入位于粤北韶关坪石的国立中山大学法学院社会学系，在武阳司村有大学的经历。1947年考入文科研究所人类学部读研究生，师从杨成志先生。1948—1950年就读于美国得克萨斯州州立大学文化人类学研究所。回国后先后在省立法商学院、中南民族学院、中山大学任教。

杨成志先生仙逝近20年后，瑶族史人类学研究的引路人容观夐先生也仙逝了。2018年7月14日，博主"人类学之滇"发文写道：

"我在马丁堂一直读到博士毕业，几年间浸染在人类学'窝子'里，了解到容先生筚路蓝缕的学术历程的一些细节，再面见当时精神矍铄的容老先生，在鞠躬问候之外，更增加了敬畏和'好奇'的内心独白。后来我来到云南大学工作，体味着云南与广东、云南大学与中山大学在学术史上千丝万缕的联系，再回顾容先生的故事与学问，不由惊叹于知识传承之神奇。

"老人走了，可老人蹚出的路，我们还该走下去，尽管有磕绊、有彷徨，但坚持走下去，才是对老人最好的追念。"

这是一位于2003年入校的学子写的，道出我们共同的心声。

参考资料：

［1］刘志伟编：《梁方仲文集》，中山大学出版社2004年版，第461页。

［2］http：//www.shtong.gov.cn/node2/n189571/n258802/n258811/index.html.

［3］杨兆麟主编：《八十年来家国：梅益纪念文集》，社会科学出版社2005年版，第26页。

［4］黄景忠、陈贤武编：《都市之夜：戴平万作品及研究》，广东省人民出版社2019年版，第271页。

［5］广东省档案馆藏档案，档号21-2-21-2-0029-21-2-0029-0025-01。

［6］涂西畴：《论柯尔〈政治学与经济学的关系〉》，国立中山大学经济学系主编《经济科学》，坪石，1943年第三、四期，第20页。

［7］许锡挥编：《许崇清文集》，中山大学出版社2004年版，第147页、208页、214页。

［8］黎红雷编：《朱谦之文集》，中山大学出版社2004年版，第13页。

［9］刘昭瑞编：《杨成志文集》，中山大学出版社2004年版，第279页。

［10］杨慎之编：《阮镜清心理学论文选》，湖南教育出版社1986年版，第105页。

［11］中央教育科学研究所：《林砺儒文集，北京师范大学出版社1981年版。

［12］吴建新编选：《邓植仪文选》，广东省高等教育出版社2006年版。

［13］倪根金主编：《梁家勉农史文集》，中国农业出版社2002年版，第577页。

［14］郑慧贞：《艰难岁月》《陈心陶科学论文题录》，陈思轩主编《陈心陶百年》，中山大学出版社2004年版。

［15］刘昭瑞编：《杨成志文集》，中山大学出版社2004年版，第272页。

（转载自南粤古驿道网）

古道明灯：从歧澳古道的杨匏安到秦汉古道的郭大力

阿 瑞

借助对珠海岐澳古道的活化利用行动，2018年12月，从杨匏安的出生地、岐澳古道旁的杨家祠出发，在各方努力下，杨匏安革命生涯最重要的场所——位于广州越华路的杨匏安旧居成功复活，成为华南明灯永不熄灭的殿堂。2019年7月，随着对韶关乐宜古道的活化利用的继续深入，再一路向北，让清远连州的秦汉古道再现苍劲之景色。再寻觅藏在文献记录中的1939—1942年省立文理学院在连州秦汉古道旁的东陂镇办学的历史场景，而又逐步明晰。抗日战争"学术抗战"的情景仿佛在眼前，秦汉古道又见林砺儒、郭大力等大师的身影。1939年底，林砺儒任省立文理学院（华南师范大学前身）院长，聘请国内众多著名学者任教，其时省立文理学院在东陂镇租借村民的祠堂办学，包括"双桂坊""黄尚书祠"等坐落在西塘村、塘头坪村等地的历史建筑，传出名师上课的高亢声音，郭大力先生就是其中一位。他于1939年应林砺儒之聘来到东陂，边教书边翻译马恩著作。为还原历史场景，现全文摘抄郭大力在编译《恩格斯传》时所写的序[1]：

  这是一个思想家的传记。在写这本传记时，我所根据的，是柏林大学社会民主党史教授古斯达夫·梅尔（Gustav Mayer）所著的Friedrich Engels: A Biography。原著是1936年在伦敦出版的。

  我在1938年第一次见到这个原本，因为友人郑易里在上海书店里买到了这唯一的一册，并愿意赠送给我。他赠我时，问我有没有意思和时间把它译成中文。

  次年我在故乡第一次把它译成了中文，但不幸，译稿寄上海，意外遭了损失。再过一年，我到了广东。我决心把它再译一遍。但后来我决定回故乡时，友人张栗原看见这一包译稿，劝我不要携在身边。这第二次的译稿,才留在栗原家中。不料我同他别后一个月,他就作了古人了。那包译稿就和他的遗族一同遇了艰苦的命运。

这一个草稿,算来已经是第三次了。我不惜再三重新动笔,是因为这位思想家的生活,太使人敬爱了。他的勇敢,他的热情,他的谦虚,实在使人神往。同一工作的反复所以不致令人厌倦,主要就是为了这点。

可是,我这一回不能再是直译了。原著者在原本的序言上,有这样的话:"二年前,我曾由海牙的马丁尼诺夫书店,用德文出版了一个《恩格斯传》,书分二册。在这个传记里,朋友俩的未曾发的遗稿,第一次有了刊行的可能。这个新传记,是我特别为英语的世界写的,所以我特别注意了恩格斯大半生住在英国的事实。"从这几句话看去,这所谓《新传记》,原不过是一个更大的传记的缩编本、改编本。现在,我与其第三次翻译这个缩编本改编本,自不如等待将来,有机会再翻译那个更完全的传记了。

还有,直译的书是比较不易读的书。在一个不懂外国语的人看来,直译的书还往往成为难解的。经典的著作,固不许译者自由,但像这里的著作,我是觉得,如果文字能够平易一点,那一定可以便利读者。就这一方面说,我原假定,我的读者有一部分是不识外国文字的。

最后,我必须声明,我除了决意要删去那些足以使文字显得累赘晦涩的文字,还发觉了,原著后半,尤其是关于第一次大战前夜的情形的叙述,完全是采取当时德国社会民主党的立场。我觉得,不酌量删改,是容易引起错误的。

这样,这个草稿就已经不是单纯的译稿了。

郭大力
一九四二年十二月

此序写于1942年12月,即郭大力先生离开省立文理学院返乡之时。文中"我到了广东"指的就是到广东省连县东陂镇省立文理学院任教,文中提及的友人"张栗原"当时也受林砺儒院长之聘在省立文理学院任教。文中还提到"缩编本""改编本""新传记",是相对古斯达夫·梅尔写的《恩格斯传》完整的传记而言。一周前,广东省"三师"专业志愿者捐赠给华南教育历史坪石研学基地图书馆的书籍中,就有一本完整版的《恩格斯传》。

1918年,在广州市中心一座祠堂的阁楼里昏暗的灯光下,杨匏安正在为报

纸撰稿，马克思理论从这间平凡的小屋穿过迷雾照亮四方。20年后，在广东，此时日军的飞机不时在轰炸，不是在大城市，而是广东北部与湖南交界的小村落、有2000年历史的古道旁，依然有一位学者郭大力，还是在那简朴的乡村民宅里，依然是在油灯下，更加深入地翻译马克思、恩格斯的著作。除了《恩格斯传》，在东陂镇他还翻译了马克思的《剩余价值学说史》，认为是在前阵子翻译的《资本论》三卷后的"第四卷"。1978年出版的郭大力先生翻译的马克思著作《剩余价值学说史》，始于1940年的连县东陂，1949年第一次出版，在郭大力先生逝世后两年再版，意义深远，是对郭大力先生最好的怀念，特将出版后记照录如下[2]：

1948年1月，读书出版社出版的郭大力编译的《恩格斯传》

《剩余价值学说史》出版后记：

  郭大力同志从1940年开始，在国民党统治区极端困难的条件下，翻译了这部《剩余价值学说史》，1949年上海解放初期，曾由生活·读书·新知三联书店印行。建国以后，在1951年和1957年先后重印过两次。

  郭大力同志原来是采用1923年柏林出版的考茨基编辑的版本作为翻译的底本。1954—1961年，苏联马列主义研究院重新编辑并用俄文出版了马克思的这部著作，随后又作为《马克思恩格斯全集》俄文第二版第二十六卷（分三册）出版。1966年春，郭大力同志虽已身患重病，在校完《资本论》第三卷译文以后，接着又根据上述新版本的德文本和英译本，进行本书的校译工作。"文化大革命"期间，他在他的夫人余信芬同志的尽力帮助下，用惊人的毅力，克服常人难以想像的困难，终于坚持校译完了全书。不幸的是，在校译本第一卷出版后不久，郭大力同

不同时期出版的郭大力翻译的《剩余价值学说史》

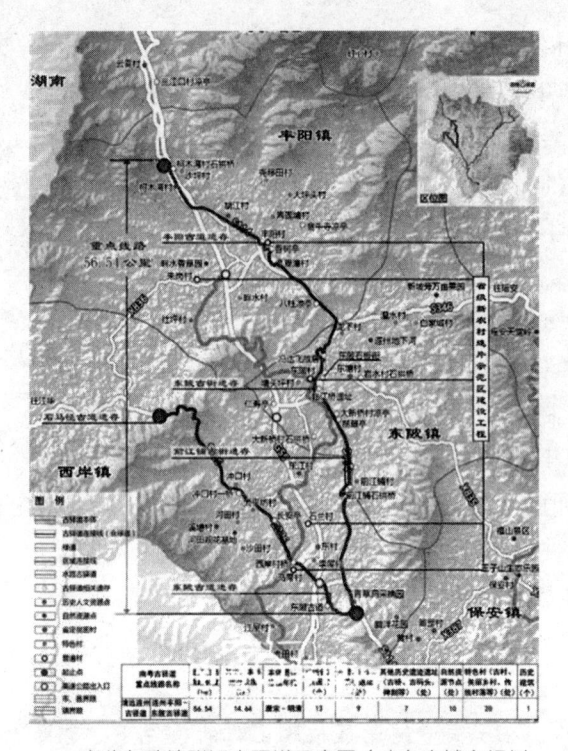

志心脏病突发，医治无效，于1976年4月9日逝世。他没有能够看到第二卷和第三卷的出版。

郭大力同志从1928年开始，就从事马克思《资本论》等经典著作的翻译工作，数十年如一日，直到最后一息，为在我国传播马克思主义作出了贡献。他这种工作精神是永远值得我们学习的。

本书中的章节标题大部分是由俄文版编者所拟定的。编者加的标题的文字，用方括号［］标出。马克思手稿中使用的方括号改用了尖括号〈〉或花括号｛｝。马克思手稿的稿本标号和页码，用符号‖、｜标出，符号中的罗马数字表示稿本编号，阿拉伯数字表示页码。

人民出版社编辑部
1978年6月

粤北东陂镇附近古驿道示意图（广东省城乡规划设计研究院编制）

文中提及的1940年，即郭大力先生于省立文理学院任教时。"科学社会主义的伟大建立者腓特烈·恩格斯，终生没有怀疑过他的理论，终生没有怀疑过他的理论成果，他的一生是奉献于他的理论的。"郭大力先生翻译《恩格斯传》时，这是最后的结束语，也是对恩格斯科学的评价，借用此段句子，赞美郭大力先生也不为过。今天，古道明灯依然明亮。

参考资料：

［1］郭大力编译：《恩格斯传》，读书出版社1948年版，光华书店发行。

［2］马克思著，郭大力译：《剩余价值学说史》，人民出版社1978年版。

王亚南和郭大力学术年谱（1938—1948年）补遗

阿 瑞

在《习近平的七年知青岁月》一书中，记述了同住窑洞的知青朋友雷榕生、雷平生对习近平总书记知青年代读书生活的回忆：

> 近平每次去"干校"探亲或外出，总能带回来一些新书。有一次，他带回来厚厚一本郭大力和王亚南翻译的《资本论》，躺在炕上专注地阅读。过后，他对我议论起这部著作。他谈了很多关于《资本论》不同版本沿革的知识，并说《资本论》的翻译版本很重要，他特别推崇郭大力和王亚南这个译本。他介绍道，这两位翻译家同时也是社会学者，一生矢志不渝翻译和介绍马克思主义著作到中国来。近平讲到他们的执着和毅力，即无论做什么事，都矢志以恒，一以贯之，才有可能实现自己的夙愿。他对这两位学者非常推崇，不仅推崇他们的学术造诣，更推崇他们的高尚人格。[1]

对王亚南和郭大力从翻译《资本论》后的学术教学活动进行整理，将有助于理解他们的学术生涯和奋斗精神。

一、烽火中《资本论》的传播

郭大力和王亚南是1938年8—9月出版了全套的中译本《资本论》，此后最重要的经历是先后来到粤北教书：王亚南是1940—1946年受聘于抗日战争时迁至韶关乐昌县坪石镇的国立中山大学；郭大力是1940—1941年受聘于当时迁址至尚属于韶关的连县东陂镇的广东省立文理学院。敌机的盘旋和拉响的警报，也阻挡不了两位先生毫不畏惧地走向讲坛。

马克思主义经济学家王亚南的著作《中国官僚政治研究》的写作起端于1943年。他这一书仍然是我们应读之书，具有现实意义。《中国经济原论》是系统整理1940—1944年粤北韶关武阳司村国立中山大学法学院经济学系《高级经济学》讲义后的著作，用《资本论》观点、方法分析旧中国的经济问题，具有中国化的马克思主义经济理论探索的里程碑意义。笔者特将从1938年《资本论》完整中译本出版后至1948年《中国官僚政治研究》出版这10年间王亚南先生和郭大力所从事的研究、教学的学术活动，包括他们的学生和同事的文章及研究成果进行系统整理，让读者更好地理解马克思经济学中国化的历程，理解习近平同志对王亚南和郭大力评价中提到的"执着和毅力，即无论做什么事，都矢志以恒，一以贯之，才有可能实现自己的夙愿"。

王亚南曾名王亚鉴，1923年春考入湖北私立武昌中华大学预科，秋季考入该校本科经济学系一年级，1924年转入教育学系二年级，于1926年春季三年级修业期满。该校在1926年秋停办，王亚南随该班并转入武昌中华大学，直至毕业。其后，他先留学日本、德国和英国共6年，后与郭大力合作翻译《资本论》等数种西方经济学著作。

1935年王亚南出版了译著《欧洲经济史》，郭大力为他写序。两位的学术友谊是深厚的而保持终身的，在学术讨论上，王亚南离不开郭大力。王亚南扶持后生，提倡"共学"，在他身边始终团结了一批终生投身于马克思理论中国化研究的同路人。"共学"是王亚南强调的研究学术品德，围绕着王亚南先生，在经济学研究和教学过程中，一批又一批师生与他相伴而行，一起"共学"研究，形成了丰富的学术成果。我们对王亚南先生身边不同时期的学术朋友进行了解，发现他们有名师也有学生，这对理解王亚南学术思想有极大的帮助。正因为"共学"善于倾听大家意见，特别是与郭大力等学术朋友毫无保留的学术探讨，王亚南一生共出版41部著作（译作），发表340篇学术论文。

二、王亚南和郭大力学术年谱（1938—1948年）

选择1938—1948年这一特殊年代，是因为1938年《资本论》中译本出版具有划时代意义，而王亚南的《中国官僚政治研究》著作于1948年出版。王亚南学术生涯最主要创办了三份专业杂志，分别是《经济科学》《社会科学》和于1959年厦门大学经济研究所创办的《中国经济问题》，前两份专业杂志诞生于战时。目前，我们对这10年两位马克思主义理论家可以找到的研究信息不多，这两份杂志可为研究提供可靠的依据。广东省档案馆藏保存了较为完整的战时和战后国立中山大学原始档案,为具体的时间节点提供史实。现特结合广东省粤北韶关乐昌坪石武阳司村国立中山大学法学院遗址和清远连州广东省文理学院遗址建立"华南教育历史研学基地"的内容展示,梳理王亚南和郭大力学术年谱,以资参考使用。

1938年　王亚南38岁

◎ 1月

1月27日至3月16日,毛泽东在延安批读李达著《社会学大纲》。

◎ 2月

李达为好友白鹏飞校长之请,被聘为广西大学经济系主任,千家驹为经济系教授。[2]

王亚南经香港到武汉,在政府军事委员会政治部任设计委员会委员。

◎ 4月

郭大力在上海读书生活出版社的两间房大小的社部里,与留守在上海的出版社负责人郑易里一起完成《资本论》最后的编校工作。

郭大力于1938年出版译作的译者跋中写道:"就第一卷说,序跋以及由第一篇至第四篇是我译的;第五篇至第一卷终,是亚南译的。就第二卷说,序和第一篇是亚南译的;第二篇第三篇是我译的。但到第三卷,因为亚南担任更重要工作的缘故,他只能译极少部分(第六篇第三十七章至四十章),其余的部分就都归到我肩上来了。我为使译名统一,笔调近于一致起见,当时对全稿负起责任。"

第一卷共七篇,王亚南先生翻译的第五篇是"绝对剩余价值和相对剩余价值的生产",第六篇是"工资",第七篇是"资本积累的过程"。第二卷共两篇,王亚南先生翻译的第一篇是"资本形态变化及其循环"。第三卷共七篇,王亚南先生翻译的第六篇第三十七章是"导论",第三十八章是"级差地租",第三十九章是"级差地租的第一种形式",第四十章是"级差地租的第二种形式"。

这最后的第三卷部分,是1938年4月郭大力赶到上海在读书生活出版社的社部里,与留守在上海的出版社负责人郑易里一起赶出来的。

◎ 6月

王亚南先生在《战时文化》发表《战时经济读物》。

◎ 9月

《资本论》于1938年8月31日出版第一卷，9月15日出版第二卷，9月30日出版第三卷，当时该书印刷3000部，其中2000部拟运往后方。[3]

郭大力先生在跋中最后写道："最后，我们应当感谢郑易里先生，他不仅是这个译本出版的促成者和执行者，而且曾细密为这个译本担任校正的工作。"《资本论》出版的重要推动者、支持者是读书出版社的负责人艾思奇、黄洛峰和郑易里，三位均是云南老乡，艾思奇先生1934年加入中国共产党，黄洛峰先生1927年加入中国共产党，郑易里先生1928年加入中国共产党，此时艾思奇在延安，黄洛峰在重庆，但此事为三人早已经商定的。郑易里为《资本论》中文版的出版贡献良多，出钱出力，帮助校对工作。

以"史贵"为笔名写的评论文章《在战斗中发展的"资本论"》刊登于《译报周刊》，在周刊同一面的"书报介绍"，刊有郑易里和艾思奇翻译的苏联哲学家米定等著的《新哲学大纲》，该书是介绍辩证法唯物论的著作。郑易里还有译作《资本论的文学构造》，为苏联作家聂奇金纳从文学角度研究《资本论》的专著。由此可知，郑易里在当经营者、管理者同时也是翻译者。[4]

◎ 10月

20日，笔名为"史贵"的文章《在战斗中发展的"资本论"》发表于1939年《译报周刊》第1卷第12—13期。"大力先生于民国廿一年译好第一卷，但全稿被当年'一二·八'的炮烧毁了。再接再厉，两位先生又于廿六年从头翻译；工作不到半年，'八·一三'的炮声又响。武将们在战场上拼命，'文兵'们在书桌上出力，《资本论》终于在这炮火燎原时全部出版了！中文译本出版的时候最迟，出版上的各种条件也最艰难。"

《在战斗中发展的"资本论"》一文的写作时间是10月20日，离最后一卷出版时间仅为20天，应该是梅益先生主编的《译报周刊》及时配合的。《译报周刊》在孤岛与生活读书社、新知书店等进步出版社联系紧密，栏目"书报介绍"成为推介进步书籍、马克思译作的载体。

武汉沦陷，王亚南从湖南经广西、贵州到达重庆。

1939年　王亚南39岁

◎ 1月

李达赴重庆冯玉祥支持的研究室，讲授辩证逻辑并代政治学和经济学课程。

◎ 4月

郭大力翻译的马克思、恩格斯《资本论通信集》由上海读书生活出版社出版。

李达在重庆参与创办进步刊物，4月15日，沈志远主编的《理论与现实》季刊出版，千家驹、艾思奇、李达、沈志远等9人为刊物编辑委员会委员。李达在第1卷第4期发表《唯物辩证法三原则的关系》一文。

◎ 5月

郭大力寄往读书生活出版社印发《资本论勘误》书稿。

◎ 8月

王亚南与王搏金合译英国柯尔的《世界经济机构体系》，由上海中华书局出版。

◎ 9月

李达离开重庆，拟回广西大学任教，但因校长已经换人为马君武，而未为聘用，失业。

◎ 11月

在云南澄江的国立中山大学招考录取1940年度的法学院学生，包括经济学系的一年级新生从10月至11月陆陆续续入学。此时增加了转学借读的学生，包括岭南大学的学生，在香港考入迁移至香港的广州私立大学广东国民大学、私立广州大学的粤港澳学生，戴镎隆就是在香港考入广州大学，转学国立中山大学经济学系一年级。

1940年　王亚南40岁

◎ 2月

王亚南在《中国青年》（重庆）第2卷第2期发表《生活与战争》一文。

◎ 6月

30日，国立中山大学代校长许崇清与王亚南先生签订1940年度法学院经济学系教授聘书。

夏，千家驹暑期为广西大学马君武解聘，接着，许崇清代校长聘千家驹为经济学系主任，秋季因迁校未有按时开课，但薪额照寄桂林千家驹处。[5]

◎ 8月

21日，国立中山大学许崇清代校长致函千家驹先生，电函中表示"允就本校之聘并荐李达先生为经济系教授"，但本校法学院经济学系教授6人、副教授

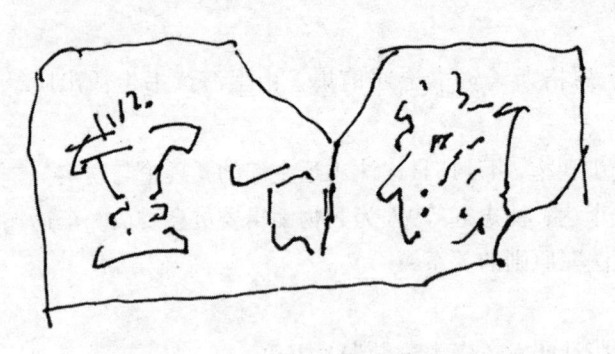

王亚南在坪石租住的"观音堂"侧农屋遗址留下的"观音堂"石匾

1人，人数满额，询问李达先生"暂在社会学系任课能否屈尊"。[6]

王亚南离开重庆，赴广东粤北坪石国立中山大学到校报到，租住坪石肖家湾莲塘乡观音堂左边三间房，房东姓何。1943年入学的学生陈其人回忆："在坪石时期，他住在坪石老街附近，极其普通的民房，同经济系所在地隔一条江，交通不便。他当时40多岁，到经济系参加种种活动来回都要过江，还要上下山岗，颇费时间和劳力。至今我还记得，为了答疑，一天晚上，他提着油灯来了，我们也带着油灯去。"[7]

◎ 9月

许崇清在坪石三星坪住所召开迁校后的第一次教务会议，学校教学开始运转。

胡体乾教授从8月至11月代理法学院院长。

王亚南也邀请郭大力到粤北教书，当时郭大力在家乡继续翻译工作，郭大力回忆："这倒是有意装扮成隐士，实际上我也干不了别的，只打算终生翻译马克思的著作，尽我力所能及，能干多少就干多少，后来中山大学迁到坪石，亚南在那里，他邀我去，才教几年书。"[8]郭大力在同在粤北的连县东陂广东省立文理学院任教授，授课课程为经济学和经济学说史。1939年张栗原被聘为教育学系主任，授课课程为新哲学和哲学思想发展史。

张栗原的三年学生罗克汀在张栗原、郭大力的指导下，在1940年用自然辩证法的观点写了《数学史的考察》，发表于重庆《群众》双月刊第7卷第22期。[9]

◎ 10月

在坪石的国立中山大学图书馆杜定友馆长向学校建议：将各阅览室、图书馆进行调整，决定第一阅览室设立于坪石，"对公开为民众阅览之用"，第二阅览室设立于管埠为师范学院所在地，第三阅览室设立于清洞为文学院所在地。有关建议得到许崇清代校长批准。

◎ 11月

15日，在坪石三界庙前成立总务室正式办公。

17日，许崇清代校长聘请李达先生为1940年度法学院社会学系教授，月薪国币340元，从9月份计。李达先生离开家乡零陵（现湖南永州）赴坪石前有诗赠友："不才小憩楚江滨，但觉泉林空气新。浮世虚名乖素愿，人生真理润吾身。"[10]

李达先生在1940年度法学院的教员名册上，52岁，授课的科目是经济学、社会经济学、社会哲学，薪额340元。李达哲学课程讲授的是辩证唯物主义和历史唯物主义的基本原理，经济学讲的是中国社会经济史。

教员名册上的1940年度应该是指学年，1941年4月17日造表，同表信息表明王亚南先生课程为经济学、高级经济史和经济思想史，注明专任兼任经济系主任，薪额也是340元；杨成志先生为文学院教授兼任法学院课程，讲授民族学；石兆棠先生为专任副教授，1937年9月到校，薪额为200元，讲授伦理学、哲学概论和科学概论。

1939年底，林砺儒任省立文理学院（华南师范大学前身）院长，1940年聘请国内众多著名学者任教，其时省立文理学院在粤北东陂镇租借村民的祠堂办学，包括"双桂坊""黄尚书祠"等坐落在西塘村、塘头坪村等地的历史建筑，郭大力先生于1940年应林砺儒之聘来到东陂，边教书边翻译马恩著作。

1941年　王亚南41岁

◎ 1月

29日，代校长许崇清签文"经济学系主任千家驹教授教职照准改聘王亚南教授当任"[11]，在20日已经电告在在桂林李家花园的千家驹教授，学校聘王亚南代理经济学系主任，并"希为珍摄"。

◎ 2月

丁颖请求李达先生到农学院兼任经济学课程，为农学院二年级上课，函告胡体乾代院长、丘琳办公室主任。[12]李达兼农学院经济学课程至3月底。

1941年国立中山大学人事处编的《国立中山大学学生手册》对王亚南做了介绍，摘录如下：

新经济学家王亚南，是湖北黄冈人。他留学日本和德国，专攻经济学。回国以后，他同他的朋友郭大力合力翻译古典经济学，从亚丹·斯密士、李嘉图,到卡尔的经济学著作都先后介绍贡献于中国学术界了。他翻译了一部欧洲经济史(世界书局),另以笔名编译了一本中国社会经济史稿(生活书店),还有其他译著,恕不一一列举了。

这里有几点值得注意:一是"卡尔"指的是卡尔·马克思,在大学的名师介绍中,王亚南翻译《资本论》是吸引学生的重要学术背景;二是专门提及进步书店"生活书店",王亚南先生出版的译著和著作,与上海的重要的两家进步书店"读书生活出版社"和"生活书店"有关。

◎ 3月

李达到栗源堡农学院所在地授课,讲授经济学课程。

经济学系增加了多名由其他学院或者法学院其他学系转学经济学专业的学生。1941年初,钟敬文结束战地之行,来到中大文学院任职,1942年写成《历史的公正》一文。

◎ 4月

30日,许崇清代校长请王亚南教授在法学院院长黄文山不在院时代法学院院长职务。

黄文山出生于台山,为黄兴先生的女婿,也是《新青年》的主要撰稿人之一,笔名为凌霜、兼生,在北京大学读书时加入北京的共产主义小组,但在11月就退出。[13]1941年度教员名册上填写黄文山为教授兼任院长,授课科目是近代社会学理论和方法、文化社会学两门课,薪额400元,到校时间是1941年5月,填写的日期是1941年11月29日,但实际上2月黄文山从美国回中国,在坪石的时间是3月,5月黄文山就外出,受孙科之约在重庆中山文化教育馆写作。1942年3月辞去院长一职。

◎ 5月

社会学系教授李达指导社会学系毕业生陈明、陈丽群的毕业论文,陈明的毕业论文题目是《战时粮食问题概论》,李达要求指导老师写为胡体乾教授,李达自己的名字隐去以免引起关注。

李达在武阳司村的法学院大礼堂作了"中国社会迟滞原因"学术演讲,吸引学院内外许多学生到场。[14]

◎ 6月

文学院迁回靠近校部的铁岭。中大文学院初时在清洞村居住条件艰苦,校方通过与广东省银行沟通,租借到当时坪石铁岭站,原为粤汉铁路局所建,后为广东银行租用，房舍大小10栋，文学院教学条件才大为改观。学校与广东银行1941年订立合约，要求押金3个月，按月交租金，租期从1941年6月1日起，共15个月，修理费用学校自理。

26日晚，法学院政治学会在武阳司村法学院礼堂举行"苏德战争座谈会"，李达、黄文山、雷荣珂等教授和学生进行热烈讨论，近百人参加。

◎ 7月

李达先生离开中山大学回家乡湖南。

根据1941年7月的《国立中山大学教职员王亚南暨其直系亲属调查表》，王亚南在粤北乐昌坪石武阳司经济学系任教，住址是肖家湾观音堂，当时王亚南40岁，妻子李文泉22岁，儿子王洛林2岁，祖父王昌祉81岁，继祖母吴氏69岁，母亲范氏67岁，亲人均在黄冈团镇。

9日，在坪石的郭大力写信给谷神、叙功、寿宜、仲杰、栗原、竺同、士仁先生，告知7月5日遇劫情形。

广东省档案馆馆藏有一封郭大力先生1941年给同事告知自己在粤北遇劫的信札，从中可以得到一些信息：

1941年7月9日写信给谷神、叙功、寿宜、仲杰、栗原、竺同、士仁先生，感谢谷神、叙功、寿宜先生他们给了电话慰问。当时有古道联系连县和乐昌，信中郭大力描述自己抵达星子镇后生病，但不是很重，因病雇用了轿夫，又因其中一人途中说病了换人而出事。7月8日到了坪石住友人处，二三日后很快就可动身回舍（应该就是东陂镇）。

7月8日所写信函记录了7月5日遇劫所失衣物有黑色厚呢大衣、蓝色女呢大衣、黑色哔叽西装、灰色哔叽西装、蓝色哔叽旗袍、女孩红花棉衣、男孩棉大衣、蓝斜纹布学生装一套，女布旗袍三件或者四件，现款百余元，金戒指二只，铁锅一只。[15] 从行李中的衣服得到一点判断，当时连县和坪石都很冷，郭太太比较喜欢蓝色，郭大力穿着是当时学者常见的黑色和灰色，随行有男女小孩。

以上是1941年7月9日写给连县东陂广东省立文理学院同事的信。[16] 此份档案特别有价值，一是表明其1941年7月尚在粤北，二是当时张栗原先生仍然在世，更正以往多篇研究文章在这两方面的错漏。

信中"栗原"就是张栗原，在广东省立文理学院任教，郭大力在东陂教学之余的第二份《恩格斯传》译稿就是放在他家。后来，张栗原在连县不幸因肺病去世。

"叙功"就是盛叙功，40岁，时任广东省立文理学院教授兼训导主任。当时已经出版《西洋地理学史》，新中国成立后他是西南大学历史地理学科创始人。

"竺同"就是陈竺同，47岁，在当时已经有著作《中国上古文学史》等，后著有《中国戏剧史》《中国哲学史》等。

"谷神"者为潘祖贻，留学日本，于日本岩仓铁道专科毕业，时任省立文理学院教务长，1943年7月受聘到管埠的国立中山大学师范学院任教授，是对中国易经有深入研究的名家，1945年病逝。

王亚南别号渔邨，郭大力信中没有说到他，推测信中所提及的"坪石住友人处"就是王亚南处，推测郭大力的信是从坪石寄连县东陂。当时他们应该有书信和电话来往。

15日，广东省立文理学院致函连县警区第三区促办郭大力先生报的案。函中写到郭大力教授7月9日由东陂墟启程赴坪石，这是学校给警区的函，时间估有误。

◎ 8月

8月1号开学，1941年学年开始。

朱谦之先生任坪石国立中山大学文学院院长，为倡导学术研究，建议创办全校性的学术期刊《中山学报》，得到时任英文系主任洪深教授支持，10天内征稿马上付印。[17]

法学院王亚南先生与文学院朱谦之先生经常讨论问题，第二年王亚南先生也在《中山学报》发表文章。王亚南先生曾写道："至若就其研究态度讲，我们在几年同事当中，每次见面必争论，每次争论达到面红耳热的程度，结局，他总会给你满意的说：'你所讲的很对。'但这样讲的时候，言外决不忘记也给自己满意的表示：'我所讲的也很对。'这就是说，绝对尊重他人的意见，同时也绝对坚持自己的意见。朱先生的这种做学问的态度，被友人称为是'为生活而学问的态度'。"[18]朱谦之回忆到王亚南对他开玩笑，说其有"探奇揽胜"的研究热。[19]

王亚南先生的描述传神，表现了与坪石先生之间的友谊和学术原则。

章振乾先生到校任法学院副教授，章振乾为福建连江人，国立中山大学毕业后任《新福建日报》编辑，1934年赴日本东京帝国大学研究院农村研究院读书，1937年回国，曾任福建银行董事会秘书。

11日，王亚南向校方提出辞去系主任职务，专注教学。张云代校长极力恳请继续担任系主任职务，"慰留"盼"打消辞意"。

◎ 9月

李达所写的《中国社会发展迟滞的原因》在桂林出版的《文化杂志》第2号发表,应为在坪石武阳司法学院教学之余所作。

29日,毛泽东和王稼祥致信中央研究组提议阅读李达翻译的《辩证唯物论教程》第6章《唯物辩证法与形式论理学》。[20]

◎ 10月

王亚南发表《政治经济学在中国》——当作中国经济学研究的发端,刊登于1941年《新建设》第2卷第10期。

19日,刘耀燊教授因王亚南先生请假代经济学系主任约3个月。王亚南先生回校销假后,校方告知职务已经移交回王亚南先生。

◎ 12月

王亚南先生推荐梅龚彬先生来到坪石国立中山大学法学院经济学系任教,梅于11月底到了坪石。

1941年度法学院教员名册上王亚南先生一栏注明授课内容:经济学、农业政策、高级经济学、经济思想史和毕业论文或研究报告。填写的时间是1941年11月29日。同一表已经填写有梅龚彬任教授的名字,授课科目为合作经济、工业政策、政党论、中国现代政治问题,到校时间空白。

造表时间是1942年7月的另一份1941年度法学院教员名册,注明梅龚彬先生(1925年入党的秘密中共党员)到校时间是1941年12月,薪额370元,王亚南先生390元,到校时间1940年8月。

梅龚彬先生回忆:"1941年底,我在桂林接到王亚南从坪石寄来的信,得知中山大学决定聘用我,立即向李济深辞别,赶赴坪石报到。当时,王亚南是中山大学教授,还担任经济系主任。按常规,大学是在暑假前发出聘书的,我却在寒假前接到聘约,除了老朋友王亚南大力帮忙外,蒋光鼐为我写给中山大学校长许崇清的推荐信,肯定发挥了作用。"[21]

1942年 王亚南42岁

◎ 1月

梅龚彬回忆:"按聘约,我从1942年1月起在中山大学法学院经济系任教授,承担经济政策和西洋经济史两门课程的讲授。我抓紧寒假时间突击编写讲义,新学期一开始就登上了讲台。"

31日,代校长张云发函聘王亚南为经济调查处及中国经济史研究室主任,胡体乾为社会研究所主任，余群宗为民众法律顾问处主任。

◎ 3月

王亚南在《中山学报》发表《现代经济思想演变之迹象》。

黄文山辞去法学院院长，留英法学博士钱清廉教授接替黄文山任法学院院长。

◎ 4月

12日，郭大力完成文章《我们农村的利息》刊登于《时代中国》"革新号"专号，文中分析了高利贷对农民造成的负担，对农业产品、农业生产资料的"典当"进行批评。

王亚南《经济科学》第2期发表《政治经济学上的人——经济学笔记之一》。

◎ 5月

梅龚彬家人团聚，梅先生回忆道："我在坪石落脚之后，就写信告诉远在上海的妻子龚冰若。不料，她接到信后，立即带着我的老岳母以及4个孩子千里迢迢来到粤北山区小镇。我们全家在1942年'五一'节团聚了。家人的到来使我喜忧交加。高兴的是颠沛半生之后总算能和家人共享天伦之乐了；担忧的是我的微薄收入难以维持一家七口的日常开销。我理解妻子的苦心。她不愿在上海受日寇的奴役，更不愿让孩子受日本帝国主义的奴化教育。坪石的生活再艰苦，她也要穿越敌人的封锁线跋山涉水来到我的身边。妻子很体谅我，帮助我挑起家庭生活的重担，让我集中精力做好学校里的各项工作。为贴补家用，她变卖了从上海带来的衣物，并不顾山道崎岖，到几十里外的湖南省宜章县一所中学去教英语。我的老岳母操持全部家务。由于她老人家精打细算，量入为出，使全家日子过得挺舒坦。"梅龚彬租住在坪石镇的上前街23号，房东姓陈，处于内进的三间房，房租每月需70元。

◎ 6月

王亚南在《时代中国》1942年第5卷第6期发表《哲学与经济学》。

◎ 7月

汪洪法教授任法学院院长代替钱清廉。

王亚南先生的经济学系学生廖建祥、罗湘林、王学义毕业留校任助教。

◎ 9月

王亚南在重庆旅途中完成文章《当前的经济问题与经济计划》。

◎ 10月

金曾澄代校长签约聘王亚南兼任法学院中国经济史研究室主任，上一年度王亚南教授一直主持该研究室工作，张云代校长也签署了聘书。

王亚南发表《歌（散文）》于《时代中国》第2卷第10期。

1942年底，《经济科学》创刊，于第二年1943年1月10日正式出版，在创刊号上王亚南发表了《经济科学论》作为"代刊发刊词"，国立中山大学法学院经济学系调查处开展调查成果也发表于刊物上。《经济科学》征稿简约中，强调"不拘语体文言，但请求通俗"，编者为"国立中山大学法学院经济学系"，销售者为"坪石汇文供应社"，估计坪石老街中有一家门店应称为"汇文供应社"，印刷者为"文汇印刷厂"，落款注有"坪石，武阳司"字样。王亚南先生多篇文章落款写着"坪石野马轩"，佐证王亚南先生写成的文章多是在武阳司埋头苦耕的。

◎ 12月

王亚南在《广东省银行季刊》第2卷第4期发表《中国商业资本论》。

郭大力在家乡完成编译《恩格斯传》，写的序提及：1938年见到原著，是郑易里给的并建议郭先生翻译，1939年完成的译稿丢失。1940年到了东陂广东省立文理学院任教，教学之余开始第二次翻译，成稿后存放在同事张栗原家。但不幸张栗原先生病逝，译稿又找不到。1942年坚持不懈的郭大力先生第三次译本终于出版。

此序写于1942年12月，即郭大力先生离开省立文理学院返乡之时。文中"我到了广东"指的就是到广东省连县东陂镇省立文理学院任教，文中提及的友人"张栗原"当时也受林砺儒院长之聘在省立文理学院任教。文中还提到"缩编本""改编本""新传记"，是相对古斯达夫·梅尔写的《恩格斯传》完整的传记而言。

1943年　王亚南43岁

在王亚南坪石武阳司村法学院教学中，还有来自香港的借读生。1941年第二学期，岭南大学开始借读国立中山大学各学院，包括各年级各专业，法律学系四年级周祖逖、方冠蕃，经济学系一年级李华伦，政治学系二、三年级陆士诚等9人。

◎ 1月

王亚南在武阳司法学院经济学系任主任，创办了《经济科学》双月刊，提供了马克思政治经济学研究传播的平台，发表文章的作者，不仅有教师，也有高年级的学生。

王亚南在《广东省银行季刊》第8卷第1期发表《中国货币总论》。

1943年1月10日出版《民族青年》第2卷第1期。王亚南先生发表的《今年经济的展望》作为首篇，他寄语1943年是"经济改造年"。

◎ 2月

在1943年2月出版的第2、3期《经济科学》合刊上，首篇作是王亚南先生的文章《当前的经济问题与经济计划》。读来依然令人深思，对今日经济学人和各类学科研究者仍有现实意义。文章落款的时间是"1942年9月撰写"。

文中写道："关于当前的经济问题，国内经济学界或一般财政经济学者，似有一个共同认识，就是包括着各种重要经济设施的经济计划本身，还不够周密详尽，同时，执行经济计划的人事行政方面，还大有整顿余地，这是非常允当的，我不想涉及人事问题，单就大家特别关心的经济计划而论，其间实在很有需要分释的地方。"王亚南先生接着指出，经济计划不仅是技术问题，还是"社会性质的问题"，"计划去迁就社会"是他提出的重要观点，同时他批评了经济学界不良的学风，充满英美的，或在一定范围内是德、苏经济意识。大学经济学系毕业的经济研究者，他们可能指数出苏联"三个五年计划"、德国"两个四年计划"，乃至美国"复兴计划"的内容，可能背诵出现代各种经济形态的基本概念，但一问到那些经济基本概念，与中国社会的商品价值、地租、利润和工资等等，有何本质区别，那些经济计划如推行到中国社会，有何阻碍，他不能置答。"原本是当作研究中国经济之手段的现代经济学的研究，便在无形之中成了目的。为学问而学问的气概，促使经济学界超然于中国经济的现实。"最后在结论部分，王亚南先生再一次强调"经济问题特别关系土地问题"。王亚南先生的鲜明观点，不仅切中80年前中国经济学界的研究方法要害，同时对今日学风之不良种种现象，依然是明亮的镜子。此文落款为"1942年9月14日于重庆旅居中"，应是王亚南在重庆短时间写成。

大学四年级学生余志宏同期发表文章为《中国商业资本发展之特质》。1943年在《经济科学》第3、4期，读大三的涂西畴同学发表《评柯尔"论政治学与经济学"》一文，写道："柯尔是一位运用马克思的方法意见社会，在1929年出版了马克思之真谛一书中自我表白，'我之成为马克思主义者，是从他的理论中找到他所用的分析社会的正确方法，拿来分析今日政治的和经济的问题，较之其他方法所得的要明白些。'"但作者没有停留在介绍，他发挥批评性思考问题学术精神，反驳柯尔关于马克思学说是一种政治与经济学说的观点，又写道："卡尔与恩格斯虽然在生活中，在实践中，把经济和政治观作不可分裂的整体。但学术的研究上，并未视二者为不可分开的研究对象，也未否定政治学与经济学不能成为独立的学科。"[22]柯尔（C.D.H.Gole，1889—1959）是英国的政治学家、经济学家，毕业于牛津大学，1944年是牛津大学社会学教授。

《经济科学》第5期同时也发表了中山大学研究院文史部助教罗致平老师的《经济发展阶段分析和批评》。

◎ 4月

《经济科学》第5期出版，此期为中国经济史特刊，王亚南先生发表文章《中国经济研究的现阶段》，落款是"坪石野马轩"。罗致平同期发表的文章是《中国经济发展阶段之分析和批判》，留校的助教廖建祥发表的文章是《中国封建地主经济之与社会发展迟滞问题》，经济学系讲师陶大镛发表的文章是《青铜时代生产技术研究发凡》，定稿时间写着"1943年4月校正于坪石"。

王亚南的文章排在第三篇位置，可见王亚南鼓励后生的用意，首句直截了当："科学的经济史的研究，到现在，还没有一百年的历史。""我们这里所论及的经济学，是特指资本主义经济运动法则，理解了资本主义经济的来踪和去迹，然后始能引导我们去探究前资本主义社会的，乃至'后资本主义社会'的经济发展规则。""后资本主义社会"一语用了双引号。

此期发表的经济学多篇文章，参考索引有多部郭大力、王亚南的译作。王义成文章《经济理论研究引论》，参考索引中有《国富论》（亚当·斯密著，郭大力、王亚南合译）、《经济学及赋税之原理》（Ricardo著，郭大力、王亚南合译）。袁亦山在此期发表《民生主义经济研究发凡》，参考索引中有写明《国富论》和《资本论》（马克思著，郭大力、王亚南合译），并介绍道："一般人往往以此书为社会主义经济理论，其实它也是以资本主义的生产、资本主义社会的经济为研究主题，著者在分析资本的生产过程、流通过程及分配过程中，发现资本主义经济的运动法则、本质、规律性，及其必然崩溃的走向，对于资本主义的矛盾、冲突，剖析甚详，使我们能清楚资本主义真相。"

27日，李约瑟离开了"韶关，并乘火车于10点到达坪石。我们在那呆了一周，访问了中山大学的不同学院，包括岭南农学院。中山大学是我们在中国访问过的最大的大学。"李约瑟拜访王亚南，在乐昌坪石一家酒楼见面，临别时请教王亚南先生从中国历史社会的角度解释近代中国工业文明的落后，王亚南答应研究后告知，此后，王亚南开始了一系列研究并形成文章，最后有了《中国官僚政治研究》著作。李约瑟回忆："我几乎走遍了整个中国，并曾到达遥远的东南。一个炎热的夜晚，在粤北坪石河旁的阳台，我和王亚南（现在厦门大学校长）在烛光下谈到了中古时期中国封建官僚社会的实质。除此之外，还和吴大琨在曲江的书店和茶馆中讨论其他社会学问题。"[24]

◎ 5月

8日，王亚南在《新建设》发表了文章《中国资本总论》《战时经济的重要性及中国战时经济政策》。在第4卷第3—4期发表《当前的物价与物价管制问题》。

经济学系"经济调查处"对学校所在地坪石进行细致的经济调查，形成《五月来坪石主要日用品零售价格调查》报告。

◎ 6月

国立中山大学出版组编写的《中大现状》6月出版，经济学系经济调查处和中国经济研究室建有一座独立房舍，树皮屋面竹纤批荡墙面，两厅四房，教学采用集中分组制，法学院一篇介绍文章提及经济学系教授6人，副教授4人，讲师1人。他们是教授王亚南、梅龚彬、汪洪法、刘耀燊、梁晨、李肇义，副教授陈宣理、金根宪、朱荣慕、章振乾，讲师陶大镛，助教梁宏、罗湘林、郑启校、容璧、谭让、王义成。李肇义于1936年毕业于法国第戎大学，博士论文是《中国古代经济思想的主要流派及其对形成重农学派的影响》，曾在云南大学任教；梅龚彬讲授社会发展史、工商业政策；陶大镛讲授货币与银行。在进入大学之前，陶大镛在赣县中华正气出版社任编辑和股长，袁镇岳经济学系毕业后也在同一出版社任职，再回校任教。王义成于1942年7月经济学系毕业后留校，每周请本校教授和社会名流到校做报告。[25]

本月金曾澄代校长与王亚南教授续签聘书从1943年8月至1945年7月，为两年的聘期。

◎ 8月

王亚南先生的学生张来仪同学毕业留校任助教。

◎ 11月

盛成受聘法学院任教授，讲授国际政治、政治地理和中国政治思想史。

1943年，在《文化杂志》第3卷4号发表了《政治经济学的法则》。

《中国经济学界的奥地利学派经济学》发表于《中山文化季刊》第1卷第3期，落款"1943年于广东坪石野马轩"。王亚南提及，是因为在应用上，经济学对各国都不一样，才提出"中国经济学"这一概念，从理论讲，他更倾向于经济学的一般性。文中介绍了奥地利学派代表性人物门格尔、威色和庞巴维克的主要论点，批评其对民生经济由理论到实践的背离。[26]

◎ 11月

郭大力翻译的《剩余价值学说》由实践出版社出版。

◎ 12月

1943年王亚南先生著有经济科学丛论《中国经济原论》。1944年度法学院经济学系教员登记册在"上年度有何著作"一栏，王亚南先生填写的是著有《经济科学丛论》《中国经济原论》，这是较早有《中国经济原论》书名的记录。梅龚彬先生填写的是"完成工业政策及日本研究讲义稿"。[27]

1944年　王亚南44岁

◎ 1月

郭大力在《广东省银行季刊》第1期刊载文章《论劳动的有效化》。

◎ 3月

28日，王亚南参加由朱谦之在坪石研究院主持的"中国经济学座谈会"，参会者还有董家遵、陈安仁、郑师许及研究院员生，内容包括中国经济学的物质、中西经济学说之比观、中国经济学论之哲学基础、中国经济制度等。

《广东省银行季刊》第4卷第1期发表《中国经济恐慌形态总论》。在文中王亚南已经提到自己的"拙著《中国经济原论》和其他各文中"。[28]

在《新建设》第5卷第3期王亚南发表《论东西文化与东西经济》。《经济科学》第6期出版，王亚南发表《关于经济科学分科研究指导》。王亚南先生提出，经济学系研究的学科，早有分别形成各种独立研究部门的必要，建议分8组：1.经济理论组；2.经济技术组；3.经济政策组；4.经济史地组；5.战时经济组；6.金融货币组；7.财政贸易组；8.经济名著翻译组。落款"1943年12月1日，坪石野马轩"。此期为"分科研究指导专号"，廖祥林发表的文章是《怎样研究农业经济》，罗湘林发表的文章是《怎样研究财政学》，张来仪发表的文章是《研究会计学诸问题》。[29]

5月底湘北激战，日本军队有向南广东推进的可能。

◎ 6月

豫湘桂战役延及湘北，粤北遇日军进犯的威胁，学校准备搬迁。

东吴大学在1944年6月接到广东教育厅疏散停课的命令，6月10日，师生不得不相互告辞离开曲江仙人庙，各奔东西。

◎ 7月

1日，朱谦之搭车赴连县的星子镇，第二天乘船抵连县，住连州中学，暂住几天后搭车往桂林，17日抵达梧州。

1944年下半年，粤北各大学的教授和学生开始疏散，方向不一。王亚南选择从坪石南下曲江，再到赣州，在郭大力家乡停留后，到了抗战时期福建临时省会永安。王亚南到了江西赣南南康与郭大力会合，住郭大力所在的村中。

◎ 8月

留在坪石继续任教的还有部分老师，罗致平此时入法学院担任不分系德语教授，他曾任私立协和大学研究员、私立香港专辑研究所大学教授，国立中山大学研究院历史学部助教、工学院讲师、理学院兼任讲师和中华文化学院兼任讲师。经济学系毕业生涂西畴留校任助教，为王亚南代课。

◎ 10月

王亚南先生发表《研究社会科学应有的几个基本认识》，刊载于《改进》1944年第10卷第2期。

《改进》期刊是1939年4月在战时永安创办的抗日进步刊物，为改进出版社6种定期刊物之一，社长黎烈文为20世纪30年代左翼作家，邀请了王亚南写经济学文章外，也邀请了郭沫若、钱端升、费孝通、巴金等知名文化人在该刊载文化、历史和国际问题的文章。

◎ 11月

10月中旬坪石相对平静安全，许多师生重返坪石回校继续上课，朱谦之夫妇花了21天跋山涉水于11月回到坪石。

此时在福建长汀的王亚南已经受聘福建省研究院社会科学研究所任所长，先后同行有章振乾、余志宏、张来仪、袁镇岳等多位坪石国立中山大学法学院师生。章振乾9月先到，任研究员兼经济组组长，王亚南先生任所长兼文史组组长，杨潮先生任政治组组长。杨潮是20世纪30年代上海左联作家，比王亚南先生先到任。在研究所还有一位曾在莫斯科中山大学读书、1930年回国的北京女青年谢怀丹，她属于政治组杨潮先生助手，但也积极在《经济科学》发表数篇国际分析文章。

14、15、18日，王亚南发表《关于中国经济学建立之可能与必要的问题》于《东南日报》。

26日，完成《关于中国经济学之研究对象与研究方法的问题》，发表于《改进》1944年12月第10卷第4期。从王亚南发表文章的落款"11月26日永安野马轩"分析，王亚南在永安发表多篇文章仍然喜欢使用"野马轩"书斋名号。

1944年出版《中国经济论丛》一书，收录8篇王亚南对于抗战后期中国经济问题的研究的文章，由五十年代出版社出版。

1944年底在福建永安创办经济科学出版社，改造《社会科学》季刊、《福建省社会科学研究所研究汇报》（简称《研究汇报》）等杂志。[30]

1945年　王亚南45岁

◎ 3月

1945年《社会科学》3月出版第1卷创刊号，刊载王亚南《社会科学与自然科学》一文，郭大力发表《论国家在生产建设的位置》，开宗明义讲到"在社会正义生产建设上，国家的地位是明白没有的。生产手段应为国家所有，生产方向和比例要为国家规定"。

◎ 4月

王亚南在福建省银行季刊《研究汇报》第1卷创刊号发表《福建经济总论》。同期胡瑞梁发表文章《中国社会史论新发展的研究报告》。

余志宏提议，闽西农村土地改革区有特点，可以进行调查。王亚南接受建议并大力从学术和财政上给予支持。由章振乾带队，余志宏、胡瑞梁和钟其生组成调查团，进行92天的实地调查。

8日，吴大琨从长汀经过龙岩往永安，与章振乾、余志宏相遇在龙岩，考察团将第一周调查材料带回永安的研究所。[31]

◎ 5月

28日，章振乾、余志宏在调查途中，接到胡体乾和王亚南来信，胡体乾提出若需要中山大学法学院社会学系协助，将派人参加。同时告知法学院迁往广东蕉岭，盼章振乾回校完成授课任务。

◎ 6月

《社会科学论纲》在永安的东南出版社出版。该著作命题是在武阳司村国立中山大学法学院经济学系上课讨论的结果。王亚南在1946年写的《留给中山大学经济系同学一封公开信》中写道，"就连中途离开而在去年度印行的《社会科学论纲》，其中命题，也还是在中大教读当中，为大家所分别提起，因而引起我进一步研究的结果。"

22日，由国立中山大学法学院代院长胡体乾从蕉岭派出的经济学系助教涂西畴和社会学系助教覃正光与调查团会合，参加调查工作。

王亚南得病无法工作,家人也病倒,约一个多月。30日,余志宏、章振乾接到王亚南来信,王亚南了解调查进展,并告知因病和交通仍然不便,尚未决定何时返回中山大学经济学系完成应授课的课时。[32]

◎ 7月

3日,调查团的任务基本完成,章振乾与涂西畴、覃正光一起结伴返蕉岭上课。

国立中山大学毕业生按时毕业,在学生通讯录中,经济学系主任仍然是王亚南,胡体乾是法学院院长兼社会学系主任。

◎ 8月

经济学系毕业生胡瑞梁任国立中山大学法学院经济学系助教。

◎ 9月

王亚南在《社会科学》第1卷第2、3期发表《混合经济制度的批评》。王亚南在文章中明确提出,发展混合经济与实行混合经济有本质区别,多重成分社会经济虽然客观存在,但实践指导原则是一元的。

同期章振乾发表文章《我们怎样调查闽西的土地改革》,胡瑞梁发表文章《评早川二朗的古代社会论》。

◎ 11月

19日,福建社会科学研究所人员全体同人合影,推断应该是此时王亚南离开社会科学研究所,合影中有章振乾、余志宏、胡瑞梁、钟其生、郑书祥等12人。

以此推断,王亚南到长汀避难的厦门大学执教,任经济系主任兼法学院院长是1945年底,选择这一时间应该与国立中山大学第二期的聘书是1945年7月结束有关。

在《改进》杂志第11卷第2期、第5—6期,王亚南分别发表《论文化与经济》《抗战结束有感》。

在《联合周报》第6期发表《论社会科学研究的应用:自然科学、社会科学、新兴社会科学在应用上的比较观察》,第8期续登《论社会科学研究的应用》。

◎ 12月

王亚南在福建省研究院社会科学研究所《研究汇报》发表《中国公共经济研究》,刊号为第1号。章振乾发表《闽西土地改革区新足公田经营方式研究》。

同月，王亚南在《社会科学》第1卷第4期发表《中国社会经济史的法则问题》。1945年底王亚南赴台湾大学法学院讲学一个月。[33]

1946年　王亚南46岁

◎ 1月

1945年抗战胜利后，王亚南、章振乾建议，由1941年经济学系毕业生余志宏主持，原中山大学法学院经济学系助教张来仪协助，募集资金，将1940—1944年王亚南先生讲授高级经济学课程相关联成系统的各章，汇编成书以《中国经济原论》为书名由福建经济科学出版社的名义印刷发行。

1946年1月，由在福州的福建经济科学出版社出版《中国经济原论》"中国经济研究总论"，该书原第一篇导记是题目《中国现代经济的全般发展情形，及中外学者对于中国经济本身认识的演变》的长篇结论，因战争原因遗失，此书总论是重写的绪论。当年在坪石武阳司村教学孕育形成的《中国经济原论》专著初稿，在抗战胜利后出版，是战火中王亚南先生的"最后一课"，它们今天仍然是中国经济学学科奠基之作。

王亚南虚怀若谷，在不同时期出版的序中均提及中山大学师生的帮助，特别提及法学院院长胡体乾和经济系主任梅龚彬，《在中国经济原论》的序言中他自己提到中山大学的同学同事对他的帮助，并再三强调是在中大课堂被不断地询问的结果，是任教期间发表的几篇重要经济学文章移植。

王亚南是很有情感的人。他对最前线的大学的情感，来自特殊的战争区位环境，认为"战争是骇人深省的有力因素，战时的许多社会现象，会帮助我们认识那些隐伏在表象后面的有关社会本质的东西。但假使我留在其他地方，或者留在其他大学，恐怕会是另一结果吧！"[34]《中国经济原论》诞生时写了3万字的绪论，1945年准备在桂林文化供应社出版，纸版做好了，但因桂林沦陷而搁浅，后来第二年在福建经济科学出版社出版。[35]

◎ 4月

4—7月，王亚南第一次踏进真正的国立中山大学广州石牌校园，受到师生的热烈欢迎。中山大学校长王星拱6月再补充聘书，聘请王亚南先生为法学院经济学系教授，时间从4月1日至7月底止。王亚南先生返广州石牌国立中山大学经济学系授课。[36]授课主要内容为中国地主经济封建制度对中国社会制度影响，主要观点是中国进入地主经济封建制度后，在经济制度和思想上层建筑方面，最后都起了妨碍社会经济发展、维持现状的作用，这就使中国地主经济制度发展停滞，资本主义难产。[37]

王亚南在《裕民》第8期，发表《论技术在生产建设的地位》。

郭大力、王亚南的《〈资本论〉勘误》发表在《经济周报》第2卷第20期。

◎ 6月

在《社会科学》第1—2期，王亚南发表《论技术在生产建设上的地位》，郭大力发表《论农业与生产建设》，张来仪发表《论福建工业建设》，余志宏发表《与江钦冰君论"社会治乱定律"》。

郭大力的学生罗克汀与侯外庐合著的传播马克思理论的《新哲学教程》出版。

◎ 8月

国立中山大学法学院代院长梅龚彬向校方提交关于王亚南现已返校工作一事的笺函，证明本校呈部名册已有王亚南教授名义列入，离校期间已经对所担任课目请人代课，函请学校补发迁校补助并出具在校服务证明，王星拱校长8月5日批准照同任职列册报请核发，给予证明书以资证明。[38]

1946年厦门大学迁回厦门，继续聘用郭大力、石兆棠为教授。[39]石兆棠在武阳司法学院与王亚南先生共事，在1942年的《经济科学》杂志上，石兆棠发表了《古典经济学的经济自由思考》，新中国成立后其曾任广西大学副校长。

比郭大力先到任的有熊德基先生，任历史系副主任，当时是秘密中共党员，与郭大力同住新建的单身教师宿舍"敬贤楼"，并为邻居。[39]

在《青年与妇女》第5期，王亚南发表《研究社会科学应有的几个基本认识》。

◎ 10月

王亚南在厦门大学经济系成立经济研究室。

◎ 11月

王亚南在《每日论坛》发表《留给中山大学经济学系同学的一封公开信》。在坪石的学术气氛是民主和开放的，王亚南先生在1946年回到中大广州石牌校园为经济学系的学生补课后，发表的公开信谈到这一点。依公开信提及他在中大任教时间前后快7年，离开了中大是因为对厦门大学有承诺，一处久呆对文化社会传播不利。王亚南写的《留给中山大学经济学系同学的一封公开信》，是1946年11月5日在厦门大学任教时，想念在中山大学的日子而寄给《每日论坛》的编辑后公开的，在寄给编辑的信落款处是厦门大学海畔"野马轩"。

4日，郭大力完成《论出口税》一文的写作。

◎ 12月

在《社会科学》第3—4期，王亚南发表《我们是处在一个伟大的时代》。

《社会科学论纲》增订本改名为《社会科学概论》，由已经在福州的经济科学出版社出版。[40]

郭大力发表文章《经济建设与民生问题》于1946年《警笛》第1期。

1947年　王亚南47岁

◎ 1月

1日的《江声报》，王亚南发表《展望民国三十六年的中国经济学界》一文。《江声报》是厦门历史悠久的报纸，孙中山先生为报纸题的名字，是20世纪20年代就已经具有地区影响力的新闻媒体。

在《广东省银行季刊》第3卷第1期，王亚南发表《金融论》。

◎ 3月

25日，王亚南在《文汇报》发表《中国官僚资本之理论分析》。

◎ 4月

在《时与文》第2卷第4期，王亚南发表《中国官僚资本之理论分析》，此后数文连登。《时与文》1947年3月14日创刊于上海，系综合性周刊，陈博洪担任发行人，1948年9月24日停刊。

在《现代经济文摘》第1卷第4期，王亚南发表《我们应如何现解官僚资本》。

◎ 5月

王亚南先生、熊德基先生等教授参加学生举行的"纪念五四晚会"并发表演讲。

《资本论》再版，由上海读书出版社出版。

《时与文》第2卷第15期，王亚南发表《论中国都市与农村的社会经济关系》。

福建研究院社会科学研究所《研究汇报》第2期，王亚南发表《政治经济学上的中国经济现象形态——略论有关中国经济形态的几种认识》。

王亚南在《现代经济文摘》第6期发表《官僚资本是怎样形成的》。

郭大力在《经建季刊》第2期发表《论出口税》。

◎ 8月

《资本论》第一卷由上海读书出版社出版。

曾在粤北从事师范教育的教育家林砺儒受聘于厦门大学任教育学系教授，与王亚南共事。在坪石与王亚南共事的罗志甫担任厦门大学历史系主任。

◎ 9月

在《时与文》第2卷第1期，王亚南发表《论所谓官僚资本》。在《时与文》第2卷第2期发表《官僚政治在世界各国》，在《时与文》第2卷第3期发表《中国官僚政治的诸特殊表现》。

◎ 10月

王亚南在《时与文》第2卷第5、6期，分别发表《官僚、官僚阶层内部利害关系及一般官制的精神》和《官僚政治与儒家思想》。

《中国经济原论》再版，由上海生活出版社出版。

◎ 11月

11—12月，连续在《时与文》第2卷第10期、第11期、第12期、第14期、第15期发表《官僚家族与门阀》《支持官僚政治高度发展的第二大杠杆——科举制》《仕宦的政治生活和经济生活》。《时与文》第2卷第12期发表《官僚政治对中国社会长期停滞的影响》，对1941年李达提出命题阐述了自己的观点，此为连载关于官僚政治的第12篇。

郭大力所著的《生产建设论》由经济科学出版社出版，《经济周报》做了评介。

1948年　王亚南48岁

◎ 1月

1日的《江声报》王亚南发表《中国经济之路》。

郭大力第三次翻译的《恩格斯传》由读书出版社出版，光华书店发行。

◎ 2月

《新中华》第6卷第8期发表《论中国国家经济与国民经济的关系》。

◎ 3月

在《社会科学》第4卷第1期，王亚南发表《我们需要怎样一种新的经济学说体系》。同期发表了章振乾先生的文章《转型期租佃制度论》，张仪来先生的文章《中国手工业发展的特质》。

在《社会科学》第2期，王亚南发表《中国土地改革问题的研究》，第4期发表《中国社会经济改造的自然条件问题》。

《中国经济原论》再一次出版，同样是上海生活书店出版。

◎ 5月

5—9月，在《时与文》第3卷第7期、第3卷第8期、第3卷副刊，分别发表《新官僚政治的成长》《中国官僚政治的前途》《序言》。

◎ 6月

郭大力在《社会科学》第2期发表《论价值存在》，王亚南发表《中国土地改革问题研究》。

《新中华》第6卷第8期，王亚南发表《论中国传统思想之取得与丧失存在的问题》。

◎ 7月

王亚南于《中国建设》发表《论中国的讲坛社会主义》。

◎ 8月

8月8—9日，王亚南在《江声报》发表《中国经济研究的世界的展望》（《中国经济原论》日译本序）。

◎ 9月

《社会科学》第4卷第3期，王亚南发表了《中国土地改革问题再论》。

◎ 10月

《中国官僚政治研究》由时代文化出版社出版。

三、王亚南的学生与同事对中国政治经济学的贡献

王亚南作为经济学家，为马克思主义经济学中国化建立了系统的理论体系，更为中国马克思主义经济学说的传播，培养了一批像陈其人、袁镇岳、张来仪、余志宏、胡瑞梁、涂西畴、罗湘林、廖建祥、戴锌隆等具有影响力的经济学家、教育学家。他与他粤北抗日战争时期共事烽火育人的老师如李达、林砺儒、朱谦之、郭大力、吴大琨、胡体乾、余群宗、章振乾、陶大镛、石兆棠、罗致中等，成为创建新中国经济学等学科教育机构、运用马克思的理论指导中国经济学科建立的主力军。故在"学术年谱"整理中将这批经济学家早期的研究方向与关键事件纳入进来。其学生的每篇论文从选题到大纲再到具体的撰写，都倾注着王亚南的心血。

（一）王亚南与郭大力对马克思政治经济理论中国化的贡献

王亚南、郭大力所处的年代，可以划分为战时、战后和社会主义三大历史阶段，他们运用《资本论》等马克思政治经济学理论研究解答中国经济问题。

陈其人教授在2009年发表的纪念文章中指出，《中国官僚政治研究》和《中国经济原论》成为研究旧中国经济基础和政治上层建筑的重要著作。[41] 除了《中国经济原论》《中国官僚政治研究》两部划时代的《资本论》中国化的著作外，抗日战争时期王亚南的经济学论文着力于战时经济政策，包括《当前的经济问题与经济计划》《今年经济的展望》，此阶段的文章也结合教学需

要讨论经济学科历史和分类。战后关注重建和生产,如《论技术在生产建设的地位》,对中国官僚政治研究在战时教学讨论的基础上系统化,发表17篇论文,并在1948年出书。他从《资本论》中国化方面深入思考了土地问题,发表《中国土地改革问题的研究》。在解放战争时期,王亚南发表的《混合经济制度的批评》《中国社会经济问题改造》,已经直接运用马克思的政治经济学观点对中国社会主义制度的可行性进行了阐述。

郭大力在战时开始关注农村经济问题,对战时经济提出独特见解,发表了《战时商人的权利及其限界》《掌握物质的理论》《论农村的不等价交换》以及著作《我们农村的生产生活》,为农民不平等的物质交换鸣不平,强调土地是一切需要掌握的物质之首。[42]战后关注重建、生产和物价飞涨,著有《论资本主义与充分就业——凯恩斯经济理论之批评》《经济建设和民生》《论货币的质与量》。1949年6月30日在《人民日报》发表了《论产业家的积极性》,很有预见性地认识社会主义需要进步生产力,解除产业资本家的误解,教育他们,发挥他们的积极性。[43]

新中国成立后,王亚南于1950年任厦门大学校长,时任中央马列学院政治经济学教研室主任的著名学者王学文极力推荐王亚南、郭大力到校任教,但王亚南已经被任命为厦门大学校长,所以只有郭大力于1950年夏被调到马列学院当政治经济学教研室主任,是中央马列学院成为新中国《资本论》传播重要阵地的开端。[44] 1955年12月23日郭大力的讲稿"《资本论》学校辅导",1949年9月16日王学文的讲稿"学习政治经济学的方法"现在是《中共中央党校"老讲稿"选编》一书中最重要的讲稿之一。郭大力在讲稿中说:"因为《资本论》是工人阶级的圣经,它所讲的道理,就是工人阶级争取解放的道理。"[45]郭大力在中央党校一直传播《资本论》和不断完善翻译马克思著作,坚守到最后一刻倒在书桌前。1975年12月《剩余价值学说史》重译本出版,郭大力对第二、三卷进行润色再出版。1976年4月9日早上工作,中午心脏病发作,不幸病逝。按照他的遗嘱,将1万元作为最后的党费交给党。

王亚南在厦门大学培养新中国的大学生,继续从事《资本论》大众化的传播与论述,1950年8月创建经济研究所并兼任所长,开始政治经济学的研究生培养。1952年7月恢复《厦门大学学报》,并亲自担任学报哲学社会科学版主编,第1号学报首篇文章就是王亚南的《马克思主义政治经济学与资产阶级政治经济学》。同期发表的还有胡体乾的文章《论经济发展统计》,对比资本主义和社会主义经济统计学的差别,由量见质。袁镇岳发表的文章是《论平均增长系数》，张来仪发表的文章是《论新民主主义经济核算制度》。王亚南培养的第一期研究生邓自基同学发表文章《苏联预算制的研究》、陈克焜同学发表文章《学习〈实践论〉与〈政治经济学〉的一些体会》。1950年王亚南在厦门大学开始带研究生，厦门大学共收三个专业的研究生10名，在王亚南写的编辑后记专门写到有两位作者是其研究生。[46]

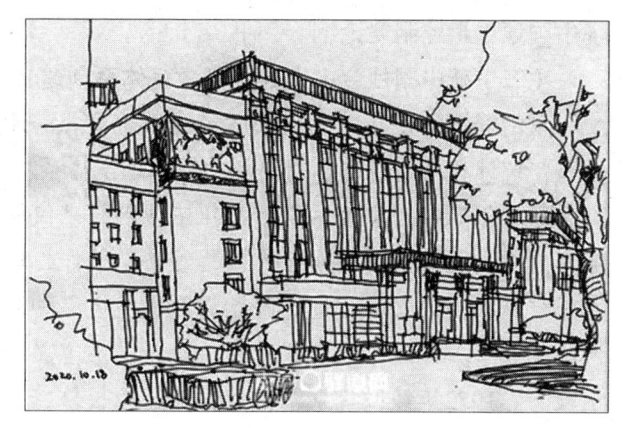

郭大力1949—1976年教学的学校主楼，戴念慈、王荣寿于1957年设计，图纸设计单位是建筑工程部北京第一工业设计院，于1962年完工

《厦门大学学报》是新中国建立后的第一份大学学报，[47]接着增办《学术论坛》。1957年王亚南发表《论马克思列宁主义不是教条而是革命行动指南》于《学术论坛》，其后创办了《中国经济问题》期刊，这是和平年代最重要的第三份经济学学术期刊。王亚南在此期刊发表的经济学文章最多，1960年发表文章《大力开展经济科学研究工作加速社会主义建设》，于1964年发表《当前政治经济学战线上所谓生产价格派与机制派之间的理论斗争》和《〈资本论〉第二卷学习提要及其问题》。

1963年8月，王亚南与袁镇岳主编《〈资本论〉讲座》第一册，由上海人民出版社出版，此书为厦门大学经济研究所研究成果之一，是1961年8月起《中国经济问题》按照计划刊载的研究所的研究成果。王亚南在书中《写在〈资本论〉讲座前面》文中介绍道："我们就我校经济研究所抽出几位同志，边学边写，共同学习意见。把学习研究成果，在《中国经济问题》刊物上陆续发表出来，主要的是希望由此得到各方面的帮助和指示。"[48]

新中国成立后，王亚南对从坪石1943年开始的"中国官僚政治研究"这一命题一直延续深入研究。1951年、1954年、1958年，王亚南多次修改出版了

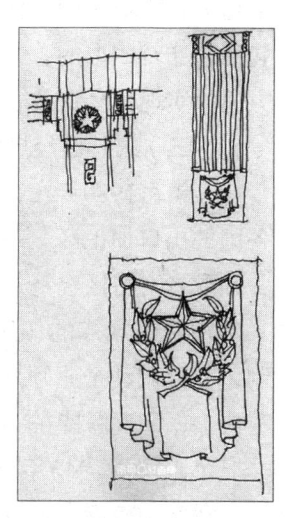

主楼柱头具有"红色建筑"特点的装饰

《中国地主封建制度论纲》一书。

（二）新中国社会主义经济学教育体系创建者

政治经济学是新中国成立后经济学教育急需建立的学科，社会主义经济运转需要统计和计划经济，需要新的经济理论体系。

1942年毕业的袁镇岳、1943年毕业的张来仪从学生到进入社会一直跟随王亚南先生，而且同王亚南合作撰写经济学著作，均担任过厦门大学经济研究所所长。新中国成立后，他们开始为新民主主义和社会主义阶段经济体系建立提供研究成果。1955年张来仪发表《论新民主主义经济核算制度》于《厦门大学学报》。1952年经过院系调整后，除任校长外，王亚南亲自担任马列主义研究室主任。1950年建立经济研究所，开始招收政治经济学研究生，推动马克思政治经济学在中国经济实践的理论总结，形成具有社会主义特色的经济学系教学体系。胡体乾到厦门大学任统计学系主任和经济研究所所长，开拓了社会主义统计学的新领域。

1955年4月，王亚南主持学术讨论会，对"我国过渡时期的经济法则问题"进行数天的研讨，在小结时王亚南讲道："总的来说，我个人的意见认为：社会主义基本经济法则在我国过渡时期基本上起着经济法则的作用。可以问一问五年来我国生产发展的目的和方向是什么？显然的，我们五年多来的生产发展过程贯彻有一定目的，并指向一定的方向，这体现在会上许多同志用生动的数字所显示的我国国民经济的根本变化方面：重工业的迅速增长，工业对农业比重加大，农业中的个体经济合作化，以及资本主义成分的国家资本主义……一句话，非常明白的，我们五年多来的生产发展一直是指向社会主义，并且在各方面为实现社会主义准备条件。"[49]

（三）对特区经济制度和社会主义市场经济理论贡献

袁镇岳1980年在特区成立之时，及时翻译了日本学者藤森英男编的《亚洲各国的出口加工区》一书，发表于1980年《社联通讯》上，第二年出版成书，为领导者对特区经济进行决策提供参考。在福建省价值规律问题讨论会发表了《利用价值规律的作用调动企业经营的积极性》一文，提出改革经济管理体制，充分调动企业领导者和职工的积极性。张来仪1988年主编《新编工业经济辞典》，一直保持在工业经济领域的研究。

余志宏于1943年毕业，但他是1937年就考入经济学系，弃学参加抗日活动，后又回校读书。1947年离开与王亚南先生共事的福建社会科学研究所到湖南，为湖南长沙和平解放做出重要贡献。新中国成立后是李达先生在湖南大学、武汉大学的重要助手,历任湖南大学教务长和武汉大学哲学系主任。

戴镎隆与当年武阳司村的学兄学弟余志宏不知不觉地进入同一校园,但余志宏已经含冤去世。王亚南的学生戴镎隆在大学时曾在《经济科学》第5期和第6期发表文章《论经济与法律》。戴镎隆在新中国成立后任湖南大学法律系主任,在科研和教学岗位上继续《资本论》的传播。1980年从事武汉大学民法学的教学,1986年发表了《论合伙》于《法学研究》,提出在经济体制改革中,合伙是一种重要的法律形成,合伙财产是共有化财产有别于法人公有化的法人财产。[50]从马克思政治经济理论为改革提供理论支撑。1987年又在《法学评论》发表了《论全民所有制企业所有权和经营权分离的原则和性质》,为深化改革增强大中型企业增强活力提供思路,同年主编的《民事法律词典》出版,收入词目2193条,成为经济和法律经典用书。1993年时为武汉大学法学院博士生导师,指导博士生《中国商事法》的编写。其时,40年前他在粤北山区的小村落与战争烽火中在王亚南的指导下,发表的论文仍然是同一命题——"法律与经济"。在武汉大学还有一位教授卢干东,为当年王亚南在武阳司法学院的同事,又是戴镎隆的老师,战时在武阳司村是法律学系教授。他于1934年在法国里昂大学获得法学博士回国任教,1952年到了武汉大学,长期从事比较法学研究,1984年在《法国研究》第4期发表《〈拿破仑法典〉的制定及其基本原则——为该法典的制定一百八十周年而作》。坪石武阳司的师生为中国今天的《民法典》诞生做出历史性贡献。

陈其人先生于1943年11月27日入学经济系,中学毕业于坪石的中山大学附中,是与王亚南教授非常亲近的学生,入学前就听过王亚南先生的"现代、现代人、现代国家和现代政治经济学"学术讲座,暗下决心报考王亚南任主任的经济学系,1943年如愿入学。[51]1946年王亚南回到石牌中山大学补课,在石牌法学院教学楼他再次得到王先生的教诲,于1947年毕业。毕业后,他到台湾、上海教书,后来考上复旦大学研究生,在复旦大学度过50多年。陈其人先生后来到上海成为复旦大学著名学者,是一位值得纪念和尊重的马克思主义理论家,一生致力于《资本论》研究。他入学于坪石受教于王亚南先生,毕业于石牌学园,在学期间勤工俭学与同学在石牌开了一家"中山大学石牌书报供应社",经济系的学生理所当然担任经理。陈其人教授有多篇研究王亚南经济思想的文章,在《东西方经济发展同中有异的历史哲学》一文中开篇写道:"现在这个尝试,主要根据王亚南的以下著作:《中国社会经济史纲》(三联出版社1937年版)、《中国经济原论》(社会科学出版社1946年版)、《中国官僚政治研究》（时与文出版社1948年版）、《中国地主经济封建制度论纲》（华东人民出版社1954年版）以及1946年我的听课笔记写成。"[52] 对深圳特区建设，1990年陈其人专门撰写了《论等级观念和企业管理的思考》专文，文中引用了马克思的观点，即随着商品生产的发展，人类平等的概念将成为国民牢固的成见，为深圳特区强调平等观念和企业效率提供了理论支撑。

王亚南先生的学生涂西畴于1940年考入中山大学经济学系。涂西畴入学前曾是湖南辰溪抗日民众抗日自卫队的领导人。涂西畴毕业后留校曾为王亚南老师代课，1949年11月刚解放时就著有《产业革命》一书，为"大众文化丛书"之一，新中国成立后曾任湖南大学教务长，后任湖南财经学院院长、湖南省《资本论》研究会会长。改革开放后，他仍然关注中国农村经济问题，1982年发表了《关于完善农业生产责任制问题初探》，对出现的反对声音进行反驳。同年又发表《关于银行在国民经济调整改革中如何发挥作用的几个问题》于《农村金融研究》杂志上。在1987年发表了《当前金融体制改革几个问题》的文章，探索金融体制改革的中国之道，1985年还受聘为中国农村金融学会顾问。

与涂西畴同期于坪石武阳司村的经济学系毕业的胡瑞梁，毕业后跟随王亚南在福建社会科学研究所从事经济学研究，后回校读研究生，从香港到北京，1951年进入中国社科院。改革开放后恢复中国社会科学院研究生院，1983年他成为研究生班《资本论》的讲授者之一，后来成为中国社会科学院经济研究所的研究员，对中国经济改革做出重要的理论贡献，在《社会主义生产的运动和资金的循环》一文提出资金循环的完整公式。[53] 1987—1989年，胡瑞梁连续发表3篇文章《社会主义劳动力商品》《论劳动力价值、按劳分配和劳动力商品化的历史意义》和《关于劳动、所有制和等价物交换的一些理论问题》。中心主题是涉及所有制关系时，在理论和实践上不能导致对社会主义公有制的误解；其次，涉及按劳分配时理论和实践上不能导致对社会主义商品经济的否定。[54] 1992年他发表《如何看待社会主义商品生产——兼评商品经济中的形而上学和折衷倾向》，为"社会主义商品经济"具有中国特色的社会主义市场经济的前期探索鼓与呼。

廖建祥在改革开放的第一线，当创办特区时，廖先生正好担任广东省社会科学院哲学社会科学研究所所长，1985年担任广东经济特区研究会副会长，发表了大量文章阐述社会主义市场经济的运作建议，《发展外向型经济的问题和对策》《世界经济形势与深圳特区发展战略选择》均是针对深圳特区经济的发展建议。

习近平同志在厦门工作时提到，王亚南先生不止是翻译《资本论》，还以马克思主义为指导，对旧中国经济形态进行了深刻剖析，发表过一系列很有影响的著作，包括《中国经济原论》《中国地主经济封建制度论纲》《中国官僚政治研究》等，他也都读过。习近平同志在厦门大学参加了"《资本论》和马克思主义政治经济学现实指导意义"为题的小范围座谈会，结合资本论和马克思政治经济学对特区改革开放的指导意义提出了意见。[55]

2020年7月1日，在广东韶关乐昌坪石武阳司村、王亚南先生教学与写作的武水河畔，一座王亚南站在讲坛授课的雕像树立起来，人们永远纪念烽火中坪石先生传播《资本论》真理光芒的艰苦岁月。

2020年11月8日于北京大有庄

参考资料：

[1] 中国党校采访实录编辑室：《习近平七年的知青岁月》，中共中央党校出版社2019年版，第44页。

[2] 周可、汪信砚：《李达年谱》，人民出版社2016年版，第103页。

[3] http://www.shtong.gov.cn/node2/n189571/n258802/n258811/index.html

[4] 郑易里做出的历史贡献还包括编辑《英华大词典》，近80岁时创造了"郑码"输入法。

[5] 王文政：《千家驹年谱》，香港文汇出版社2010年版，第69页。

[6] 广东省档案馆藏，档号020-002-150-025~026.

[7] 陈其人：《王亚南在中山大学及其百科全书》，《中国经济问题》，2009年第3期。2020年10月25日，为完成本文，笔者查阅几份档案，确定住址"观音堂"。乐昌市政府和广东省考古所找到王亚南在坪石肖家湾村中曾居住过的"观音堂"遗址。

[8] 熊隆基：《忆郭大力同志》，《江西社会科学》，1983年第1期。

[9] 罗克汀：《罗克汀自传》，晋阳学刊编辑部《中国现代社会科学家传略》，1987年。

[10] 周可、汪信砚：《李达年谱》，人民出版社2016年版，第106页。

[11] 广东省档案馆藏，档号020-003-101-030.

[12] 广东省档案馆藏，档号020-002-150-039，档号020-003-101-035（1）~035（2）.

[13] 赵立彬编：《黄文山卷》，中国人民大学出版社2015年版，第503页。

[14] 陈明：《在坪石中大任教时期的李达同志》，广东省人民政府参事室编《文史资料选辑》，1988年，第32辑。

[15] 广东省档案馆藏，档号21-2-0029-0025-01.

[16] 广东省档案馆藏档案，档号21-2-21-2-0029-21-2-0029-0025-01.

[17] 朱谦之《世界观的改变：七十自述》，作于1968年，原载于1980年《中国哲学》第3—4期。收录于黄夏年编《朱谦之卷》，中国人民大学出版社2015年版，第262页。

[18] 黎红雷：《朱谦之文集》，中山大学出版社2004年版，第13页。

[19] 黄夏年：《朱谦之卷》，中国人民大学出版社2015年版，第274页。

[20] 周可、汪信砚：《李达年谱》，人民出版社2016年版，第107页。

[21] 梅昌明：《梅龚彬回忆录》，团结出版社1994年版，第107页。

[22] 涂西畴：《论柯尔"政治学与经济学的关系"》，国立中山大学经济学系主编《经济科学》，坪石，1943年第三、四期，第20页。

[23] ［英］李约瑟：《李约瑟文录》，浙江文艺出版社2004年版，第84页。

[24] 国立中山大学出版组：《中大现状》，坪石，1943年6月。

[25] 夏明方、杨双利：《王亚南卷》，中国人民大学出版社2015年版，第262页。

[26] 广东省档案馆藏档案，档号020-003-115-2件-004~005，018~019.

[27] 夏明方、杨双利：《王亚南卷》，中国人民大学出版社2015年版，第125页。

[28] 国立中山大学：《经济科学》，坪石，国立中山大学法学院经济学系，1944年3月第6期。

[29] 章振乾：《同事、战友、亲家——悼念谢怀丹同志》，徐君藩等：《两岸故人集》，海峡文艺出版社1994年版。

[30] 章振乾：《闽西农村调查日记·1945年4月—7月》，福建政协文史委员会编《福建文史资料》，1996年第36辑第21页。

[31] 章振乾：《闽西农村调查日记·1945年4月—7月》，福建政协文史委员会编《福建文史资料》，1996年第36辑第174页。

[32] 王增炳、余纲：《王亚南著译系年目录》《王亚南治学之道》，福建人民出版社1984年版。

[33] 夏明力、杨双利编：《中国近代思想家文库——王亚南卷》，中国人民大学出版社2015年版，第484页。

[34] 王亚南：《中国经济原论》，商务出版社2014年版，第5页。

[35] 广东省档案馆藏，档号020-002-155-088~089.

[36] 陈其人：《王亚南在中山大学及其百科全书》，《中国经济问题》，

2009年第3期。

［37］广东省档案馆藏，档号020-002-155-088~089.

［38］刘正坤等编：《厦门大学院系馆所简史（1927—1987）》，1990年版，第171页。

［39］熊隆基：《忆郭大力同志》，《江西社会科学》，1983年第1期。

［40］王增炳、余纲：《王亚南著译系年目录》《王亚南治学之道》，福建人民出版社1984年版。

［41］陈其人：《王亚南在中山大学及其百科全书》，《中国经济问题》，2009年第3期。

［42］郭大力：《掌握物质的理论》，《时代中国》，1943年第3期。

［43］郭大力：《论产业家的积极性》，《华中文汇》，1949年第3—4期。

［44］胡培兆、王圃：《〈资本论〉在中国的传播》，山东人民出版社1985年版，第16页。

［45］郭大力：《〈资本论〉学校辅导》，中共中央党校教务部《中共中央党校"老讲稿"选编》，2010年，第117页。

［46］王亚南：《编辑后记》，《厦门大学学报》1951年（1），第121页。

［47］《中国大学学报发展简史》。

［48］王亚南、袁镇岳：《〈资本论〉讲座》第一册，上海人民出版社1963年版，第17页。

［49］王亚南：《社会主义基本经济法则在我国过渡时期的经济总运动过程中究竟是起的什么作用》，《厦门大学学报》（哲学社会科学版），1955年第2期。

［50］戴镈隆、丁岩：《论合伙》，《法学研究》，1986年第5期。

［51］陈其人：《世界经济发展研究》，复旦大学出版社2002年版，第3页。

［52］陈其人：《陈其人文集：经济学争鸣与拾遗卷》，复旦大学出版社2005年版，第265页。

［53］胡瑞梁：《社会主义生产的运动和资金循环》，《中国社会科学》，1982年第5期。

［54］胡瑞梁：《论劳动力价值、按劳分配和劳动力商品化的历史意义》，《经济研究》，1988年第1期。

［55］中国党校采访实录编辑室：《习近平在厦门》，中共中央党校出版社2020年版，第190页。

（转载自南粤古驿道网。彭剑波、周文娟编辑）

关于华南教育历史研学基地活化利用的一些建议

黄 向

华南教育历史研学基地（以下简称基地）建设如火如荼，本人作为研学教育研究者觉得特别振奋人心，以下建议为个人建议，仅供有关部门和人士参考。

一、凝练革命精神，挖掘革命文物，夯实研学基础

（一）正确认识基地承载的革命文化是红色文化的范畴

2011年3月，中共中央办公厅、国务院办公厅下发《2011—2015年全国红色旅游发展规划纲要》，明确提出了革命（红色）文化涵盖的历史时期包括：1. 自鸦片战争以来，大批仁人志士为了国家昌盛和民族复兴，抛头颅，洒热血，前赴后继，艰难求索，留下了许许多多可歌可泣、催人奋进的爱国主义壮丽诗篇；2. 中国共产党成立以来，在革命（新旧民主主义革命和社会主义革命）、建设、改革的各个历史时期，带领全国各族人民浴血奋战、艰苦奋斗、开拓进取，孕育了极其宝贵的精神财富。

2019年8月，由华南师范大学团队完成的《广东省革命文化资源挖掘和活化利用研究》将革命文化资源定义为：自鸦片战争以来特别是中国共产党成立以来的革命、建设、改革的各个历史时期，反映爱国主义和中国共产党带领全国各族人民浴血奋战、艰苦奋斗、开拓进取的重点人物和事件的文化资源统称，包括物质层面的遗址、遗迹、遗存和遗物以及非物质层面的革命精神。广东省革命文化资源分为四个历史阶段，分别是：第一阶段（1840—1921年），鸦片战争到中国共产党成立时期；第二阶段（1921—1949年），中国共产党领导革命历史时期；第三阶段（1949—1978年），中国共产党领导国家建设历史时期；第四阶段（1978年至今），中国共产党领导改革开放历史时期。

相关报告由广东省政府发展研究中心汇编上报后，许瑞生同志批示：省发

展研究中心的研究报告具有很强的针对性，阶段划分的做法值得肯定，第二阶段的历史遗产保护挖掘远远不够，永远是"老三篇"，请省文化和旅游厅、住房城乡建设厅阅研。基地所反映的正是第二阶段的革命文化资源，参与基地建设的有关部门和人士应解放思想，形成正确的认识。

华南教育历史研学基地（坪石）纪念柱建成揭幕

（二）挖掘基地革命文物，形成研学资源载体

在正确认识基地革命文化属性的基础上，建议将基地的遗址、遗迹、遗存和遗物加以整理，系统纳入革命文物范畴，鼓励以申报市级和省级革命文物保护单位的形式予以修缮和保护，有条件的申报国家级革命文物保护单位。

（三）凝聚基地革命精神，形成研学教育内核

研学教育的内核是培养学生的核心素养，传递价值观。华南教育历史研学基地反映的是广东文化教育界在抗日时期于烽火中坚守办学，学者贤师舍生取义坚守教育火种，青年学子为中华崛起而读书的革命精神。弘扬这种在艰苦环境中努力学习、报效祖国的精神的教育，能有机融合爱国主义和个人发展，是一场思想的洗礼，能让青年学生更深刻地理解学习的目的，对自己的人生有更深刻的思考。因此，建议尽快组织权威专家凝练基地的革命精神和研学教育所要培养的核心素养，成为基地研学资源挖掘和课程开发的真正指挥棒。

二、学习井冈山的先进做法，推动基地研学事（产）业健康发展

近年来，井冈山红色教育培训持续升温。2018年共举办培训班8720期，培训人数由2014年的12.9万人增长到2018年的52.28万人，年均增长41.88%。来井冈山培训的学员遍及全国31个省（自治区、直辖市）和港澳台地区。驻地在井冈山的红色教育培训机构有296家，其中中央部委、省直单位、市直单位和本市驻山公办培训机构39家，本市登记注册的民办培训机构257家。另外，市外登记注册的民办机构有10多家在山开展红色培训业务。井冈山研学产业的发展虽然

华南农业大学吴永彬副教授在坪石基地向华南农业大学、华南师范大学及韶关学院的师生讲述国立中山大学办学历史

有不可替代的资源优势的加持，但一些具体的做法值得我们在建设基地时学习。

（一）推动基地所在市（县、区）创建省级全域旅游示范区

井冈山市高度重视国家全域旅游示范区创建，红色研学是全域旅游发展的重要抓手，井冈山的红色旅游重点突出，亮点频出，为全国红色旅游资源活化利用提供了优秀示范。

建议基地所在的县（市、区）启动创建全域旅游示范区，将基地所在地建设成为当地的"旅游+教育"重点项目，打造AAA级以上景区。

（二）支持设立"华南教育历史研学基地研学协会"，引导市场主体健康发展研学产业

井冈山管理局全国首创红色培训办公室（以下简称"红培办"），为全国红色教育培训发展做出了积极探索。红培办制定了《井冈山红色培训管理办法》和四个配套实施细则，实行了"统一教学培训内容、统一培训机构和教学人员资格认证、统一标准标识"三个统一，在引导红色培训市场主体规范发展上发挥了重要作用。

建议支持成立"华南教育历史研学基地研学协会"或其他具有行业管理功能的半官方或民间自律机构，制定管理办法和细则，对研学产品、人员及机构进行准入、过程和退出管理机制。

（三）研学与乡村旅游紧密结合，推动精准扶贫

井冈山管理部门积极发动当地乡村社区居民参与红色研学旅行，做到人人齐心、户户参与。以大井村为代表，充分挖掘红色文化资源，通过开发红色研学旅行产品，闯出一条扶贫新路子。大井村以村支部为中心，支部书记兼任协会会长，探索出"支部+协会"红色研学旅行扶贫新模式。村支部联合旅行社共建支部和大井村农家乐协会，通过"支部引领、协会主导、单位帮扶、村民参与"的模式，全面推行"统一提升打造、统一编号管理、统一分配客源、统

研学师生种植杜鹃花

一食宿标准、统一教学活动、统一结算"的"六个统一"。大井村将村民房屋改造成设施齐全、可接待10—40人的标间、三人间等,将周边场地、菜地等改造成标准化研学活动场地,以设施的标准化、管理的规范化实现服务的规范化。目前,该村已形成68户农家1800多个床位的服务承接规模。与此同时,该村深挖红色资源,结合教育培训的需要,研发了"献一次花圈、穿一次红军服、住一次农家院、听一个红军故事、重走一次红军路、学唱一首红歌、做一次农活、自制一顿红军餐、上一堂革命传统教育课、纵览一次井冈山的红绿景点、举行一次篝火晚会、观看一场红色露天电影、撰写一份社会实践报告"等"十三个一"的主要教学内容,使大井村变身为最接地气的教育培训基地。至今,大井村已承接全国各地的中小学生、党员干部60余万人次。

建议基地在开展研学开发时引导周边乡村社区积极参与,将基地资源所在乡村打造成为具有示范意义的教育培训基地,形成精准扶贫新模式。

(四)打造研学IP,形成标志性旅游产品

大型实景演艺《井冈山》是井冈山景区的标志性红色IP,演出10余年仍深受市场欢

研学师生在许崇清校长故居前献花

迎好评，演出使用当地600多名群众演员，在当地也形成了良好口碑。景区内茨坪及五大哨口推出"六个一"的红色旅游项目：走一段红军征途、吃一顿红米饭配南瓜汤、看一场红色年代歌舞剧、听一堂红色党性教育课、唱一首《井冈山下种南瓜》、敬一束满怀敬佩与感激之情的鲜花于先烈。目前已经扩充发展为"井冈山十五个一"。建议基地也形成标志性的"研学IP"，如"上一堂战时课、吃一顿战时饭、向坪石先生行一次礼、写一次研学日志"等。

三、其他建议

（一）基地建设时要重视瞬时大规模人群的接待问题

小学、初中、高中阶段的研学综合实践活动对于基地而言存在瞬时大规模人群的接待问题。一个学校少则几百人、多则几千人同时进入基地，吃住如何解决是需要认真思考的问题。为解决此问题，提出如下两条建议。

1. 采用"大井村"的整村参与研学的模式，既能缓解瞬时人流，又能给乡村社区提供较好的收入来源。

2. 基地配备青年旅馆。一方面解决大规模人群的接待问题，另一方面建议学习德国的青年旅馆就是研学载体的模式，吸引和培养研学导师志愿者。

研学师生参观广同会馆

（二）加强研学导师的培养和储备

研学导师是研学课程开展的基本人才，也是研学产品质量的核心保证。因此，研学导师的培养和储备对于基地的活化利用至关重要。针对此问题，提出如下建议。

1. 制定"华南教育历史研学基地研学导师"资格标准，通过培训，培养合格的基地导师。

2. 将基地研学导师培训纳入有关部门的培训计划，交由师范类高校相关院系完成教师技能培训，变成例行工作。

3. 鼓励师范类高校及职业学院相关专业每年派出一定量的学生前往基地，开展3—4个月的研究型实习。

4. 鼓励党员、团员和有志者担任基地研学导师自愿者。

（三）开发示范性研学课程和研学操作手册，举办课程设计大赛

研学课程是研学基地活化利用的核心，好的课程能实现教育目标，传承革命精神。研学课程打造需精雕细琢，反复磨炼，无法一蹴而就。在目前阶段，建议如下。

1. 面向不同群体打造示范性研学课程。如面向普通学生群体开发研究性学习课程，面向学生党团员开发革命精神传承课程。

2. 基于基地革命文物和革命精神的研究成果，结合示范性研学课程的开发，形成研学操作手册（或教材），作为研学产品研发的辅助工具。

3. 每年在相关高校举办"华南教育历史研学基地研学课程设计大赛"，向社会和各高校征集优秀的课程设计方案。

抗战时期广东的公路和驿运

陈 别

2016年以来,广东率先对1913年以前的南粤古驿道线路进行系统的保护修复和活化利用,成为我省展示文化自信、助推乡村振兴、带动全域旅游等工作的重要抓手,取得了积极成效。自2019年下半年开始,在南粤古驿道保护利用的工作平台上,挖掘抗战时期华南教育历史、保护粤北内迁学校办学旧址、建设华南教育历史研学基地的工作正如火如荼地进行。笔者认为,将抗战时期广东省特别是粤北地区的公路和驿运运转情况梳理出来,对推动省政府提出"挖掘办学迁徙线路和历史人物足迹在各市之间的关联,形成横向的旅游开发资源"的落实具有参考价值。

抗战时期全省公路大破坏,粤北公路得到完善提升

广东在抗战前共有省、县、乡道公路14519公里。1937年抗日战争全面爆发后,根据军事运输需要和出于战略方面考虑,广东紧急抢修了广东北路中的主要干线,如广州至韶关(广韶路)未通路段(新丰至翁源段和从化良口段),韶关经乳源连县至鹰扬关(古关隘,位于现广东连山县西部)通广西后方路线,以及梅县松口至大埔、清远至三水、四会至广宁等线路,整修了粤港公路。因而到1938年10月日军占领广州前,全省公路总里程比全面抗战前增加了341公里,达到14860公里。

1938年10月12日,日军在大亚湾登陆。随后,广东省政府先迁连县,再迁韶关,韶关成为广东战时全省政治、军事、经济、文教的中心。当时,广东军政当局以粤北都是崇山峻岭,且与赣、湘、桂、闽等省相连为由,安排国民党军队12集团军驻守在新丰、翁源一带和粤赣边区等地,将粤北作为战时基地。

为了阻碍日军机械化部队的推进，1938年12月至1939年4月，广东军政当局先后两次下令对粤北以外各地区各县的公路进行全面彻底的破坏，仅留3尺行人道，桥梁则一律炸毁，原有的车辆分撤到粤北地区和广西等邻省大后方继续运营。据1939年广东省建设厅的统计，全省共破坏了12554.6公里的公路，仅剩分布在曲江、始兴、南雄、翁源、仁化、乐昌、乳源、连县、阳山、连山、连平、和平、河源、龙川、五华、兴宁、梅县、蕉岭、平远等县共2305.4公里的公路，这只有原来线路的16%。

战时，广东全省尚存公路中有干线19条，共长1686.5公里，支线21条，共长619公里，均分布在粤北地区，情况如下表（单位：公里）。

尚存公路干线			尚存公路支线		
路线	起迄	长度	路线	起迄	长度
韶兴路	韶关~兴宁	400	仕犁路	仁化~曲江犁市	37.5
韶庚路	韶关~大庚	131	梅瑶路	梅县~瑶上	34.5
韶坪路	韶关~坪石	162	连东路	连县~东陂	22
兴梅路	兴宁~梅县	69	梅正路	梅县~石正	57.5
雄信路	南雄~信丰	49	平柘路	平远~大柘圩	53.5
蕉白路	蕉岭~白渡圩	20.5	梅太路	梅县~太坪	23
韶连路	韶关~连县	205	大关路	大柘~关上	9
蕉武路	蕉岭~武平	30.5	梅东路	梅县~东石	65
连贺路	连县~鹰扬关	78.5	坝头支线		8.5
梅松路	梅县~松口	58	中石路	中和圩~石扇	8
连星路	连县~星子圩	22	龙川路	鹤绿等二支线	64
翁虔路	翁源~虔南	46	新铺支线		4
星坪路	星子圩~坪石	78	松杭路	梅县松口~松源	43
忠定路	忠信~定南	49	三圳支路		3
五紫路	五华~紫金	68	梅丙路	梅县~丙村	14.5
忠和路	忠信~和平	44	观坪路	兴宁观音堂~大坪圩	35
兴平路	兴宁~平远	117.5	丙蓬路	丙村~蓬辣滩	18
翁新路	翁源~新丰	46.5	甘岩路	兴宁甘砖~岩前	24.5
兴水路	兴宁~水口	22	梅官路	梅县~白官	34.5
			龙瑶路	兴宁龙田~瑶上	17
			梅畲路	梅县~畲坑	43

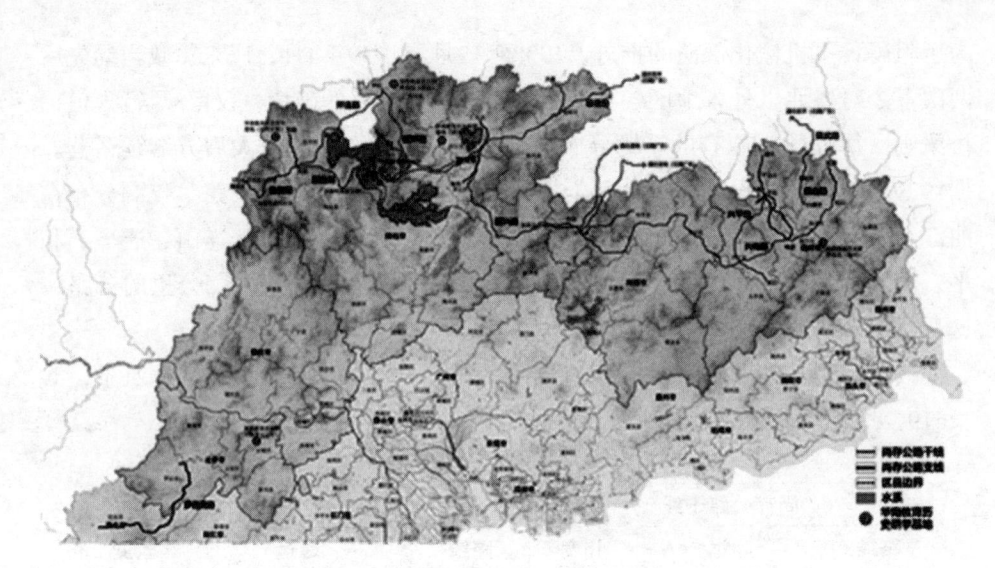

抗战时期粤北尚存公路交通网示意图（广东省城乡规划设计研究院绘制）

  这些大破坏后剩下的为数不多的公路，以韶关为中心，向东、西、北三个方面辐射，担负起战时交通的重任。在东路方面，延"韶兴路"可由韶关伸向兴宁，再由"兴梅路""蕉白路""蕉武路"而通向福建；而由"兴平路"可往北通向江西寻乌，由"翁虔路""忠定路""忠和路"通向江西的定南等地，由"韶庾路"通向江西的大余、赣州，由"雄信路"通向江西的信丰。在北路方面，循着"韶坪路"可通向湖南。在西路方面，循"韶连路""连贺路"通向广西，与大后方联系。

  通过上述几条干线，韶关可以与福建、江西、湖南、广西等省保持正常交通状态。但是通往连县仅有一条"韶连路"（今323省道）。而由于该条线路要经过乳源的崇山峻岭，路狭坡陡，又是单边路，汽车行驶困难且危险。因此，1940年5月，广东当局决定另修一条从坪石越过湖南宜章县境，至连县的星子圩，全长77公里的"坪连路"（今107国道）。这条线路经过的地区多是丘陵和平原，山岭相对不多，于1941年12月修成。该条公路修成后，从韶关至广西大后方的公路交通不经过乳源，改经乐昌至坪石，再由坪石至连县，然后出鹰扬关至广西贺县，虽然路程增加，但道路通行条件较好，汽车较易行驶，成为战时广东与大后方联系的重要军事、经济干线。

  战时广东公路建设的另一项工作是修复个别线路，比如广东南路交通干线的"罗信茂公路"。该路由罗定经信宜至茂名，长200余公里，在1938—1939年间已被彻底破坏，不能通车。广东当局鉴于该路是联系南路的干线，处于粤西山区靠近粤桂边界，日军威胁不大，于1941年10月开始进行修复。后由于物价高涨，资金不足，至1942年2月仅修复了罗定至信宜一段。1941年，为了加强与湖南的联系，广东还新修了9.5公里长乐昌九峰至湖南汝城的"乐汝路"。

复兴驿运古制，发展战时驿运

自秦汉以来，经过2000多年的发展，广东逐步形成了以广州为中心，四通八达、遍布全省的古驿道网络。到了近代，随着汽车、火车、轮船等运输工具的进步和工商业的迅速发展，运转了2000多年的驿传制度于1913年被废除了。抗战爆发后，由于重要交通线和沿海口岸先后被日军占领或封锁，铁路和航运也遭到破坏，粤北地区的汽车、汽油及配件供应不足，再加上战前粤北地区的公路修筑时建设标准低，又长期失修失养，路况难以适应战时几倍以至几十倍骤然增加的交通荷载，严重影响了战时公文递送、物资供应和军事行动等。为解决战时交通运输问题，根据当时的客观条件，1940年9月，广东省在韶关曲江成立驿运管理处，复兴驿运古制，依托遍布各地的古驿道线路（40余条水陆驿运线路，共设183站，总里程6303公里），利用人力、兽力，以及民间木船、板车、独轮车、大车等各种旧有运输工具，并通过开辟新线、划分驿区、设立驿站、修复旧路、征调运力、统制运具等系列措施，进行军需民用物资的战时驿站运输，积极发展"战时驿运"，成为战时最重要的运输方式。

战时驿运开办后，广东省驿运管理处根据战时实际需要，充分利用原有的古驿道线路，进行适当的调整与线路延伸，先后开辟了曲岐、曲三、曲庚、阳梧、广南等驿运线路，承担疏运进出口物资、抢运沦陷区物资、辅助军运粮运、稳定金融、平抑物价和调剂民生的重要使命。这些线路中，位于粤北的重要线路主要有曲岐支线和曲庚支线等。

曲岐支线西起曲江，经翁源、连平、河源、龙川5县而东抵五华县岐岭镇，全线共长385.5公里，设曲江、大坑口、铁场、江镇、翁源、官渡、三华、南浦、坡头、杨梅坪、连平、粗石坑、忠信、黄沙、李田、义都、老隆、哈定口、岐岭共19站，于1940年12月开始营运，采取水、陆并运方式，由曲江至大坑口用水运，其余用陆运。每日对开运送盐米，由曲江至岐岭需要用时19日，由岐岭到曲江需要用时22天。营运期间对调节粤东米荒和粤北盐荒起到了一定的作用，但由于陆运中间经过不少崇山峻岭，全以人力肩挑，运量少，费用大，且与"韶兴路"平行，后加之物价高涨，沿途民夫发动困难，于1941年停办。

曲庾支线于1942年开通，即历史上的大庾岭道（"梅关古道"），走向由曲江沿浈江河经始兴、南雄，过梅关连接江西大余县，分江口、南雄、里东、大庾4段，全线长202公里，沿途设5站。曲江至南雄采用木帆船水运，由南雄至大余则以畜力车和人力肩运，由曲江至大余需要8天，而由大余至曲江因顺水只需要4天。这条线路运输的物资丰富，主要有桐油、茶叶、布匹、液体燃料、汽车零件及五金器材、粮食、食盐与日用品。

以抗战时期的公路和驿道为空间纽带，推动形成横向的粤北华南教育历史研学带

抗战期间，以中山大学、岭南大学、省立文理学院为代表的中高等学校，纷纷内迁至粤北坪石、曲江、连县、梅县等地，在烽火中延续华南教育之"火种"，成为如今包括广东甚至港澳台等诸多高校和中学的根脉所在。如今正在建设的粤北华南教育历史研学基地分布在韶关、清远、梅州和云浮4个城市，挖掘出各个学校办学迁徙的线路和历史人物足迹在各市之间的关联，对各个研学基地在空间上进行合理的串联，将是形成整体的、可落地的横向旅游资源，带动粤北绿色发展的关键。

通过梳理抗战时期粤北地区的交通情况，可以发现当时粤北地区主要公路基本为东西横向设置，其中如"韶兴路"连接韶关与梅县，"韶连路"连接韶关和连县，"坪连路"连接坪石和连县，再加上广泛分布的古驿道线路，应是战时各个学校迁徙办学、师生日常联系交流以及相关重要历史事件发生的重要空间载体。这些战时修筑或修整的公路和驿道，很好地联结了正在建设的各个华南教育历史研学基地，现今仍旧是粤北地区不同区域间交通运输、经济往来的重要线路，而且所经之处沿线有非常多的乡村和自然人文资源，建议对此进行更深入的、系统的挖掘研究，在与学校迁徙线路等进行细致完整比对的基础上整体策划，形成跨区域、长距离、体验式、利用方式多样的粤北华南教育历史研学线路，并依托南粤古驿道、绿道、万里碧道等众多游憩系统，与长征国家文化公园（广东段）和南岭国家公园两大国家级公园等其他粤北文化生态功能平台进行空间联结，构建全覆盖、多主题、多角度、多节点的粤北生态发展区游径网络，焕发粤北优质人文、自然生态资源新光彩。

参考文献：

[1] 邓健今主编：广东公路交通史［M］，人民交通出版社1989年版。

[2] 齐易：广东航运史［M］，人民交通出版社1989年版。

[3] 柳滔：抗战时期的广东驿运事业［J］，岭南师范学院学报，2018年。

[4] 肖熊：抗日战争时期国民政府的战时驿运［J］，云南民族大学学报，2010年。

[5] 解放军军事经济学院党史政工教研室：抗日战争时期大后方的战时交通建设与军事运输［J］，党史研究与教学，1995年。

[6] 周继厚：驿运在抗战时期的重大作用［J］，文史天地，2018年。

抗战中的教育：广东省立文理学院社会教育学系的教学研究活动

李 斌 王独慎

民国时期，众多高校为了适应当时的社会发展，曾大力设置社会教育学系，以此为平台开展社会教育教学研究，并力图服务社会。广东省立文理学院作为抗日战争时期广东著名高校，也对此颇为重视。

广东省立文理学院社会教育学系的教学活动

大学中设置社会教育学系，在20世纪30—40年代的欧美还比较少见，但中国国内此时已有10余年的开办历史。1927年国民政府定都南京后，各地推行民众教育十分积极，"社教领袖人才之培养，骤形重要"[1]。各省因此开办社会教育高级人才的培养工作。如1930年浙江省在杭州设立民众教育实验学校，此后，各省积极跟进，如河南设置民众师范学院、河北设置省立民众教育实验学校，湖北省立教育学院、四川省立教育学院、大夏大学教育学院内都设置了社会教育学系，"这些都是新兴的社会教育专门人才培养机关。"[2]

但是，抗日战争的爆发打乱了中国高校设置社会教育学系的总体进程。抗战爆发后，国民政府认识到，抗战建国需要社会教育的协助。1938年抗战初期，国民参政会第一期集会，教育部即提出"设立培植社会教育人员专科学校"，经大会通过，建议政府采择施行。[3]而此时，仅有四川省立教育学院、湖北省立教育学院两院尚且保留社会教育专门人才的培养机关。1939年，教育部规定所有公私立的教育学院要承担培养社会社教人才及职业学校师资的工作。[4]1939年8月，从广西融县迁回乳源的广东省立教育学院更名"广东省立文理学院"，原有的教育学系改为社会教育系。[5]此后，国立社会教育学院社会教育学系及中正大学社会教育学系也相继设立。

广东省立文理学院社会教育学系成立后，即按照《大学组织法》，确定其宗旨为"研究教育学术及培养社会教育专门人才"[6]。但在具体办学方向的制定上遇到了相当困难。该系在成立之初，国内高校社会教育学系较少，而欧美也没有相关的成例可供参考。加上战事原因，1939年华南高校迁动频繁，所能得到的有关材料十分有限。据有关人员回忆，"当时仅索得桂林江苏省立教育学院及贵阳大夏大学社教系课程各一份"[7]。

为此，广东省立文理学院社会教育学系组织有关教师着重讨论了该系的培养方案。最后，将四年培养方案分为两大类："其一是理论的训练，目的在使学生对于人类社会、教育以及教育与社会之关系有明晰而正确之认识；其二是技术的训练，目的在准备学生将来担任社教工作时所必需之智识与技能。"[8]而且，确定了"几条原则，编定了一份课程表"。[9]这些原则是：（1）凡部定大学文学院公共必修科目一概照列；（2）教育学为社会科系之一，教育为社会事业之一。社会教育与社会之关系格外密切，故学生必须明了社会科学，才能正确地认识人类社会及其教育之关系；（3）现代教育以哲学、生物学及心理学为基础，故学者必须注意这几门学科的学习；（4）社会教育为教育学科之一新兴部门，学者对于一般教育之理论与实际，必须具有深厚的基础，始能对于社会教育之本身得到十分的了解，并作下一步的研究；（5）因社会教育本身之发展尚属幼稚，师资设备均有困难，故社会教育范围之科目拟普遍设置、理论与实际并重，在高年级暂不分组；（6）目前各地中学毕业生之文字工具训练殊感不足，尤以外国文字为甚，因此应加强中西文字的训练；（7）第四年从事专题研究，以完成一篇论文结束之。[10]

广东省立文理学院社会教育学系的课程也依循上述培养方案设计。

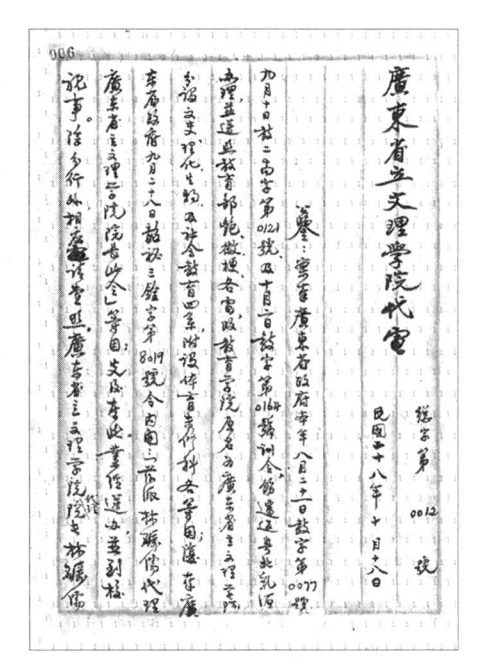

根据代电内容，广东省立文理学院设立四科：文史、理化、生物和社会教育，附设体育专修科（文档藏于广东省档案馆）

表1　1939年广东省立文理学院社会教育学系课程设置一览表[11]

学年	课程	备注
第一学年	三民主义、体育、军训、国文、英文、伦理学、论理学、中国通史、普通心理学、教育概论、社会学、生物学	共50学分
第二学年	军训、体育、西洋通史、哲学概论、经济学、教育英文、教育心理学、教育统计学、教育史、社会教育概论	必修课程，共38学分
	成人学习心理学、教育社会学、卫生教育政治学、戏剧概论、美术	选修课程
第三学年	军训、体育、普通教学法、社会教育行政、社会教育实施法、乡村建设与教育、中国农村经济、国民教育、社会调查、图书馆学、社会教育实习	必修课程，共22学分
	儿童心理学、教育测验、教育研究法、中等教育、师范教育、职业教育、农业教育、第二外国语	选修课程
第四学年	体育、社会心理学、教育哲学、比较社会教育、民众教育问题研究、合作组织与指导、社会教育实习、毕业论文	必修课程，共20学分
	现代心理学、心理卫生、现代教育思潮、中国社会史、民众读物研究、图书编目学、电化教育、小学教育、边疆教育、地方自治、教育公牍标本采集及制造法、第二外国语	选修课程

由表可见，广东省立文理学院社会教育学系课程设置具有如下特点：（1）重视必修课程和选修课程的配比，使学生选课具有一定选择性。除第一学年外，将对学生素质进一步提升的要求体现为每一年开设的大量选修课。通过这种方式，试图调动学生学习的积极性。（2）重视通识课程的设置。设置了大量体育、国文、历史、哲学等方面的与社会教育学密切相关的通识课程，保证学生拥有较为宽广的基础知识面。

师资方面，广东省立文理学院社会教育学系遭遇了频繁变动。1939年该系初创时，由张栗原主持，系内教师还有林仲远、王越、阮镜清三人，都是一般教育及心理方面的人才。1940年，又聘请徐锡龄主讲社会教育，王越盖赴蓝田国立师范学院任教。唐惜芬来院任课一个月。1941年，合作专家曾开春来连县之际，特邀其来院讲授合作组织与指导。1941年，张栗原逝世，系主任由林仲远代理，后又改由陈子明担任。李楚林、朱希文、徐寅初于1941—1942年到院短暂讲学。

有"小延安"之称的文理学院及粤秀中学内迁东陂，图为院本部旧址——东陂西塘村"五福公祠"旧照（图片来源于连州市博物馆）

截至1943年，广东省立文理学院社会教育学系主要教师讲授课程情况如下。

表2　1943年广东省立文理学院社会教育学系主讲教师情况一览表[12]

教师姓名	职务	讲授课程名称
陈子明	专任教授兼主任	教育概论、教育英文、教育统计学、教育测验、比较社会教育
徐锡龄	专任教授兼社会教育实验区主任	社会教育概论、社会教育实验法、社会教育实习、普通教学法、英文教育名著选读
阮镜清	专任教授	普通心理学、教育心理学、成人学习心理学、儿童心理学、社会心理学、现代心理学
朱希文	专任教授	教育史、教育社会学、社会学、日文
石玉昆	专任副教授	社会教育行政、乡村建设与教育、国民教育、中国农村经济、民众教育问题研究、社会教育实习
刘桂灼	兼任教授	教育哲学
杜定友	兼任教授	图书馆学
邓宁标	兼任教授	社会调查

由表2可见，学院专任教授还比较欠缺，且大都兼顾管理工作。每位专任教授都需要承担4—7门课程，而且需要兼任系主任、社会教育实验区工作。因此，时任系主任陈子明称："我们希望从三十二年度起，能够添聘教授副教授

各一人，增设关于社会教育及一般教育之科目；同时聘用助理员一人，负责管理资料室之图书杂志及心理学仪器。"[13]

在教学方面，广东省立文理学院社会教育学系遵循循序渐进的原则，希望培养学生良好的阅读习惯、科学的思维习惯和优良的写作技能。该系多数学科采取讲授的方式，并配合督促学生养成做读书笔记和课外阅读的习惯。因此，在第一学年特别注意训练学生在课堂做笔记，同时督促他们阅读指定参考书籍。学系亦根据实际情况进行调整。在第一学年，按照教育部定，必须开设"普通英文"，但考虑到"近年一般中学毕业生之英文程度低落，实在离高中毕业的标准尚远"，至于专门图书，"因为缺乏专门名词及概念的关系，更加困难"。因此，学系在第二学年设"教育英文一学程。选读关于教育及心理之短篇文字，希望从此可以得到相当数目的专门名词及基本概念，以及多少明了近代著名教育学家及心理学之生平、学说及其重要著作"[14]。总之，学系在第一学年非常注重培养学生阅读英文经典著作的习惯和能力，"我们希望能够达到多数学生均能利用英文阅读专书及杂志之目的"[15]。

第二学年，在教授教育心理学、成人学习心理学两门课程过程中，非常重视学生动手实验以及科学研究习惯的养成。"我们利用所有的心理学仪器，使学生从事于心理学的实验，一方可以增加学者的兴趣，一方可以从复杂的人的结果中，得到一种科学上的严格训练"[16]。

高年级阶段，学系注重学生实习与研究报告写作的训练。"第三学年上学期，有一门社会教育实施法，分别关于社教的各种设备，接着从下学期起，有一连三个学期的社教实习，使学生从实际工作中可以证验理论，取得经验，练习技术"，"从第三学年起，我们极力鼓励学生学习如何利用简单拿的资料室，从事专题之研究"[17]。

文理学院自1939年开设社会教育系，该系第一届学生毕业于1943年。学生们的毕业论文选题（如下表），除了从教育学、心理学基本理论出发，更多的是从战时社会教育的实践出发，涉及国民教育、民众教育、乡村教育、电化教育等议题。

表3　抗战期间广东省立文理学院社会教育学系学生的毕业论文题目一览表

1943	田毓灵	国民教育师资训练问题	1944	徐国玙	党团办理社会教育之研究
1943	史瑞宜	儿童社会行为之研究	1944	崔承宪	儿童读物内容之研究
1943	江晶俊	工业合作教育之研究	1944	梁兆松	民众读物内容研究
1943	李千芬	战时义童教养问题之初步研究	1945	冼敬芳	德苏劳动教育比较观
1943	岑学干	西南各省边疆教育问题	1945	吴懿雅	问题儿童之研究
1943	吴世璟	社会的音乐教育之研究	1945	梁春广	中学公民教育之研究
1943	周绍兰	中学兼办社会教育的研究	1945	陈崇基	学习之格式心理学的研究
1943	林丽珍	中国社会教育发展史	1945	黄兆富	杜威教育哲学论
1943	凌志谦	环境对于人格发展之影响	1945	黄哲贤	中学训导问题之探讨
1943	高若容	我国中学课程之研究	1945	黄汉存	近代教育思想之演进
1943	张燕祥	三十年来之中国社会教育	1945	叶华生	小学儿童兴趣的调查与研究
1943	黄少卿	行为主义学习论	1945	刘傅渊	我国现行中学制度之研究
1943	黄曼馨	民众教育馆基本事业的研究	1946	王维新	儿童健康教育问题之研究
1943	冯荣艺	广西国民中学制度之研究	1946	王怀勋	戏剧心理学
1943	杨聪华	中心学校国民学校民教部工作的研究	1946	阮秀联	各国初等教育师资训练制度之比较
1943	邓焯华	交替反射学说之研究	1946	李秋英	中学课外活动的理论与实际
1943	廖士志	苏联及丹麦社会教育之比较研究	1946	李明德	广州市八十个小学校长的研究
1943	黎品	翻译"美国黑人流动学校"	1946	李矗莹	小学卫生教育之研究
1943	潘绢文	格式塔派的学习论	1946	胡兆芬	中学训育问题
1943	刘守浩	德意日三国社会教育之比较研究	1946	劳芬	小学课外活动之研究
1943	刘昆祥	中国社会教育制度的研究	1946	许吉烻	美国与德国中学教育比较之研究
1943	刘学云	遗传环境与教育	1946	梁棣生	农业推广教育之研究
1943	欧阳爵	战时民众学校公民训练的教材与教法	1946	陈婉芬	小学问题儿童之研究
1943	钟练文	英美二国社会教育的比较研究	1946	马美乔	幼稚园的教育方法
1944	毛秀娟	儿童变声期之研究	1946	曾匡南	广东省国民教育实施问题研究
1944	朱群重	我国师范学校课程之研究	1946	黄春季	佛山教育调查
1944	汪季琨	美国成人教育概览	1946	黄恋惠	乡村小学教学与训练问题之探讨
1944	容宗澜	儿童情绪及其教育方法	1946	黄杰夫	小学国语科教学研究
1944	陆瑶楣	中国妇女教育问题研究	1946	黄庆韶	家庭教育的理论与实施
1944	张菊英	民众国沿教育的研究	1946	杨华钜	中英美苏政治教育之比较

续表

1944	傅佩英	中国生产教育之研究	1946	杨树培	我国的文盲扫除和文字改革
1944	杨蕙芬	中心学校·保国民学校妇女班国语教材及教学法研究	1946	郑振儒	学生自治问题的研究
1944	方煜华	古纳夫画人智慧测验在广东的应用	1946	卢仲衡	电影在教育中的地位与功能
1944	朱耀文	中等学校导师制度之研究	1946	关敏霞	小学训育的理论与实际
1944	李德修	美国大学兼办电播教育评述	1946	黎京华	影响学习效率的重要因素
1944	陈潇生	总裁的教育思想之研究	1946	刘展如	问题儿童研究

总而言之，抗战爆发后，广东省立文理学院因应国民政府教育部要求，根据抗战大后方民众素质教育的要求，将原有教育学系调整为社会教育学系。进而，在人才培养、师资聘请、课程设置上都做了相应调整，为大后方培养社会教育专门人才，从而进行社会教育，进而提升民众素质起到了积极作用。

广东省立文理学院社会教育学系的社会教育研究

广东省立文理学院在开办社会教育之余，还积极从事社会教育学术研究。该院在1943年创办《社会教育年刊》，由该院社会教育年刊编辑委员会编印，从事社会教育学术研究，并在创刊号上发表了一系列社会教育文章。

《社会教育年刊》创刊号封面

表4　广东省立文理学院办《社会教育年刊》发表社会教育文章信息一览表[18]

文章作者	年份(期号)	文章题目
石玉昆	1943 (1)	中国社会教育研究实验的总结
朱竹友	1943 (1)	教育之社会的发见
刘桂灼	1943 (1)	社会教育与学校教育的关系
熏涛英	1943 (1)	国父社会教育思想探原
刘学云	1943 (1)	社会教育的功能与任务
田毓灵	1943 (1)	论社会教育工作者的修养
刘鲲翔	1943 (1)	党团办社会教育的研究发凡
廖士志	1943 (1)	大学办理社会教育的理由和原则
周绍兰	1943 (1)	中学办理社会教育工作人员训练问题
张燕详	1943 (1)	中国社会教育面面观
钟练文	1943 (1)	英国之大学推广事业
刘守	1943 (1)	德国劳动服务给我国实施高中毕业生服务之借镜

综合表4中的文章，其主题可分述如下。

其一，关于社会教育基础理论研究。社会教育基础理论研究即社会教育基本概念及其问题的研究。如社会教育是什么、为什么的问题。具体而言，即社会教育的定义、原则、价值、历史发展规律等问题。"教育"与"社会"关系，以及学校教育与社会教育之关系是学者关注的内容。"教育之社会的观点和社会教育实为工业革命的孪生儿。不过后者的发展方向是属于教育的对象方面"，"学校教育是以某个未成熟者为对象，但社会教育则以全民为对象，这是两者的根本相异点"[19]。在对社会教育的意义、特质、使命、种类、机关和设施进行全面梳理的基础上，理清社会教育与学校教育之关系。"要社会教育办得好，比先要学校教育办得好。"[20]在学术史梳理的基础上认为，学界社会教育的功能并未做出深入的探讨，"在过去，虽然偶尔地会有一些人谈到这个问题，然而，大都同于他们各自地立场和见地，同时又大都把社教作为孤立的或静止的东西去考察。结果，不是成为主观的武断，便就流于空泛的思辨；不是夸张了社教的功能，便就无视了社教的作用。"[21]"社教的功能和教育的功能一样，同是可以把它分为生物的和社会的，或个人和社会两方面来说明。从生物的和个人的立场看来，即社教可以提高大众生活的知识、文化的水准、集中人们的力量、团结人们的精神、改良社会的恶俗、转移社会的风气、弥补学校的缺憾等局限，而发挥教育应有的效能。"[22]

其二，关于社会教育实践问题的研究。社会教育作为当时教育中的特殊事业，由于社会的特殊见解，社会教育工作者的待遇不高，社会教育工作者也需要特殊的修养。在理论上，需要对中国社会教育本质的把握、中国社会教育方法的创造；在行动上，需要接近民众、争取助力、坚守岗位。[23]政治与教育有密切关系，党团如何办理社会教育成为时人热议的话题。一般来说，"党或团是政治的组织与结合，也是实现某种政治理想的工具或手段。换言之，就是'集合多数在政治上抱着同一信仰同一目的而同一行动的人的组织'。"[24]

社会教育既与学校教育密切相关，当时政府也倡导由学校教育兼办社会教育，因此，时人也密切关心学校兼办社会教育的实践问题。大学兼办社会教育的理由有：开放高等教育被封闭的领域、使高深学术普遍化、使大学生活与社会生活两相接近。原则为：要有严密的组织，利用演讲、讨论、出版、竞赛等方法，施教方面注重社会实际问题的解决以及正确人生态度的养成，施教经费需要注重争取中央及地方政府的补助、向各地公私立团体和个人募捐以及在办理社会教育的若干场合中收取。[25]在参考了《教育与民众》《各省市办理中小学教员兼办社会教育讲习会要点》的基础上，论者认为中学办理社会教育工作人员应从知能、精神修养两大方面切入。[26]另有论者分社会教育意义、目标、行政制度、学制制度、经费、人员训练机关及事业七个方面，对当时中国社会教育的情况进行说明。[27]

其三，关于国外社会教育的研究。社会教育虽然是当时中国的"独有"提法，但欧美各国都有目的相似的教育实践。"英国的大学推广事业，不是全同于红果的大学兼办社会教育，然两者的意义却有一致之点。"[28]"德国是法西斯主义国家，它的劳动服务的目的，在造成侵略的信徒，为我们所不齿，然而，它的实施方法，确有胜人之处"，"我国将来实施高中毕业生服务办法，虽不是机械地把它全部模仿，也应以批判地态度，研究其劳动服务地特质，参酌我国实在情况，择取其余适目前需要及收效较著的，作为我们努力的方向。"[29]

综上所述，抗日战争时期，广东省立文理学院结合了学院自身的办学力量，广泛邀集社会教育工作人员探讨社会教育问题，着重从社会教育基本理论、社会教育实践问题以及国外社会教育情况方面切入社会教育研究。上次问题的讨论以解决社会教育实际问题的重心，已经初步形成了颇具雏形的社会教育论述体系，也为解决当时社会教育发展的迫切问题提供了可供选择的路径。

参考文献：

［1］［2］陈子明：《广东省立文理学院社会教育学系概况》［J］，《社会教育年刊》，1943年第1期第2页。

［3］吴晓琳：《民国时期国立社会教育学院考论》［J］，《教育史研究》，2012年第4期，第42—46页。

［4］林砺儒：《本学院与十年来中国之高等师范教育》［J］，《文理月刊》，1940创刊号，第1页。

［5］《十五年来之广东省立文理学院》［J］，《文理学院院刊》，1948年第22期，第1—2页。

［6］［7］［8］［9］陈子明：《广东省立文理学院社会教育学系概况》［J］，《社会教育年刊》，1943年第1期，第2页。

［10］陈子明：《广东省立文理学院社会教育学系概况》［J］，《社会教育年刊》，1943年第1期，第3页。

［11］陈子明：《广东省立文理学院社会教育学系概况》［J］，《社会教育年刊》，1943年第1期，第2—3页。

［12］陈子明：《广东省立文理学院社会教育学系概况》［J］，《社会教育年刊》，1943年第1期，第4—5页。

［13］陈子明：《广东省立文理学院社会教育学系概况》［J］，《社会教育年刊》，1943年第1期，第5页。

［14］［15］［16］［17］陈子明：《广东省立文理学院社会教育学系概况》［J］，《社会教育年刊》，1943年第1期，第4页。

［18］根据《社会教育年刊》各期目录编制。

［19］朱竹友：《教育之社会的发见》［J］，《社会教育年刊》，1943年第1期，第17页。

［20］刘桂灼：《社会教育与学校教育的关系》［J］，《社会教育年刊》，1943年第1期，第25页。

［21］刘学云：《社会教育的功能与任务》［J］，《社会教育年刊》，1943年第1期，第29页。

［22］刘学云：《社会教育的功能与任务》［J］，《社会教育年刊》，1943年第1期，第33页。

［23］田毓灵：《论社会教育工作者的修养》［J］，《社会教育年刊》，

1943年第1期，第39—41页。

　　[24]刘鲲翔：《党团办理社会教育的研究发凡》[J]，《社会教育年刊》，1943年第1期，第42页。

　　[25]廖士志：《大学办理社会教育的理由和原则》[J]，《社会教育年刊》，1943年第1期，第48—50页。

　　[26]周绍兰：《中学办理社会教育工作人员训练问题》[J]，《社会教育年刊》，1943年第1期，第51—53页。

　　[27]张燕详：《中国社会教育面面观》[J]，《社会教育年刊》，1943年第1期，第58—60页。

　　[28]钟练文：《英国之大学推广事业》[J]，《社会教育年刊》，1943年第1期，第66页。

　　[29]刘守：《德国劳动服务给我国实施高中毕业生服务之借镜》[J]，《社会教育年刊》，1943年第1期，第69页。

　　（李斌，教育学博士，广西师范大学教育学部副教授、硕导，主要从事教育史研究。）

　　（王独慎，华南师范大学教育科学学院博士后研究员，主要研究近代教育史。）

　　（本文转载自南粤古驿道网）

质朴与精壮：战时文理学院学生的生活风貌

王独慎

1940年春，经过三易其名、五度搬迁的广东省立文理学院在粤北连县的东陂镇找到了落脚处，这个偏僻但物产丰富的小镇，为师生们提供了暂时安定的读书环境，他们在这里度过了两年时光。到1942年春，又奉命迁到曲江桂头，在此教学两年半时间，1944年秋因战局紧张，迁返东陂而后再迁罗定。总体来看，文理学院自1940年春至1944年秋，在东陂—桂头的这几年时间，是相对安全平稳的，教学活动得以较好地开展。当我们今天回望这段烽火办学的历史，这一时期文理学院学生生活的记述，是最为丰富的。我们也由此得以窥见战火纷飞年代，前辈学人于艰难中求学的精神风貌。本文将综合当时在文理学院的就读学生所撰写的文章及后人的回忆录，来还原文理学院学生战时的生活风貌。

在内迁的粤北六校（中大、文理、国民、广大、岭大、勷商）中，文理学院是唯一一所师范性质的高等院校，从其建校之初便立定培养中等师资的宗旨[1]，因而校风和学风也具有与其他几所高校不同的特性。当时在东陂就读的一位学生用"质朴精壮"来形容文理学院学生[2]，笔者搜罗资料，几方参详，这四个字的确可以概括出文理学院学生在战时的学习、生活、精神和体魄锻炼上的风貌。

一、质实的学风

文理学院的学风可称为"质实"，师生潜心学问，扎实用功，当时在学的李缵绪（1948年回校任助教）后来回忆起文理学院的学风浓厚说道："同学多能随一己之志趣寻研究之中心，自由发展，不囿成见，诸老师则因其所学，阐以奥义，导之轨范，于心至感忭快。"[3]

文理学院这种扎实求学风气的形成，得益于两点。首先，文理学院学生规模小，在连县的时候，学生数量200来人，及至后来于广州复员，至多也就到600人规模。因为其"短小精悍"（可参考下图文理学院人数与其他高校及独立学院人数对比），学院可从容精选学生，严格管教学生。[4] 文理学院对于学生的教育和管理颇有整肃严谨之风。据省档案馆所藏文理学院在东陂时期的《广东省立文理学院要览》文件，改组为文理学院（1939年）之后，为适应抗战时势需要，文理学院的学生实行军事化管理——"完成集体化、纪律化之学校生活；而训练方法则本自觉自动自治之精神，以期补救军事管理过于机械之缺陷。"这种管理之下，学生过一种集体生活："一律在校膳宿，每日作息时间均有规定，并均以迅速敏捷严肃整齐为训练之主旨。"宿舍和膳食的管理则由各自的自治委员会，在学校的指导下进行管理。[5] 在这种状态下，学生更易于形成向学心，不事浮华。不过，也有懒散的时候，许慕斋在《战时的广东省立文理学院》一文中提到，文理学院学生对于座谈会或另外的社会活动之类非常积极，但是"在早上升旗的时候，他们总是慢腾腾的，不肯上劲，累得训育主任天天到被窝里去拖人"[6]。我们由此也可窥见当时学校管理之严格，以及师生之间联系之紧密。实际上，这一时期的学生跟老师共历患难，生活在一处，情谊甚重，当时在学的学生很多后来都成为老师辈的朋友，同学之间也互相亲爱，彬彬有礼。

文理学院质实的学风形成的另一个重要原因，在于文理学院学习资源充足，图书设备丰富。虽经几番迁徙，文理学院的图书仪器设备却没有什么损失，可见学院主政者布置的周全。在连州的时候，除了化学药品无法添购补充以外，其余都和在广州时一样。图书方面，虽因东西转徙、交通阻隔及外汇限制等等原因，无法购买外国书报，但国内出版的书报，却一直在尽量搜求购置。文理学院在连州时的图书总数约有

广东省三十学年度专科以上学校学生数[7]

10万册（见下图），后来又接收了广州市立图书馆的善本藏书。这些书在广州沦陷后曾运到广西收藏，文理学院到达东陂之后才派人去广西接回本省，全数五六万册，都是华南地区的藏书精品。[8]因此，文理学院的图书馆非常充实，其藏书量在粤北高校中最多。随着学校迁徙，生物系（原称博物地理系）有了实地考察两粤地质的机会，从而增加了许多地质、动物和植物的标本。如此大量的学习资源，而文理学院的规模又是比较小的，每个学生能享用的学习资源就是相当充足的。据校友黎品回忆，文理学院的图书馆和实验室对学生全面开放。在东陂的时候，图书馆设在香林寺，靠近学生宿舍，大厅四周排列着摆满了图书的书架，大厅中央和前厅是阅览室。学生可以自己在书架上选择图书在馆内阅读，看完之后放回原处，图书馆座无虚席。当时图书馆中收藏有进步书籍，黎品就是在这里通读完《资本论》的一、二卷。生物系学生每人配备一部显微镜及相关用品，化学系学生每人有一套供自己使用的仪器用具。这两个系同学可以白天黑夜自由进出实验室做实验。全面开放的图书馆和实验室在一般高校是很难做到的，文理学院能够如此，是因为其设备充足而学生数少，但更重要的原因在于学院对于学生的高度关心和信任。[9]

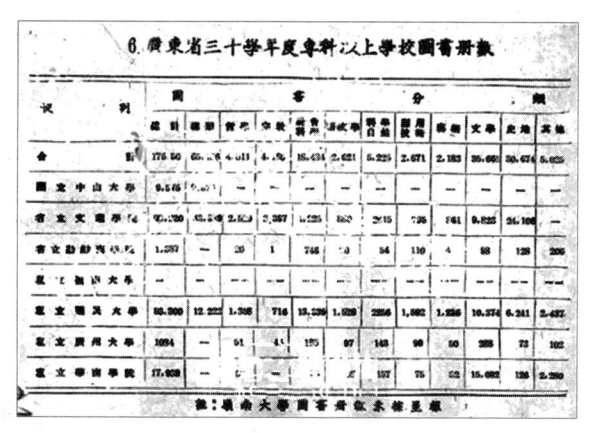

广东省三十学年度专科以上学校图书册数[10]

二、俭朴的生活

文理学院的学生多自沦陷区来，为减轻学生负担，学院一律免收学杂宿费，且各科均印发讲义或由学生笔记，学生需负担的个人生活费，包括膳费72元和零用杂费50元，共120余元（每年）。公费生和贷金生免交杂膳宿费。1940年到达东陂开课不久，全院学生共188人，而公费生有100人，贷金生有87人，可见其比例之高。公费生和贷金生除领用讲义及火油外，每人每月得领公费（或贷金）7元，而膳食费每月只需要6元。[11]因此，学生的基本生活尚能维持——一粥两饭，8个人一块用膳，可以吃到一碟带有几块肉类的菜。但到了后来，物价飞涨，食物供应不足果腹，"吃饭"成了问题。当时在文理学院借读的中大学生汤擎民写道："膳费由每月六元增至七元，由七元再增至八元。初时每人每日平均可分到二分重的肉类（包括炒菜的猪脂肪在内）……可是近来连二分重猪肉或牛肉也不可得而有之，八个人所享受的，是三小碟清炖素菜。"[12]这种情况下，少数学生也会趁着墟日去买些肉类加餐，但大多数同学只能于困顿中忍耐，以孟子"天将降大任于斯人也，必先苦其心志，劳其筋骨，饿其体肤，空乏其身……"之语来激励自己。

在战火中辗转办学，物资短缺，师生的生活条件艰苦，这也是其他高校同样面临的情况。但文理学院的俭朴却是与其一贯的崇尚朴素的校风和团体生活大有关系。学院搬迁到曲江桂头之后，学生中也有家境宽裕者，但受到团体生活的感染，依然布衣布履，疏食曲肱。李缵绪回忆道，当时岭南大学、东吴大学搬迁至仙人庙，与文理学院和勷勤商学院（即法商学院）相距不远，学生们往来曲江常常同乘一车，文理学院的学生俭朴的着装使得他们与其他学校的学生区别一眼便能辨别出来。1943年，时任院长的黄希声在《文理院刊》创刊号《我们的好尚》中总结文理学院的特点，言及学生的俭朴，提到当时在桂头时：全校200多个男生，没有一个穿西装的；70多个女生，没有一个卷头发的。[13]生活上的俭朴与其"质实"的学风一脉相承，如李缵绪所言："俭朴出诸至诚，不徒矫饰，豁达虚怀，烦恼离其心，可获真正之快乐。故青灯黄卷，人定月圆之候，潜研之笃，尠（鲜）有过者。"[14]

三、精神的陶炼

所谓精神的陶炼，一方面是指求学问道的德性修养，另一方面则是抗战精神的陶炼。

战火迫使学校内迁，客观上使得教育中心转移到了乡村，将教学置于山林之中，尽管物资短缺，条件艰苦，但远离城市喧嚣的自然环境却也给予师生精神的陶冶。文理学院在东陂时，周边风景优美——"林木蔚然，别有天地"。秋天，绿林中有红枫可赏；夏天，树林构筑起一个清凉幽静的世界，使人沉浸在宿舍绿意的鸣蝉声中，忘却杂念。[15]当时就学于此的李缵绪描绘道："环院周遭，入目如画，院前绕一衣带水，江水澄清，怪石枕流，涉目成趣，怡然嗒然。江岸横数里，满布枫林，清秋佳日，一片酡红。与潺湲江流，掩映衬托，成天然之诗之境界。"[16]如此自然风光，是难得的读书问学的胜境，容易兴发起诗意,于是便有同学结社作诗,歌咏自然,抒写性灵。不过当时文理学院仅有《文理月刊》这一本学术性刊物,学生们的这些诗作没有发表留存,殊为可惜。迁到桂头之后,校址在武水之滨,樟树若屏,横障数里,且近旁有名胜古迹,同学们登临赋诗,刊登在《文理院刊》上。以下为李缵绪当时所作组诗《桂头杂咏》[17]。

桂头杂咏

李缵绪

一

翠叠荫浓一径舒,攀花折草爱行徐。
晚风林外箫声动,知是簧宫待月初。

二

十里斜阳浸碧流,江村风物望中收。
多情最是新归燕,啣得春红与莫愁。

三

远水平沙岸草新,迷离烟景酿残春,
我来无限苍茫感,落日疏钟度古津。

四

谈笑无拘见性真,江山神助此诗人,
一声唱破梁州梦,花解传香月解嚬。

从这些文字中,我们可以想见,当年的文理学子所畅游的精神世界。当然,处于战争年代,任何读书人都不可能全然沉浸在诗情画意的精神世界中。"读圣贤书,干家国事",学院鼓励学生参加各种社会活动,文理学院的学子们组织了多种民众活动。东陂原本是一个偏僻的小镇,人烟稠密,土壤肥沃。抗战以前交通不便,地方管理不善,豪强逞行,普遍贫困,民智低落;抗战之后,政治管理改善,盗匪消弭,但文化上依然落后。文理学院的到来给东陂带来了文化的种子,也开始有了抗战的气息。当时,文理学院的师生组成

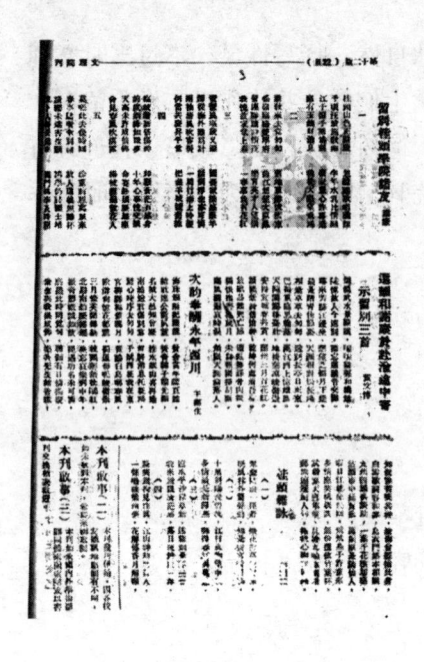

了战时后方服务队,全体学生都参加,林砺儒院长亲自担任总队长。服务队分设宣传、教育、募集、慰劳各小组。宣传小组负责出壁报、绘制抗战漫画、演讲、演剧等;教育小组设立民众学校收容失学儿童及成人,同时每周举行一次时事座谈会,研究国内外重要时事,以引导队员集体研究,增进知识;募集主要是为前方将士募集邮票和慰劳金;慰劳主要为慰劳出征军人家属。[18]于是,东陂的街头经常可见抗日宣传的壁报,东陂社戏的古戏台有了抗战剧的演出,民众缺少通俗读物,他们编印出版刊物《东陂民众》,向民众普及知识。

民众活动还包括一些游艺和运动会等,学生们在活动中培养出行动迅速、密切联络、严守纪律、服从领袖等抗战精神。有的民众活动需要军民合作,作为观众需呐喊助威,以及准备茶水、犒劳战士等,这些活动培养了学生服务大众的精神,其实质是一种家国情感和责任心,与抗战精神相通。

四、壮实的体魄

培养青年人壮实的体魄是当时抗战教育的要求,文理学院对此十分重视,体魄的锻炼不仅体现在军事化管理上,还体现在日常生活方面。文理学院自搬来东陂以后很快复课,在香林寺旁边新建了篮球场和排球场,恰好当时体育专修科并入文理学院,带来了许多设备和专业人员,因此各类体育项目,如单杠、双杠、双环等和各种球类运动都开展得非常热烈。教务处筹备学业竞试的时候,除了常规科目,也为体育专科学生筹备了体育表演。这场体育表演颇有吸引力,除文理学院师生外,当地民众也积极热情围观。表演的节目,有丹麦式的律动体操、木马的基本动作、单杠基本动作、跳箱、垫上运动、吊环、双杠、联合器械运动、接力赛跑等。垫上运动愈演愈奇,愈奇愈险,博得观众最多掌声,表演者的体魄也让观看的民众啧啧称赞。[19]

体魄的锻炼,除了体育运动,还有劳动。文理学院在东陂时,与当地农民联系紧密,对于乡民的困难,给予力所能及的帮助。暑假中,早稻成熟,留在学院的男女同学便到田间去,帮出征军人家属割稻或打谷。这种热忱的帮忙不仅给予他们很大的鼓励和安慰,也减轻了他们雇佣散工的经济负担。下田劳作让文理学子亲近了土地,锻炼了身心。1942年,文理学院搬迁到桂头,因在武水之滨,有平原土地且土壤肥沃,文理学院师生便在土地上种起了果蔬,当年秋季便收获了不少蔬菜。第二年春耕时节,学校成立了"春耕运动委员会",鼓励学生进行春耕播种,于是,学生们在宿舍周围都播种了大豆、花生,还协助乡民进行播种。[20]

当时有教授作《武江种菜吟》二首[21],如下:

一

教授生涯拙,妻孥恐甑尘。
树人还种菜,抱道复忧贫。
迷径轻烟晚,沾衣晓露新。
掺掺文藻手,挥钟武江滨。

二

树人与种菜,斯道本相成。
蔓草和根去,新蔬带叶生。
沐蔼爱时雨,抚实厌空英。
瓜果盈畦盛,甘鲜媲邵平。

文理学院是搬迁次数最多的学校。自广州沦陷以后,文理学院几度长途迁徙,先辗转广西,而后迁回本省,期间师生相随,徒步行进,这些经历不仅锻炼了师生壮实的体魄,还磨砺出一种刻苦的精神。1939年,当时学校仍在广西融县,学生们在连县星子集中训练,结业之后,有同学由星子步行回广西融县,行400公里路,经14日的餐风宿雨,不以为苦。当中有一位同学名叫何绵荫,一路上还挑着自己的行李行进。[22]从曲江侯公渡迁校的时候,时间紧迫,师生在三天之内紧急出发,一时间找不到那么多的挑夫,当时许多学生和老师都自捐行李。从侯公渡到连县需要翻越粤北最高的秤架山,又是在冬季霜冻天气行走,同学们分成小队,结伴迁徙,白天行进,晚上找遮蔽处席地而卧,有时在无人居住的房屋,有时候只能在猪圈旁的泥屋中休息。经过了10多

天，全部学生抵达连县，很快复课。文理学院虽经数次长途迁徙，但师资和生源没有流失，图书仪器得以保全，与师生壮实的体魄和艰苦奋斗的精神密不可分。

作为一所师范性质的学校，文理学院不唯在学术研究上积极求索，更不忘其作育人才、培养师资的社会责任，故而格外注重于生活中陶炼学生品性。虽经转徙流离，文理学院学生"质实俭朴""整齐纯肃""亲爱融合"的传统却始终保持不堕。也正是因为这样的传统，文理学院在艰难的抗战岁月中，依然培养了大批的教育人才。这是我们回望历史、追慕先师风范，尤其需要记取的。

注：

文理学院15周年时，总结其全部毕业生人数，共12届计715人，十分之六服务于教育界，其中有40位时任中学学校校长。参见何爵三《本院十五年来的成就》，《文理学院院刊》1948年第23期，第1—2版。

参考资料：

[1]林砺儒：《本学院与十年来中国之高等师范教育》，《文理月刊》，1940年创刊号第2—3页。

[2]纪生：《锻炼体魄与武装头脑：文理学院学生生活动态》，《文理月刊》，1940年第二期第32页。

[3][14][16]李缵绪：《在成长中之母院》，《文理学院院刊》，1948年第22期第7—8版。

[4]孔栋：《歌颂文理》，《文理学院院刊》，1948年第22期第3版。

[5][18]《广东省立文理学院要览》，广东省档案馆馆藏，档案号：21-1-12.

[6][8][15]许慕斋：《战时的广东省立文理学院》，《民意周刊》，汉口，1940年第159期第9—10页。

[7][10]《广东省教育统计（三十学年度）》，韶关市档案馆馆藏，档案号：001-01-A1.16-274-001.

[9]黎品：《林砺儒院长主政文理学院最后两年的回忆》，华南师范大学校友会文理分会编《文理校友》，2018年12月第十八期第10—11页。

[11]陆良：《广东文理学院在连县》，《学生杂志》，1940年第20卷第6期第55—56页。

[12][19]汤擎民：《记广东省立文理学院：学习·工作·生活在南战场的边缘》，《青年月刊》，1940年第10卷第4期第36—39页。

[13][22]黄希声：《我们的好尚》，《文理院刊》，1943年第1期第1—5版。

[17]李缵绪：《桂头杂咏》，《文理院刊》，1943年第2期第20版。

[20]《春耕播种忙》，《文理院刊》，1943年第1期第7版。

[21]《武江种菜吟》，《文理院刊》，1943年第3期第7版。

（王独慎，华南师范大学教育科学学院博士后研究员，研究方向为中国近代教育史。）

连县：抗战时期的"小广州"

王独慎

全面抗日战争爆发以后，珠三角很快沦为战区，为保存教育实力和文化火种，原处广州的中高等学校纷纷迁离广州，转移到粤北山区继续办学。原本闭塞落后的粤北山区，一时间冠盖云集，教育呈现出繁荣的景象。在粤北期间，各校虽经流离，物资短缺，但弦歌不辍，教学和学术研究（成果）均成效显著，且同时开展抗战教育和民众教育，为中华民族的抗战事业做出了贡献。自抗战初期至1945年1月曲江沦陷前，内迁粤北办学的学校较为集中的选址主要有乐昌坪石、韶关曲江、连县三处（如地图所示），曲江沦陷之后，各校迁往罗定、信宜等地。连县在抗战时期成为学校汇聚和政府办公之地，成为省政府评定的实验县和示范县，有"小广州"之称。

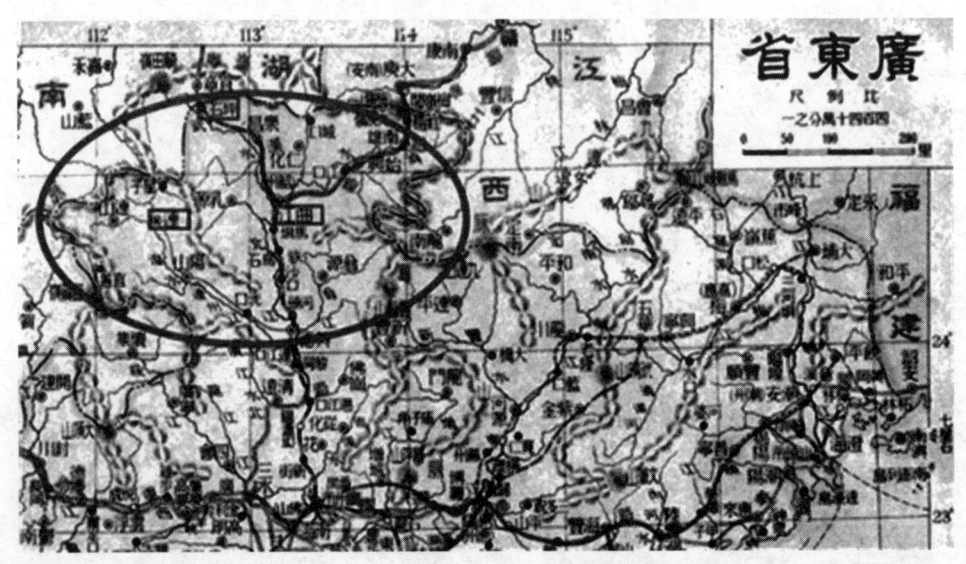

1933年广东省地图[1]（粤北部分，图中红色标注为笔者所加）
图片资料来源：OSGeo中国中心 https://www.osgeo.cn/map/m34c8

一、外地学校与省府重要机构迁来连县

位于清远市的连州（抗战期间称连县）本是粤北一座普通的县城，地处山区，交通闭塞，文化落后。抗战期间，连县因地处偏僻，远离交通要塞，反而使其少受日寇侵扰，成为一片不可多得的避难之地。为躲避战火，相继有广东省立文理学院、广东省立仲元中学、广东省立艺术专科学校、广东省立粤秀中学、国立中山大学分教处等学校迁入连县办学。众多学校的迁入遂使连县成为一个文化中心，一度出现文化繁荣的景象。

由右图可见，外地迁往连县的学校集中分布在连县的星子、东陂、三江城和连县县城。

连县为什么会成为抗战期间众多学校迁移办学的选址点呢？首先，这里地势险要，西、北、东三面诸多山地形成拱卫之势，易守难攻，乃历来兵家必争之地。且不同于坪石和曲江，连县远离粤汉铁路线，有利于躲避战火。其次，这里北面与湖南交界，长期是联系湖南和广东的商贸中转站，物产丰饶，商贸繁荣，能为大量涌入的师生提供基本的生活与学习物资保障。抗战期间，广东省先后有70个县（市）沦陷（70%陆域面积），连县是28个没有沦陷的县城之一。故而，当时的连县成为抗日战争时期广东省极为难得的"避风港"。广东省政府当局也曾先后在1938年11月、1939年冬天、1941年9月、1942年7月和1944年6月迁入连县。[3]省府这5次迁抵连县，每次时间都不太长，或短约数月，或长至半年。5次迁抵中，第一、二、五次是整体迁来的，而第三、四次只是部分行政部门迁来。省政府的迁抵，因部门随迁，人数众多，文人骚客集聚，带来了丰富多元的外部

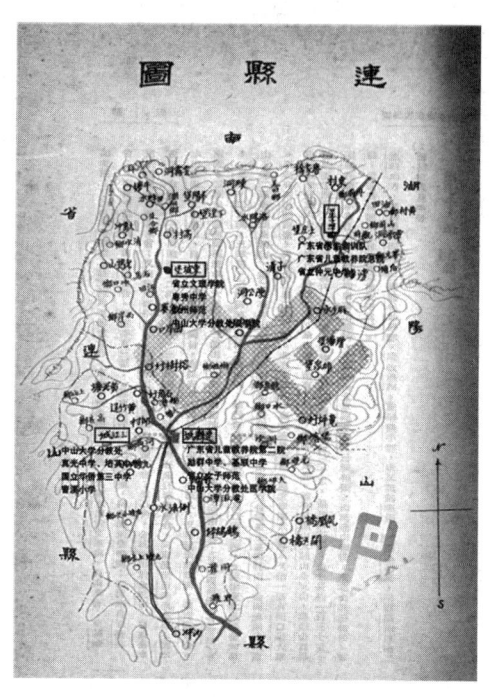

迁连办学的外地学校空间分布图[2]（图中标记为笔者所加）

图片资料来源：《广东全省地方纪要（附图）》第三册（1934年）

文明，这对当地经济、农业、建筑、教育产生了重大影响。连县也因省政府5次迁抵而被誉为"小广州"，一时成为广东省的政治、经济、军事和文化中心。

随省府迁来连县的单位、群团、实业，包括财政、银行、建设、司法、党部、参议、保安、军事、科教、文博、卫生、农林、交通、通信等各个方面。这些部门除一些机关驻于县城，其余大多分驻近郊及交通较为便利的墟镇，形成三路会中的结构（如左图）：一路在县城东北方向40余公里的星子，这是连县往坪石公路中段的一个大墟镇；另一路在县城西北方向20余公里的东陂，这是连县北通湖南蓝山的公路上另一大墟镇；还有一路就是县城往西向高良乡方向，直至三江墟。连县整体被划分为三大区域，围绕星子镇所在的是军事区，有广东省大中学校学生军事集中训练总队，广东省教济院、广东儿童教养院一分院、战时儿童第二保育院等；东陂镇所在的为文化区，有文理学院、粤秀中学（前身是文理附中）等学校；高良至三江一线为行政区，此路沿途地势平缓，田畴宽阔，交通畅达，所以分布的行政单位较多，省政府、银行、党部、法院等都驻在这一线上。

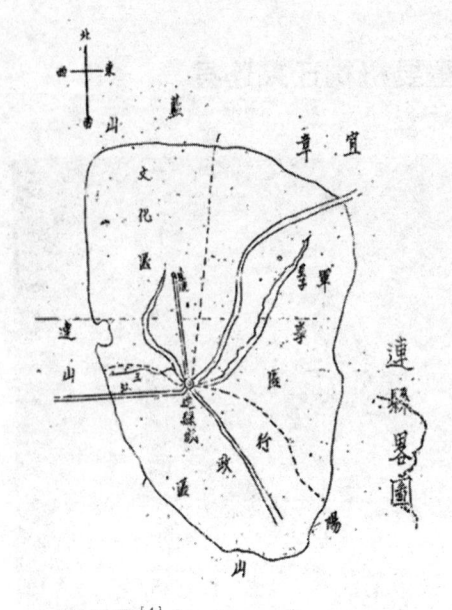

连县略图[4]

图片资料来源：连州市档案，档案号020-005-69-0280

二、抗战期间连县被评定为实验区、示范县

抗日战争开始后，广东遭受日寇的侵略，省政府于1938年10月仓促迁来连县。沿海各县受到日寇侵扰，日机不断空袭连县，韶关和其他较大的城市，人心动荡。省政府为稳定人心，振作官员军民的抗日士气，提高政治效率，鼓舞民众抗日情绪，除动员各界（尤其是共产党团结爱国人士及学校的爱国师生）大力宣传抗日外，还开展了实验县运动。1939年1月27日，由广东省政府主席李汉魂在连县香花坳召开省府第九届委员会第五次会议，决定定连县为社会教育

实验区，并准省府拨款1138元作为开办社会教育实验区经费。在共产党团结各界爱国人士和师生的推动下，各种抗日社团如雨后春笋蓬勃兴起，掀起了抗日高潮。连县到处可听到奋勇抗日、保家卫国的呼声，极大振奋了民心。省政府有感于此，于同年6月6日在韶关召开第三十七次会议，确定连县为广东省实验县，拟定实验县计划大纲，饬令连县按计划大纲，整理各项施政设施，并批准从6月份起按月增拨2000元，作为实验县的补助经费。连县县政府于8月11日，把补助经费预算及中心工作（即实验县计划大纲）实施进度呈报省府委员会。

省政府确定连县为广东省实验县后，省地政局于6月27日向省府委员会呈报连县地政实验区测绘组织规划草案，经批准后，立即拨款11650元作为办理地政实验经费，并拨给第二区（星子）、第三区（东陂）办理登记造册结束临时费2641元。第一期工作（登记造册）结束后，接着又向省府委员会呈报第二期地政实验中心工作计划（测绘图）及经费预算，得到省府委员会的批准施行。

省府会计处于7月4日拟订广东省设置县模范会计室办法，连同实验县（连县）将原有会计室改为县模范会计室计划报请省府委员会批示，以9月份起连县会计室定为县模范会计室，并由省府按月下拨370元作为创办模范会计室经费。

省教育厅也在8月25日提出签呈，拟具广东省义务教育实验区组织大纲，并派罗慕颐为义务教育实验区主任，专管连县、连山两县义务教育实验区。广东省赈济委员会于1940年8月27日向省府委员会提议，在连县龙坪筹建省移垦示范区，得到省府委员会批准办理，其经费则由华侨捐款垦殖专项下拨付。1943年8月初，广东省政府奉蒋介石"谕旨"，选定连县和龙川县为广东省示范县。

可见，抗战期间的省政府对于连县设置实验县的逐项工作投入很大，尤其做了大量地政工作。连县成为广东省最早完成测绘图的县份，为日后地政实施管理打下了良好基础。县城每条街道、每间房屋都绘有平面图，标明四周界至面积，房屋产权均有附图，所有田地均分段测绘成图并标明编号面积。龙坪垦殖区建于1940年，由省赈济委员会招收义民（抗战疏散的难民）500余人，在连坪公路牌坊处创办农场，安置难民种植油桐和其他经济作物、杂粮等，抗战胜利后将农场移交省社会处粤侨事业辅导委员会管，但人员已陆续迁回广州或返回原籍，只剩下那些无法返乡的贫苦难民，各自耕种为生。社会教育方面则设有民众教育馆、连县干部训练所，这两个单位坚持到抗战胜利，省办的儿童教养院直至抗战胜利才迁回广州。[5]

20世纪80年代连州镇平面图[6]
图片资料来源：《连县志》（1985年）

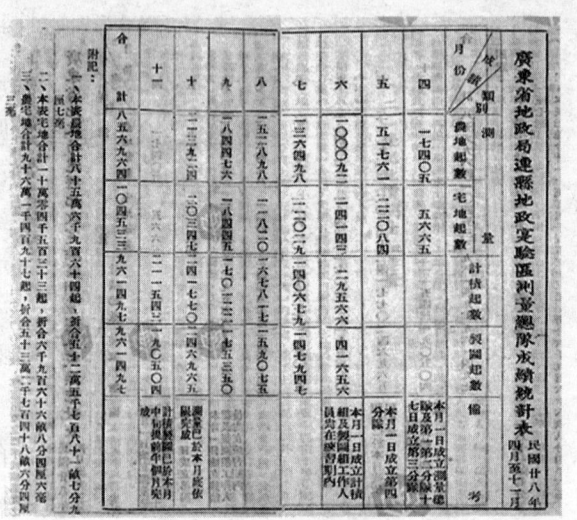

广东省地政局连县地政实验去测量总队成绩统计表
（1939年4-11月）[7]
图片资料来源：《广东地政》（1940年6月）

参考文献：

［1］OSGeo中国中心 https：//www.osgeo.cn/map/m34c8.

［2］广东省民政厅：《广东全省地方纪要（附图）》第三册，广州东明印务局，1934年版。

［3］广东省连州市政协文史委员会：《连县文史资料》第21辑，第2—3页。

［4］连州市档案，档案号020-005-69-0280.

［5］广东省连州市政协文史委员会：《连县文史资料》第17辑，第32—49页。

［6］广东省连县县志编写委员会编：《连县志》[M]，1985年12月。

［7］广东省政府秘书处编：《广东地政》，1940年6月，第23—24页。

（转载自南粤古驿道网）

抗战时期华南地区学校内迁连县办学概况

王独慎

抗战之前，广东省教育已具有规模。高等教育方面，有国立中山大学、国立法科学院、省立勷勤大学、省立体育专科学校、私立岭南大学、私立夏葛医学院、私立国民大学、私立广州大学、私立光华医学院、私立广州法学院共10所学校。而后1934年私立广州法学院奉令停办，1936年，夏葛医学院并入岭南大学，1937年，国立广东法科学院并入国立中山大学，则存7所学校。

广东省的中等教育在1927—1937年的10年中获得较大发展。当局鼓励私人办学，私立中学发展特别迅速且办学渠道多样，包括社团办学、氏族办学、私人集资办学、华侨捐资办学、教会办学等。全面抗战前一年（1936年），共有253所学校，另有14所师范学校也附设中学班，学生数共有62893人，教职员5668人，经费数6141600元，毕业生10919人，在全国统计占第一位。[1]其中，私立学校占中学总数接近49%。就广州市区而言，1933年有公、私立中学62所，学生22088人。自1932年度提出因地制宜、励行职业教育后，广州市的完全中学有30%开设师范科或商科。设师范科的中学有广东省立第一中学、广东省立第二中学、广东省立女子中学、南海中学、知用中学、执信中学、协和中学等学校；设商科的中学有广州市立第一中学、培正中学、圣心中学、长城中学及青年会中学等学校。[2]

一、抗战爆发与华南地区学校的内迁

七七事变以后抗战全面爆发，广州市频繁遭到空袭，教育经费和人员上受到影响，于是省厅当局在行政上进行了一番调整。省立勷勤大学改组，其原有工学院并入中山大学，商学院在原校址开办并改称省立勷勤商学院，教育学院则改称省立教育学院并迁往广西梧州。此时战火尚未真正抵达羊城，迁移和调整受行政改革影响多过战争。从1937年9月开始,一些市区内的中学为保安全,让学生能够安心上课,另择授课地点。例如私立大中中学等20多所中学就近选择比较安全的地点授课,而私立真光女中等10多所学校迁到港澳授课。及至1938年10月日寇南侵,广东局势危殆,广州市区各校迫不得已而相继转移。国立、省立高等学校(中大、体专、勤大教育学院、勤大商学院)迁往内地,私立及教会背景的学校(岭大、国民、广州大学、光华医学院)则迁往香港,市区内各类学校均停办。中学方面,省教育厅密令三角洲东江、潮汕及西江下游各校分别暂行休课或迁校授课。于是,省立庚戌中学等69校迁移到他处授课,而省立广雅中学等40多所学校则停课,其余各校在原址照常授课。1941年12月,太平洋战争爆发,不久香港沦陷。一些外迁港澳地区的中学开始迁往粤北。在港高校(岭南、国民、广州大学)纷纷内迁粤北山区,光华医学院停办。这样,抗战前创办的广东高校转到粤北的有:国立中山大学、省立文理学院、省立勤勤商学院、私立岭南大学、私立国民大学、私立广州大学,合称"粤北六校"。此六校之间常有一些共同举办的学生活动。抗战期间,粤省政府为适应战时教育的需要,于1942年初在粤北韶关成立省立广东艺术院,同年改名广东省立艺术专科学校。翌年秋,私立中华文化学院在乐昌成立,1944年,私立南方商业专科学校在曲江成立。至抗战胜利前,广州高校共计9所,在校学生3982人,教职员1462人,学校数比抗日战争前增加一所,学生却因战乱减少1254人。[3] 抗战后期,1944年秋,日本侵略军大举进攻粤北,在粤北的各学校又迁徙到粤西、粤东的偏僻山区。

二、迁移到连县的各校情况

(一)广东省学生集训队在连县星子

广州沦陷前夕,连县首先作为广东省学生集训队的训练地接收了一批学生。1938年暑假后,武汉、广州情势危急。国民党广东省政府决定9月进行一次高中以上学生军事训练。国民党当局在广州成立了广东省高中以上学生集中军事训练总队,总队长由省保安司令邹洪兼任。[4] 原本大学区团是在石牌中山大学集中训练。10月12日,日寇在大亚湾登陆,惠阳、淡水相继沦陷。没过几天,敌人迫近广州。集训队当局决定撤离广州,于10月18日转移到连县星子。此次集训,中山大学、文理学院都有学生参加。他们先乘火车撤退到坪石,而后步行到连县星子去受训。军训队驻扎在四甲城、黄村、四方城等处,总队下设区团、大队、中队、区队和班。当时有4个区团，学员1500多人，学员中许多是共产党员和青年抗日先锋队队员。如张明勋（即张江明，新中国成立后曾任中共广东省委宣传部部长）、莫福生、杨瑾英等，就是当时军训队的地下党员。青年抗日先锋队队员也有四五百人。[5]集训于1939年1月结束。此时，中大已迁往云南澄江，文理学院则在广西融县，有的学生疏散回家，有的学生返回学校上课，还有部分学生被省府迁连机构吸收安排工作，大部分学生转入省府主办设在三江的广东省行政干部训练所（简称地干所）继续受训。同年3月，省府迁韶关，地干所也随之迁往乳源县侯公渡。

（二）战时迁连的学校

战时学校的迁徙受战局影响至大。广州沦陷之后，省府北迁韶关，当时很多学校，包括从港澳回迁的学校都安置在曲江附近。然而，韶关作为战时省会，却并不安定。自广州沦陷后，粤汉铁路的南北两端尽在敌手，日军一直企图全线打通粤汉铁路。而韶关地处粤汉铁路线上，因此遭到日军几次入侵和频繁的空袭。在这种情况下，更为偏远的连县相对来说较为安全，于是成为曲江疏散的首选地。

自1939年开始，连县有两次相对集中的学校迁入。一次是1939年冬季，即第一次粤北战役时期，有省立文理学院及附中、钦州师范迁入连县东陂，广东省儿童教养院、省立仲元中学迁入连县星子。另一次是1944年夏至1945年1月，即豫湘桂战役的长衡会战和桂柳会战期间，[6]日军由湖南和广州两路进犯粤北，最终打通粤汉铁路线，坪石、韶关、乐昌相继失陷，众多学校迁来连县。计有中山大学分教处、南方商业学校、江村师范、国立第三华侨中学、真光和培英中学、曹溪小学、黄岗小学，这些学校大部分都迁入连县三江（今连南瑶族自治县县城三江镇）。此外，省立文理学院也短暂地迁回连县旧址。在这两次比较集中迁校之间，还有省立艺术专科学校、励群中学、省立广州女子师范分别于1940年、1941年和1942年迁入连县，基督教联合中学也于1941在连县成立。以下我们以时间为线索，详细叙述各校情况。

△1939年

是年冬，钦州师范迁来连县。1939年11月，为截断中国广西与越南的国际交通线，日军偷袭钦州湾，向南宁进犯。钦州师范学校正处在日寇进军南宁的通路上。在敌人到达钦州4个小时之前，钦师余下来的60多个师生，在校长伍瑞楷率领下连夜出走，途经上思、扶南、武鸣等县，绕过战火纷飞的南宁，徒步到桂林，由桂林转到正遭敌机轰炸的韶关，最后翻山越岭步行来到连县，最终选择在连县东陂四甲洞宝梵寺复课。由钦州来的教师4人、军训教官1人,还有4名职员和工人。上课后不久,补充新教师3人,学生60余人,其中简师一、二各一班,高师三年级一个班,普通科高中一年级一个班。各班人数多者10余人,少者六七人。1940年夏,校长由张开照继任。暑期,高师班六七人毕业离校。新招高师一年级、简师一年级各一班,共五六十人,大都来自连县及邻县。几个无力到外地升学的本地青年也被批准插班就读。除此之外,学校为了学生实习的需要,创办了一间附属小学,并于1940年春初开学。附小校长由钦师音乐教师黄子赓兼任(后期由师范教务员李芳兼任)。只招一个班,二三十人。用宝梵寺对面的旧戏台为课室。由于班级和学生人数增加,钦师又增聘了几名教师,其中有从附近的文理学院毕业的青年教师。[7]1940年12月,日寇退出南宁钦州。1941年6月中旬,钦州师范动身迁回白虎庙原址。[8]

12月,省立文理学院及其附中(粤秀中学)迁来连县。1939年秋,教育学院从广西搬迁回乳源侯公渡,改称广东省立文理学院。[9]之后,日军进犯广西的同时,困守广州的另一批日军试图打通粤汉铁路,进犯翁源、英德,逼近曲江。乳源近曲江,因曲江戒严,文理学院及其附中遂于12月从乳源县侯公渡迁至连县的东陂。学院设在西塘和江夏,附中设在塘头坪,为方便教师的小孩读书,在下山坪还设有文理学院附小。1942年初,当局为便于控制,将文理学院迁至韶关曲江桂头,学院由于经费缘故不能多置校舍,附中没有随同搬迁,而是承接了学院在连县西塘和江夏的校舍。2月,附中奉令改名为"省立粤秀中学",脱离文理学院,独立办学。[10]直到1945年抗战胜利,粤秀中学迁往惠州,与惠州师范合并,原在校的连阳学生,多转学连县中学或基联中学。[11]

东陂塘头坪村小学 文理附中办学旧址
资料来源:《连县文史资料》第5辑

12月,广东省儿童教养院第一院(总院)迁来连县。广州沦陷后,为安置军人遗孤、战时难童,省府主席李汉魂的夫人吴菊芳女士在儿童训练团的基础上建立了儿童教养院。儿教院由中赈会支持,收容的是学龄期儿童,"教""养"结合，不仅给予儿童生活上的照顾，还开设课程，培养儿童各方面技能，后来又创办了中学、职校等为毕业生提供升学和就业出路。儿教院于1939年8月在韶关近郊的沙园正式成立。不久之后，沙园收容的难童达到千人，便另外在连县城外的龙嘴成立第二院，此后沙园就被称为第一院。

位于连县保安镇的福山的广东省儿教院第四院
资料来源：吴菊芳《广东儿童教养院史史稿》

1939年12月下旬，韶关疏散，儿教院在疏散之首列。由火车先把儿童送到坪石，再由坪石步行入连县星子镇。儿教院迁来之后就没有再迁回韶关，沙园的院址此后作为接运站。因连县是粤北比较安全的地区，儿教院总办事处便陆续在连县城郊的元村、连县保安镇的福山，分别设置第三院和第四院。至此，儿教院的第一、二、三、四院都在连县。[12]1945年初，粤北战事紧张，韶关失陷之后，日寇也从湘南地区向连县侵扰，儿教院在连县的总办事处及四个分院撤离到了阳山一带。抗战胜利后，1946年3月，第一、二、三院迁至广州市岭南大学（今中山大学）附近，改名为"广东育幼院"。[13]

本年冬，还有省立仲元中学疏散来连。广州沦陷后，省立仲元中学于1939年秋才迁至韶关南郊2公里的鹤冲乡，学生约300人，当时的校长为邓仕来（北伐战争前，国民党粤军将领邓仲元之弟）。不久邓去了惠阳当县长，由黄敏余代校长。因韶关战局紧张，于本年冬迁至连县星子。1940年1月迁回韶关。1941年夏，由梁镜尧任校长。1945年1月24日（韶关沦陷前一日），日寇入侵韶关，梁镜尧校长率领70余名留校师生员工进行抗击，不幸中弹牺牲。同时牺牲的有梁校长的长子梁铁，教师梁冠球，学生张国常、邓焕燎、张永涛、梁加林等，受伤的师生有五六人。[14]仲元中学师生英勇抵抗日本侵略者的事迹震惊中外，广为流传。抗战胜利后，仲元中学迁往番禺市桥。[15]

△1940年

年底，省立艺术专科学校迁至连县。省立艺术专科学校是战时创办的一所艺术学校，抗战期间几番易名，数度迁徙，期间曾两度迁来连县。该校创办于1940年春，最初的校址在韶关西北郊塘湾，是在原儿童保育院的破棚3座基础上，再建棚2座，于1940年3—4月正式开学。当时称"广东省艺术馆"，设戏剧、美术、音乐3个部。馆长由省教育厅厅长黄麟书兼任，副馆长赵如琳兼戏剧部主任，教务主任胡根天兼美术部主任，黄友棣任音乐部主任。学生来源是由机关、团体、学校保送有一定基础的艺术爱好者并经考试录取，学习期限3个月或半年。当时，曾组织学生演出抗敌戏剧、歌曲和举行画展。1940年底，日敌北犯，韶关紧张，艺术院西迁连县，租赁了一间祠堂继续上课。不久日军退却，又迁回韶关。在市郊五里亭建大棚七八座做校舍，改名为"广东省艺术院"，学制改为两年毕业。一年后，由于院内科系尚未达到院体制，乃再改名为"广东省立艺术专科学校"。之后日军来袭，学院又要疏散，省府各厅迁连县，艺专也要随着搬迁。后来李汉魂又决定将连县的省府机关迁一半回韶关，于1942年底，再迁校于韶关上窑。师生组成"实验剧团"，对演出的内容和演技方面不断打磨，颇负盛名。曾于1944年赴桂林参加田汉、欧阳予倩、夏衍等人所发起和组织的"西南剧展"，演出多场并获得好评。1944年夏，韶关形势紧张，"艺专"因战事再次迁校连县。韶关沦陷后，连县吃紧，"艺专"再辗转迁于连山、梧州、开建、封川、郁南等县，后在罗定罗镜设校上课。1945年秋，日本投降，"艺专"再迁校广州，暂借宝华路正中的一所小学设校。[16]

△1941年

本年夏，励群中学迁来连县。励群中学原是韶关天主教开办的一所教会学校，设在韶关孝悌路天主堂内。由于韶关经常吃紧，励群中学于1941年夏，迁到连县县城东山街天主堂内复课。励群迁连后，在新的董事会理事长耿其光和董事伍岳嵩、严步云、王贵森、汪德忠、汤迪光、陈溢浦等的努力下，聘请当时在连州中学任教的黄芳仁为校长，原连中训育主任陈兆辉任教导主任，原连州中学教师陈瑞云任班主任，翟秩权任体育教师，继续招生上课。励群在连县只办初级中学，学生主要是连阳四县学子，共培养了3届，为连阳培养了不少人才，如上海复旦大学教授张自广等，就是该校的初中毕业生。1945年抗日战争胜利后，励群中学迁回韶关复课。[17]

9月，基督教联合中学在连县成立。省府北迁韶关之后，原在穗、港、澳办学的基督教会学校纷纷内迁。在岭南大学校长李应林、培英中学校长傅世仕等人的倡议下，广州的岭南大学附中、华英、培英、真光、美华、协和、真中、香港的岭英、协思、澳门的广中10所基督教会主办的中学，联合在连县创办基督教联合中学（简称基联中学）。该校于1942年7月立案，校址在连县城西双喜山原民望小学的旧址（当时民望小学已与光惠女校合并为民惠小学，在原光惠女校校址上课）。1942年秋开始招生，设有高初中各年级，每级一个班。学生除部分穗、港、澳青少年外，大部分是连阳学子。经费由上述十校维持。在此期间，由于各校学生纷纷由香港回到内地，因此有些学校，如培英、真光、岭南大学附属中学等又分出独立设校，但并未与基联中学完全脱钩，在基联中学经济困难的时候，还有个别学校主动出资援助。抗战胜利后，十校分别迁回原址复课，基联中学由美国长老会和连县基督教会继续主办。新中国成立后1951年，连县人民政府接管基联中学，将其改名为连县第一中学。基联中学前后经历了10个年头，是外来学校在连县办学时间最长的一所。基联中学历届校长有简国铨、杨景循、黄培肇和张兴孝等，他们都是热心教育事业的基督教人士。[18][19]

△1942年

6月，省立广州女子师范迁入连县。该校创办于1908年，广州沦陷后停办，后辗转迁到南海西樵。1940年6月迁到韶关北郊黄塱坝复校。1942年6月，该校从曲江迁到连县县城西北郊鸬鹚咀村。[20]全校分简师、普师和初中三个部分，每部分3个级，每级两个班，共9个级18个班。全校有50多名教职工，1000多名学生。校长是曾留学美国的李雪英女士，不少教师水平也很高。如校长的妹妹李雪鸿，也曾留学美国，原是岭南大学数学教授，广东有名的音乐家俞安斌和很有文学根底的黎敏子等都在这里任教。黎敏子、罗骥等老师，还是中共地下党员。这些老师，对女师教学质量的提高和学生思想的进步，都起了很好的作用。女师在连县的时候，开办了国民教育师资短期培训班，当时各县小学教师紧缺，女师请准省教育厅同意之后开设了速师训练班，由各县选送具有初中以上程度的学生到校培训，半年可毕业。[21]这个培训班对于解决战时国民教育的师资问题起到了一定作用。1945年11月，省女师迁回广州上课，在连县头尾4年。[22]

7月，私立真光女子中学迁来连县。[23]广州的真光中学是一所历史悠久的教会学校，由美国长老会派遣的传教士那夏理女士于19世纪70年代创办。七七事变后，广州日夜遭到敌军的轰炸，真光中学于此时撤出了广州。1938年，学校迁到了香港复课。1941年底香港沦陷，真光中学全校师生在校长何荫棠的率领下绕道迁徙到粤北，于1942年初到达粤北临时省会曲江。正值筹备复课之际，日寇的飞机又飞到曲江，对粤北临时省会进行大轰炸。全校师生只有撤出曲江，徒步到连县三江墟，借用中华基督教教堂为课室复课。在三江墟复课期间，真光女子中学打破传统，招收男生，此时真光学子仅剩下150人。1943年，粤北渐渐地恢复了安定。为了办学和生活的便利，真光中学又迁回了曲江，校

1942年真光中学以连县三江墟东门城楼为背景的复校开学典礼师生合照
资料来源：黄建国《走进真光中学文物建筑》

址在曲江郊外武水之滨的上窖。[24]

△1944年夏至1945年初（豫湘桂战役时期）

1944年春夏，日军发动豫湘桂战役，5月底，日军侵犯粤汉线，广东省民国政府要求战时省会韶关所有机关、学校于6月4日前紧急撤离。[25]但稍后不久，日军暂时放弃对广东的进攻，粤北局势渐趋缓和，直至1945年1月，粤北战局重又紧张起来。因此这一时期，很多学校于1944年6月份紧急疏散连县，而后有些学校又返回韶关或改迁他处。

5月底至6月，真光中学再迁连县，与同迁来的培英中学在双喜山办理联校。培英中学是真光中学的兄弟学校，两校的创始人那夏礼博士与那夏理女士是亲兄妹，真光为女校，培英是男校。抗战之前，两校校址都位于广州白鹤洞。培英中学于广州沦陷后迁至香港。1941年底香港沦陷，培英中学迁往澳门。1943年，培英中学从澳门迁回曲江，傅世仕为校长。后因日机轰炸，校舍被毁，迁东河坝继续开办，同时兼收女生，为该校高中部男女同校之始。1944年夏，日机侵桂，韶关被迫疏散。[26] 5月30日，真光女子中学接到撤出曲江的命令，再度迁移到连县，并选任李耀宇女士为校长。培英中学此时也从曲江迁到连县双喜山。两校的校长均是三江人，因两校关系原本密切，遂决定在双喜山联合复校，实行合教分管，在基联中学的背后搭起茅棚上课。真光中学的李耀宇校长决定以后不再招收男生，而此时真光女中只有66名女学生。两校合教，男女共班，初高中一、二、三年级各一个班，招入的新生多数是连县子弟。1945年1月，日寇又入侵连县。在接到连县政府下发紧急疏散命令之后，李耀宇校长率领真光女子中学师生又徒步走了30里路回到了三江墟，全校师生住在三江墟的教堂内。[27]1945年日寇投降，9月18日，真光中学滞留连县的师生返回广州，22日正式在白鹤洞复课。[28]

南方商业学校也于曲江疏散时迁来连县。该校是一所战时创办的大专院校，由广东财政学会部分会员于1944年1月创立，校址在韶关北郊黄岗小学内，以张导民为学校董事会董事长，许崇清为校长，设财务、会计、银行三科。韶关进行紧急疏散时，该校迁来连县，并在梅县设置分校，推张兆符为分校校长。分校设有财务行政、会计、土木工程、化学工程等科和税务训练班。1945年1月，韶关沦陷后，正校也迁往梅县与分校合并，并增设银行及工商管理两科。[29]

6月，省立文理学院自曲江迁回连县。1944年韶关紧急疏散时，省立文理学院校址在曲江桂头，学院已经在此办学两年多。接到消息之后，文理学院于6月从曲江启程，经坪石疏散到连县，当年9月又从连县迁移到罗定。[30]

本年秋，国立华侨第三中学迁来连县。抗战时期，为了安置大批海外华侨子弟和港澳青年回国升学，当局先后创办了3所国立华侨中学。其中，国立华侨第三中学于1942年10月创办于广东乐昌，校址设在风景秀丽的武江河畔杨溪安口村。[31]1944年秋，日寇入侵危及乐昌，为了师生的安全，学校迁移到连县，校址选在连县三江镇的石子坪、关帝庙和九隍庙。[32]侨三中在连县三江期间，共有高初中7个班，学生400余人。其中初一、高一都招收了大量的连县新生。校长周元吉、教导主任谷中龙、训育主任何绍甲，在当时教育界都有一

1945年真光中学以连县三江墟中华基督教教堂为背景的毕业典礼师生合照
资料来源：黄建国《走进真光中学文物建筑》

定的名望。抗日战争胜利后，1946年8月学校迁移到广西省龙州县。[33]

年底，省立艺术专科学校因战事再次迁校连县，详见前述。

1944年迁来连县的还有省立江村师范和黄岗小学、曹溪小学。江村师范于1929年3月在广州市北郊江村创办，是广东省著名的师范学校。[34]广州沦陷后迁至韶关北郊，之后又从韶关迁来连县附城水口乡，并曾在连县招生。但在连县的时间较短，不久便改迁韶关。此外，还有黄岗小学和曹溪小学也从韶关迁来，黄岗小学设在公园内民众教育馆旁边的公产屋，曹溪小学则在三江镇复课。[35]

1945年1月，中山大学部分师生迁来连县，设中大分教处。1944年中山大学当时的校址在乐昌坪石镇，接到疏散消息之后也计划撤离。然而就在学校准备疏散之际，战事突然又有转机，中大疏散放慢了步伐。直到1945年初，日军发动粤汉线战役进犯粤北，粤汉线失陷。1945年1月16日，日军占据湖南宜章县属栗源堡，并窜扰管坪、梅花等地，坪石陷于被敌包围之势。中大员生于仓促中分两路迁移：一路由训育长任国荣等率领辗转东迁到梅县；一路由教务长邓植仪、总务长何春帆率领西退到连县。何春帆率领的师生于1945年1月20日，由坪石突围，循连坪公路，抵达连县三江镇；由教务长邓植仪率领的各院部分师生，亦陆续从栗源堡、笆篱堡到达三江镇。于是就由这两部分师生组成中大连县分教处。研究院、先修班以及文、理、法、工、师范五学院师生均被安排在三江镇，农学院则设在连县东陂西岸，医学院设在连县城内。各院师生公推教务长邓植仪教授为连县分教处主任。[36]何春帆以及贷金委员会总干事董伯洵都是连县三江人士，在他们的多方筹措之下，安顿好了师生的食宿，并借用了莫屋祠堂、三江小学的宴坪图书馆等处作为课室，于1945年3月间恢复上课。抗战胜利后，中大连县分教处和梅县本部都迁回广州石

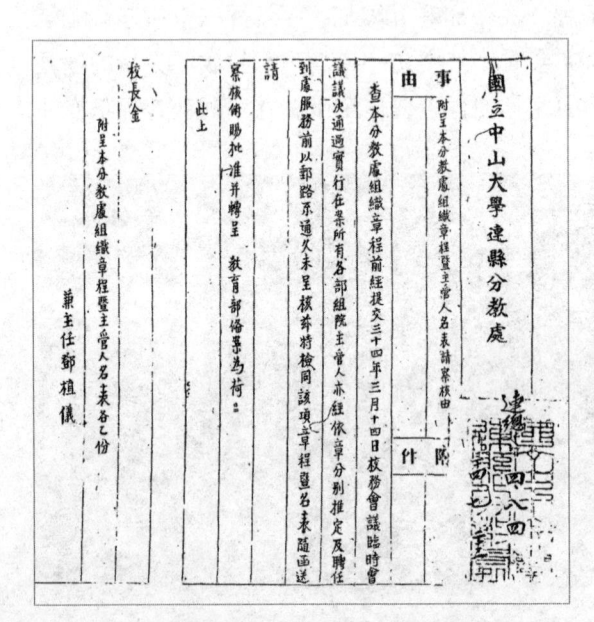

国立中山大学连县分教处呈本分教处组织章程等件的呈
资料来源：连州市档案，档案号：020-003-116-002

抗战期间迁至连县各校的时间分布图

牌原址。[37]

抗战期间，由于战时省会韶关经常受敌人侵扰，连县作为韶关疏散的首选地，为韶关附近的重要学校提供了避风港。总体来看，在连县办学时间较长的学校有钦州师范、省立文理学院、文理学院附中（粤秀中学）、广东省儿教院、励群中学、基联中学、省立女子师范学校、真光中学和培英中学、国立华侨三中（如上图所示）。这些学校迁来连县，得以在风景秀丽、民风淳朴的环境中休整和办学，持续地发挥它们培育人才、服务战时教育的作用，是民族抗战的重要组成部分。同时，内迁办学也有力地保存了本省教育实力，为战后教育复员和复兴奠定了基础。

外地学校迁入连县，对连县产生了重大的影响。首先，外地学校的迁入使得连县学子有了更多入学机会，它大大促进了连县的文化教育事业的发展。其次，这些迁连的学校促使邑内有识之士看到了兴办教育的重要性，进而激发了当地的办学热潮。抗战期间，连县当地人创办了多所学校，连县因之成为粤北教育比较发达的一个县。然后，迁连的学校传播了新的革命思想和抗战思想，提高了连县人民对于抗战的认识。最后，外来学校的迁入，带来了大量人口的增长，大大刺激了连县商业和各行业的发展，促进了连县经济的繁荣。

参考文献：

［1］《广东教育战时通讯》［J］，1936年第50期。

［2］［3］广州市地方志编纂委员会编：《广州市志》［M］，广州出版社1999版，第68页、190页。

［4］卢权主编：《广东革命史辞典》［M］，广东人民出版社1993年版，

第5页。

［5］［17］［19］［22］［33］［35］［37］广东省连州市政协文史委员会编：《连州文史资料》第21辑［M］，2005年版，第44—54页。

［6］豫湘桂战役自1944年4月开始，波及粤北的主要为第二、三阶段的长衡会战（5月25日至8月8日）和桂柳会战（9月8日至12月10日）。参见：郭雄、夏燕月、里效莲、李俊臣编著：《抗日战争时期国民党正面战场》［M］，四川人民出版社2016年版，第126—136页。

［7］中国人民政治协商会议连县委员会文史资料研究委员会编：《连县文史资料》第4辑［M］，1986年版，第52—56页。

［8］中国人民政治协商会议广西壮族自治区钦州市委员会文史资料委员会：《钦州文史》第1辑·钦州军民抗日斗争史料专辑［M］，1995年版，第48—49页。

［9］连县政协文史资料研究委员会编：《连山文史资料》第5辑·文理学院附中（粤秀）在东陂专辑［M］，1987年版，第48页。

［10］惠州学院校史编写组编：《惠州学院校史》［M］，暨南大学出版社2011年版，第4—6页。

［11］中国人民政治协商会议广东省韶关市委员会文史委员会：《韶关文史资料》第11辑［M］，1988年版。

［12］韶关市地方志编纂委员会编：《韶关市志》下［M］，中华书局，2001年版，第1887页。

［13］何国华：《民国时期的教育》［M］，广东人民出版社1996年版，第87页。

［14］［18］［23］中国人民政治协商会议广东省韶关市委员会文史资料委员会编：《韶关文史资料》第20辑［M］，1994年版，第128—145页。

［15］中国人民政治协商会议广东省韶关市委员会文史资料委员会编：《韶关文史资料》第18辑［M］，1992年版，第189—190页。

［16］中国人民政治协商会议广东省广州市委员会文史资料研究委员会编：《广州文史资料选辑》第25辑［M］，1982年版，第157—163页。

［20］［25］中国人民政治协商会议广东省韶关市委员会文史委员会编：《韶关文史资料》第13辑［M］，1989年版，第24—36页。

［21］郭海清：《民国时期的广州教育》［M］，广东科技出版社2013年版，第113页。

［24］［27］黄建国：《走进真光中学文物建筑》［M］，暨南大学出版社2012年版。

［26］安树芬、彭诗琅主编：《中华教育通史》第13卷［M］，京华出版社2010年版，第2893页。

［28］广州市芳本地区政协文史资料委员会：《芳村文史》第1辑［M］，1988年版，第61—62页。

［29］曹思彬：《广州近百年教育史料》［M］，广东人民出版社1983年版，第166—167页。

［30］《广东省立文理学院报告迁连重要事项》，广东省档案馆藏，档案号：21-2-19.

［31］黄绍胤：《诞生于抗日时期的国立第三华侨中学》［J］，《八桂侨刊》，1996年第4期。

［32］唐彪主编：《连南文史资料》第4辑［M］，第43—48页。

［34］罗进主编，广州市政协文史资料委员会编：《广州文史》第52辑·羊城杏坛忆旧［M］，广东人民出版社1998年版，第239页。

［36］黄义祥编著：《中山大学史稿（1924—1949）》［M］，中山大学出版社1999年版，第408—410页。

（转载自南粤古驿道网）

抗日战争期间外地迁连学校及其影响

邓怀森

连县地处粤北山区,抗日战争前,由于交通闭塞,文化随之落后。全县除了各乡镇设有小学之外,县城只有一所初级中学——连县县立中学。所以连县莘莘学子,想要升入高中、大学,就得坐几天船,辗转往广州投考;或走几天路,跋涉到韶关就读,升学确实不易。1937年卢沟桥事件爆发,抗战军兴。1938年10月,日寇进犯珠江三角洲,广州陷落,广东省政府在吴铁城主席率领下,仓促退到连县,在燕喜小学暂住,继而迁入三江香花坳,随后省属许多单位以及南路的一些大学中学以至小学,都纷纷迁到连县来。一座原来寂静的山城,时冠盖云集,熙熙攘攘,很是热闹。当时迁连的学校,有广东省大、中学校学生集中训练总队,广东省文理学院、广东省文理学院附中(后称粤秀中学)、广东省立女子师范、励群中学、钦州师范、侨三中、江村师范,真光女中和培英中学以及基督教会联合办的一间中学,名为基联中学,还有广东省儿教院、曹溪小学以及黄岗小学等。国立中山大学也设连县分教处。这些学校,分布在县城、三江、东陂、星子和保安等地。现将各迁来学校概况简述如下。

广东省大、中学校学生集中军事训练总队

广东省大、中学校学生集中军事训练总队(简称军训队)原是1938年夏广东省当局为适应抗日战争需要,对广州及其附近部分高中以上学生集中进行军事训练而设置的。1938年10月广州沦陷,军训队迁到连县星子,驻四甲城、黄村、四方城等处。总队下设区团、大队、中队、区队和班。总队长是邹洪,副总队长是李节文。当时有4个区团,学员1500多人,其中许多是共产党员和青年抗日先锋队队员。如张明勋(即张江明,新中国成立后曾任中共广东省委宣传部部长)、莫福生、杨瑾英等,就是当时军训队的地下党员。青年抗日先锋队

队员也有四五百人。

军训队在星子集训了3个月，于1939年1月结束。部分学生回各校上课，部分学生被省府迁连机构吸收安排工作，大部分学生转入省府主办设在三江的广东省行政干部训练所（简称地干所）继续受训。同年3月，省府迁韶关，地干所也随之迁往乳源县侯公渡。

广东省儿童教养院

广州沦陷后，为安置从日寇铁蹄下抢救出来的流离失所、无家可归的几千珠江三角洲难童，新任省府主席李汉魂的夫人吴菊芳，在韶关成立广东省儿童教养院（简称儿教院），收容这些难童，集中教养。总院设在韶关，下设7个分院，原分布在曲江、仁化等县。随后，有5个分院迁来连县。每个分院有1000多名难童，按军事编制，每个分院就是一个大队，下设中队、小队。按儿童所受教育的程度，分编在各个小队里。这样一个小队，相当于普通学校的一个班。所以儿教院里，有小学班，也有初中班。

迁连的分院，分布在星子的黄村、保安的福山、附城的元村至大布坪一带，仅黄村一处，就有二三千名难童。

这些难童，除了按普通学校课程上课外，也进行一些军事训练。日常生活相当艰苦，发下的衣服多不合体，10多岁的孩子，穿件大棉军衣，就像穿棉袍一般，吃也勉强果腹。当时的管教人员，也多来自珠江三角洲，他们多是不愿受日寇的奴役、不愿当亡国奴的爱国青年，其中不少是大专学生。

抗战胜利后，儿教院解散，这些难童，绝大多数回珠江三角洲去了，但也有一些留在连县，做了当地人的儿女、媳妇。

基督教联合中学（基联中学）

抗日战争时期，原在穗、港、澳的基督教会学校纷纷内迁。在岭南大学校长李应林、培英中学校长傅世仕等人的倡议下，广州的岭南大附中、华英、培英、真光、美华、协和、真中，香港的岭英、协思，澳门的广中10所基督教会主办的中学，联合在连县创办基督教联合中学（简称基联中学）。学校设在与县城隔河相望风景秀丽的双喜山上原民望小学旧址（当时民望小学已与光惠女校合并为民惠小学，在原光惠女校校址上课）。

基联中学于1942年秋开始招生,设有高初中各年级,每级一个班。学生除部分穗、港、澳青少年外,大部分是连阳学子。经费由上述十校维持。1945年抗日战争胜利后,十校分别迁回原址复课,基联中学由美国长老会和连县基督教会继续主办。新中国成立后1951年,连县人民政府接管了基联中学,改名为连县第一中学。基联中学前后经历了10个年头,是外来学校在连县办学时间最长的一所。

基联中学历届校长有简国铨、杨景循、黄培肇和张兴孝等,他们都是热心教育事业的基督教人士。尤其是张兴孝校长,当时他已年逾古稀,仍兢兢业业地辛勤工作,是一位毕生从事教育事业并享有盛名的教育界人士。抗日战争胜利后,基联中学由于经济困难,曾一度缩办为初级中学,他接任后,仍多方筹措,恢复了高中班级。教师李锡龄原是香港人,基联一创办,他就在此任教,当学校经费无着时他毅然回港卖掉家产,资助基联办学。当时在基联任教的还有中共地下党员,如当时连县中心县委书记李信、组织部部长冯华、宣传部部长杨士衡(杨重华)、党员郑昭萍(郑江萍),他们对连县的革命事业和教育事业都做出了卓越的贡献。

广东省文理学院和广东省文理学院附中(粤秀中学)

抗日战争初期,广东省立师范学院及其附中,从广州先后迁往广西藤县、融县之后,于1939年又迁回粤北乳源县,改名为广东省文理学院及广东省文理学院附中。同年年底,再从乳源迁来连县东陂。学院设在西塘和江夏,附中设在塘头坪,为方便教师的小孩读书,在下山坪还设有文理学院附小。校舍除一部分利用祠堂寺庙外,都是简陋的木板杉皮屋。

当时文理学院的院长是国内有名的教育家林砺儒,教师郭大力、熊大仁、王越、黄友谋、张栗原等都是著名的专家学者。学院设有中文、

塘头坪村外景

英文、数学、物理、化学、生物、历史、地理、体育等与中学教学相适应的专业。1941年学院院长由当时的教育厅厅长兼任，学院再迁回乳源。

文理附中迁连时校长是丁景堪，后由黄继植继任。文理学院迁回乳源后，附中就搬到江夏学院旧址，改名为广东省立粤秀中学，改任黎杰为校长。附中在连县开办时，主要办高中，到粤秀中学时，已发展成为高初中完备的完全中学，高初中都有三个年级，每级两个班，每班学生四五十人，共有学生五六百人。全校有教职员50多人，其中黄庆云、虞泽甫、梁汉生等都是进步教师，还有钟国祥、张越宽等中共地下党员学生。他们对革命思想在该校的传播起了很好的作用。

抗战胜利后，粤秀中学迁往惠州，与惠州师范合并，原在校的连阳学生，多转学连中或基联。

广东省立广州女子师范

1938年广州陷落，广东省立广州女子师范（简称省女师）从广州辗转迁三水西樵、曲江黄塱坝。1942年8月，由于粤汉沿线战事吃紧，又继续迁到连县县城西北郊鸬鹚咀村。在依山傍水的村旁，建起一幢幢木板屋作为课室、宿舍上课。青山绿水林荫下，确是学习的好去处。

全校分简师、普师和初中3个部分，每部分3个级，每级2个班，共9个级18个班。校长是曾留学美国的李雪英女士，不少教师水平也很高，如校长的妹妹李雪鸿，也曾留学美国，原是岭南大学数学教授，广东有名的音乐家俞安斌和很有文学根底的黎敏子等都在这里任教。黎敏子、罗骥等老师，还是中共地下党员。这些老师，对女师教学质量的提高和学生思想的进步，都起了很好的作用。

1945年11月，省女师迁回广州上课，在连县的时间头尾4年。

励群中学

励群中学原是韶关天主教主办的一所教会学校，设在韶关孝悌路天主堂内。抗日战争期间，由于韶关经常吃紧，励群中学于1941年夏迁到连县县城东山街天主堂内复课。

励群迁连后，在新的董事会理事长耿其光和董事伍岳嵩、严步云、王贵森、汪德忠、汤迪光、陈溢浦等的努力下，聘请当时在连州中学任教的黄芳仁为校长，原连中训育主任陈兆辉任教导主任，原连州中学教师陈瑞云任班主任，翟秩权任体育教师，继续招生上课。

励群在连县只办初级中学，学生主要是连阳四县学子，共培养了三届，为连阳培养了不少人才。如上海复旦大学教授张自广等，就是该校的初中毕业生。

1945年抗日战争胜利后，励群中学迁回韶关复课。

钦州师范

日寇于1939年冬进犯广东西路钦州一带，钦州师范师生在校长伍瑞楷的率领下，跋山涉水，迁到连县东陂四甲洞宝梵寺复课。1940年夏，校长由张开照继任。

原随校来的学生已经不多，复课后，暑期在连县招收新生，这些新生多为连阳子弟。

1941年钦州光复，钦州师范就迁回原址，所以钦州师范在连县的时间只有3年。迁校时，该校连阳籍学生多转学连中就读，连中也特别为他们办了师范班，还有一些钦州学生，考入了连中、基联继续升学。

国立中山大学连县分教处

广州国立中山大学于1938年广州沦陷后即迁往云南，20世纪40年代初又迁回粤北乐昌坪石镇。1944年冬日寇为打通粤汉线进犯坪石，中大员生于仓促中分两路迁移：一路由训育长任国荣等率领辗转东迁到梅县；一路由教务长邓植仪、总务长何春帆率领西退到连县。由于去梅县的师生人数较多，来连县的较少，所以校本部设在梅县，而连县只设分教处。连县分教处除农学院设在西岸外，其他院系都在三江镇安置。

由于总务长何春帆、贷金委员会总干事董伯洵都是连县三江人士，在他们的多方筹措下，安顿好了师生的食宿，借用了莫屋祠堂、三江小学的宴坪图书馆等处作为课室，在1945年春复课。1945年夏，日本无条件投降，抗日战争取得胜利，中大梅县本部及连县分教处同时迁回广州石牌原址。

国立第三华侨中学

国立第三华侨中学（简称侨三中），是穗、港、澳沦陷后，当局为解决大批华侨及港澳同胞的学子奔赴祖国后方升学而设立的。侨三中于1942年12月在乐昌县杨溪安口村创办，1944年日寇进犯乐昌，学校迁到连县三江，校址在石子坪九隍庙，1945年抗战胜利后，学校迁至广西龙州县。该校在连县时间前后2年。

侨三中在连县三江期间，共有高初中7个班，学生400余人。其中初一、高一都招收了大量的连县新生。校长周元吉、教导主任谷中龙、训育主任何绍甲，在当时教育界都有一定的名望。

由于当时学校经费困难，在邑人何次权、杨芝泉的大力协助下，得到了原连县当局拨给的一些经费，也得到民间团体（如商会、会馆）捐赠过一些台凳。

真光中学和培英中学

1944年韶关陷敌，原在韶关复课的广州教会学校真光中学迁到连县三江镇基督教的礼拜堂继续复课。后来又与随后迁连的教会学校培英中学合并，在县城双喜山基联中学背后，搭起木棚上课。原来培英只招男生，真光只招女生，现成为男女共班。高中、初中三年级各一个班，招入的新生多数是连县子弟。

真光校长是连县三江人李耀宇女士，培英中学校长是傅世仕。广东著名的音乐家梁得灵曾在该校任教，他也是连县人。

1945年秋，两校迁回广州原址。

省立江村师范、黄岗小学、曹溪小学

在抗日战争期间迁连的学校，还有省立江村师范和黄岗小学、曹溪小学等。江村师范原是广东一所著名的师范学校，设在广州附近的江村，抗战期间，于20世纪40年代初期辗转迁到连县附城水口乡，并曾在连县招生。但在连县的时间较短，不久便改迁韶关。黄岗小学和曹溪小学是在抗战后期粤北吃紧时从韶关迁来的。黄岗小学设在公园内民众教育馆旁边的公产屋，曹溪小学则在三江镇复课。

上述学校的迁来，无疑对连县产生了巨大的影响，这些影响是多方面的。

首先，大大促进了连县的文化教育事业的发展。抗日战争前，连县只有1所初级中学。1938年后，骤然增加了知名的大中院校10多所。这些学校，大都在连县招收新生，无疑大大方便了连阳学生的升学，不但小学升初中、简师，初中升高中、普师，再也不必长途跋涉到广州、韶关去投考、就读，就是高中毕业生，也可就近在连县上大学了。1944年中大在连县设考区，仅连州中学高中毕业生，这一年一下子就被录取了20多人，为历届连中学生同一年中考入同一大学人数最多的一届，可谓盛况空前。至于那时连县籍在校的中学生就更多了，少说也比抗日战争前多10多倍，真可谓人才辈出、桃李满园。这些当年有机会升学的学子，许多已经成为连县乃至全国各个岗位上有用之材。连县从一个文化闭塞的山区，一跃而成为文化蓬勃发展的地方，考其原因，实与外地学校迁连有密切关系。

其次，掀起了连县人士办学的热潮。外地学校的来连，使邑内有识之士，看到了兴办教育、培养人才的好处，认识到发展教育事业的重要性和必要性。在原连县县长何春帆、议长何次权、县立中学校长曾昭贻、燕喜小学校长杨芝泉以及热心乡邑教育事业的人士的努力筹划和邑人慷慨解囊踊跃捐输下，陆续把连县县立初级中学改为广东省立连州中学（完全中学），燕喜小学改为燕喜中学（兼办小学），还创办了星江中学、西溪中学。这股办学热潮，一直延续下去，使连县成为粤北教育比较发达的一个县。所以说，连县教育事业之比较发达，与抗日战争期间的办学热潮有关，而这股热潮，在一定程度下是受到外来学校的刺激。

第三，为连县输送了先进的革命思想。如上所述，各校迁连时，不少地下共产党员和具有进步思想的教授、教师、学生也随校来连。他们通过各种渠道，传播先进思想，发展革命组织，为以后连县乃至全国的解放事业培养了许许多多的革命志士，为新中国培养了许许多多的建设人才。

第四，提高了连县人民对抗战的认识，激发了他们的抗战热情。当时，每迁来一所学校，就像来了一支朝气蓬勃的抗日战争宣传队。各校许多师生，深受日寇侵略带来的颠沛流离之苦，他们利用假日、节日以及墟日，上街下乡运用戏剧、歌咏、演讲、墙报等形式，进行生动活泼的抗日宣传活动，有些学校（如粤秀中学、钦州师范等）甚至办起民众夜校，深入农村进行文化传播和抗战宣传活动，无疑大大激发了连县群众的爱国热情和抗日激情。

第五，带来了连县的经济兴旺。这10多所迁连的学校，教职员工学生人数不下几千人，再加上省府及其属下各单位的官员、家属以及其他逃到连县的人士，人数就更多，这就大大刺激了连县商业和其他行业的发展。单就书店而言，不单县城骤增了好几家，在东陂、星子也应运而生。连县街头，天天非常热闹，一时商贾倍增，好一派繁荣景象。这兴旺发达的原因，当然与各外校来连，人口增加带来需求增加有着密切的关系。

第六，增进了外地师生与连县的情谊。这些外来师生，许多人因缺乏校舍，住到当地群众家里，更由于与连县本地同学朝夕相处、互相砥砺，结下了亲密的友谊。几十年后的今天，这些外地师生，依然对连县的山水、乡亲、同学有着深厚的情谊。如侨三中的穗、港、澳校友，粤秀中学校友，他们不单与连县老同学组织校友会，经常联系，还组团回连县故地重游。当年儿教院的难童，有不少人已在港澳生活，他们也曾于前几年组团回连观光。可见许多当年外来的师生，与连县的感情是深厚的。

（录自《连州文史资料》第二十一辑，韶文化研究院整理）

抗战时期的粤北广东教育

廖 益

1937年7月,七七卢沟桥事变发生后,中国抗战全面爆发,随着日军占领华北,战火逐步蔓延至华中、华南。1938年10月,日军发动华南战役,登陆大亚湾,21日,广州沦陷,省政府北迁粤北韶关,广东的中高等教育亦随之北迁韶关。由此,广东教育在战时艰难动荡的社会环境中,在地方当局和教育界爱国人士的极力支撑下得以维持,从而使广东教育虽浴战火,仍赓续不绝,薪火相传。

一、广州沦陷前后的广东教育

在全面抗战爆发前的1936年,广东中高等教育主要包括国立、省立、县(市)立及私立四种体制,其中,国立、省立及县(市)立院校多为公办,私立院校多为教会兴办院校。中等院校分类有普通中学教育、师范教育及中等专科职业教育三类。时普通中学教育类除省内各县(市)设有一所省立普通中学或师范学校外,各地普通中等教育大多为教会及私立兴办学校,师范、专科职业学校或公办或私立。分布在广州地区的高等大专院校有国立中山大学、广东法科学院、省立勷勤大学、体育专科学校,以及私立岭南大学、广东国民大学、广州大学、光华医学院8所;分布在全省的普通中学253所,师范学校43所,中等职业学校27所[1],全省中等学校总数达323所,在校学生达73914人,在职教职工7163人。从1930年到1936年,全省中等学校、学生、教职工和毕业生的年平均增长率分别是4.87%、9.93%、2.93%、16.35%和7.7%;8所高等大专院校,在校学生6236人,教职工1604人,同比1935年在校学生和教职工分别增长4.1%和12.4%[2]。

1937年7月七七事变后,广东高等大专院校经历了调整,其中,广东法科学院并入国立中山大学。1938年8月，广东勷勤大学迁到广西梧州后，经省教育厅核准"一分为三"，其工学院并入中山大学，其商学院更名为省立勷勤商学院，其教育学院改设更名为省立教育学院[3]。

从七七事变到1938年10月广州沦陷前，尽管日军没有大规模入侵广东，然而，侵华日军凭借着空中优势，自1937年8月始，利用其占领的东南沿海的蒲台、担杆、三灶、涠洲与地澳等岛屿，作为其侵华基地和机场，利用舰载飞机，大肆展开对广东的轰炸。时在广州的国立中山大学、省立广东勷勤大学以及私立岭南大学，省立女中、中大附中、仲元中学、美华中学、协和女子中学等多所院校，先后被炸。因日机频繁的轰炸，民国广州市政府宣布初中以下学校全部停课，广州市内一些中学如广雅中学被迫迁校顺德，仲元中学迁番禺北部的蚌湖，部分教会学校包括私立真光女中等10余所学校迁往港澳。高等院校除勷勤大学疏散至广西梧州外，其余大多停课。仅在9月份，国立中山大学及其附中先后被炸10多次，学校一度停课2周。[4]

从1938年6月起，伴随侵华日军逐步将战火燃至华中，并蔓延至华南，日军飞机进一步加强了对广东的空袭。在此状况下，民国广东省政府指示，省内各中、高等校提前一个月放假[5]。

1938年10月，侵华日军为策应武汉会战，开始大规模入侵广东。12日于惠州大亚湾登陆后，随即发起广州作战，14日，广东军政当局发出通知，疏散市民，预备撤退，国民政府教育部也通知中山大学，即行迁校。由此，掀开了广东省内各中高等院校第一次大规模迁徙的序幕。

国立中山大学迁徙：根据国民政府教育部通知，中山大学成立迁校委员会，由萧冠英主持迁校罗定，19、20日两日，中大师生分批乘船，连同三分之一的校产公物，抢运出广州。11月初，正当中大在罗定准备复课伊始，再接教育部电"汇款不便，指示另觅桂、滇两省迁校"，中大遂又择定广西凭祥、上金、宁明各县为校址迁校。在筹备启运之际，又接教育部电告"日军谋在北海登陆"，指示中山大学迁往云南。12月1日，中大迁徙船队沿西江而上，从龙州走滇越铁路迁往云南，1939年2月，中大迁至云南澄江，3月1日，中大开始重新调整各学院、学系名称并部分复课，至5月，迁澄江的中大在完成各院系重新调整后，陆续开学。

广东省立教育学院迁徙：1938年7月，勷勤大学在广西梧州，根据广东省政府的改组决定，广东勷勤大学"一分为三"，工学院并入中山大学，独立建制省立教育学院和（勷勤）商学院。1938年9月，教育学院与商学院分别在广西梧州成立，10月初，新成立的省立教育学院迁往新兴天堂圩，后又迁云浮。广州沦陷后，省立教育学院迁往桂东南藤县禤州，并于11月7日复课。未及两个月，因西江战事告急，学院于1939年初，三迁至广西桂北融县，于1939年2月复课。8月，教育学院迁至粤北乳源侯公渡设校，9月初，在省政府第56次会议上，决议将广东省立教育学院更名为"广东省立文理学院"，时值新学年开学之际，经教育部批准，省立文理学院正式成立，校长仍由林砺儒担任。12月，第一次粤北会战爆发后，学校迁往连县东陂复课。

广东省立（勷勤）商学院迁徙：1938年9月，省立商学院在广西梧州成立后，于10月初，在代校长陆嗣曾率领下，学院迁往遂溪县麻章圩复课。1939年9月，学院迁返广州湾金桥，至1940年6月，学院再迁信宜水口村。

私立岭南大学迁港：1938年10月，广州沦陷前夕，学校紧急迁往香港，借地香港大学校舍复校，11月14日，学校复课。其中，私立岭南大学医学院（孙逸仙博士纪念医学院）在迁往香港后，一、二、三年级学生在香港大学校舍上课，四年级学生从12月起随香港大学医科四年级学生到香港玛丽医院上课。由于抗战时期内地迫切需要大量医务人员，因此，岭大医学院把五、六年级学生留在内地上课实习，参与实际救护及医药卫生各项工作，其中，一部分学生被安排到曲江循道医院上课实习，一部分则安排到上海医学院借读实习。

私立广州大学与广东国民大学迁徙：1938年10月，广州沦陷前夕，广州大学被迫分迁往台山、开平与香港等地。广州沦陷后，私立广东国民大学迁往开平复课，并在香港设立分教处；大学附中则迁校台山。

省立仲元中学迁徙：1938年10月，广州沦陷后，学校迁往粤北韶关，落籍韶关南郊鹤冲坪（乡），得时任第12集团军司令长官余汉谋支持，学校成为当时战时省会城市韶关的一所"名校"。1940年，梁镜尧担任学校校长。

省立志锐中学迁徙：学校原名广州私立建国中学，抗战全面爆发后的1937年8月，学校为纪念北伐名将许志锐将军更名为私立志锐中学。1938年10月，广州沦陷后一度停办，直到1939年12月，学校始在粤北始兴县文庙复办，校长张天爵。1941年7月，张发奎所属第四战区迁广西后，学校随迁至广西柳州。

省立教育学院附中迁徙：学校初名"省立勷勤大学附属中学"，1937年7月，抗战全面爆发后，因广州受日机空袭轰炸无法上课，勷勤大学西迁至广西梧州，附中则由番禺迁至开平上村复课，到1938年7月，租借卢村敦伦书院、黄家祠及盖搭棚厂为校舍。9月，勷勤大学"一分为三"改组后，附中更名为"省立教育学院附中"。1939年8月，省立教育学院奉令迁往粤北乳源侯公渡，附中亦从开平北迁至粤北乳源侯公渡宋田村。9月，省立教育学院更名为"省立文理学院"，附中亦随之改名为"省立文理学院附中"。

省立广州女师迁徙：七七事变后，广州屡遭日机空袭，广州女子师范自广州城区迁往南海西樵简村复课。1938年10月，广州沦陷后，学校一度停办。1939年暑假，部分留在港澳的女师、女中及广雅3间中学的学生共200余人，联合呈报广东省教育厅，要求解决继续就学问题，并决定在中山湾仔开设临时中学，后日军入侵中山，学校辗转澳门、香港。1939年8月，省教育厅派出老校长李雪英率全校生员取道沙鱼涌转韶关，在黄塱坝复校、复课。

黄埔中正中学迁徙：1938年10月，广州沦陷后，在校长侯志明率领下，全校生员随广东省政府北迁韶关，由于迁办经费的困难，学校一度停办。直到1939年冬，学校由黄埔军校校友会吴遒宪发起，筹备在乐昌复课，始得时任校友会董事长何应钦和副董事长张发奎、余汉谋资助，学校复办，由毕业于黄埔二期的校友王家槐任校长。

广州真光女子中学迁徙：七七事变后，伴随华南地区遭受日机日夜空袭，广州真光中学在校长何荫棠的率领下，撤离了广州白鹤洞校址，学校一度停办，原校址成为难童和妇孺收容站。直到1938年，真光女子中学迁往香港后，学校始得在香港铁岗体育学校复课，后再租借香港肇辉大厦办学。

广州仲恺农业职业学校迁徙：学校初名"省立仲恺高级农业职业学校"。1937年春更名"仲恺农业职业学校"，七七事变后，为避日军空袭，学校迁校于南海西樵官山墟。1938年8月，广州沦陷前夕，学校二迁到中山南屏乡。至1940年2月，中山沦陷，学校再迁校澳门复课。

省立广州高级工业职业学校迁徙：学校创办于1933年7月。1937年抗战爆发后，为避日机轰炸，学校迁往顺德大良镇。1938年10月，广州沦陷后，学校先迁澳门，后转往中山县。

二、粤北会战及香港沦陷后广东教育的大迁徙

抗战时期，广东省教育除经历"广州沦陷"的第一次大迁徙，先后再经历过两次大迁徙。一次是"粤北会战"后的大迁徙；一次是"香港沦陷"后的大迁徙。

（一）粤北会战后的广东教育大迁徙

1939年初，第四战区与战时省会城市在韶关成立后，韶关成为民国广东省政治、经济、文化、教育与军事中心，伴随以国共合作作为基础的华南抗日民族

统一战线的建立，全民抗战救亡运动群情高涨。然而，占领广州后的日军为全面扩大华南占领区，并打通粤汉铁路线，先后于1939年12月和1940年5月两次发动"粤北战役"，企图侵占整个广东地区。在此情势下，粤北抗战军民同仇敌忾，奋起抗击，致使日军企图破灭。

1940年5月第二次粤北会战胜利后，民国广东省政府发出："为倡导战时学术研究，鼓励知识分子内向起见。"开始采取资助方式，鼓励迁徙省外以及港、澳地区的原广东省区域内各类中高等院校迁回省内，由此，掀起了粤北会战后广东教育回归本省的"大迁徙"。

中山大学迁徙粤北韶关：1940年6月，在云南澄江的中山大学因春夏间遭遇滇南物价暴涨，师生员工生活日益困难，加之国民党CC派排斥、打击中大校长邹鲁，并夺取中大领导权，由此，引发了国立中山大学的"罢课"学潮。直至4月间，国民政府教育部任命许崇清代理中大校长后，学潮始告罢了。然而，此际的中大仍没有摆脱生活日渐困难的局面，适时民国广东省政府发出省内大学回迁广东省的号召，又因有日军策划从东南亚、越南进攻云南的消息传来，于是在代理校长许崇清的主持下，做出中大迁回广东省内的决定。

1940年8月，中大开始做撤离云南澄江准备。在时任第七战区司令长官余汉谋与战时省政府主席李汉魂的支持下，由广东省政府拨款30万元，作为学校迁校粤北乐昌安置费用，民国政府教育部拨款40万元，作为学校的搬迁费用[6]。9月22日，由余汉谋所属第七战区派出数十台军用车辆，帮助中大离开澄江，横跨滇、黔、桂、湘四省，进抵粤境，10月13日搬迁车队抵达韶关曲江，再转往乐昌坪石。从1940年9月，中大离开云南澄江，到1941年7月，中大迁至粤北乐昌坪石逐步复学，再到1942年下半年，中大在乐昌坪石完全复校、复课，迁校工作始初告完成。学校迁徙历许崇清、张云、金曾澄三任代理校长。

私立岭大农学院迁徙乐昌坪石：就在国立中山大学迁回粤北乐昌不久，1940年11月7日，私立岭南大学农学院亦迁至坪石，并于9日在坪石举行了新校址开基典礼。

早在岭南大学初迁香港实施战时教育后，学校为顺应青年学生共赴国难、参加抗战的意愿，于1940年初，决定岭大农学院部分先迁返内地，并将三、四年级学生安排到粤北开办农学院。是年3月份，农学院古桂芬院长在省政府主席李汉魂的支持下，解决了农学院在坪石办学土地与校舍建房问题，就在农学院初步完成建校后，古桂芬因病逝世。是年11月，农学院在坪石开学后，到1941年8月，奉民国教育部令，农学院设立农艺学系和园艺学系。年底，太平洋战争爆发，香港沦陷，在港岭大农学院一、二年级学生于1942年1月下旬迁到坪石，农学院办学始告与岭大校本部会集在了粤北韶关。从1942年至1944年秋，是岭大农学院在抗战时期最为兴旺阶段，时学院设有农艺、园艺与畜牧三个系，学生人数达140多人，时在岭大农学院内，会集了包括李沛文、邵尧年、李德铨、麦国珍、容启东、林孔湘等众多国内外知名专家学者。

在广东中等教育方面，按照民国广东省政府的要求，各普通类、职业类公办学校亦陆续迁往了粤北。

省立仲恺农业职业学校迁粤北：1940年7月，仲恺农业职业学校在香港和战时省会城市韶关分别刊发招生广告，在港有数十人报名，他们凭借初中毕业证免试入学。8月间，按照校长何香凝指示，学校与在港招收的新生及流亡澳门的师生员工，步行辗转惠阳、紫金、河源，经过江西三南，入境粤北南雄、始兴到韶关，在韶再招收两个班共54名学生，于9月抵达粤北乐昌西乡桂花村，此际的学校师生近200人。1944年6月，学校迁往云浮。

省立广州高级工业职业学校迁粤北：1940年2月，中山县沦陷后，学校转迁往粤北乐昌。1942年，学校将高级机械电机科一分为二，设机械、电机两科，并增设高级农田水利科，学校更名为"省立广州农工职业学校"。1943年，学校更名为"省立广州高级工业职业学校"。1944年初，学校改名为"广东省立工业专科学校"，同年6月，学校与省立仲恺高级农业职业学校迁往云浮。

（二）香港沦陷后的广东教育大迁徙

1941年底，日本帝国主义发动太平洋战争，香港沦陷后，广东教育出现二次"大迁徙"潮。广州沦陷后迁港澳地区的私立中高等院校，纷纷回迁至内地粤北地区。这次大迁徙，以私立岭南大学为主，包括私立广东国民大学、广州大学，以及先前由教会主办的培正、培道、培联等学校，大批迁入粤北乐昌、韶关与连县。

广东省立（勷勤）商学院迁粤北（曲江）桂头：1941年6月，迁信宜水口村的省立（勷勤）商学院，按照民国广东省政府通令各大学迁回粤北的要求，于当月结束了在水口村的校务，开始迁往粤北曲江桂头墟，与从连县东陂迁回曲江的省立文理学院同在一处办学。院长仍由陆嗣曾担任。1943年2月，院长由黄希声接任；1944年5月，再由黄典元接任。是年9月，学院再迁信宜县城，直至抗战胜利。

私立岭南大学迁徙曲江大村仙人庙：继1940年11月岭大农学院在坪石开学后，1941年3月，日军开始进犯广东沿海，为应对骤然紧张的战争形势，在港借地办学岭南大学开始筹划迁回内地的工作。为此,代理校长李应林往返粤北韶关考察迁校校址,得到时任第七战区司令余汉谋、广东省政府主席李汉魂的积极支持。12月,太平洋战争爆发,香港沦陷,岭大迅即迁往了粤北韶关曲江犁市大村。从1942年初开始,迁校工作持续采取边复学、边建设的复校方针,5月,岭大新建校区正式动工,至9月下旬,岭大校本部所在曲江大村仙人庙校区正式开学。

时校本部下辖文学院、理工学院与理科研究所,以及农学院、医学院等院系,学校聚集了包括李沛文、司徒卫、陈心陶、黄延毓、林树模、司徒汉贤、冼玉清等一大批著名教授与名师。1943年2月,岭大第二学期开始,据《抗战中的岭南·大事记》载:"……15日,第二学年开始上课,全校有学生456人。"7月,岭大举办了第24、25届全校毕业典礼。9月20日,新学年第一期开始上课,全校学生人数达517人。

私立岭南大学医学院迁徙韶关(曲江):岭大医学院随校本部迁徙至粤北曲江复课。然而,由于香港沦陷事发突然,致使岭大医学院包括图书、仪器遭受惨重损失,医学院无法开课。故此,医学院一、二、三年级学生,只能暂时安置到江西国立中正医学院借读(时岭大医学院院长陈心陶,随学生到江西国立中正医学院任教);四、五、六年级的学生,则分散到包括曲江循道医院及在粤北的各医院,或实习、或上课。

据《岭南大学校报》(曲江版)第一期载《今年(1942)医学院复课情形》记:

"本校自香港全部迁回粤北,今秋在仙人庙岭大村建校复课,曾于本年七月间在韶关、坪石、桂林、赣州、梅县、台山六区举行招考,文学院,农学各学系及医学院一年级新生,均在仙人庙岭大村新址复课,农学院一、二年级学生则入坪石校农学院上课,医学院则因图书、仪器关系,一、二、三年级学生,经呈教育部准在江西中正医学院借读;并得中正医学院同意。除将一、二、三年级学生,分批送往外,同时并派本校陈心陶教授,助教黄启锋、常川驻中正医学院协同授课。再四年级学生因需要医院实习至最近始商得河西循道医院同意,暂借该院病房实习,已于本年十一月十六日正式复课;五年级学生今春来韶时经分派在粤北各医院予以实习后,乃派往内地各医院实习。

"兹查本校三十一年度医学生借读江西国立中正医学院各年级者,计共六十二人(香港大学生一年级四名,二年级六名,三年级五名);在韶关循道医院复课者计十七人(香港大学生十一名),在内地各医院各医院实习者十人。"

时岭大医学院在校学生人数如下：一年级学生，共37人；二年级学生，共17人；三年级学生，共8人；四年级学生，共17人；六年级学生，共10人（五年级学生，因分派粤北各地医院实习后，乃派往内地各医院实习，故无统计）。

1943年岭大医学院在曲江仙人庙岭大村校舍建成，并添置了设备，此时借读了近2年的外地学生，始返校园上课。直至1944年底，日军进犯曲江，医学院撤往仁化。

私立广州大学迁徙韶关西河上窑：1941年底，太平洋战争爆发后，香港沦陷。广州大学全校员生，发扬正气，不为敌伪所诱，先后由校长陈炳权、教务长谭维汉、训导长黄毅芸领导，分批脱险抵韶。蒙教育部嘉奖，学校于韶关西河上窑复课。1943年底，曲江疏散，学校一度分别迁连县及罗定，旋因敌犯粤省西江，罗定不守，学校除一部分迁往罗定船涉墟（音译）继续上课外，其余一部分仍返回曲江。1945年曲江沦陷前，学校迁往连平，旋因连平陷落，复迁兴宁。唯在曲江疏散后，学校图书仪器如测量镜水准仪、计算机、电灯工厂等物在迁运仁化途中，适值敌军过境，尽被焚毁[7]。

私立广东国民大学迁徙韶关：1941年底，香港沦陷后，大学校本部于1942年春，迁曲江西河塘湾复校、复课，校长仍由吴鼎新担任。按照国民大学迁校通告，凡已回内地之侨港民大学生至开平或韶关两分校复课。1943年夏，时任广东省第二届临时参议会副议长的吴鼎新，为民大在韶关五里亭山建筑新校舍[8]。1944年6月，日军发动豫湘桂战事迫近韶关，学校迁往茂名。

高等院校迁徙粤北韶关的同时，省内部分在港澳地区的中等普通、职业类学校亦陆续迁入粤北韶关，其中，包括部分公办职业专科学校，以及私立普通中学等。

省立志锐中学迁回韶关：1941年底，太平洋战争爆发后，伴随东南亚国家的沦陷，在广西的志锐中学于1942年春，从柳州回迁至韶关十里亭新校舍，是年秋，学校增办高中部。1943年，学校两度被日军空袭炸毁，名誉董事长张发奎电谓："敌人毁之，我必复之。"学校一面收拾颓垣，一面继续上课，一面拨款修葺，于1943年冬，共耗资110万元，新修建膳堂、寝室、办公楼5座，到1944年春，全校建设大致完成。1944年9月，因韶关战事紧张，学校再度迁回始兴清化，6月，学校从始兴迁往连平、梅县，到达省政府战时所在地龙川，学校改为省立中学，更名省立志锐中学。抗战胜利后迁番禺市桥，于1946年8月再迁至韶关。

省立执信女子中学迁韶：学校于抗战全面爆发后，为避日军轰炸迁往南海碧村。广州沦陷后,学校迁往澳门。1941年12月,太平战争爆发后,学校自澳门回迁至粤北乐昌。

私立广州真光中学(女校)迁徙韶关：1941年12月,何荫棠校长率领真光女子学校的师生员工绕道迁徙到粤北,于1942年初到达粤北临时省会曲江。正当大家筹备着复课的时候,日寇的飞机又飞到曲江,对粤北临时省会进行大轰炸,全校师生只有撤出曲江,徒步到临近湖南、广西边界的连县三江墟,借用基督教教堂为课室复课。在连县三江墟复课期间,真光女子中学打破传统招收男生,在真光女子中学最困难的时候,体现出真光人"创造建设"的精神。此时真光学子仅剩下150人。

1941年底,香港沦陷后,除私立广州真光中学迁往粤北韶关外,另有包括私立知用中学、南武中学、力行中学,以及私立培英中学(男校)、华英中学、中德中学、私立培正、培道中学、私立基督教联合中学等(共10所中学),分别从港澳地区迁入曲江、乐昌、连县等地复校办学。

三、抗战时期广东教育在粤北韶关的新发展

从1938年10月广州沦陷到1944年5月,广东教育在粤北韶关经历了抗战最为艰苦的相持阶段和战略反攻两个阶段。期间,广东战时教育在救亡图存的民族抗战中,得到延续,薪火相传,一批院校在粤北抗战烽火中诞生。

(一)省立艺术专科学校的创办(二迁连县)

1939年初,第四战区与战时省会在韶关建立后,伴随大批省内文艺机关团体迁入韶关,一批文艺界人士亦撤到韶关。为适应抗战文化、艺术的需要,时任省教育厅厅长的黄麟书召集胡根天及戏剧家赵如琳、音乐家黄友棣商议,创办成立"广东战时艺术馆"。1940年,广东战时艺术馆在韶关西河塘湾成立。学校先设美术科,11月,再增设戏剧、音乐、舞蹈三科,学制为3个月到半年,学生主要来源为省内各机关、团体、学校中具有一定基础的艺术爱好者。

1940年下半年,因战事形势紧急,艺术馆一度迁至连县。1941年初,艺术馆迁回韶关后,于五里亭建竹棚七八座为校舍,并更名为"广东省立艺术学院",学制改为两年半。1942年初,由于学院内科系尚未达到学院体制,学院再改名为"广东省立艺术专科学校",校长为黄麟书(兼),副校长为赵如琳(兼戏剧科主任),教务主任胡根天(兼美术科主任),音乐科主任黄友棣,学校学制两年。是年5月,学校学制调整,设立戏剧、音乐及应用美术三科,改

聘原副院长赵如琳为校长，戏剧科主任为赵越，除保留原有的两年制本科及一年制训练班外，增设一年制师范科两班，以培养小学艺术师资。1942年底，学校迁至韶关西河上窑村，师生组建了"实验剧团"，在演出内容及演技方面，水平不断提高，颇负盛名。

1944年底，韶关沦陷前夕，学校分迁连县、梅县，后再辗转至连山、梧州、开建、封川、郁南等地，经"三易校名，十迁校址"，最后在罗定罗镜镇设校上课，直到抗战胜利后，学校迁往广州。

（二）国立第三华侨中学与第二侨民师范学校的创办

1941年底，日军发动太平洋战争后，为进一步掠夺东南亚资源，日军挥师南下，包括菲律宾、印度尼西亚、新加坡等国家相继沦入日本帝国主义的铁蹄之下。时各国华侨不甘沦为日军的奴役，纷纷举家或只身返回祖国，除大部分青年回国参加祖国抗战外，另有一部分青年回国求学。华侨的爱国、保家热情与同仇敌忾、共挽狂澜的义举，得到了当局的重视和赞赏。

为帮助回国求学青年华侨，按照国民政府教育部的要求，在华南地区包括福建、广西及广东境内，先后兴办多所国立华侨学校，其中在广东境内兴办两所华侨中学。一所普通华侨中学，校名国立第三华侨中学；一所华侨师范学校，校名国立第二侨民师范学校。

国立第三华侨中学：初创于1942年初，时教育部任命丘宝畴为国立第三华侨中学校长，来粤筹办创校及招生事宜，校址选在乐昌县的安口村。安口村靠近粤汉铁路杨溪火车站，右临武水，左侧为韶（关）坪（石）公路，校园建在山地沙梨园中，铁路、水陆交通便利。1942年10月10日，首届学生入学，学校正式开学。1944年上半年，学校掀起反贪污学潮，校长丘宝畴因包庇、坐地分肥，被免去职务，校长一职由周元吉接任。下半年，日军发动豫湘桂战役，企图打通粤汉铁路线，战事逼近粤境乐昌，学校疏散至连县三江镇。直到1945年8月，抗战胜利后，侨三中继续招生，但已很少侨生报考，学校改招当地自费生。1947年，侨三中迁往广西龙州，主要招收越南华侨子弟。

国立第二侨民师范学校：1941年3月，为培养华侨小学师资力量，著名爱国华侨陈嘉庚先生倡议创办中等师范学校。在国立第一侨民师范学校建设的基础上，为适应华侨小学师资需要，1942年7月，增设创办国立第二侨民师范学校，学校是一所"培养海外师资人才的高中师范类学校，亦为准备战后派往南洋各地从事中小学教育事业"的师资培养学校。学校课程设置除普通高中所具有的科目外，另开设有教育概论、教育心理学和中华民族发展史等课程。

学校校址设在乐昌老坪石"武阳司",坐落在原中山大学先修班旧址,临近武阳司小学与村庄。校园处于群山环抱、深山密林中,校门前下坡后,临近长流不息、清澈见底的武江河。学校校长郑伯豪,毕业于英国爱丁堡大学。1942年夏,学校正式开学,第一届学生共有240多名入学。至1944年10月,学校分别疏散至连县与粤东梅县,共招收了三届华侨师范学生。抗战胜利后,学校迁至广州西郊原私立美华中学校址复学。

（三）私立中华文化学院的创办

1940年8月,国立中山大学文学院院长吴康,在乐昌坪石创办国文专修科,不久专修科改为私立中华文化学院,校长吴康,学院在梅县设有分院。1944年秋,学院改设大学部。设立中国文学系、史地学系、新闻学系,并设置文哲学部、史地学部、生物学部。1945年1月,学校从坪石迁往梅县。抗战胜利后,学校迁广州。1946年春,学校增设哲学系、政治学系、经济学系、会计银行系,并设法律专修科、政治经济专修科、会计专修科。1947年5月,学校更名为中华文法学院。

（四）私立南方商业学校的创办

学校创办于1944年1月,由张刚毅、毛济沧、许崇清、黄麟书等人创办,校址设在曲江黄岗小学,校长由许崇清兼任,学校设财务、会计、银行、工商管理、经济五科。是年,豫湘桂战事迫近粤汉线,学校分迁连县与梅县。抗战胜利后于1946年春迁广州,由黄麟书任"董事兼私立南方商业专科学校校长"。

四、抗战胜利后的广东中高等教育

从1944年6月始,伴随日军进一步加紧对华南地区包括粤汉铁路线的攻击,迁粤北地区曲江、乐昌的各中高等院校开始分东西两路撤离,到1945年1月,韶关沦陷前,各院校分迁连县,仁化及粤东梅县、兴宁等地。其中,国立中山大学在梅县设校本部,并在仁化、连县设立分教处；私立岭南大学分迁连县、仁化；省立文理学院、法商学院分迁粤西信宜与粤东兴宁；培正、培道等中等学校,分迁湘南桂东等地,直到中国抗战胜利。

1945年8月15日,日本帝国主义无条件投降后,迁离韶关（曲江）后分布在粤北、粤东与粤西的广东中高等教育各院校,陆续迁回广州,到1946年,广东全省有高校共计9所。其中,国立1所（国立中山大学）,省立3所（广东省立文理学院、广东省立法商学院、广东省立艺术专科学校）,私立5所（岭南大学、国民大学、广州大学、中华文化学院、南方商业专科学校）。时全省在校学生3983人，教职员1463人，学校数比抗日战争前增加一所，但在校学生总数却因战乱减少1254人。[9]

据方志钦、蒋祖缘撰《广东通史·现代（下）》之"抗战时期广东中高等教育情况统计表"[10]载，到1945年战时全省中高等教育情况如下。

战时广东中等教育基本情况①

年份	普通中学			师范学校			职业学校		
	学校数	学生人数	教职员人数	学校数	学生人数	教职员人数	学校数	学生人数	教职员人数
1937	241	55739	5566	42	7367	789	24	4409	727
1938	223	57095	5352	27	6160	597	16	2903	553
1939	219	58165	4350	25	3701	465	15	1551	314
1940	175	54000	3744	27	4526	551	14	2054	300
1941	187	61897	3801	27	5714	615	14	2330	295
1942	215	74869	4447	37	7449	800	18	2829	330
1943	289	87346	5868	48	1102	1147	25	4127	504
1944	336	81259	5750	52	10435	1206	36	3930	584
1945	403	124597	8693	63	12100	1500	41	4820	845

战时广东高等教育基本情况②

年份	大专学校数	学生人数	教职员人数
1937	7	5178	1137
1938	8	4425	693
1939	5	1957	416
1940	7	4859	1040
1941	7	5887	1076
1942	9	6734	1282
1943	9	6873	1443
1944	11	3982	543
1945	13	10990	1462

注：

①1939年，中山大学迁云南澄江，该校学生数、教职工数未计入。

②1944年，因粤北战事，国立中山大学、私立中华文化学院（未准案）册籍散失，故数字较1943年度减少。

从1937年七七卢沟桥事变全面抗战开始,至1945年8月中华民族抗战最终取得胜利,广东教育经历了历史上最为动荡的8年。期间,自1938年10月广州沦陷,广东教育经历第一次大迁徙;至1940年6月,再经历第二次大迁徙;到1941年12月,太平洋战争爆发,香港沦陷后第三次大迁徙,广东教育经历了民族抗战中最为艰苦的磨难。然而,广东教育在战时颠沛流离的艰辛中,仍不断前行,一批教育精华辗转至湖南与广东交界处的粤北,于曲江坪石、大村、东陂等地的山野林地结茅立舍,坚守教学科研,将教育与国家命运、民族前途紧密联系,为抗战的坚持与最后胜利,为积聚力量、培养人才做出了重要贡献。

注:作者系韶关学院校长。

参考资料:

[1]广东省政府统计处编:《广东省统计资料汇编》,民国三十四年(1945)十月。

[2]《抗战时期广东教育损失调查报告》,载《广东省抗战时期人口伤亡和财产损失》,中共党史出版社2018年版。

[3]黄麟书:《广东政治新阶段的教育》,载《广东政治》第1卷第1期(1941年9月)。

[4]《国立中山大学日报》1937年10月15—18日。

[5]《国立中山大学日报》1938年6月8日、9月5日。

[6]黄义祥:《中山大学史稿》(1924—1949),中山大学出版社1999年版。

[7]王志远:《抗战八年之广州大学》,载《广州大学十九周年纪念特刊》(1946)。

[8]吴鼎新,载《传记文学》第五十卷第六期。

[9]郭海清:《民国时期的广州教育》[M],广东科技出版社2013年版。

[10]方志钦、蒋祖缘主编:《广东通史》[M],广州:广东高等教育出版社2014年版,第857—860页。

林砺儒教育思想与文理附中

黄庆云

林砺儒院长"是一位笃实而正直的学者,就一位忠诚勤恳的教育家。他为培养中国新的青年一代,为中国的教育事业献出毕生的精力"(楚图南《林砺儒教育文选·前言》)。林院长从事师范教育、中学教育数十年,他的教育理论和实践,给辛勤劳动的园丁很多启发和鼓舞。

1939年,由于国民党一些领导人物指责教育学院不应开设新哲学等课程,林院长将院名改成广东省文理学院,以保留原有系科课程和进步教师。这年秋,学院和附中迁到乳源侯公渡。这年冬,因日寇进犯韶关,转迁连县东陂,学院设在江夏村,附中设在塘头坪。在林院长倡导的民主、进步、探索真理之光,认识社会,改造社会的教育思想的感召下,中区临时中学、南路临时中学、庚戌中学和港澳地区中学的大批学生,涌至东陂;附中学生人数激增,单是高中二年级学生就增加到近二百人;附中师生在这里过着艰苦而朝气蓬勃的学习和战斗的生活。

林院长是坚持学生要德、智、体全面发展和具有民主、进步思想的。林院长在北京高等师范学校工作时,教导学生说:"教育家要培养进步的人格,以适应进步的社会。"(林砺儒《教育危言·序》)1922年,他兼任北京高等师范学校附中主任,在就职讲话时,提出"中学教育是全人格教育,其基本任务是文化教育,是人们需要的普通文化修养的最高水平……应加强文化科学智识的教学"(林砺儒《我的中学教育见解》)。他主张"培养学生发现问题、解决问题的能力"(林砺儒《环境中心的课程改造》)。在当时他还积极支持工人运动和学生运动。

"九一八事变"后,林院长任中山大学教授兼教务长。1932年秋兼任广州市立师范学校校长。他强调德、智、体全面发展,实施全人格教育,加强文化科学智识教学,领导教师提高教学、教育质量。1935年届市师毕业生,人才济济，正是林院长的教育思想和老师们辛勤培育出来的花朵。

1933年秋，广东省立勷勤大学成立，林砺儒任教务长兼教育学院院长。他在"纪念周"讲话中要求学生努力学习，用现代文化科学知识改造自己的思想行为；国家正处于内忧外患中，应认真考察形势，判断应付危机的办法。（《勷勤大学》月刊，一九三三、一九三四年）他强调学校的教学工作要适合青少年身心发展的特点；反对课业负担过重；不赞成中学毕业会考（林砺儒《从批评中学新法令说到未来的改造》）。

1937年，勷勤大学改组，教育学院独立为广东省立教育学院，林砺儒任院长。他提倡思想自由、学术研究自由，聘请进步教授张栗原、尚仲衣、李平心、陈守实来校讲课，开设讲马列主义原理的新哲学课程等；接收被学校开除的进步学生入学；认为学生可以组织各种社团，开展学术研究和抗日救亡活动。林院长还积极支持中共地下党员领导学生组织战时后方服务队，办夜校，宣传抗日救亡，并亲自担任总队长，利用假期组织师生下乡宣传。这样，整个学院经常有爱国、救亡、探索真理之光的活动，充满着自由、民主、进步的气氛。

教育学院改称文理学院，和附中一起迁到连县东陂之后，师生们继续发扬了这种优良的校风和传统。附中地下党员领导学生秘密组织读书会，还组织"文苗社"歌咏队剧团等公开团体，团结同学，探索真理之光，广播文化食粮，开展抗日救亡活动。

当时，文理附中的丁景堪校长与林院长共事多年，而附中的老师，又大多数是林院长的学生，大家都努力贯彻林院长的教育思想，在课堂内外，对学生进行政治道德教育，培养学生进步的人生观、世界观；加强文化科学基础智识教学，努力提高教学、教育质量。当时，附中的同学来自祖国各地，程度、兴趣并不一样，但老师们按青少年身心发展的特点，因材施教，辛勤浇溉。尽管当时待遇微薄，生活艰苦，但在困难当头，全民奋战的形势下，仍含辛茹苦，埋头工作。他们看到塘头坪上，"桃李竞芬芳"，内心欣慰，有些要求进步的教师，还不怕国民党当局的迫害，努力争取和进步师生多联系，传阅《新华日报》和马列主义著作，并敢于在课堂上、辩论会上宣传进步的人生观、世界观和历史观。在假期中教师们也和学生一样，组织宣传队下乡。有一次，老师们下乡演出《放下你的鞭子》街头剧，化学老师丁毅庵扮演"伙计"，我滥竽充数，扮演"卖艺老汉"。因为没有女老师参加，崔曾达老师自告奋勇，扮演"香姐"角色。他用毛巾把长胡须包住，再用彩色毛巾包在头上扮成"香姐"。后来他得了个"胡须香姐"的称号。

当时，国民党当局是不容许我们在课堂内外这样干下去的。

1940年夏，丁校长突然召集我们几个文史教师到校务处，说："上级寄来文件，点名警告你们，说你们在课堂上散布'反动'思想。"我们看到文件上引用的"资料"都是我们在课堂讲述的观点。这是谁反映上去的呢？我把事情告知和我接触较多的进步学生。他们经过调查知道是前一段时间军训教官……曾向学生借阅听课笔记。事实说明：向上反映的就是他！消息传出后，群情激愤。不久，在塘头坪早操场上，演出了一幕"殴打军训教官"的活剧。

后来国民党当局发来一个命令，强要附中教师集体加入国民党，谁不加入，就不发聘书。老师们向学校质问，丁校长回答说："这是上级命令。"我和蔡英华老师到林院长寓所，请示应付办法。林院长沉默一会才说："集体加入吧！"然而，国民党当局并不罢手，还下令免去蔡英华老师的职务。1941年初，又下令改组文理院，免去林院长的职务，激起学院、附中师生义愤，轰轰烈烈的挽林运动，坚持斗争两个多月，林院长仍被迫离职；丁校长也被免了职。政府当局指派人来学院、附中"整顿"。师生们遵循林院长平日教育："我们要探索真理之光，我们要广播文化食粮。那怕魔高十丈，恶战千场，把争取民主进步的斗争继续下去。"当局为了分而治之，加强控制，把学院迁到乳源桂头，附中改名粤秀中学，从塘头坪迁到学院旧址江夏村。

这时，粤秀中学中共地下党组织已发展一批学生党员，一并通过秘密组织"读书会"，团结进步同学和学生骨干，通过一些公开组织团结大多数同学；而且，教师中有地下党员。这样，粤秀中学进步力量仍然占优势。因当时国内政治情况、东陂情况与附中时代大不相同了，要像过去那样活动是不行的，只能通过各种公开组织，进行活动。例如，举行比赛演出、联欢会、讨论会和旅行活动等，进步同学主持下的各班班会竞相出版墙报，枫林里出现了"墙报海洋"。"叶红如火"的枫林，在我们脑海里留下了难忘的印象！

华南师范大学建校以来四首校歌解读

华南师范大学

华南师范大学自1933年8月1日广东省立勷勤大学师范学院创建至今，先后使用过四首校歌，分别是1933年广东省立勷勤大学校歌、1939年广东省立教育学院校歌、1941年广东省立文理学院校歌以及1991年华南师范大学校歌。前三首校歌均为新中国成立前学校前身使用过的校歌，笔者发现，这三首校歌歌词均出自林砺儒先生之手，歌词内容丰富，所蕴含的办学理念一以贯之，充分展现了林砺儒先生对师范教育办学的精神追求和对学院学生的期许。本文拟从各校歌历史背景、歌词内涵解读以及校歌之间的内在关联，看学校办学精神的传承与延续。

一、广东省立勷勤大学校歌

广东省立勷勤大学校歌（1933）
林砺儒作词

沧智有水，依仁有山。
黉宫屹立，典范留人间。
敬教劝学，通商惠工，
分科专业，多士陶镕。
为学务时敏，进德求日新。
我思齐兮古公勷勤！
我思齐兮古公勷勤！

1933年8月，为纪念一向追随孙中山先生、为民主革命做出突出贡献的古勷勤先生，广东省政府和广州市政府共同设立勷勤大学，将广州市立师范学校改办为师范学院，广东工业专科学校改办为工学院，同时新建商学院，三个学院共同组成勷勤大学，设校董会为大学最高机关，并荐校长。

校歌成于勷勤大学新成立之时，师生们意气风发，专注于求学问道。三个学院，三个专业，尊崇古勷勤先生，向其看齐。

"沧智有水，依仁有山。黌宫屹立，典范留人间。"这其中山与水的映衬，取的是"智者乐水，仁者乐山"，黌宫即学宫，指勷勤大学的教学主楼，泛指整个学校，总起来的意思就是在珠水之滨、白云山畔，勷勤大学屹立于世间。这两句是歌词前言性质的内容。

"敬教劝学"，尊重教育劝勉学习，即重视教育、尊重师者，同时劝勉社会大众勤于修学。"通商惠工"，即畅通贸易，给工商业者带来好处。"分科专业，多士陶镕"，是在共同阐述学校的办学理念：分三个学科，多专业熔炼、培育造就人才。这就点明了勷勤大学的办学情况和宗旨。勷勤大学分设师范学院、工学院及商学院。师范学院以培养中等学校师资为主，工、商两学院，除造就工程师、商业专家外，还培养中等职业学校师资，以供推广职业学校之需要。[1]师范学院专为培养中学师资而设，工商两院在培养工业和商业人才之外，也要培养中等职业学校师资，所以说学校总体办学思路上具有浓厚的师范特色。

"为学务时敏，进德求日新。"即做学问要谦虚好学，时刻策励自己，自身德行的修养与锻炼，也需要每天都有所增加、更新与提升。这两句是讲治学态度的。

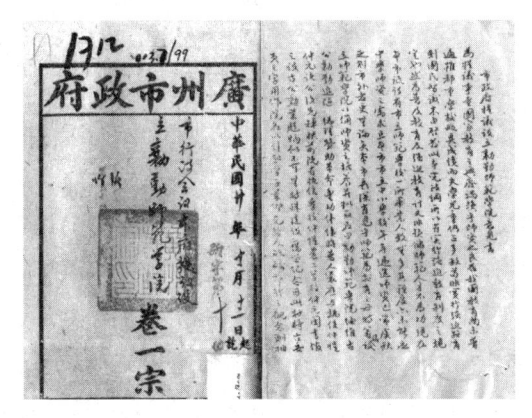

市行政会议本府提议设立勷勤大学师范学院
（广州市国家档案馆馆藏档案）

广东省立勷勤大学校歌

最后重复讲"我思齐兮古公勷勤",即点明学校的建立是为了纪念古勷勤先生,要求师生们应向古勷勤先生看齐。这里面,对于需要向古先生哪一方面看齐,勷勤大学管理者们是有不同看法的。陆嗣曾副校长在其讲话中曾提及:"本校之设立,固然为造就人才,一方面也是为着纪念尽瘁革命,功在党国的古勷勤先生。勷勤先生是一个最努力革命的实行家,是一个最忠实的三民主义信徒,是一个富于学问和道德,以服务为目的而薄视权力的贤者。诸君在这里修业,要以勷勤先生为模范,将来出到社会,才能像勷勤先生那样去做大事业。"[2]而林砺儒先生同样曾提及他所理解和定义的向古先生看齐是何种意味,他在学校纪念日演讲中明确指出:"古先生最大的志愿是为社会做教养底工作,而本校三学院恰好是分头研究教育,工业和商业,合起来不外是'教''养'二字。今后本校能够对于民族和人类有不朽的教养两方面底贡献,这就是古先生不朽。这一番意义希望本校诸同事和诸同学都深切地体认!"相较于其他学校管理者多从所谓"三民主义"入手讲学习古先生,林砺儒先生则明显有意避开这些,直接回归了古先生之本职工作——教养社会(古先生长期掌管国民政府财政工作),强调各学院师生应当在各自领域中钻研,以求将来如古先生一般有教养社会的本领,这才是真正地传承古先生遗志。这首歌词是由林先生所写,所以歌词中所含内容显然也是他演讲词中所说的内涵,其他两院如何执行暂且不论,但由林先生任院长的师范学院(后改名教育学院,华师前身院校),显然是按照"教养社会"的理解来向古先生看齐的。

整首歌词分别阐述了勷勤大学的办学理念、所崇尚的治学态度,以及勷勤大学所纪念的精神内涵。

二、广东省立教育学院校歌

广东省立教育学院校歌(1939)
林砺儒作词

革命源泉珠海东
吾校巍然树宗风
学术是讲,师道是崇
教学期相长,体用求贯通

愿吾友生齐努力
建国原为教育功
最后胜利操我手
复兴民族责我躬
还我河山还我校
重整乾坤进大同

　　1937年全面抗战爆发，因日军轰炸广州，勷勤大学教育学院于当年10月西迁至广西梧州，借用广西大学理工学院课室上课。1938年7月，勷勤大学教育学院在梧州时，广东省政府第121次会议决议：改组勷勤大学，将工学院并入中山大学，商学院改为省立勷勤商学院，教育学院则独立为广东省立教育学院。9月1日，广东省立教育学院在广西梧州正式成立。学院的改组是有一定社会历史背景的。当时已经掌握全国军政大权的南京国民政府主席蒋介石，对当年"南天王"陈济棠发起创办勷勤大学以纪念他的政敌古勷勤早已极为不满，遂利用该校迁校而致各学院分散各地的机会，下令改组勷勤大学。这样的改组，实际上是南京国民政府企图削弱地方力量的一种手段。[3]

　　1939年4月，国民政府教育部要求教育学院就本院历史环境及一贯之精神，制定校训、校歌，昭示诸生以必遵之准绳，学院奉令召开会议讨论后认为，"本院以研究教育学术、培养师范学校及中学之健全师资，而促成义务教育，改进中等教育为一贯宗旨，故校训定为'修己立人'，校歌亦以研求学术，尊崇师道，复兴民族，跻进大同为要旨，俾员生知所共勉。"这份报告是在1939年7月呈报给国民政府教育部的，报告清楚地讲明了确定校训校歌具体原因，就是学院培养健全师资的一贯宗旨。

　　"革命源泉珠海东，吾校巍然树宗风"是开篇之词，讲教育学院是创建于革命源泉的广州。

　　"学术是讲，师道是崇。"其中

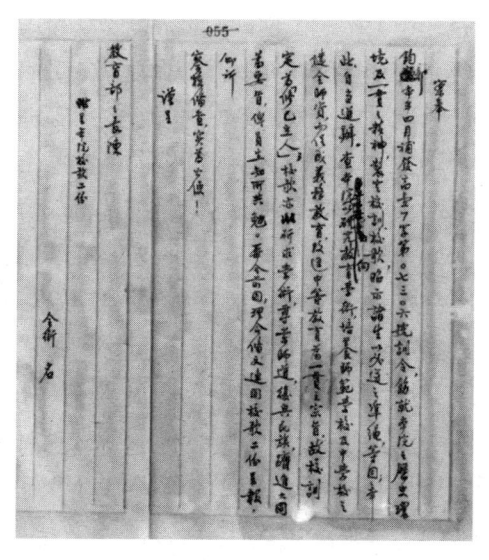

广东省立教育学院呈报本院校训

广东省立教育学院校歌
（广东省档案馆馆藏档案）

"是"是用于前置宾语"学术""师道"之后的助词，无实在意义。所以本句就是讲学术、崇师道，即学院师生要注重学术研究，要尊崇师道。在很多人眼中，师范学院就是个培养教书匠的所在，而林先生始终认为，师范教育不能丢了学术研究，师范生的知识学习并不仅仅表现为各类知识的相加，教师的学问功底也不以知识的堆积程度为衡量标准。他认为："所谓'学问充足'，是对于某种专门学问之全野有赅博的透彻的了解，时时刻刻追得上学术进步的新潮流。"林砺儒看到，当时国内的中学教员大抵有一个通病，就是安于熟练而没志气以追上学术界的新潮流，所以往往毕业后任职几年，不知不觉自己的学问已落伍了，还死抱着那一套熟练的东西，而不知道已成高头讲章了。他认为导致这一现象的社会原因固然有多种，"而自身没有求深造的能力和工具，赶不上学术界的前线，确是原因之一。"[4]所以，林院长特别重视师范生科研能力的培养，在主持学院期间，经常排除万难坚持出版学术期刊，并鼓励师生开展科学研究，在迁徙期间，学院师生做苗山考察、秤架山调查、瑶寨调查等等。"尊崇师道"就更好理解。师范学院培养教师，理应首先尊崇师道，以身作则。这两句是对学院一贯追求的明确阐述，虽然这期间学院数易其名，但以研究教育学术、培养中学师资为宗旨的师范教育方针却一以贯之。

"教学期相长"，即希望教与学相长，林先生要求教育者与被教育者彼此精神接近，从而更加容易了解被教育者，塑造民主平等的师生关系。[5]"体用求贯通"，即体用贯通，"体"的意思是主体，主要是指在核心理念、价值观和原则方法。"用"的意思是辅助，主要是指在行为方法、工具和产品等方面。关于体用的问题，中国近代学者一直探讨如何结合，最著名的提法就是"中体西用"，林先生希望师生在体与用的问题上能够实现体用贯通，就是核心思想与具体方法的统一。

"愿吾友生齐努力，建国原为教育功，最后胜利操我手，复兴民族责我躬。"这四句很连贯，意即希望广大师生都一起努力教与学，通过我们的努力使得教育真正成为国家独立和民族复兴可依靠的有力支撑。这里的"最后胜利"即指抗战的胜利和从列强的侵略中摆脱出来，"复兴民族"则是更进一步。在求得民族独立之后，中华民族如何谋复兴？我们认为，民族独立和民族复兴都需要靠教育做基础支撑，这就是所谓"建国原为教育功"，而师范乃教育之母，教育的成功需要通过我们之手（广东省立教育学院仍然是以研求师范教育学术、培养中学师资为己任的）来培养充足的、合格的中学师资。所以"最后胜利操我手，复兴民族责我躬"，这几句突出强调学院的师生应当有这样的责任与担当。

"还我河山还我校，重整乾坤进大同。"这两句作为结尾，与当时的时代背景直接结合。国家层面，山河破碎；学校层面，学院背井离乡，远离石榴岗故土。我们的奋斗目标首先是"还我河山还我校"，希望通过我们的努力，抗战能够尽快取得胜利，学院能尽早回归石榴岗故地。而我们的长远目标则是回归儒家之"大同"理想，这同时也是孙中山先生所求之"天下为公"。

三、广东省立文理学院校歌

广东省立文理学院校歌（1941）
林砺儒作词

民族抗战的烈火，炼出了我们这支青年军。
走遍了险阻，历尽了艰辛，却淬砺了奋斗精神。
我们要探索真理之光，我们要广播文化食粮。
那怕魔高十丈，恶战千场。
同学们，挺起胸膛，放大眼孔，
这是我们的校风，这是我们的大勇！
同学们，挺起胸膛，放大眼孔，
这是我们的校风，这是我们的大勇！

1941年，抗日战争进入相持阶段后，由于日军加紧政治诱降，也由于恐惧人民武装力量的发展，国民党顽固派反共反人民的倾向日趋严重，不断制造反共摩擦。为配合反共逆流，国民党自然推出各种反动言论，一时间反动言论泥

沙俱下，此时更加需要国民能够明辨是非。

学院在这种情况下，也面临了空前压力，因为林院长主持下的学院积极主张抗战救国，坚决反对内耗，同时学院进步活动非常活跃。这惹恼了国民党当局，最终下令免了林院长职务，激起了文理学院师生的反抗，师生掀起"挽林"斗争，林先生大受感动之余，也希望同学们能够继续保持这份救国报国的心、追求真理的执着，可以说这首校歌是林先生当时心境和主张最直接的反映。正是基于以上背景，相较于勷勤大学和教育学院校歌的浓重书卷气，文理学院的校歌就显得更加直白，气势也与之前两首歌大不相同。

广东省立文理学院校歌

在民族抗战的烽火中，艰难险阻淬砺了文理学子的奋斗精神，在此基础上，林先生进一步提出，同学们应当排除万难去探索真理之光，广播文化食粮。这里的万难就是歌词中的"魔高十丈，恶战千场"。这里的"魔"包含外敌如日本侵略者，也包括反动当局的政治压迫，这正契合了当时的时事，同时也是今后同学们将要面临的现实局面（林先生离开后，反动当局开始对学院实施高压统治，辞退进步教授，开除进步学生）。林先生希望同学们即使在这样的艰难形势下，依旧保持那份长期以来形成的"校风"和"大勇"。

不同于前两首校歌，笔者在广东省档案馆留存的档案和学校公开发行的出版物当中，始终无法查到官方文件版本的《广东省立文理学院校歌》，基本可以认定，1941年后学院官方层面一直未曾认可林院长留下来的这首校歌，同时也未另行撰写校歌。另一方面，学院师生则均认可这首歌为学院的校歌，比如在1946年8月，广东省立文理学院中文系主任何爵三教授出任院长，他在就职演说中就以校歌的"挺起胸膛，放大眼孔"勉励全校师生，希望文理学院能够再度崛起，可见这首校歌已经深深根植于文理师生的脑海中。出现这种现象的原因，则是因为校歌中所弘扬的校风。反动当局之所以撤换林院长，就是因为国民党当局想让林院长改换校风，林院长坚决拒绝，当局遂以扣发经费相威胁，林院长被迫辞职。他临走前的这首校歌，点明了学院由他培育出来的不为当局所容的校风具体是什么，并希望广大师生能够将之发扬光大。新来的徐颂平等人为了执行上级指示改换学院校风，自然不能坐视这一形势的蔓延，故而攻击校歌，最终引发同学不满而遭到同学们的驱逐（有关"挽林"运动和"驱徐"运动将在之后的推文中推出）。

四、四首校歌间精神内涵的传承

（一）新中国成立前三首校歌之间的关联

按照广东省立教育学院呈报校歌、校训的文件的说法，"就本院历史环境及一贯之精神，制定校训、校歌，昭示诸生以必遵之准绳"，所以校歌、校训是对学院历史环境和一贯之精神的归纳和阐发，其用途是昭示所有学生，并要求所有学生以此为标准遵照执行。民国时期这三首校歌阐述了同一个学校在不同时期的"历史环境"和"一贯精神"，更难得的是这种阐述均出自同一人之手，因此从"一贯精神"的角度来讲，肯定是有很强的传承关系，其办学理念和风格无出其右。当然了，校歌同时还会体现创作时的"历史环境"，这在三首校歌中都有很明显的体现。

"历史环境"方面，校歌体现出了学校创办不同时期的历史背景。勷勤大学建校之初，广东省的政治环境相对安定，师生意气风发，在象牙塔中求学问道，歌词明显融入了很多儒家治学和进德修业的态度与方法，以及儒家的理想追求等。等到抗战全面爆发，学校被迫迁徙，林先生喊出"还我河山还我校"的呼号。再到1941年，抗战进入相持阶段，国民党当局消极抗日积极反共，打压进步势力，钳制学院思想，林先生又进一步提出学院师生应当不畏艰难去探索真理之光，不能为国民党的高压统治所屈服。

"一贯之精神"，也就是校歌内涵中的内在联系方面。勷勤大学、教育学院、文理学院，首先学校始终坚持师范立校。勷勤时期提出"敬教劝学"，要求师生尊重教育和教师，要劝导社会大众热心学习。教育学院时期则指出"建国原为教育功"，要求师生努力学习专业知识和师范技能，依靠自己的双手为教育事业添砖加瓦，校训更明确提出"修己立人"，同样是从培养者的角度强调师范生要先修己正身，然后去教化学生。而到了文理学院时期，则提出师生要探索真理之光、广播文化食粮，与教育学院校训中所讲的"修己立人"如出一辙，都是要求师范生自己先勤奋求学，再用所学向社会广布知识，从而达到"立人"的目的。

其次，三首校歌都非常重视培养师生爱国情怀、民族复兴责任担当意识。勷勤时期，林先生所指的"我思齐兮古公勷勤"就是希望同学们学习古先生教养社会的本领，从而为社会的进步贡献力量。抗战时期的教育学院，更是直接提出"最后胜利操我手，复兴民族责我躬"，明确要求教育学院学子要扛起复兴民族的重担。文理学院时期，指出我们在民族抗战的烽火中淬炼，这种淬炼，就包括了参与到民族解放、民族独立的斗争中，林先生鼓励广大师生参与到抗日救亡的民族事业当中，先后组织了战时乡村服务团、战时教育工作社、战时后方服务队等社团，带领全校师生参与到抗日救亡的宣传与实践工作中。

第三，治学上。勷勤时期提出"为学务时敏，进德求日新"，要求学生知识和品德都时时求进步。教育学院则要求学生讲学术、崇师道，教学相长、体用贯通。文理时期，则突出强调不畏艰险探索真理之光。

总结起来，三首校歌内在的关联在于三句话：追求真理，使我们认清反动统治的虚伪，不断探索，从而找到共产主义的光明道路；自觉扛起民族复兴的责任，使我们一往无前，不畏艰险；坚守师范教育，为国家培育充足、合格的师资，是我们最好的武器。正是这样的"一贯之精神"，造就了众多的进步学生和爱国志士，他们在学院长期的熏陶下，坚持排除万难探索救国真理，并在实践中不断践行抗日救亡、复兴民族的神圣使命，而最重要的，是学院的同学们大都能坚守中学教学岗位，为民族复兴的伟大事业培养和造就了一批又一批栋梁材。

（二）师范文脉在华师的传承

新中国成立后，华南师范大学一直没有自己的校歌。1987年2月23日，学校校徽、校歌、校风准则征集小组首次发布《关于征集我校校歌、校徽作品和校风准则的通知》，征集校歌、校训、校徽，不过直到1991年10月23日学校40周年校庆前夕，学校才正式确定并公布校歌。这首歌歌词由时任校党委书记黄家驹同志撰写，并由音乐系雷雨声教授谱曲。歌词内容如下：

华南师范大学校歌

（黄家驹作词）

浇灌红花数十年，培育英才万万千。
建设祖国锦绣河山，华师儿女奋勇当先。

> 珠江滚滚红棉艳，岭南大地草木春。
> 改革开放阳光好，华师园里花烂漫。
> 艰苦奋斗众志坚，严谨治学成风范。
> 求实创新重开拓，为人师表代代传。
> 教育改革宏图展，师范园地好摇篮。
> 培育祖国栋梁材，神圣职责我承担。
> 向前向前向前，华师儿女永远向前！

（1989年11月学校校报刊发学校校训并要求大力加强校风建设）

据黄家驹先生回忆，创作校歌歌词的时候有三个想法：第一，要突出华师几十年的教育成果和培养目标；第二，要跟校训配合，反应校训的精神，突出华师办学的方向；第三，希望校歌要严谨，但要追求生动活泼，容易上口。在这三个想法的指导下，校歌歌词渐渐成形，经过几个人最后的润色，终于确立了如今我们所接触到的校歌歌词。校歌的歌词两部分，第一部分是对华师历史使命和实际效果的阐释，第二部分则将校训进行展开。[6]

根据歌词，华师的培养目标和教育成果就是"浇灌红花、培育英才"，仍然围绕着培养中学师资的使命，注重培养"为人师表"的师范生，要求广大师生坚持"艰苦奋斗、严谨治学"的风范，注重求实创新，开拓进取。这些追求与新中国成立前学院的追求是高度一致的。四首校歌都突出师范教育和对师范生的素质要求，同时在治学上都要求同学们严谨治学，求实创新，在实践中不断探索真理之光，最终也都希望同学们担起复兴民族和为祖国培育栋梁材的神圣使命。

通过对学校历史上各个时期校

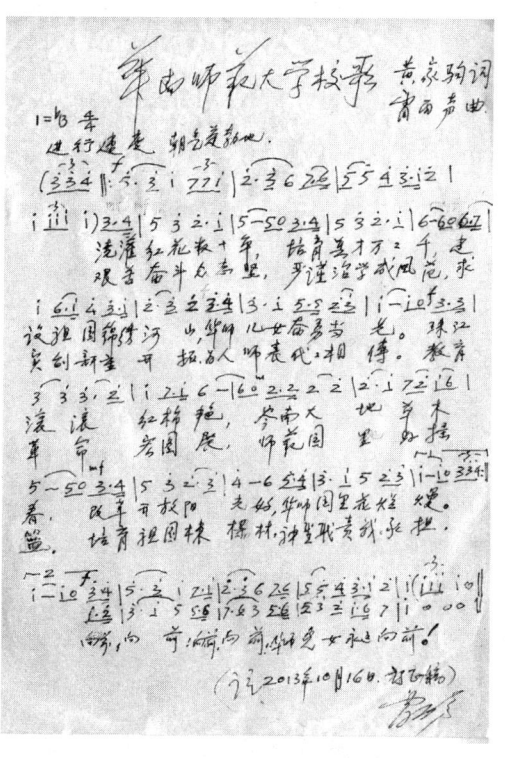

2013年80周年校庆雷雨声教授重新订正的华南师范大学校歌手稿（华南师范大学档案馆馆藏档案）

歌的回溯，我们可以清晰地看到我们坚守的"一贯之精神"，这就是华师人一直以来的初心。我们应当始终牢记育人使命，不忘教育初心，为国家、社会培育更多的栋梁材。

参考资料：

［1］《筹办勷勤大学计划纲要》，《勷勤大学师范学院月刊》，1933年9月25日第一期第1—2页。

［2］陆嗣曾：《陆副校长在本校二周年纪念会致开会词》，《勷大旬刊》，1935年11月21日第九期第10页。

［3］华南师范大学校史编写组：《华南师范大学校史（1933.8—2003.8）》，广东高等教育出版社2003年版，第24—25页。

［4］王建军：《大学精神的坚守与失落——华南师范大学校史溯源》，华南师范大学学报（社会科学版），2003年8月，第125—133页。

［5］黄家驹、何国华：《林砺儒教育思想研究》，广东教育出版社1991年版，第188页。

［6］小昭：《黄家驹与华师校歌诞生的故事》，http://news.scnu.edu.cn/11659，2018-01-12.

抗战时期广东省立文理学院在粤北

韶关学院 韶文化研究院

一、学校沿革与抗战办学发展

广东省立文理学院前身为广东省立勷勤大学,大学创办于1934年7月。时由主政广东号称"南天王"的陈济棠,为纪念国民党元老古应芬(字勷勤),将原省立工业专科学校改办工学院,与广州市立师范学校改办的师范学院,两院合并成立省立勷勤大学。

1937年抗战全面爆发后,学校疏散至广西梧州,继续办学,至1938年7月,勷勤大学在广西梧州,广东省政府决定改组勷勤大学。将大学的工学院并入中山大学;原勷勤商学院则改为省立勷勤商学院;原勷勤教育学院则独立建制为广东省立教育学院。9月1日,广东省立教育学院在广西梧州正式成立,学院院长由原勷勤大学校长林砺儒代理,不久,便由国民政府教育部正式任命其为院长。新成立后省立教育学院与商学院分别迁往新兴、云浮两地。

1938年10月初,新成立的省立教育学院迁往新兴天堂圩,后又迁往云浮县;商学院则初迁遂溪,后迁信宜。13日,日军登陆大亚湾,至21日,广州沦陷。占领广州后的日军频繁出动飞机轰炸新兴、云浮与广西梧州等地,在此情况下,在林砺儒院长主持下,学院的再迁已做了周密准备。这次迁移,由梧州乘船出发。由于林院长与广东省石井兵工厂厂长钟道昌交谊甚深,全院师生及图书仪器设备等,得钟厂长之特别照顾,分别搭乘该厂运输船溯西江而上,安全抵达桂东南的藤县的襡州。当时学院四个学系学生100多人借襡州私立复兴中学部分校舍(为简易木板瓦房)于11月7日复课。

省立教育学院迁至藤县,未及两个月,因西江战事告急,沿岸须疏散人口,学院只好再做第三次迁移至桂北融县。师生们利用这年寒假,继续北迁。这时,有些同学先回家,无法回家的同学,便随学校乘船沿西江上游水道经桂平、柳州，于1938年底到达融县东廓（对外通信关系取名"榴园"）。1939年元月间，新老同学都陆续回校。学院借东廓乡乡公所及附近祠堂稍加修整后作为课室、实验室及学生宿舍，男生皆集中在一间大祠堂内，也有租屋住在农家的。博地系的图书室和实验室就设在农村中，于1939年2月13日恢复上课。这学期，生活条件极为艰苦，经费短绌，教职工工资只能折半发给，而且学院经历三次搬迁，要尽力保护大量图书仪器，大部分师生皆能辗转相随，同舟共济，艰苦备尝。全院师生团结在林院长周围，形成一个坚强的教学集体，一切教学工作都能较顺利地进行。

1939年回院复学人数不算多，原因有两个方面：一是大部分同学在（连县）星子集训和参加地方行政干部训练所学习后，有些同学参加工作去了；二是学院迁至桂北一隅，交通不便。这年秋季招收一年级新生录取人数亦不多，其中个别系新生只有2—3人，但仍按照教学计划开设课程，坚持上课。

1939届毕业班回院人数计有：教育系17人，文史系12人，数理化系8人，博地系13人，合共50人。虽然当时条件艰苦，但仍坚持教育实习。由于当时附中远在开平县，附小则尚未恢复，对应届毕业生的教育实习工作，学院采取了两个做法：一是商得融县中学同意，拨出部分班级和科目给各系应届毕业生进行教育实习。不可能让全部学生都有讲课机会，只能由各系指定实习生代表主讲，其余实习生协助备课、听课和评议。整个实习过程是严肃认真的，实习生在融中老师团结合作下，收到良好效果，得到融县教育局的好评。二是进行附小教育实习。学院与融县教育局合作，在融东镇及东廓乡中心国民学校开设7个班，由学院派附小教师前往担任教学（广州沦陷前，附小教职员4人随学院迁到融县），且由学院支付经费。

二、更名广东省立文理学院及在粤北的办学

1939年8月，抗日战争转入相持阶段，广东局势渐趋稳定，而且迈向建设之中。当时，省府通知，鉴于本省缺乏高等教育机关，未能与各种建设事业相配合，遂令教育学院限于同年8月，由广西融县迁回广东北部。这是学院第四次迁移。学院领导即着手搬迁工作，所有图书、设备和公物，随同全院师生，分别由湘桂铁路经衡阳转回韶关，再转道至乳源侯公渡。学院设在韶关到连县的公路旁，处于侯公渡圩镇公路北侧原广东地方行政训练所内。9月初，正值新学年开学之际，广东省政府第56次会议议决，并经教育部批准，将广东省立教育学

院改称为"广东省立文理学院"。学校仍由林砺儒任院长，定10月11日复课。同时，对学系做了调整：数理化系改为理化系，教育系改为社会教育系，博物地理系改为生物系。

这时，学院名称虽改，但仍坚持办师范教育。当时，全院计有4系1科，18个班级。所谓4系1科，即文史系、社会教育系、生物系、理化系和体育专修科。体育专修科是同年10月广东省立体育专科学校并入后成立的。这时全院学生共有192人，其中90%以上都是本省的子弟。

1939年底，日寇进犯粤北，第一次粤北会战爆发，曲江紧急疏散。学院靠近韶关，诸多不妥，且日寇又以摧残我高等教育机关为能事。省府当局为保存为国家培育人才的高等学校起见，11月下旬，由省政府主席李汉魂颁发手令，限期省立文理学院北迁连县东陂。这是抗日战争全面爆发以来学院的第五次搬迁。学院于接省府通知的当晚，即由林砺儒院长紧急动员全院师生员工，立即行动，将所有图书、仪器、设备等一切公物收拾妥当。每个人除随身自带衣物和毛毯外，其余物品均须包装好交由学院汽车搬运，1940年1月前全部运毕。全院大中小学生共400余人，其中学生和单身教工百余人，以行军方式，沿韶连公路北进，前后步行历时10天之久，风餐露宿，终于到达离连县城北边60多里的东陂镇。

这次学院迁至连县，正如林砺儒院长所说，"抗战后之两年半时间，我们五次迁徙，头三次都在广西境。去年（1939年）秋季第四次才迁回广东境内乳源。"不久，"又五迁来连县了"[1]。即从1937年10月至1940年1月的两年半期间，学院由广州市石榴岗迁广西梧州、藤县、融县、广东乳源县、连县东陂。先后五易校址，经五次装卸、五次押运，而校领导及工作人员，为保护这些校产，既要装箱打包，又要防止碰撞，行程万里，风风雨雨，辗转于"排骨"式沙石山道之间，竟能完整安全运抵目的地，其艰难景况不难想象。据说，当时全省乃至全国之内迁院校，图书、仪器设备等校产保存得最为完善的，当首推广东省立文理学院。林砺儒院长曾多次说过："办学要是缺乏图书仪器，就很难完成其教育任务。"他的这种教育思想在极度困难条件下得到切实的贯彻，这不能不说是一个奇迹。

东陂镇僻处连县一隅，位于县城之北60多里地的一个盆地中心。四面环山，林深草茂。盆地的南面有小路与连县县城相接，北面有沙石路与星子相通。环绕盆地的是悬崖耸峭，终年为云雾缭绕，冬春之际则淫雨霏霏，不见天日。为避开日寇的空袭骚扰，使全体师生有个安静的教学环境，校领导择此穷乡僻壤办学，考虑得相当周到，是颇有卓识远见的。

这个盆地中心有条沙沟，沟旁即东陂圩镇。学院办公室乃设在西塘村的五福公所。附中设于圩镇北3里的塘头坪。图书馆设在圩镇西4里的江夏村之古庙香林寺。寺旁树林间，搭竹棚为学生宿舍。舍南开阔地，辟为体育专科的教学和运动的场所。圩镇南4里的陈氏宗祠为博地实验室，观音阁和祝山洞为理化实验室。

上述校舍，除利用江夏村原有祠堂庙宇作为办公室、图书仪器室外，其余教室、宿舍、礼堂（即饭堂）等，均为临时搭建，以树皮作瓦、竹笪代砖，聊避风雨。教室内则打桩为柱，上钉木板为桌、凳，这就是当时难得的课堂。宿舍则搭架为床。晚上照明，每人持煤油灯一盏。香林寺内图书馆，特设焗纱灯，仅供部分学生自修之用。至此，学院全部（包括附中、附小），总算大致安定下来（在此之前，附小和附中是不设在学院附近的），并较快地于2月5日正式复课。坚持正常的教学活动，严格执行教学计划，学生所学的每一科都要达到规定的学分要求。这时期，林砺儒院长善于团结进步师生，更得到中共广东省委的支持，使学校教学、科研工作以及抗日救亡活动都开创了一个新局面。

东陂这块弹丸之地，穷乡僻壤，物质条件极度困难，而在林砺儒院长领导下，竟能聘到不少当时的知名学者专家到学院执教，不能不说是一个奇迹。例如教育学王越，教育哲学张栗原，文学吴三立、许杰，历史陈守实，地理盛叙功，物理黄友谋，化学王赞卿、王鹤清，心理学阮镜清，经济学郭大力，体育黄金鳌等。这些教授们多用马列主义的原理和观点进行授课，对青年学生于马列主义认识起到启蒙作用。

林砺儒院长思想进步，倡导学术自由，积极开展学术研究活动。学院创办了《文理月刊》杂志。时值抗日战争进入艰苦阶段，要出版一个刊物，实非易事。该刊"以供给广东省中小教师教学上之参考资料，促进抗战时期教育文化事业进展为宗旨。内容包括哲学、教育、历史、科学、文艺等各部分，诸凡各种学术之介绍与批评，各种实际问题之研究和报道等"[2]。该刊发行全国，影响巨大。

这个时期文理学院的学生，凡二年级以上的，都曾随学院数度迁徙，可谓东流西转，饱经风霜和严酷战火洗礼。一年级学生，则大部来自沦陷区或接近沦陷区地带。他们来院入学，有步行一二十日，甚或有绕道河内、海防而来。他们入学后，接受了学院进步思想熏陶，懂得"国家兴亡，匹夫有责"的道理，多能"读书不忘救国，救国不忘读书"。

还在乳源县侯公渡时，他们除认真学习功课外，还组织各种研究会和座谈会，出版墙报，办民众夜校、士兵教育班，演出抗日救亡戏剧等。迁到连县东陂圩后，即组织学生自治会、战时后方服务队等组织。学院迁来东陂镇不久，就在圩镇各处墙壁画上宣传抗战的壁画，各处街头的墙角，也贴满了民众识字班的招生广告。而且圩镇上唯一的社戏舞台，亦于"一·二八"事变8周年纪念日隆重演出了抗战戏剧。全院同学在彭和章（文史学系四年级学生）领导下，积极开展各种救亡活动。如深入远近乡村，用讲演、歌咏、戏剧等形式对农民宣传抗日救国的道理。同时各种进步的读书会也纷纷成立。又开办"农民识字夜班"，招收农民就学。后来还推动了附近的粤秀中学（其前身是勷大附中、文理附中）也开展同样的组织活动。

1940年2月下旬，趁寒假开始之际，全院学生400多人，组成兵役宣传大队。大队下设3个中队，凡已受完军事训练的编为第一中队，未受完军训的编为第二中队，附中学生为第三中队，大队长由院长兼任，大队副由军事训练主任教官担任，中队长由教授及中学部主任担任。其余各区队、分队队长由学生选举产生。全院所有教授、讲师、助教则分任各区分队的指导员。他们分赴连县各区、乡、镇宣传，动员适龄青年踊跃参军抗日救亡。

这段时间，国民党反动当局风闻文理学院师生意气风发，致力于抗日救亡工作，而且阅读新书籍、报刊，学习新理论等活动蓬勃开展，十分震惊。他们先后派特务前来东陂窥探，认为文理正"赤化东陂"，必须迅速加以清除和镇压。特别对进步教授开设新课程，图书馆订购《新华日报》《群众》等进步报刊，以及介绍进步文章给师生阅读，公开引导青年学生接触新思想、讨论新问题等做法，日益不满。但林院长却威武不屈，敢于抗压力，顶风险。当教育部督学张北海和国民党学者崔载阳来校视察，指责不应开设新哲学、近代经济学说史、经济学等课程，并提出要解聘张栗原、郭大力、陈守实等教授。林院长面对这种干预，毫不屈服，他善于利用两广的特殊政治环境，依靠进步教授和学生，设法对付。如将"新哲学"课程改为"教育哲学"，而其内容仍照原讲授辩证唯物主义。又如1939年4月，重庆国民政府规定高等学校必须开设训导处和国民党区分部。林院长即与部分教授商定，由盛叙功教授于同年5月到重庆参加党政训练班第三期受训，归来后挂名担任学院训导长兼国民党区分部书记，并形式地挂上相应的牌子，从而使国民党不能直接插手学校工作。

1940年，国民党政府规定的所谓《限制异党活动办法》下达学院。他们派出一批特务充"职业学生",从事破坏工作。他们对进步师生进行威胁和迫害,如张栗原教授讲新哲学课时,一个特务学生竟将手枪置于课桌上相威胁。林院长知道后,特写信要张教授多加提防。同年,林砺儒到重庆开会,当时教育部部长陈立夫要林砺儒参加国民党,他以"君子不党"为由拒绝参加。国民党由此对他更为不信任。

三、在粤北的"挽林"学潮运动

1941年初夏,国民党政府配合"皖南事变"的反共逆流,在广东教育界无理免去进步教育家许崇清的中山大学代理校长职务和林砺儒的文理学院院长职务,改派国民党中统人物崔载阳接任院长职务,以图进一步控制南方教育阵地、压制民主运动。这时,文理学院全体师生成立"挽林"委员会,掀起了声势浩大的"挽林"斗争,迫使崔载阳不敢来校接任。教师代表团(梁溥、盛叙功教授等组成)和学生代表团都到广东省政府请愿;中共地下党另派四位同志组成代表团亲切慰问林砺儒院长。这一切使他深受感动,而特地奋笔写一首慷慨激昂的《广东省立文理学院校歌》歌词,并交给代表团带回学院。这首歌词不久即被著名作曲家黄友棣谱成歌曲,一直为文理学院学生所爱唱。接着同学们也集体创作了《挽林战歌》。

文理学院师生的"挽林"斗争坚持了两个多月,但是国民党广东省政府还是顽固地于同年5月把林砺儒院长免职,改派省教育厅厅长黄麟书兼任院长,而实际由训导主任徐颂平掌握学院大权。这时,文史学系改为中国语言文学系,增设地理系。林砺儒被免职后,郭大力、许杰等教授也被迫辞职。

1942年春,当局为便于对学院的控制,遂下令学院再迁至曲江仁和乡的桂头(今属乳源县),这是学院的第六次迁移。桂头靠近韶关市,那是广东省干训团的旧址。同时将东陂学院校台移交附中接收(附中独立,改为省立粤秀中学)。迁桂头后,于5月间复课。这时,国民党省党部对进步师生横加迫害,于5月1日下令将学院10多位进步学生加以逮捕、开除或记大过,一些进步教师则被迫离校。

1942年3月,黄麟书辞去院长职务,学院改由黄希声专任院长。1944年6月,曲江形势危急,在韶高校开始疏散,学院师生逃难。省府命令文理学院迁回连县东陂旧院址复课。这是学院第七次迁移。伴随战局日紧,日寇企图打通粤汉线的阴谋益显。两个月后,省府又命文理学院八迁至西江罗定县替濮乡复课。同时，广东省政府东迁平远县大柘镇（平远县政府所在地），且为适应本省岭东高等教育事业计划，1944年秋，省府决定在兴宁县城西北之龙田镇甘塘村报福寺设立"广东省立文理学院与勷勤商学院联合分教处"，以便安置疏散到东江地区的师生。由省政府任命原文理学院社会教育系主任陈亮为分教处主任，黄友谋为教导主任，肖铸云为总务主任，并于同年秋季开始招收一年级新生。至此，坚持粤北抗战办学的省立文理学院，结束了在粤北的办学历史。

俟一年半后，即1945年冬，分教处共有教员27人，学生349人。设中文、史地、社会教育、理化、生物、会计、银行7个学系，每系有一、二年级各1个班，合共14个班。

（转辑自《粤北华南教育历史研学资料辑刊》。整理自颜泽贤主编《华南师范大学校史1933—2003》，广东高等教育出版社，2003年版）

参考资料：

［1］［2］林砺儒《创刊词》，《文理月刊》创刊号，1940年3月15日版。

战时的广东省立文理学院

许慕甯

一、迁院的历史

广东省立文理学院,在抗战以前,原是广东省立勷勤大学的师范学院,院址在广州河南石榴岗,校舍新建巍峨伟大,设备周全,与石牌之中山大学,同称为南中国之最高学府。抗战军兴,工学院与中大合并,商学院迁南路广州湾附近;师范学院西迁梧州,改名广东省立勷勤大学教育学院。二十七年十月广州弃守,又从梧州一迁藤县,再迁融县,改名为广东省立教育学院。其后抗战转入相持阶段,广东全省军事政治转趋稳定,又于廿八年八月,奉令迁粤北乳源,扩充院系,改用令名,廿八年年底,粤北大战,又由乳源北迁连县,这就是现在的院址。现在且说一说这里的情形。

二、现在的校舍

现在的文理学院院址,是在连县第三区东陂镇附近。院本部设西塘村五福公所,图书馆设江夏村香林寺,生物系设陈氏宗祠,数理化系设观山祠观音阁,这些都是借用原有的民房的。此外在院本部后面临时搭建的木皮屋,是普遍教室,在图书馆前面的树林中搭建的是大礼堂,学生宿舍则一部分在图书馆近旁,一部分在大礼堂的前面。这一部分的风景,相当优美,林木蔚然,别有天地。如果你在秋天的时候来到这里,你会看见许多红得透明了的枫叶在一片绿林中掩映,正如二三月时候盛开着的桃花;如果是在夏天,你又会觉得这是一所清凉幽静的世界,会把你的一切杂念涤除净养。

文理学院还有两个医院。附中的校舍,是集中在塘头坪一村中,也是一部分借用庙宇，一部分临时搭建的木皮屋，附属小学原想自己建几间房子，但现在都还借用着江夏村民们的房子。

三、学院的环境

东陂镇是由东陂街及西塘江夏和塘头坪三村组成的，人烟稠密，耕地肥美，听说只要丰收一年，便可足约三年的食粮，但在过去的时候，因为政治未上轨道，交通又不便利，仍造成豪强霸占及普遍的贫困，伦理和民智低落等现象，直到抗战后二三年，政治比较修明，盗窃方行□迹，赌风亦始禁断；但文化水平之低落，却仍如往昔。及□文理学院迁来以后才呼吸到一点抗战的气息，才有一点新生的景象。

文理学院的战时后方服务队，在西塘村江夏村两处开办了两个妇女识字班，两个成人教育班，以及两个普遍失学儿童的民众夜校。附中的学生，也在塘头坪开办两个民众夜校。他们还经常地出壁报，这里圩镇上的墙壁，除了他们的书画外，总是被他们的红红绿绿的壁报贴满。在东陂镇上，原有一个社戏的戏台，大学部中学部也时常在这里出演抗战话剧。此外，他们还出版了一本油印的刊物，名为《东陂民众》，除了经常对民众宣传一些抗战知识以外，还特别出了几期兵役宣传，捐募寒衣及鼓动冬耕等特号，这些就是他们在这个环境里所表现的工作。

可是在另一方面，自从文理学院迁来以来，从前一块买到九斤十斤的米价，现在却高到只有三斤了。从前将要闭门了的茶楼，现在也繁盛起来而且再多了一间了。有些从港粤回来的，特别是今年回来的中学生，因为港币的价格高了，青年人喜欢用钱，也就带来许多奢侈的习惯，抬高了物价。那些做买卖的因为有钱可赚，自然乐得眉花眼笑，但那些贫苦的农民，眼见着物价这样地高涨，却又讨厌着文理学院，说都是这批公子哥儿来了，才把物价提高起来的。

四、组织与设备

文理学院的组织，内分文理两组，文组设文史社教两系，理组设生物数理化两系。另外又附设一个体育专修科。体育专修科，原是以前广东省立体育专门学校的底子，是学院从广西迁回以后，才由省政府的命令合并到这边的，原来是两年毕业，现在改成了三年毕业。其余四系，都是依照大学四年制管理的。

这里的图书仪器、设备相当周全，因为他们虽然经过三四次的迁院，但图书仪器却一点也没有损失。到了现在，除了化学药品无法添购补充以外，其余都是和在广州时一样。至于图书方面，外国书报抗战以后固然无法购买，但国内出版的书报，却还是尽可能在购买着，全部总数约有十万册，此外广州市立图书馆的善本藏书，大部分是地方志与板本书，全数约五六万册，亦于去年十二月，从广西迁回粤北，交给学院保管。因为这些都已成为南中国的精品，所以这里的图书馆，也就充实许多。生物系（原称博物地理系）方面因为连年迁院的关系，实地考察了两粤的许多地方，还增加了许多地质、动物和植物的标本呢。

五、学生的生活

文理学院的学生，在大体上说起来，对于精神的粮食与物质的粮食，都是相当注重的。如果我们可以用这两点来作为分类的标准，那么只注意于精神的粮食而忘记物质的粮食，和注意于物质的粮食而忘记了精神的各占百分之五至百分之十的比数；一面注意精神的粮食，一面又注重物质的粮食，却占百分之七十以上；其余的一部分，是精神的粮食与物质的粮食都不太注意，只是糊里糊涂地生活着，上课吃饭了事，却占得一个极少的数目。这里的饭价，还只是十元法币一个月，据他们计算，每人除了吃饭以外，大概每餐只有三个铜板，或四个铜板的小菜钱。因此满满的一桌八个人吃饭，桌上的小菜总是不够下一碗饭的。好在这里的肉类便宜（其实现在也在陡涨着了，但他们却已经弄惯了这一手呢），自己到圩上去买两斤猪肉牛肉或是鸡和鸭来添菜吧！关于吃的一方面，他们是不肯放松的。文理学院的生活，似乎没有什么特殊的风气。如果一定要有什么学风的话，那么这喜欢吃的，喜欢自动手来添菜的作风倒可以说是他们特殊的学风了。所幸注意吃饭、吃菜的学生，在全体的比例上还占小数；另外的大部分，还是吃饱了饭以后，跑上图书馆或是找另外的工作做的。此外还有一点的表现，似乎这一批大学生，都是很沉着似的，换句话说，似乎没有什么朝气。这种表现，特别在早早的升旗，或是上军训课的时候，可以见得出来。在早上升旗的时候，他们总是慢腾腾的，不肯上劲，累得训育主任天天到被窝里去拖人。但在另外的一些场合上，譬如什么座谈会，或另外的社会活动之类，他们还是乐意去干的。譬如说在这一次孙总理诞辰的同乐会上，竟然动员到一百多人，紧张了差不多一个月呢！

六、教授们的生活

　　文理学院的教授，差不多都是勷勤大学师范学院的班底，他们因为同事多年，因为大家都跟着学院东西迁徙，所以大家都有共同艰苦的精神，情感上也相当的亲密。他们在穿旧衣服，甚至穿破衣服上课。他们已经忘记了在广州时那一套大学教授的生活派头了。他们的孩子是赤脚穿草鞋的，他们的太太也是自己提着篮子上街去买小菜去了。都市的人物到了乡村，乡村的生活也把太太少爷们改变过来了。

　　这一批教授们，除了他们的工作外，总是喜欢叙谈。他们什么东西都谈，谈得相当有趣，有几个喜欢吃酒的，喝两杯酒，自然谈得更加起劲。但自这里禁酒以后，却未免使他们叫苦连天的，尤其是某个教授，几乎每天都不能离酒的，更是无可奈何了。

　　他们对研究与工作方面，谈起也有许多计划：他们想出丛书，他们想办实验乡村中心教育，他们想开发秤架山。但事实上，他们只出版了一个文理月刊，而这刊物还是不能按期出版呢！

七、一点希望

　　在今年，总理诞辰的纪念大会上，林院长提出总理遗教的一点，说："学问是为革命的，除了革命以外，就是没有学问。"我们相信，文理学院在这个乡村环境中，在这抗战建国的时代里，在林院长的这种主张之下，它会慢慢地造成战斗的大事，锻炼一批南中国的抗战的人材出来的。我们在这里希望着，且希望能赶快地实现起来。

　　（录自《战时全国各大学鸟瞰》，《民意丛刊》1941年版第一五九期。魏文石、梁冬敏整理）

讲好地质故事：地质骄子陈康早期学术成果分析
——以《东陂附近地质之研究》为中心

胡列箭

党的十九大报告明确提出"要建立以国家公园为主体的自然保护地体系"。中央全面深化改革委员会第六次会议审议通过的《关于建立以国家公园为主体的自然保护地体系指导意见》进一步指出，要把具有国家代表性的重要自然生态系统纳入国家公园体系，实行严格保护，形成以国家公园为主体、自然保护区为基础、各类自然公园为补充的自然保护地管理体系。广东省政府高度重视、持续深入推进南岭国家公园创建工作。近日，许瑞生副省长召开专题会议，要求要以更为宽广的国家乃至国家视野，从讲好生态故事、讲好地质故事、讲好古道故事、讲好学科历史故事等方面，充实和完善南岭国家公园展示内容。[1]

在广东省自然资源厅国土空间规划处相关负责同志的建议下，笔者将以华南师范大学历史文化学院资料室收藏的一本79年前的地质学论文为中心，讲述民国时期粤北地区的地质研究故事。该论文名为《东陂附近地质之研究》[2]，它是广东省立文理学院学生陈康在1941年5月写成的地质学本科毕业论文。这篇论文写成后，得到导师白玉衡、梁溥，两广地质调查所莫柱逊、刘连捷，以及中央地质调查所杨钟健、黄汲清、李承三、许德佑等学者的高度认可。[3]

作为南岭地质研究的早期名作，它主要研究的地区为连州市东陂镇，该地位于南岭南部，地处粤、桂、湘三省交界处，也是珠江水系和长江水系的分水岭之一。现今分析陈康毕业论文，对于推进南岭国家公园的创建工作具有重要意义。下文将从陈康的个人生平、中国地质学研究的发展过程、陈康的师承关系、毕业论文的学术价值等方面来分析和评价陈康早期的学术成果。

一、生平简介

陈康（1916—1944），广东番禺人。1933年考入勷勤大学附属高中部，1936年毕业后，任教于勷勤大学附小。次年，考入勷勤大学教育学院（后改为广东省立文理学院）博物地理系。由于抗日战争的全面爆发，陈康跟随学校搬迁至梧州市区、藤县、融县、乳源、连县等地。读书期间，陈康尤其喜欢地质学，精心阅读地学史、古生物、地质构造等方面的书籍。在连县东陂的课余时间，他与同班陈泗桥经常至连县东陂附近地区进行普通地质考察，并一起写成《连县东陂至连山大掌岭之沿途地质概况》[4]。由于该文深得白玉衡（1908—1970）教授的肯定，陈康对地质学的研究兴趣越来越浓。1941年5月，他在白玉衡和梁溥的共同指导下，写成本科毕业论文《东陂附近地质之研究》。毕业后，先在两广地质调查所工作。随后，在本科论文送教育部审核时，得到审核人杨钟健（1897—1979，中央研究院院士、中国科学院院士）先生的高度赏识和推荐。1942年9月，陈康顺利进入中央地质调查所工作。

陈康

参加工作后，陈康试图整理其毕业论文的核心部分，将其发表到学术杂志上。当时外出考察的工作任务较多，直到1944年4月，陈康在贵州省普安县进行地质考察，惨遭土匪杀害时，他初期的毕业论文仍未拆分为精细的文章。他去世后，李星学（1917—2010，中国科学院院士）先生继续整理陈康的论文，并以《广东连县广西系动物群之发现》

广东省文理学院旧址

[5] 为名，发表于《地质论评》上。

统观陈康早期的学术论文，《连县东陂至连山大掌岭之沿途地质概况》是其早期读书科研的重要尝试，《东陂附近地质之研究》应该是他最为核心和重要的成果，而他的遗稿《广东连县广西系动物群之发现》是由他和李星学整理本科毕业论文的核心章节的成果。下文对陈康的本科毕业论文的分析，将结合近代以来地质学在中国的时代变化，以及陈康在广东省立文理学院所受教育的情况，深入阐述其早期学术成果的学术价值。

二、近代地质学在中国的发展

中国虽然早已有地质学方面的相关记载，如明末的《徐霞客游记》，但是作为一门现代科学，地质学是从近代才开始在中国传播和发展起来的。地质学在中国的发展过程，其实也是近代科学在中国传播的一个侧面。民国时期，中国地质学经历了一个多元的发展时期。其一，聘请外国学者到中国来教书和做研究；其二，留学生从国外归来后，传播和运用其所学知识。前者如中山大学聘请瑞士学者海姆，德国学者克勒脱纳、卞沙等；后者如留学归来的地质学者，如留学法国的中山大学教师洪思齐、吴尚时，留学日本的广东省立文理学院教师白玉衡（后任教于广西大学）、梁溥（后任教于中山大学）等。可见，民国时期的地质学同时受到德国、法国、日本、瑞士等国家的影响，呈现出多元发展的格局。

1949年新中国成立后，地质学的发展路径发生了明显的变化。在百废待兴之际，中国开始按苏联的模式重塑地质学，包括科学研究、培养人才、制定规划、成立机构等方面。"文化大革命"期间，地质学如同诸多其他学科一样，遭遇了极大的冲击，地质教育、地质研究、地质应用普遍出现了停滞。改革开放之后，地质学开始进入以经济建设为中心的高速发展时期，在地质教学、研究和应用方面，主要是向美国学习。

总体而言，地质学在中国大概经历了三个不同的时期：起初是民国时期的多元发展，中期为苏联模式的推广发展，随后是改革开放后的高速发展时期。了解地质学在中国的发展过程，尤其是陈康读书、考察和撰写论文的时代背景，有助于我们重新阅读和分析其毕业论文的学术价值。

三、师承关系

在陈康就读广东省立文理学院博物地理系时，该系的主要地理教员及其专长大概包括：白玉衡讲授地质学、岩石学、矿物学、制图学等课程；盛叙功（1902—1990）讲授政治地理学课程；梁溥（1911—2006）讲授地形学、聚落地理、乡土地理等课程；章熙林讲授地形学、气候学、古生物学等课程。[6]在陈康的毕业论文中，明确提到白玉衡教授和梁溥副教授对他的指导和帮助："本文之成，化石方面，悉经吾师白玉衡教授任劳检定，对于地层及构造方面，臂助尤多；地形方面则赖吾师梁溥先生鼎力指导。斯文既成，谨向白梁两先生，致无限敬意。"[7]

陈康之师白玉衡教授，是山西徐沟人。1934年日本京都帝国大学采矿专业毕业，随后升入该校研究院。次年后，由于日本侵华野心日益膨胀，白玉衡潜回中国。由于他曾留学日本近10年，很快就被林砺儒聘请到广州勷勤大学教育学院博物地理系任教。另一个老师梁溥副教授，是广东信宜人。1934年夏，梁溥毕业于国立中山大学理学院地理系，师从卞沙、洪思齐。毕业后，随即任教于勷勤大学教育学院博物地理系。1936年，他前往日本东京帝国大学研究院留学，次年由于日本全面侵华，他毅然回国继续任教于勷勤大学教育学院。在日本侵华战争全面爆发后，中国与外界的学术交流渠道逐渐堵塞。由于白玉衡和梁溥对国外地理学比较了解，他们撰写的课程讲义、编写的教科书以及科研论文，完善了学校的地理教学和科研工作。

从陈康的毕业论文来看，白玉衡教授对他的影响是比较大的。首先，陈康在论文中直接引用白玉衡关于东陂地质年代划分的研究成果[8]，该成果名为《连县东陂之地质概况》[9]，与陈康的毕业论文名称非常相似。从常理来看，陈康的毕业论文应该是导师白玉衡教授鼓励和推动的研究成果。毕业论文的附图《连县东陂圩地质图》，更是由两人直接合作调查和绘制而成的。[10]其次，白玉衡当时所开课程，如地质学、岩石学、矿物学等，都直接与陈康的毕业论文相关。第三，陈康与陈泗桥一起写成的处女作《连县东陂至连山大掌岭之沿途地质概况》，也是经白玉衡修改和推荐发表的。最后，陈康遗著《广东连县广西系动物群之发现》，仍然提到白玉衡的指导。"本文之成，古生物方面之鉴定，得吾师白玉衡教授之殷切指示"[11]，可见，陈康与白玉衡之间的师生情谊非常深厚。

在陈康毕业之前，白玉衡已经辞去文理学院的教职，去广西大学工学院任教。在白玉衡离开文理学院后，梁溥成为陈康的导师，陈康才会在毕业论文的绪言中提及两个导师。当然，从陈康论文第二章"地形"[12]来看，他同样受到了梁溥曾经发表的文章《广州河南岛的聚落地理》[13]的影响。

四、毕业论文的学术价值

由于时代的变化，最近几十年地质学的学术体系早已不同于民国时期。现今要想针对陈康的论文展开细致的分析，已经不太容易做到了。地质学在近代中国的发展过程，起初是民国时期受到德国、法国、日本等国的影响，当时经历了一个多元发展的时期；中期受苏联模式的影响，经历了以地质研究和考察为基础促进经济开发的应用时期；改革开放后，进入了主要以美国为参照对象的高速发展时期。目前的地质研究多侧重通过分析土壤元素含量、矿物成分等指标来反映古气候变化，研究区域集中在沙漠、盆地等地区，还有一部分以分析沉积层研究地质年代为主。

可见，学术体系已经发生了非常大的变化，诸多曾经的研究范式、知识用语都已经弃用。陈康的论文当时由于条件所限，并没有详细论述的研究过程、研究指标、研究结论等，今天已经无法通过简便的对照来检验。近期的地质论文也没有涉及连州东陂的类似研究，无法从细节方面建立民国与现代地质学的有效联系，因而下文将从陈康论文的时代背景、细节

连县地质环境

论证情况、已有的研究基础、现实意义四方面，对其毕业论文的学术价值展开具体的分析。

（一）研究条件

1938年广州沦陷后，广东省立文理学院虽然没有受到战争的直接冲击，图书和仪器都得到了妥善的保存和转运，但是由于战争的持续影响，国内高校已经极难购买国外的图书和仪器了。从陈康毕业论文的《东陂附近地质柱面图》来看，他测量了地表下几十米，甚至更深的土壤和岩石情况。[14]当时，他并没有现代勘探的仪器，这可能会令人怀疑他究竟有没有挖掘或采取相关的手段进行探测。

针对这一点，笔者专门询问了现年101岁的黎品先生（1939—1943年就读于广东省立文理学院）。黎先生回忆说："陈康经常拿着锤子到学院所在地东陂周围山区考察地质，他还曾组织我们考察附近的洞穴。"[15]有了当时同学的回忆，他绘制的《东陂附近地质柱面图》《东陂盆地景观图》《连县东陂圩地质图》等，就显得比较可靠了。

（二）细节论证

目前的地质学的科学研究，工作量比较大，专业度也比较高，通常由多位科研工作者通力合作。从发表的科研成果来看，往往由4—6位作者合力写成。从这一点来看，1941年夏，陈康还只是一个普通的本科生，但是他已经能系统地钻研某个区域的地质情况。客观地说，他论文选题的研究难度比较高，而且从研究的结论来看，他的学术水平也值得肯定。

在肯定他的同时，也应该看到他的论文比较缺乏专门的实验和细致的论证。由于缺少细节的论证，现今只能从他简短的绪言中，大体推测相关结论的形成过程。让人遗憾的是，他没有充分交代地质与地层构造方面的诸多论证过程。因而，即使接受了现今地理学的专业训练，也只能粗略地理解陈康论文所

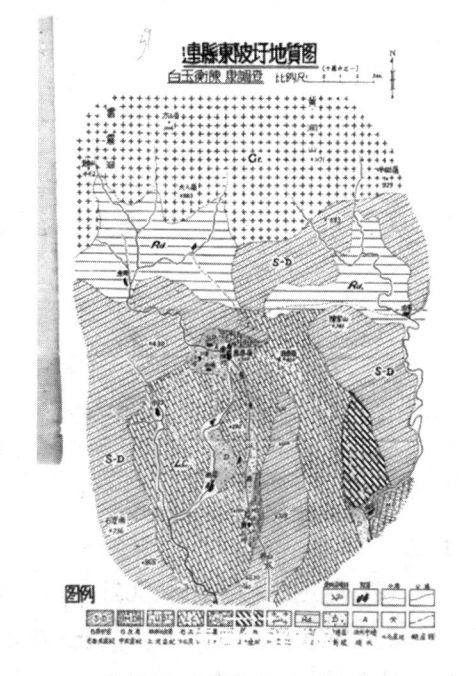

陈康绘制的《连县东陂圩地质图》

涉及的地质时代的背景知识，以及他所说的燕山运动、海侵活动、各种地层的知识，然后平铺直叙地复述和总结陈康的观点。

如论文中《东陂附近地质柱面图》所对应的等价关系：近代冲积层大于5米，对应的地质时代是近代；红土砾石层大于40米，对应的地质时代是第四纪初期；然后红色岩系大于30米，对应的是第三纪初期。他直接将土壤的剖面情况跟地质时代对应起来了。其实，土壤情况与地质时代并不能直接对应。虽然有些地质时代，它对应的土壤有着与其他时代不同的典型特征，甚至每个地质时代，对应的土壤特征也会有所不同。有些土壤的确能够显示曾经的气候特征，但是将土壤的情况等同于地质年代，这个是需要严谨的实验和论证的。因为不同地质时代形成的土壤和岩石，它们有可能会呈现出相同的特征；而同一个地质时代形成的土壤和岩石，它们也有可能会呈现出完全不同的特征。也就是说可能会存在同质异象或类质同象的情况，因而需要进行严谨的实验，才能推断土壤和岩石所属的地质年代。

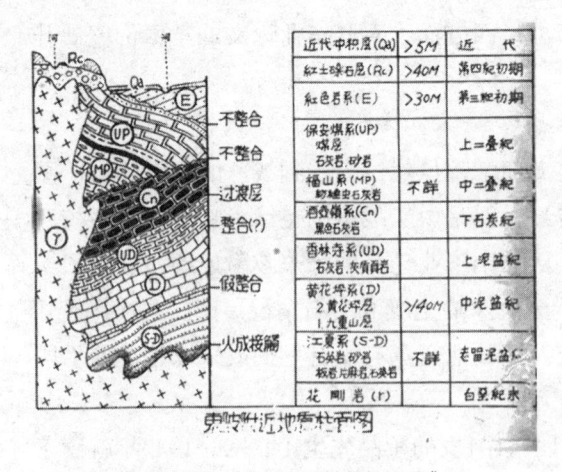

陈康绘制的《东陂附近地质柱面图》

当然，这些细节有可能他或他的老师已经做过，已经成为他的研究基础，所以他在论文中就没有详细交代。因而，陈康论文的研究基础情况，就变得有待深入挖掘和耐人寻味。

（三）研究基础

在陈康的论文中，地质时代的划分是比较重要的研究基础。但是他只是对他搜集到的土壤进行分类和贴标签，如砖红壤、赤红壤、黄棕壤等各种土壤的名字。其实，这样做只是得出了土壤的剖面情况，它还不是地质运动的时代，而且土壤剖面通常只能挖掘到地表下比较浅层的土壤，还没有办法挖到很深的地方。

或许他的两位老师，尤其是白玉衡，会不会在土壤、岩石、地层的测试方面做过相关的实验，并且得出过明确的成果呢？遗憾的是，白玉衡在地质方面的论文、讲义、著作等，现今能找到的相关资料已经不多。不过，白玉衡和梁溥都是留学日本的研究生，他们对日本乃至世界地质学的前沿研究应该会有所了解。陈康在写论文时，除了老师们的口头指导、课堂讲义之外，还引用了一些老师们已经发表或未发表的研究成果。

当时日本地质的科学测量方法是学术界公认的。或许，他在听老师们的介绍后，就直接运用了相关的科学方法、实验结果。所以在行文的过程中，他才没有详细地论证。如果真是这样的话，当初他只要将他的老师们做过的相关地质实验，或者听说到和了解到的前沿实验的结果交代清楚，然后结合他自己的区域调查来推测相关的结论，就会比较可靠。现在笔者的这些猜测，都变成了疑问。

（四）现实意义

近几十年来，地质学研究的热点和旨趣已经与民国时期完全不同。地质学作为一门比较艰深的科学，如果现今无法找到相应的前沿研究作为参照的话，不管是外行还是同行，都不容易读懂民国时期的地质科研成果。因而，在评价陈康论文时，主要能做的，也只是复述他的核心观点。

陈康力图论证东陂的地质状况其实是燕山运动和花岗岩岩盘侵入的结果，"东陂附近的地质构造，当以花岗岩岩盘侵入为最主要，本区域盆地之生成，岩层之倾斜，断层之形成，皆与此侵入花岗岩体有密切之关系"[16]。由于地质运动的同步性，该地区的地质情况也可作为岭南地区的地质构造过程的一个缩影。因为不仅仅是连县东陂，理论上整个岭南地区都同样受到这些因素的影响。因而，他推断："花岗岩侵入之时期，当在第三纪红色岩系生成之前，似无疑义。

陈康拍摄的《东陂聚落与河流之关系及自由曲流之情形》

陈康拍摄的《东陂西南外围之山形状概观》

按之香港、九龙、广州、大庾之火成活动,时当燕山造山运动期之后,本区(连县东陂)花岗岩为同时代产物,期间约在中生代末第三纪初间。"[17] 以岭南某个区域为切入点,探讨整个岭南的地质情况,这是当时岭南地理学者的研究范式。

当然,在重读陈康的毕业论文时,其实也不只是研读他本人,还应该旁及当时岭南的其他地质学研究者,如他的老师白玉衡、梁溥等。在陈康毕业后,梁溥后来在中山大学任教时,又培养了一个学术能力很强的学生郑度。郑度于1987年获国家自然科学奖一等奖,1999年当选中国科学院院士。另外,当时还有中山大学吴尚时(1904—1947)及其学生曾昭璇(1921—2007,华南师范大学地理系已故教授)等学者。在吴尚时去世后,曾昭璇一直继承吴尚时的地质学与地貌学研究,后来成为丹霞地貌研究的主要奠基人。从比陈康略晚的曾昭璇和郑度来看,如果陈康不是英年早逝的话,他在地质科研方面应当会大有可为。或许他会像郑度一样跳出岭南地质研究,成为全国性的自然地理学家,成为中国科学院院士;又或许他会像曾昭璇一样,以岭南地质研究为重点,并在丹霞地貌研究方面成为重要的开拓者。可见,以岭南地质为切入点的学术训练,对后来的学术发展大有裨益。

现今在推进南岭国家公园的创建过程中,很有必要加深了解早期岭南地质学者,尤其是吴尚时、白玉衡、莫柱逊、刘连捷、梁溥、陈康、曾昭璇等。因而,收集、整理和研究他们的研究成果和研究经历,对于挖掘南岭国家公园的文化内涵、充实南岭国家公园的展示内容都非常有必要。这些地质学者在抗日战争时期所进行的艰苦研究,对于讲好华南历史教育的故事,尤其是粤北地质研究的故事,都具有非常鲜活的现实意义。

参考资料:

[1] 广东省人民政府办公厅:《省政府工作会议纪要》,2020年9月29日,第1—3页。

[2] 陈康:《东陂附近地质之研究》,华南师范大学历史文化学院资料室藏,广东省立文理学院本科毕业论文,1941年5月。

[3] 李星学:《陈康先生传》,《地质论评》,1944年第9卷第5—6期,第305—306页。

[4] 陈康、陈泗桥:《连县东陂至连山大掌岭之沿途地质概况》,广东省立文理学院编《地学丛刊》,1940年第3号第12—18页。

［5］陈康：《广东连县广西系动物群之发现》，《地质论评》，1944年，第9卷第5—6期第281—286页。

［6］《广东省立文理学院教员一览表》，华南师范大学档案馆藏资料，1938年9月，第118页。

［7］陈康：《东陂附近地质之研究》，广东省立文理学院，1941年本科毕业论文，第1页。

［8］陈康：《东陂附近地质之研究》，第6—7页。

［9］白玉衡：《连县东陂之地质概况》，广东省立文理学院编《地学丛刊》，1940年第3号。

［10］陈康：《东陂附近地质之研究》，第38页。

［11］陈康：《广东连县广西系动物群之发现》，《地质论评》，1944年第9卷第5—6期第282页。

［12］陈康：《东陂附近地质之研究》，第1—4页。

［13］梁溥：《广州河南岛的聚落地理》，《勤勤大学季刊》，1935年第1期第190—206页。

［14］陈康：《东陂附近地质之研究》，广东省立文理学院，1941年本科毕业论文，第4页。

［15］2020年9月29日晚，笔者通过电话向黎品老先生请教过陈康的学习细节。

［16］陈康：《东陂附近地质之研究》，广东省立文理学院，1941年本科毕业论文，第32页。

［17］陈康：《东陂附近地质之研究》，第32页。

（转载自南粤古驿道网。文中图片来源于网络、南粤古驿道网及论文《东陂附近地质之研究》，由南粤古驿道网补充）

（胡列箭，华南师范大学历史文化学院讲师，复旦大学历史地理学博士，师从葛剑雄教授。）

6

历史与档案

抗战以来的广东省立文理学院

林砺儒

本学院原为广东省立勷勤大学教育学院,内分文科及理科共四学系。校址在广州市河南三甬洲之东南隅,地形三面环水,成一半岛,名石榴岗。此地山明水秀,与立体式新筑之校舍相配合,成了广州有名的风景区。戴季陶先生来游,曾称许为国内大学校址之最秀丽者。二十六年八月三十一日,日机始空袭广州。九月中旬以后,昼夜来袭,络绎不绝,而石榴岗天空实为其入市必经之航线,每逢日机掠空,全校惊扰,势难维持课业,乃于十月中旬,迁避梧州。二十七年十月,广州沦陷后,我们再迁藤县;二十八年一月,三迁柳州融县;九月,四迁归粤北乳源;去年一月五迁连县。抗战迄今,凡五次迁徙,而全部图书仪器没有损失,师生也无恙,还算是幸运。

我们初迁至梧州时,承广西大学借用一部分普通课室。员生宿舍则由市内赁用民房。又得私立复兴中学借用云盖山麓一部校舍充图书馆及实验室之用。梧州是比较现代化的一个都市,水电设备都有,交通也利便,因此,我们这年课业,可以说是照常进行,不感困难。学生们课余,协助各乡镇村街底国民基础学校,推行民众战时教育,也颇兴奋。而且乘机得研究广西底国民基础教育和乡村组织,实在饶有趣味。只是我们学校经费五折发给,公私生活,不免拮据罢了。可是记得有一天晚上,几位教授在我寓所闲谈,诸位都这样说:假令不幸日兵攻入广州,我们被逼转入穷乡僻壤底后方,也还愿意照原样成一集团,艰苦奋斗。

这句话不幸开始征验了。十月,广州突然失陷,本院和广东省政府突然失了联络,至八月份经费还未到校。那时,二年级以上学生,全在广州集中军事训练未归,院内只有一年级新生五十余名,而全院教职员工友及其眷属老幼百余人,图书仪器及各项公物四百余箱,重约十万斤,校库现款不过二千元。梧州一日数惊,地方当局布告疏散,我们不得不迁徙。乃把现款除迁运公务外,分配一部分给各人维持生活，真是"单醪投川"聊以见意。十一月一日，溯西江上至藤县禤洲。这是西江与藤水汇流处之一大岛，纵横数十里，中有村落。九个月之前，复兴中学因避梧州空袭，将其云盖山麓校舍全部借与本院，而自身则搬至禤洲设临时校舍。这回我们避至禤洲，又与复兴有缘，又承其允借校舍一部。于是我们又开始课业了，虽只得一年级新生几十人，可是课业还不松懈，课余也分道向村民宣传抗战局势，唤起他们对最后战胜底信心，也有一种颠沛流离的趣味。直到十一月中旬，□间接知道广东省政府所在，试发一电去报告本院近况，竟未得复。此时，广西省政府为准备万一，曾密令西江南岸各校预备应急处置。形势如此，我们势难久居藤县，而院库余款只剩三十余元，仅够再发两三次电报罢了。十二月二日接到广东教育厅长许先生来电，汇到八月份经费。我们得到接济，□决前往柳州之北融县。

我们溯洋河江西北上，二十八年一月中旬，全部到达融县，承地方当局黄指挥官和李县长底厚意，给我们择定县城东廓乡为院址。在融江东岸，樟树绿荫深处，借用乡公所，王家祠龙家祠雷家祠等房屋为校舍。一月杪，复课，二、三、四年级学生亦陆续回院，又恢复常态。我们接受地方当局底忠告，对外避免奸徒耳目，起个别名，称为"榴园"，暗示不忘石榴岗之意。在榴园七个月除正常工作之外，我们也提地方效点微劳。融乐镇和东廓乡两处中心国民基础学校，我们都派定员生协助他们办理儿童教育和民众教育。当地民众颇表欢迎，直到后来我们奉令回粤，各学户还依依不舍。到了夏季当地驻扎补充兵团千余人，我们又给他们底官兵举办政治教育六星期。当地苗山成了我们博物地理学系师生底研究环境，调查采集，得到标本不少。

《抗战以来的广东省立文理学院》原载于教育杂志社丛刊《全国专科以上学校最近概况一册》1941年7月

七月下旬，我们学年结束，奉广东省政府令，我们准备迁回粤北。那时湘桂铁路未通至柳州，不便运输大量物品。我们员生八月中旬起程，都轻装由陆路至桂林。大部分公物则由水路顺流下梧州，再溯桂江上桂林，迁回虽大，而省运费。九月，我们到粤北乳源县，择定侯公渡为院址。十月十日开课，而全部图书仪器直至十一月下旬始到达。乳源是粤北一个比较文化落后的县份，没有中学，而小学也寥寥。我们打算做一番开拓文化底工作，如扩充附小，增设补习班，民众夜班，都先后举办，文化之轮，正在开始转动。十二月二十六日，粤北军事突告紧张，我们又奉令迁徙。二十八日学生们结队先发，西行入连县。公物直候至去年元旦始由省府派车运送。教育厅长许先生亲到连县乡间踏勘几次，给我们择定一处农村为临时院址。赶紧布置就绪，一月下旬又复课了。这一次迁徙，虽稍形急遽，然得省府应机救济，毫无损失。而且我们到达连县之日，前方捷音也传来了。

本院三年之间，五次迁徙，而全部图书仪器始终保存，这期间经费虽拮据，而每年还有多少添置。现有中西文图书约十万册；仪器、标本、药品等物，若按时价计，或可值百余万元。两年间所经桂北及粤北区域，又适为研究地质生物的好地带，得到平时所难得标本颇不少。现在执笔写这节记事，适值南宁光复，回忆两载旧游的广西，特别感到一种快慰。教授们在梧州的闲谈终算证实了。我们这个集团依旧完整，虽然有几位中途他适的。本院学生人数依旧二百余名，和附中学生约七百人，合计将达千人。这一枝小小的铁流，准备广州光复之日，便下连江入珠江。

三年间，本院也曾易名两次，叙述起来，也算插一段科诨。前身原为广州市立师范学校——即现在的附中——二十二年，改成勷勤大学师范学院，设文史、数理化、博物地理三学系，负责培养中学师资。二十四年三月，教育部因为这名称与大学组织法第四条规定不符，令改称教育学院，而增设教育学系。二十七年八月奉令改为独立学院，称为广东省立教育学院仍为本省唯一的中学师资训练机关。去年，为维持师范学院国立的原则，教育部与本省政府商定，易名为文理学院。现有四系是：文史、理化、生物、社会教育，及增设体育专修科，这是把省立体专并入来的。总计历届毕业生在社会上就业的有了二百二十四人。

我们在连县安居十个月了。这里是农产品较丰富的乡村。中农较多数，又受了抗战底洗礼，文化底要求当然加强。我们在这里推行民众教育，结业的成年男女不下六百人。因为是较安定的后方，外来受学者络绎不绝，我们附中初到时，学生只有二百余人，暑假后人数突增，将及七百人了。本地小学教育尚算发达，而我们附小也收容本乡儿童百余名。这里有研究学术的天然环境，瑶山底风俗人情，森林岩石都是极丰富的科学资源，只看我们今后的努力。最近半年，同人们出一种定期刊物，名为文理月刊，已出到第五期了。

附：教职员一览表

院长林砺儒，教授兼教务主任唐惜分，教授兼训导主任盛叙功，总务主任杨寿宜，教授兼文史系主任陈守实，教授兼理化系主任王赞卿，教授兼生物系主任陈兼善，教授兼社教系主任张栗原，教授兼体专科主任黄金鳌，教授吴三立、王鹤清、陈竺同、何爵三、许杰、黄友谋、赵威云、白玉衡、刘棠瑞、罗士苇、林仲达、徐锡龄、陈亮、郭大力。副教授张宗满、廖华扬、甘毓津、梁溥。专任讲师钟志强、王克珍。讲师陈筱泉、孙以庄。附中徐校长丁景堪。附小校长阮镜清。

（录自教育杂志社丛刊《全国专科以上学校最近概况一册》1941年7月，魏文石、梁冬敏整理）

广东省立文理学院

何爵三

一、沿革

该院系自广东省立勷勤大学教育学院一再改组而成，先是，国民政府西南政务委员会决议，筹设广东省立勷勤大学于广州，以纪念国府委员古勷勤先生。广东省政府奉令后，即于民国二十一年改广东省立工业专门学校为省立勷勤工学院。二十二年，以广州市立师范为基础，增设师范学院。二十三年，另增商学院，三院合组，成立勷大。二十四年七月，部令师范学院，易名"教育学院"。二十六年九月勷大改组，工学院并入国立中山大学，商学院改为"广东省立勷勤商学院"，教育学院改为"广东省立教育学院"。二十八年九月，"教育学院"又改今名。二十六年抗战军兴，该院于是年十月自广州河南石榴岗，迁至广西梧州，借用广西大学理工学院地址。嗣梧州空袭频仍，再迁桂东南之藤县。其后广州沦陷，西江吃紧，又迁桂北融县。二十八年八月，粤局稍定，奉命迁回粤北乳源侯公渡，盖至此已四迁矣。是年冬，粤北第一次会战，

《第二次中国教育年鉴》之广东省立文理学院

曲江疏散，该院乃五迁连县之东陂。三十一年春，六迁曲江仁和乡之桂头镇，与勷勤商学院毗邻而居。三十三年夏，中原会战，全湘震惊，湘粤唇齿相依，理难久安，该院奉令迁回连县之东陂旧址复课。其后战局日紧，该院奉命八迁粤西罗定菖濮乡。同时为适应岭东高等教育之需要计，决定在东江设立该院与勷勤商学院联合分教处，以兴宁县西北甘塘报福寺为校址。胜利后，该院自罗定迁回广州，因石榴岗原校破坏不堪，且为日房集中营，乃以广州光孝寺为临时院址。东江分教处则于三十五年二月迁回广州，并入该院本部。迄是年秋季，石榴岗原校址，修建完成，自九月下旬至十一月初旬，分批迁回上课。

附：历任校长一览表

职别	姓名	在职期间	附注
校长	林云陔	民国二十三年至二十四年	时称师范学院属于勷勤大学
院长	林砺儒	民国二十三年至三十一年	二十三年林氏任师范学院院长；二十四年易名教育学院；二十六年改为省立；二十八年改今名。
	黄麟书	民国三十一年	
	黄希声	民国三十一年至三十四年	
	罗香林	民国三十四年至三十五年	
	何爵之	民国三十五年	

二、行政组织

院长室设秘书一人，教务处设注册组、出版组及图书馆。总务处设文书组、庶务组、出纳组。训导处设生活管理及课外活动两组。另设会计室及人事管理组。

三、学系数

现有中国文学系、历史学系、教育学系、英语学系、地理学系、生物学系、物理学系、化学系，共八系。另附设先修班一班。

四、教职员人数

三十六学年度第一学期全院教职员七十四人，职员三十五人，共计一〇九人。

五、学生人数

三十六学年度第一学期计学生六四三人，男生五五九人，女生八四人。

六、经费

（一）经常费

（甲）三十五年度经常费：一至七月份每月二十五万六千元，八至十二月份每月二十九万元，自十月份起因体育专修科拨归省立体专学校，须拨出一万八千元，故十至十二月份，只有二十七万二千元。此外上下半年度各追加四百八十六万三千元，两共九百七十二万六千元。（乙）该院办公费月仅十万余元，购置费每月一万五千元，实验费月仅四万八千元。

（二）临时费

三十五年度部拨复员费五千万元，另由教育厅转拨六千万元。

七、校舍图书设备

（一）校舍

石榴岗校舍，现有院本部四层建筑物一座（包括办公厅、课室、实验室、图书馆、阅览室），四层宿舍二座，又学生厨房、浴室、膳堂各一座，尚有科学馆四层建筑一座，迄未修用。

（二）图书

现有图书约十万册，详列如下表：

新编目图书	中文书	西文书	合计
总类	二〇、二九九	三九七	二〇、六九六
哲学	一、七九四	二六六	二、〇六〇
社会	三、二四三	二八二	三、五二五
语言	五一七	九四	六一一
自然	一、一一〇	一、三四〇	二、四五〇
应用	四一二	二四一	六五三
艺术	五四六	四五	五九一
文学	三、一五五	九三	三、二四八
旧编目图书	五四、〇一一	二、〇〇四	五六、〇一四
奉令接收图书	四、六六〇	五四〇	五、二〇〇
总计	九四、〇一一	五、五九三	九九、六〇四

（三）仪器标本

现有理化仪器一万五千件，药品一千二百樽。其中较为珍贵者，有万分一分析天平十二架，电光显微镜一架，白曼氏温度计十三支，及分色镜、白金杯、白金丝等。又生物仪器一千件，动植物标本三千件，药品三百樽。其中较为珍贵者，有二千五百倍显微镜二副，矿物显微镜四副，学生用显微镜二十五副，切片机三副，解剖镜十八副，及德国经纬仪、水平仪、电保温箱。又地理仪器有精良布质挂图数百帧（德文地图最多，英文次之），精良仪器甚多，如硬度计，各种测量仪器，高倍低倍之矿物显微镜等。又各洲地图模型一套，岩石矿物标本一套。

（原载《第二次中国教育年鉴》第五编"高等教育"第三章"公私立独立学院概况十六"。魏文石、梁冬敏整理）

广东省立文理学院的近况

知 山

广东省立文理学院的前身，原是广东省立勷勤大学的师范学院。院址在广州市河南的石榴岗，校舍新建，巍峨伟大，与石牌的中山大学遥遥相对，成为南中国之两座最高学府。抗战军兴，即由广州西迁梧州。广州陷后，又从梧州一迁藤县，再迁融县，改名为广东省立教育学院。其后抗战局面，转入相持阶段，粤局逐渐稳定，且在迈进建设之中。省政当局，以本省境内，无高等教育文化机关，未能与各地建设相配合，爰于去年八月，限令从速迁回省内开办，呈准教部，改用今名。回粤以后，即在乳源公渡勘定校址，积极经营，已于双十节后一日，照常开课。及去年年底，敌犯粤北，曲江疏散。省政当局，以学院逼近韶关，诸多未便；且敌人阴谋，向以摧残我高等教育文化机关为能事；为策永久安全，保存为国家作育人材之教育机关起见，即由李主席手令，限期从速北迁连县。手令到后，即日动员。全员大中小员生，合计四百余人，悉以行军方式，沿韶连公路北进。至学院器物，及图书仪器等项，则由省府搬车载运，于一月二十日，完全运竣。抵连以后，即在县北六十里之东陂墟勘定校址，积极筹备，早于二月五日，正式复课。

在本院前身之师范学院教育学院毕业的学生，前后共约二百名，大概皆在本省各地中等学校、文化机关、党政机关及本院各部任事。现在，全院学生，共计一百九十二人，差不多百分之九十以上都是本省的子弟。

本院内部组织，共分四系一科；以班数论，则分十八班级。其科系名称，为文史（文学历史）社教（社会教育）生物理化四系及体育专修科一科。文史社教等四系，皆为四年毕业，各有一二三四年级四班，体育专修科，规定三年毕业，现尚只有一二年级两班而已。

本院学生，二年级以上，皆曾跟随学院，东西流转，饱经风霜，在此抗战建国期中，已锻炼成为强悍之青年，深悉自身责任之重大。一年级学生，亦大部分来自沦陷区域，或逼近沦陷区地带，其来院入学，每有步行一二十日，或绕道河内海防者。总之，本院学生，皆为受过大时代洗礼之青年，在彼等之心目中，时时在自问："我们为什么到这里来？""文理学院为什么在这个边避地方开办？"的疑问。因此，彼等自知，在此时期读书，大非从前之大学生可比。彼等要加紧工作，加紧学习；要把学习与工作打成一片。在乳源时候，彼等于正课以外，即组织各种座谈会，各种研究会。出壁报，办民众夜校，士兵教育版，出演抗战戏剧，举行各种座谈会等等工作。迁来连县以后，因时间尚短，一切都在部署之中，还无多大成绩表现。但东陂墟上各处墙壁，已绘上大幅抗战壁画，各处街头墙角，已贴满民众识字班之招生广告，而墟上之唯一社戏舞台，亦于一二八八周年纪念日出演一次抗战剧矣。

这一次，趁学期结束时间，全院学生，组成兵役宣传大队，大中两部，共计四百余人，全体出发，分往连县各区各乡镇宣传。此次宣传组织，纯为军队编制，本院学生，已受完军训练者编为第一中队，其余未受完军训之学生编为第二中队，附中学生，编为第三中队。合三中队，成一大队。大队长由院长兼任，大队副由军事训练主任教官担任，中队长由教授及中学部主任担任，其余各区队各分队队长全由中学生选举分任。至全院所有教授讲师助教等则分别担任各区分队之指导员。

此次宣传，由二月

西塘村五福公所（魏文石摄）

西塘村陈氏宗祠（魏文石摄）

二十八日出发，在各地继续宣传七日，至三月五日回校。回校以后，即行复课。此已为本学期之开始矣。

本院迁来东陂墟之后，因无适当校址，除觅定西塘村之五福公所为院本部办公地址，江夏村之香林寺为学生宿舍以外，其余即无民房可以借用，非自行搭盖棚屋，一时未能开课。顾青年光阴，不好任其闲过，乃一再与第三区署相商，暂借该区空屋，先行开课。一面仍积极建设，在五福公所后面，香林寺旁边，搭盖教室六座宿舍四座，大礼堂一座，大饭厅一座。而香林寺内之学生迁出以后，即改设图书馆，此外又借陈氏宗祠，为生物系实验室，及观音阁祝山祠为理化系实验室。学院全部，已大致安妥。而东陂墟隔江之西塘村，已成为大学区之中心矣。

（原载于《文理月刊》第1期，魏文石、梁冬敏整理）

广东省立文理学院附中历史溯源

惠州学院

一、广州市立师范学校时期

（一）广州市立师范学校创建

清末，新式学堂林立，迫切需要师资，清政府为此于1902年颁布学堂章程，设立师范馆和师范学堂，广州地区也因此先后开办了各种师范学校。1921年，广州设市后，公、私立小学统归市教育局管辖，当时市立小学仅有30余所，失学儿童众多。广州市教育局局长许崇清面对此状，深感小学教育落后。考虑到原有师范毕业生不能满足需求，广州市教育局于是决定筹办师范学校。广州市立师范学校于1921年应运而生，并于当年10月12日正式开课，首任校长为原广东省立图书馆馆长杜定友，校址为广州市汉民北路双门底，即创办于清康熙四十九年（1710年）的粤秀书院的旧址。

办学地点粤秀书院当时为福军司令部。几经交涉，福军司令部同意让出正座及东边部分地方，其余仍驻军队。因房舍狭小，又求速成，学校于开办当年招收旧制中学毕业生二部师范男女生各1个班、图工体乐专修科1个班，共130人，学习期限为1年。后因房舍扩大，1922年春，学校增设二部本科1个班，招生50人，同时成立附属小学，招生3个班，学生130人。同年秋，学校将二部师范学习年限延长为2年，以提高小学师资水平。1923年，改行新学制，学校设新制师范2个班、二部专科1个班。1923年秋，将旧制师范班改为新制的初中三年级，同时兼办中学部，招高中、初中新生各1个班，小学增至8个班。1925年，增办幼稚园。1931年，计有图工体乐专科1个班、初中6个班、附属小学1个班。1921年至1933年12年中，历届毕业生人数达1000人左右，后来大都担任小学校长或教员，成为广州市小学教员的中坚力量。

杜定友校长在任两年半，其继任者为黄炳蔚。1924年，学校行政系统由校长制转为季员制,由市视学5人兼任委员,总管校务的称委员长,均由市教育局督学兼任,以便将视察所得作为广州小学教育改良的根据。因学校与当局有着密切的联系,所以很少有毕业生无法就业。黄炳蔚卸任后,余超、汤澄波、卢德、麦棠、方学芬等人都先后做过委员长。1932年春,当局恢复校长制,李庆荣为校长;9月,改由林砺儒接任。林砺儒以民主思想办学,重大校务采用民主的方式决定,财政又非常公开,在学生中提倡思想自由,颇受学生爱戴并为社会人士所推崇。

市师的校训是"自动自觉,笃学笃行"。师生恪遵实践,因此养成一种主动和苦干的校风。当时教员和学生都不住校,但是师生间的感情却非常融洽和亲密。学校优良的校风,在市师时期开始奠定。

(二)广州市立师范学校改组

1929年,经古应芬联同胡汉民向蒋介石举荐,陈济棠接替李济深掌握了广东的军事大权及其他实权。1931年10月,古应芬病逝,为了表示对他的悼念,及考虑到发展广东地方经济急需师资和一般工农商科等事业方面的人才,陈济棠在广州国民党"四全大会"上提议创办一所新的大学。1931年11月18日,国民党第四次全国代表大会在广州举行,会上通过决议,由广东省教育厅及广州市政府会同筹议,将省立工业专科学校及市立师范学校分别改办为工学院及师范学院,并创设商学院,合组为广东省立勷勤大学,以纪念古应芬先生。1931年12月12日,广州市第19次市政会议通过设立勷勤大学师范学院提案。1933年6月,广州市立师范学校先后奉勷勤大学董事会及筹备委员会、广东省政府和广州市政府发布"于同年8月1日将市立师范学校改成师范学院"的命令,着手筹备招生和开学事宜。1933年7月1日,市立师范学校改组为勷勤大学师范学院,设文史、数理化、博物地理三个学系,院址为原市立师范学校校址。

师范学院成立后,原广州市立师范各班仍继续办学,改称师范学院附属中学。

1933年9月1日,师范学院中学部举行开学典礼。林砺儒发表讲话,他指出,"……今年(1933)大学部招生,成立文史系、数理化系、博物地理系各一班,添聘教授六七位和讲师十几位。至于行政组织,只于院长之下,添聘一位秘书,原日训育委员会照旧,教务部改称注册部,事务部和会计科也无多大变更。总之,不过把市师原有组织稍扩大一点罢了。大学部和中学部是合一的,并没有分成两橛""原日市立师范专为广州训练小学师资,现在成了师范学院,兼要为广东全省训练中学师资。这便是于原有使命之上,再加上一种新使命。这两种使命，学院是要永远负担进行的""今年新入学的有初中3班，高中师范3班，专科1班，大学部3班，合计10班，人数在四百以上，超过旧生人数。"［详见《勷勤大学师范学院月刊》第1期，民国二十二年（1933年）9月编，中山大学图书馆5楼珍藏室藏］

林砺儒重视设立附属学校，他认为师范教育的使命就是为国家和社会提供训练有素的师资。早在1930年，他在《附属学校之使命及其与师范本部之联络》一文中指出："我以为一个师范学校中，训练师范生之重要设施有三：其一是秩序严肃的寄宿舍及运动场，这是训练师范生品性之所在；其二是内容充实的实验室及图书馆，这是培养常识之所在；其是附属学校，这是完成教育者资格之所在。师范与附属学校之关系，有点像骨和肉。若师范没有附属学校，就等于没有筋肉的枯骨，而附属学校若离开师范，就等于无骨的一块肉，已失掉其效用。"

师范学院建立后和附属中学是合一的，关系紧密。最初3年，师范学院和附属中学校舍同一，附中主任亦由学院院长兼任，1936年秋迁新校址，始由学院教授兼任附中主任。附属中学继续贯彻林砺儒的主张，即学生试教、领导所在地方的普通教育和研究教育问题。林砺儒主张学院学生除在附中实习外，还必须在附小进行教育实习，要求毕业生不仅能胜任中学教师，还要能承担小学老师的教学工作。1933年1月颁布的《勷勤大学师范学院实施规程》规定："学院学生在附属学校实习成绩不及格者，不论其学业成绩如何，不准毕业。"附小主任由附中专任教员兼任，以作小学教育研究。

二、附属中学时期

（一）从勷勤大学师范学院附中到省立勷勤大学附中

1935年，为避免与教育部的规定相抵触，勷勤大学师范学院改名为"勷勤大学教育学院"，勷勤大学师范学院附属中学因而改称勷勤大学教育学院附属中学。勷勤大学石榴岗新校区建成后，迁址上课，附中也跟着从双门底迁到番禺增埗。8月，附中遵照部令改组，将勷勤大学工学院附属高中并入勷勤大学师范学院附中，统称为"省立勷勤大学附属中学"，内分高中部（原工学院附中）、师范部及初中部，各设主任一人，受学院院长领导。在这个阶段，学校三易校名。1935年至1942年，历任附中主任依次是关元藻、陈启荣、钟鲁斋、杨寿宜、丁景堪、黄继植。

1937年，抗日战争全面爆发。9月，因广州市受日本敌机的轰炸，无法上课，勷勤大学教育学院西迁至广西梧州，勷勤大学附中则由番禺增埗迁至开平卢村，租借关氏宗祠及盖搭棚厂为校舍，图书、仪器及校具除笨重者外，均得到妥善迁运。当时，学校共有初中3个班、高中普通科2个班、高中师范科4个班，学生共271人。1938年7月，因校舍不足，再迁至开平县百合墟卢村，租借敦伦书院、黄家祠及盖搭棚厂为校舍。

（二）省立教育学院附中

由于蒋介石对当年陈济棠发起创办勷勤大学纪念古应芬早已极为不满，为削弱西南地方力量，1938年9月，利用勷勤大学分散各地的机会，下令将其改组，将勷勤大学工学院并入中山大学，商学院改为省立勷勤商学院，教育学院则独立成为广东省立教育学院。勷勤大学附中因而改名为"省立教育学院附中"，当时有初中4个班、高中普通科4个班、高中师范科4个班，学生共计398人。

学校在开平办学期间，正是抗战的非常时期，服务后方的工作在校内如火如荼地开展着，师生总动员参加宣传抗战、教育自卫队，帮助掘战壕，救护伤兵，办理民校等。

1939年8月，附中奉令从开平北迁乳源县侯公渡宋田村。迁移时，随行的师生人数寥寥，人事变动也很大。因交通阻塞，除图书仪器由师生分组装担押运外，其余校具无法迁运，至乳源后，只得向附近的省立长沙师范学校借用。学校租借邱姓围楼、镇溪祠及盖搭棚厂为校舍，有初中3个班、高中普通科3个班、高中师范科1个班，并招收乳源籍学生设立补习班1个班，学生共计249人。教育学院也于8月从广西迁回了广东省乳源县。

（三）省立文理学院附中

1939年9月，省立教育学院改名为"省立文理学院"，附中因而改名为"省立文理学院附中"。1939年冬，日军图侵粤北，乳源局势动荡，学校于是奉令西迁连县。师生经八九日步行迁移，始达目的地，随即择定东陂墟塘头坪为校址，租借桂香小学、黄尚书祠及盖搭棚厂为校舍，于1940年1月23日复课。学校设置因陋就简，师生和村民共处，由于自学风气浓厚，加上图书仪器设备相对齐全，吸引了不少慕名前来的各地学子，包括当时休学投身军队的学生，此外，请求复学转学来的学生也不少。据统计，当时共有初中3个班、高中普通科3个班、高中师范科1个班、补习班1个班，学生计263人，籍贯涉及60余县。经校方调查统计，当年部分学生毕业情况为初中毕业生升学本校高中的有13人，高中毕业考取省立文理学院的有5人,有3人考取国立中山大学,3人考取中正大学,1人考取中央大学,1人考取广西大学,1人考取厦门大学。全部毕业生的情况因交通阻塞未能完全统计。

当时学校有教职员25人,其中专任教员13人(男11人、女2人)、兼任教员3人(男2人、女1人)、专任职员9人(男6人、女3人)。

学校重视实施导师制,对学生实施信仰训导、德行训导、体格训导、生活训导和服务训导,务求学生思想、行为、学业、身心、团体生活等全面发展,以为抗战和新中国成立服务。导师每日批阅学生生活日记,随时进行个别谈话,每月定期举行两次讨论会或座谈会,并相应举行学术、艺术、体育等比赛,组织长途旅行等。

1940年2月,寒假开始时,文理学院组成兵役宣传大队,附中学生作为第三中队,与文理学院的师生一起分赴连县各区、乡、镇宣传,动员适龄青年踊跃参军,抗日救亡。

在文理学院及附中,教师可以公开讲授马列主义,宣传抗日救亡的主张,学生可以研究各种学术问题,组织各种进步社团,开展抗日救亡活动。这种进

附中办学租赁的塘头坪村南炮楼(魏文石摄)

附中办学租赁的塘头坪村黄损祠（魏文石摄）

步自由的风气引起了国民党特务的注意，以学校是"红色学校""小延安"为借口，要求对学校进行改组，并以对学校停发经费相威胁。为此，林砺儒不得不于1941年5月提出辞职。林砺儒被免去文理学院院长职务，附中主任丁景堪被免职后，附中和文理学院掀起了挽留林院长和丁主任的学生运动，成立了"挽林委员会"，开展"挽林"斗争。师生以"挽林委员会"的名义发通电、写宣言、印传单，寄给教育部、省政府以及全国各个大学和社会名流。同时，教师罢教，学生罢课，开展集会示威、演讲、发通告等活动，派出请愿代表团到韶关请愿。请愿代表团在韶关曾面见林砺儒，代表全体师生向他慰问并表示对他的支持，他深为感动写下了一首慷慨激昂的校歌，交代表团带回。这首歌写出了艰难岁月时期师生的斗争精神，歌词如下：

民族复兴的烈火，炼出我们这支青年军，走遍了险阻，历尽了艰辛，却淬砺了战斗精神，我们要探索真理之光，我们要广播文化食粮，那怕魔高十丈、恶战千场！同学们，挺起胸膛，放大眼孔，这是我们的校风，这是我们的大勇！

这首校歌，给青年学生们很大的鼓舞。

三、广东省立粤秀中学时期

1942年初，当局为便于控制，将省立文理学院迁至韶关曲江桂头，学院出于经费的缘故不能多置校舍，附中未有随同搬迁，而是承接了学院在连县西塘和江夏的校舍。

2月，附中奉令改名为"省立粤秀中学"，脱离文理学院，独立办学，校长仍为文理学院附中时期的黄继植。校名选用粤秀，是为了纪念学校前身曾在粤秀书院的旧址办学，以秉承其良好的治学传统。

（一）学校概况

粤秀中学独立办学时，有教员39人，其中专任教员23人。专任教员中，19人学历为大学毕业，其余4人为大学专科毕业。学生班级有高中一年级2个班、高中二年级2个班、高中三年级3个班、初中三年级各2个班，学生合计539人。

学校设施除图书仪器室（借用香林寺）是砖瓦所建外，其余都是竹木树草所建，计有课室13间，特别教室及实验室1间，图书室1间，教员宿舍4间，学生宿舍16间，集会室2间，仪器药品标本室1间，办公室1间，体育器械室1间，膳堂3间，浴室3间，储藏室2间，足球场、排球场、田径场各1个，篮球场2个，图书6000多册，仪器2600多件。

黄继植校长于1942年夏去职，省教育厅随后委任黎杰为校长。1944年，学校因治学出色被省教育厅确定为全省示范中学。

学校行政组织设置：校长之下，设教务处、训导处、体育处、事务处4处，教务处下设教学、注册、设备3组，训导处下设训育、管理2组，体育处下设体育、卫生2组，事务处下设文书、庶务、出纳3组。除此之外，学校另设有军训团、童军团、训育指导委员会、社会教育推进委员会、经费稽核委员会、升学就业指导委员会、招生委员会、学术委员会、各科教学研究会等。

（二）办学情形

在办学方面，学校侧重推行如下五项训练。

（1）精神训练。学校注重在朝会、纪念周及其他集会时对学生进行训练，使学生养成集会秩序井然的严谨作风。此训练由导师、军训教官、童军教练负责。校长或主任作有计划的训话，同时，每星期举行不同主题的演讲，内容涉及青年修业问题、国家民族问题、学术问题等，使学生经常获得教师的指导。此外，教师还主办一种墙报，名为《教声》，每半月出版一期，使学生受到潜移默化的影响，同时还规定各班学生均办墙报。

（2）体格训练。学校设有操场、田径场、球场，基本能满足学生锻炼的要求，教师还利用附近的河流教学生游泳。学校每日举行升旗仪式，开展早操锻炼，早操以练习跑步为主，要求师生都参加，并通过举办学校运动会来检验学生的体格。

（3）学科训练。学校所设学科科目和教学时数均按教育部要求，虽然学生的文化程度参差不齐，但教师开展教学力求划一，严格按照教学进度和相关规定教授。教务处对各科均有作业规定，要求学生每日写日记，交由导师批阅。

要求导师在校住宿，以便指导学生。训导处对学生参加各种活动按时稽查，每周公布一次缺席人员名单。为了严肃考试纪律而采取各项严格措施。此外，学校还举办文化赛、英语赛、数学赛、演讲赛等丰富学生生活。

（4）生产劳动训练。一是农艺实践，由教员带领高年级学生开垦学校附近的荒地，辟为农田，从事各种杂粮和蔬菜的种植，收获所得用于补助学生。二是劳作训练，根据初中生的年龄特点，教学生制作粉笔、笔擦、竹木雕刻等用品。三是参观工厂和农场，由教员带领学生到附近的工厂和农场进行参观。

（5）特殊教学及后方服务训练。为适应战时需要，学校设有几种特殊教学课程。为高二、初二学生开设化学课程，在课外教授国防化学；为初中学生开展童军训练，在课外教授侦察、间谍之术；为高一学生开展军事训练，在课外教授建筑堡垒等技能。在开展军事训练、童军训练时，内容主要有野营、演习、爬山、长短途行军等。在后方服务训练方面组成战时后方服务团，分高中、初中二部，团之下设中队及若干小队，训练内容以宣传、侦察、募捐、慰劳、民教等为主。

因校舍不足，学校规定距离学校路程较远的学生才可以报名申请住宿，管理学生的日常工作由导师负责。膳食方面由学校膳食管理委员会负责，并规定了每生每月的膳食费用。因物价时常变动，膳食费每月有增有减，其增减以学校所订购物品的价格作为参考，按此标准另加厨工费用若干。如1943年所定标准为膳食费每生每月大致为380元，具体是每生每日米7两至1斤、油4钱、盐若干、柴1.5斤、饭菜约3元。

学校设有乡村服务处，经常派师生深入民众开展演讲、宣传抗战、报告时事、代书函件等义务活动。此外，学校重视社会教育，办有妇女识字班1个，出墙报1份，制作看图识字学习材料1份，并设立民众阅览室，提供报纸及常识类书籍。

（三）迁校惠州

1945年8月，抗日战争胜利后，各校纷纷回迁原办学地点。而省立粤秀中学已脱离省立文理学院而独立，回广州已无家可寻，鉴于此，广东省府决定将学校迁到惠阳（现惠州市）丰湖书院。1946年1月，省教育厅任命钟国鑫为校长，钟校长接任后到连县东陂接洽，时值旧岁除夕。2月12日，学校开始动程迁移，此时，有教职员49人、班级11个、学生358人。

学校特别制订了迁校计划，决定：

（1）师生及重要图书、仪器、校具、教具均利用船只送至连县县城，再雇船沿小北江经阳山清远，后搭电船运至广州，之后转船直达惠阳县城。

（2）派员先行到惠择定校舍加急修葺，准备复课。

（3）勘定校址绘具图则，请援建筑新校舍。

（4）利用日俘及商请当地防军帮助建校。

（5）发动侨胞及当地机关人士捐建一部分校舍。

（6）所援设备费先行择要添置，图书、仪器、校具、教具设法募捐，陆续补充以臻完备。

（7）办理迁移预计需时一个月，即可抵惠复课，所缺课拟于暑假内补回。

因校具、图书、仪器多（大木箱60余个），运输工具颇成问题，加上途中水浅滩多，舟行迟缓。直至3月初，所雇的船只才到达目的地。所幸全部图书仪器均无损失。但当时的惠阳曾四度沦陷，遭受日军摧残焚毁的丰湖书院，房舍多数残破不堪，断瓦颓垣，触目皆是，需进行修建才能使用。在当地驻军和地方人士的大力协助下，丰湖书院部分建筑得到了修葺，学校校务工作得以逐步开展。

（选自《惠州学院校史》，暨南大学出版社，2011年版。标题有修改，魏文石、梁冬敏整理）

广东省立文理学院附中的变迁

惠州学院

惠州学院办学于1946年3月26日，源于省府第十届委员会42次会议决定的由广东省立粤秀中学改办的广东省立惠州师范学校。2000年3月22日，在原有学校的基础上，经国家教育部同意，建立惠州学院，并将校址由惠州西湖搬至演达大道边。

广东省立文理学院附中抗日战争时期迁出广州，1933年至1946年间，师范学院附属中学不断发展变迁，迭经多次更名，名称变化为：勷勤大学教育学院附中、省立勷勤大学附中、省立教育学院附中、省立文理学院附中、省立粤秀中学。1939年底，附中迁校于连县（现连州市）东陂镇塘头坪村，1942年2月，搬到江夏村和西塘村。追溯附中的历史，要从广州市立师范学校的创建开始，以下列出各阶段附中的变迁。

广州市立师范学校的创建

广州市立师范学校于1921年创建，并于当年10月12日正式上课，首任校长是广东省立图书馆馆长杜定友，校址为广州市汉民北路双门底粤秀书院旧址。

广州市立师范学校改组

1933年7月1日，市立师范学校改组为大学师范学院，设文史、数理化、博物地理三个学系，院址为原市立学校校址。师范学院成立后，原广州市立师范改成师范学院附属中学。

附属中学时代

1935年，大学师范学院改名为大学教育学院，大学师范学院附属中学因而改为大学教育学院附属中学。8月，附中遵照部令改组，将大学工学院附属高中并入大学师范学院附中,统称为"省立大学附属中学"。

1938年9月,大学教育学院独立成立了广东省立教育学院,大学附中因而改名为省立教育学院附中。

1939年9月,省立教育学院改名省立文理学院,附中因而改名为省立文理学院附中。

广东省立粤秀中学

1942年初,省立文理学院乔迁至韶关曲江桂头,附中未有随同搬迁,而是承接了学院在连县西塘和江夏村下山坪的校舍。2月,附中奉令改名为省立粤秀中学,脱离文理学院,独立办学。

广东省立惠州师范学校

1946年,粤秀中学乔迁惠州后,省当局考虑到东江流域一带教育落后,师资缺乏,为发展小学教育,培养师资,1946年3月26日召开的省府第十届委员会42次会议,决议将由粤秀中学改办为省立惠州师范学校。这一决议在5月21日第58次省务会议通过,钟国鑫仍任校长,学校于当年6月1日开始改制。

广东惠州师范学校

1949年10月,惠州解放,惠州军管会文教委员会接管广东省立惠州师范学校。1950年,"广东省立师范学校"改名为"广东惠州师范学校",属省立师范学校。

广东惠阳师范学校

根据省教育厅〔1959〕教普字第5号文德文件精神,惠阳县文教卫生部1959年4月发出通知,将"广东惠州师范学校"改名为"广东惠阳师范学校"。

广东惠州师范学校

1963年9月28日,经省教育厅同意,广东惠阳师范学校恢复"广东惠州师范学校"校名。

广东惠阳师范学校

1964年开始,全国开展"四清"运动,惠阳地区将惠师迁至惠东平山农场,改为半农半读学校。

1965年11月16日,经省教育厅同意,学校改名为"广东惠阳师范学校"。

惠阳地区师范学校

1970年5月,与原"广东耕读师范学院"合并,从惠东县搬至博罗县显岗水库,改为"惠阳地区师范学校"。

1976年回迁惠州市西湖丰湖书院;1977年开始招收大专班学生。

惠阳师范专科学校

1978年12月,经国务院批准,在"惠阳地区师范学校"的基础上升格为专科院校,并更名为"惠阳师范专科学校"。

惠州教育学院

1986年6月,惠阳师范专科学校与惠州教育学院(1963年成立,原称惠阳地区教师进修学校;1966年停办,1978年10月复办;1980年11月改称为"惠阳地区教师进修学院";1982年2月,国务院备案;1983年4月经广东省人民政府批准改名为"惠州教育学院")实行联合办学。

1989年4月,与西北纺织学院惠州分院联合办学。

惠州大学

1992年7月,经广东省人民政府批准,在三校联合办学的基础上,筹办"惠州大学",并在惠州市区河南岸马庄征地150万平方米用作新校区建设用地。

1993年9月,经广东省人民政府批准,在惠阳师范专科学校、惠州教育学院、西北纺织学院惠州分院联合办学基础上,正式成立"惠州大学"。

惠州学院

2000年3月,经全国高校设置评议委员会投票通过,教育部正式批准惠州大学升格为本科院校,更名为"惠州学院"。

历任校长

1921年10月12日(广州市立师范学校期间),杜定友为校长;

1924年3月,黄炳蔚为校长;

1932年春，李庆荣为校长；

1932年9月，林砺儒接任；

1935年，勷勤大学师范学院改名为"勷勤大学教育学院"，勷勤大学师范学院附属中学因而改称勷勤大学教育学院附属中学。1935年至1942年，历任附中主任依次是关元藻、陈启荣、钟鲁斋、杨寿宜、丁景堪、黄继植。

1946年1月，省教育厅任命钟国鑫为校长。

（录自《惠州学院院史》，魏文石整理）

广东省立文理学院附中在广东连县东陂办学时租赁的黄氏宗祠（魏文石摄）

国立中山大学连县分教处组织章程解读

魏文石 整理

  1944年冬日寇为打通粤汉线进犯坪石，中大员生于仓促中分两路迁移：一路由训育长任国荣等率领辗转东迁到梅县；一路由教务长邓植仪、总务长何春帆率领西退到连县。何春帆率领的师生于1945年1月20日由坪石突围，循连坪公路，抵达连县三江镇。由教务长邓植仪率领的各院部分师生，亦陆续从栗源堡、笆篱堡到达三江镇。于是就由这两部分师生组成中大连县分教处。研究院、先修班以及文、理、法、工、师范五学院师生，均安排在三江镇，农学院则设在连县东陂西岸，医学院设在连县城内。各院师生公推教务长邓植仪教授为连县分教处主任。何春帆以及贷金委员会总干事董伯洵都是连县三江人士，在他们的多方筹措之下，安顿好了师生的食宿，并借用了莫屋祠堂、三江小学的宴坪图书馆等处作为课室，于1945年3月间恢复上课。抗战胜利后，中大连县分教处和梅县本部都迁回广州石牌原址。

  分教处设立后，为尽快开展教学，分教处主任邓植仪向国立中山大学代校长曾金澄报送了分教处组织章程和组成了各部门的组织机构。

一、分教处组织章程、主管人名表备案

附呈本分教处组织章程、主管人名表备案请察核由：

查本分教处组织章程前经提交三十四年三月十四日校会校务会议临时会议议决通过实行，在案所有各部组院主管人员亦经依章分别推定及聘任到处服务。前已邮路未通，久未呈核，兹特检同该项章程暨名表，随函送请。

察核府赐批准并转呈教育部备案为荷。

此上。

校长金

附呈本分教处组织章程暨主管人员名表各二份。

兼主任邓植仪。

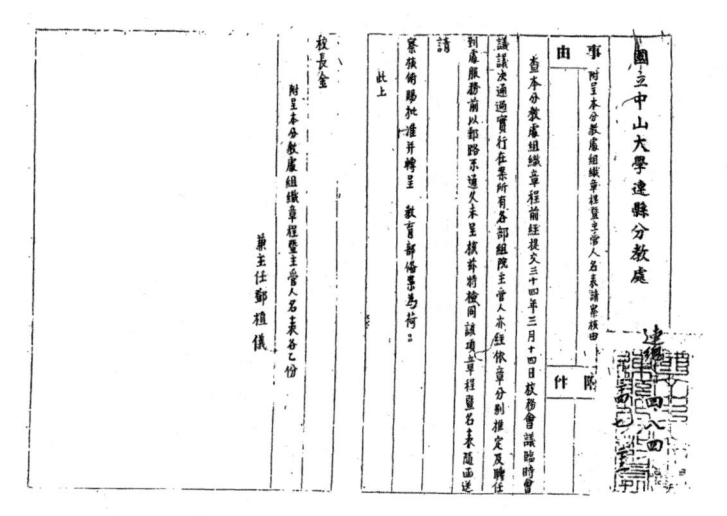

国立中山大学连县分教处关于附呈本分教处组织章程等件的呈

二、国立中山大学连县分教处组织章程

第一条：本校校务会议在连同人临时会议，为适应目前非常情况，保全国父手创学府，决议成立国立中山大学连县分教处，本处即依据此决议组成之；

第二条：本分教处依据上述会议之决议案由，会议公推主任一人，请校长加以聘任，并呈教育部备案；

第三条：分教处主任主持本处对内对外一切事务；

第四条：分教处参照大学原组织法，主任下设总务、教务、训导三部，并设秘书、会计各一人；

第五条：总务部设主任一人，由本校在连之总务长兼任，总务部内分文书、出纳、庶务三组，每组设组长一人，组员若干人，由处主任聘任或派任之；

第六条：教务部设主任一人，由本校在连之教务长兼任，教务部分设注册、出版两组及图书馆组，馆设组馆长一人，组馆员若干人，由处主任聘任或派任之；

第七条：训导部设主任一人，由处主任聘任之。训导部内分生活管理、课外活动及卫生三组，每组设组长一人，组员若干人，由处主任聘任或派任之；

第八条：本分教处所各院除原有院长在连者外，只设院主任一人，其附属机构组织由各院拟定，请分教处主任核定之；

第九条：本组织法经过校务会议临时会议通过后即付实行，并请校长批准及呈部备案。

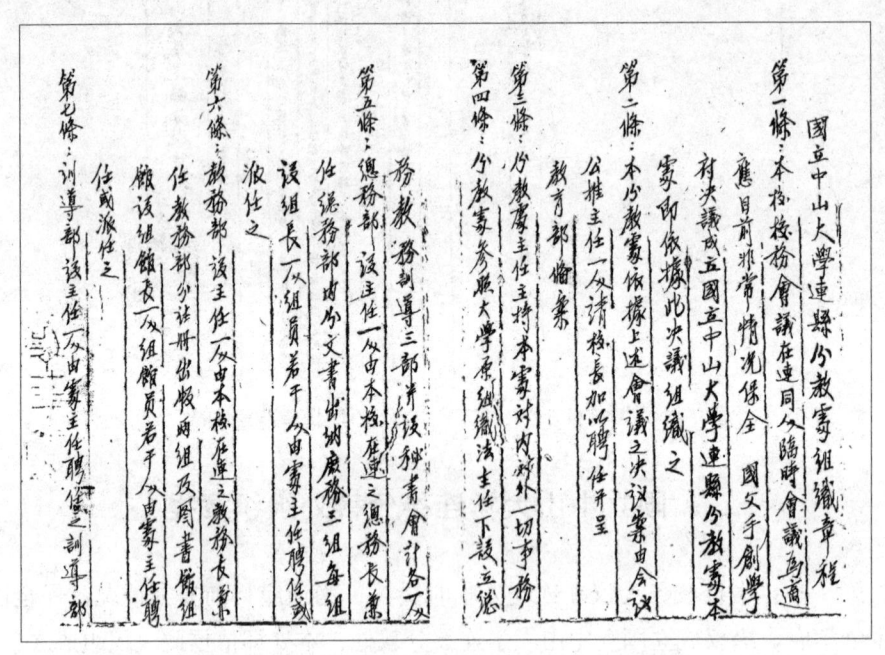

国立中山大学连县分教处组织章程，该档案现藏于省档案馆

三、国立中山大学分教处各部组院主管人名表

部分别	职称	姓名	备考
分教处	主任	邓植仪	
分教处	秘书	岑麒祥	
总务部	主任	何春帆	
文书组	组长	林国铨	
出纳组	组长	董百洵	
庶务组	组长	梁寒碧	
校警中队	队长	何化南	

续表

教务部	主任	邓植仪	
注册组	组长	王宝祥	
图书馆	馆长	岑麒祥	
训导部	主任	张作人	
生活管理组	组长	朱德龙	
课外活动组	组长	方瑞濂	
卫生组	组长	颜书新	
文学院	主任	张葆恒	
法学院	主任	梅龚彬	
理学院	主任	张作人	
工学院	主任	刘鸿	
农学院	院长	邓植仪	
医学院	主任	苏大昭	代
师范学院	主任	钟仁正	

该档案现藏于省档案馆

国立中山大学连县分教处民国三十三年度各学院第19届毕业生名单的解读

魏文石

已公布的国立中山大学连县分教处民国三十三年（1944年）度各学院第19届毕业生名单如下。

法学院
法律学系
唐茨轩，男，29，湖南临武；正式生。
吴德培，男，28—30，浙江绍兴；正式生。
黄羡英，男，27—26，广东台山；正式生。
廖碧轩，男，27—28，湖南常宁；正式生。

政治学系
黄明远，男，27，广东朝阳；正式生。
周建元，男，25—24，湖南醴陵；正式生。
杨克明，男，28—27，湖南岳阳；正式生。

经济学系
谢展彭，男，24—25，广东高要；正式生。
陈沧鎏，男，27—26，广东新会；正式生。
谭以仁，男，26—26，广东台山；正式生。
李　塗，男，24，湖南岳阳；正式生。
曹耒棠，男，24，湖南临武；正式生。

社会学系
阮宝欢,男,27,广东台山;正式生。

理学院
数学天文学系
梁之舜,男,25,广东南海;正式生。

化学系
伍振权,男,26,广东台山;正式生。
李子祥,男,24,广东台山;正式生。

地质学系
廖士范,男,26,湖南常宁;正式生。

工学院
土木工程学系
陈凤清,男,24,广东新会;正式生。
邝监棠,男,26,广东南海;正式生。
杨宗昶,男,25,广东顺德;正式生。
黎朴初,男,27,广东南海;正式生。
吴桂煊,男,26,广东新会;正式生。
李伟康,男,24,广东鹤山;正式生。
林文光,男,26,湖南临武;正式生。
王绍柏,男,23,湖南湘潭;正式生。
刘承章,男,23,湖南蓝山;正式生。

化学工程学系
戴景明,男,23,湖南益阳;正式生。
彭石杜,男,23,湖南宜章;正式生。

电机工程学系
立兴猷,男,24,湖南嘉禾;正式生。

农学院

农学系农艺组

黄治平，男，24，广东台山；正式生。
邝主民，男，22，广东台山；正式生。
刘汝镇，男，28，广东台山；正式生。
龚可均，男，24，湖南湘潭；正式生。
凌菱生，女，22，广东番禺；正式生。

农学系病虫害组

刘秀琼，女，24，广东台山；正式生。

农化系

赵皇民，女，22，湖南长沙；正式生。

蚕桑系

陈湘荃，女，23，福建闽侯；正式生。
黄国璋，男，24，广东鹤山；正式生。
潘宝彬，男，25，广东南海；正式生。

农经系

朱宜祥，男，30，浙江绍兴；正式生。
吴苏辉，男，26，广东番禺；正式生。
李永炎，男，25，湖南临武；正式生。

借读毕业生

关鼎州，男，24，广东开平。

以上民国三十三年度连县分教处毕业生共43人。按学院分，其中法学院13人，理学院4人，工学院25人，借读毕业生1人。按照籍贯分，广东籍贯的毕业生有24人，湖南籍贯的毕业生有16人，另有浙江籍2人、福建籍1人；广东籍的又以台山、鹤山、南海、番禺、新会等地为主，没有粤北籍人员，而湖南又以靠近粤北坪石的临武、湘潭、宜章、蓝山、益阳、长沙等周边县市为主。

据《华南农业大学百年图史1909—2009》图文记载，1939年3月1日，中大暂居澄江县复课；1940年秋，中大从云南澄江迁粤北坪石，10月，农学院迁到距离坪石本部约15公里的湖南宜章县栗源堡，在当地的书院、祠堂、庙宇等建筑内开展教学，另租地建宿舍5座。1940年初，岭大农学院三、四年级先迁回粤北。1941年12月香港沦陷后，岭大在香港大学各部停办，农学院一、二年级从香港迁至坪石，与三、四年级会合，其余院系迁往粤北曲江仙人庙附近大村，于1942年7月复课。1944年，因日军进犯，农学院也由坪石迁至大村。1945年1月，因战乱再次搬迁，迁往连县。可见，这批毕业生的生源一是随同中大、岭大迁往湖南宜章县栗源堡就学的广东学员，另外则是农学院在栗源堡复学后就地招生的，籍贯多数为湖南宜章周边县。

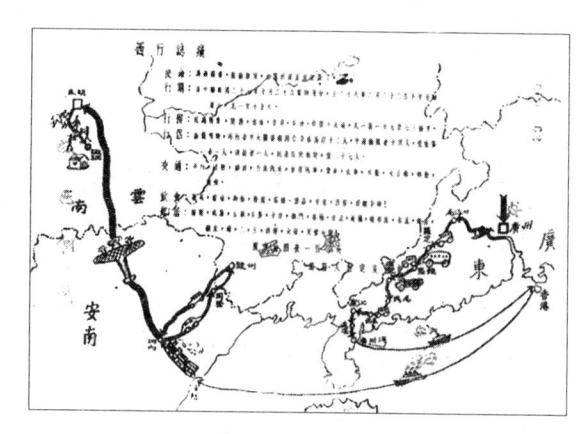

国立中山大学杜定友绘制的西迁图

湖南宜章县栗源堡国立中山大学农学院本部
（录自华南古驿道网）

农学院以及省立文理学院就地招收新生，无疑大大方便了当地学生的升学。不但小学生可就地升初中、简师，初中也可升高中、普师，再也不必长途跋涉到广州、韶关去投考、就读，就是高中毕业生也可就近在当地上大学了。

广东省立文理学院的几种期刊

魏文石

广东省立文理学院学术刊物的创办可以追溯到1933年勷大师范学院的《勷勤大学师范学院月刊》，它刊载本校要闻、记录、师生演讲录、短篇论文等，也刊登学校最新购入的图书、期刊和仪器设备等信息，从未中断。

1934年秋，增出《师范学院季刊》，主要收录一些学术文章。这些文章都相当时尚，贴近时政，反映勷大学者对社会现状的思考和知识分子的责任心。另有一些介绍工业技术的文章，也反映出勷勤大学师范学院在那个时代对"工

《勷大师范学院月刊》于1933年创刊　　《勷勤大学季刊》于1934年创刊

业振国"的爱国热情。

抗日战争全面爆发后勷大校名四易，数次搬迁，办学条件艰苦。但在林砺儒院长的坚持下，还是创办了《文理月刊》（创刊号于1940年3月15日出版）。时值抗日战争进入艰苦的相持阶段，要出版一个刊物实非易事。由于颠沛流离，月刊不能定期出版。但它提倡思想进步，倡导学术自由，积极推动学术研究活动，在国内形成了一定的影响力。

1944年文理学院院址确定在石榴岗，校刊也能定期出版了，改名为《文理学院院刊》。院刊创刊号第一篇文章是何爵三先生（时任文理学院院长）对新生训导的讲稿《本院的历史及其使命》。何爵三先生深情回顾了文理学院历史，14年来学院的忧喜悲欢，勉励各位来此求学的学子，"勿忘前人的努力，应该把文理学院的传统

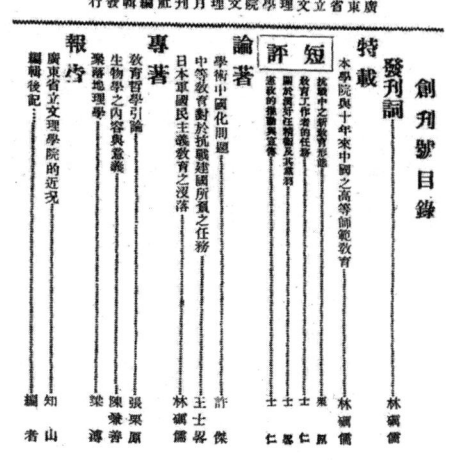

《文理月刊》于1940年3月创刊

《文理学院院刊》于1944年创刊

《华南师院》于1953年2月创刊

作风和一贯精神发扬光大，才不致辱没文理光荣的历史和伟大使命"。当时，办刊的主要目的是学术交流和评论时事。报纸从写稿到编辑出版，都由学院老师操作，学院味很浓，闪耀着知识分子批判精神的光芒，这是值得继承的宝贵财富。

新中国成立后华南师院成立。1953年2月，合并《师院教工》和《师院学生》为全院性刊物《华南师院》；1956年，《华南师院》改为《华南师院周报》，每逢周五出版，为学院内部刊物，是校机关报纸的雏形。发展至今，已记录了华师历史许多值得纪念的一刻，如董必武访问华师、陶铸作报告、国庆的盛大场面等。

中大撤离坪石前的最后一次招生

魏文石

一、中大民国三十三年度招考新生概况

民国三十三年（1944）秋，第三次粤北战役打响，日军先后攻占了韶关、乐昌，打通了粤汉铁路，广东省国民政府迁向西部山区，在坪石办学的中山大学再度被战火波及。而在炮火声中，中大的各学院仍然照常招生。

据《建国日报》民国三十三年十一月二十日报道：【本报坪石专访】国立中山大学三十三年度上学期招考各学院新生，经分别将成绩审核完满，十七日上午九时在该院本部放榜，是期共录取学生七百七十一人，兹将各系录取生分录如下：

文学院

中国语言文学系

　　坪 苏宇涛；坪 李铭麟；苏伟芳；兴 陈琇；兴 罗汉基；坪 李淑莹；坪 余颂仙；连 刘卓名；兴 李贻杰；连 周柏森；兴 陈作南；坪 温□华；赣 张家鹄；□ 张之麒；兴 徐继贤；连 关照禧；坪 邓国英；兴 □ 英；赣 林蕴道。

外国语言文学系

　　□ 式明；兴 李熙铨；兴 黄定宝；□ 黄浩炯；□ 陈瑜；□ 林贤纾；□ 志雄；□ 连俊霖；□ 罗代宗；坪 谭德；兴 罗建良；□ 张珍；坪 苏佩玙；坪 鲍瑞菁；□ 黄桓华；□ 章瑞；□ 关纪宝；□ 陈勋；兴 朱建欣；坪 梁启星；坪 何德苓；□ 谢琼龄；兴 叶树连；□ 单锡文。

历史学系

　　□ 林思敬；□ 黄光景；□ 张伟权；兴 谢春龙；□ 崔法；□ 郭秀英；□ 邹柏存；□ 黄□；连 周松□；□ 曾德兴；□ 范长信。

哲学系

　　□ 陈孔章；□ 余礼涛；□ 陈期琛；□ 彭城；□ 蔡时诚；兴 丘永琛；兴 王福；兴 郑斐民；□ 陈介中；连 苏常宜；坪 邝孔；兴 □兆文；赣 黄嘉彰；连 邓陵；兴 张庆辉；赣 方松山；赣 朱我□；兴 唐凯允；兴 袁孟熙。

　　（以下略）

《抗日战争与近代中日关系文献数据平台》之民国三十三年十一月二十日《建国日报》

二、各学院招生统计

　　为方便了解各学院各系生源情况，现将该报道中的录取学生名单列表如下：

学院	学系	籍贯（人）						备注
		坪（坪石）	连（连县）	兴（始兴）	赣（赣州）	不详	合计	
文学院（73人）	中国语言文学系	7	3	6	2	1	19	
	外国语言文学系	6		5		13	24	
	历史学系		1	1		9	11	
	哲学系	1	2	7	3	6	19	
法学院（152人）	法律学系	12	1	7	9	1	30	
	司法组	7	3	4	9	9	32	
	政治学系		3	6	4	14	27	
	经济系	7	5	9	10	7	38	
	社会学系		3	3	6	13	25	
理学院（77人）	数学天文学系			1		12	13	
	物理学	6		3	2	1	12	
	化学系	9	2	2	2		15	
	生物学	7	1	1	1		10	
	地质系	3		2	9		14	
	地理学系	8	2		3		13	
工学院（216人）	土木工程学	26	12	13	6		57	
	化学工程学系	23	6	3	3		35	
	电机工程学系	22	6	12	9	6	55	
	机械工程学系	21	10	9	5	13	58	
	建筑工程学系		11				11	
农学院（74人）	农学系	13	3	3	9		28	
	森林学系	3		2			5	
	农药化学系	1	2	4			7	
	桑蚕学系	3					3	
	牧畜学系	10					10	
	农业经济学系	4		17			21	
医学院（55人）			3	26		26	55	

续表

学院	学系	坪（坪石）	连（连县）	兴（始兴）	赣（赣州）	不详	合计	备注
师范学院（111人）	公民训育学系	1	5	1		9	16	
	教育学系		3	1		15	19	
	国文系		2	2		8	12	
	史地系		4			10	14	
	英语系		1	1		11	13	
	数学系					7	7	
	化学系		1	3		9	13	
	博物系		4			8	12	
	数学专修班					5	5	
试读生补受入（10人）	法院		1			4	5	
	理学院					1	1	
	农学院					3	3	
	师范学院					1	1	
合计		200	100	154	92	222	768	

注：报纸刊明为"中大三十三年度招考新生放榜各院录取学生七百七十一人"，实际刊登录取学生768人，以下分析以768人计算。

据当时对各地的约定简称，"坪"是指"坪石"，"连"指"连县"，"兴"指"始兴"，"赣"指"赣州"（此处泛指江西省籍贯的学生）。报道中的"〇、×、▲"等符号，统一列为籍贯不详学生。

三、生源分析

坪石生源录取200人，占26%；连县生源录取100人，占13%；始兴生源录取154人，占20%；赣州生源录取92人，占12%；生源难以统计的学生222人，占29%。可以看出，招生是以本地坪石生源为主，周边县如连县、始兴、赣州等地次之，从深层次分析，是学校在当地的办学造成了极大的影响，周边县的学生们的就读高校意愿高涨；生源难以统计的学生222人占29%，应为随省府各机关团体迁徙而来的外地适学青年。

四、学院招生情况统计

学院共设文学院、法学院、理学院、工学院、农学院、医学院、师范学院。其中文学院招生73人、法学院152人、理学院77人、工学院216人、农学院74人、医学院55人、师范学院111人，试读生补录10人。工学院招生216人，占学员名额的28%，法学院招生152人，占学员名额的19.8%，是中大的热门院系。

五、连县学生的招生情况

根据报道，连县籍学生民国三十三年度录取100名，占总录取人数的13%，这个比例还是挺大的。而这100名学生中，文学院录取6人、法学院录取15人、理学院录取5人、工学院录取15人、农学院录取5人、医学院录取3人、师范学院录取20人、试读生补录1人。以师范学院录取人数占比例最高，为20%；法学院、工学院次之，均为15%。抗战期间，内地师资奇缺，尤其是初小的师资，为配合当时国民小学教师的需要，连县办起了简师班，短期培训师资。由于教学的师资紧缺，造成了当时报考入读师范类专业的学生骤增。

真光中学简史

魏文石　梁冬敏　整理

真光书院——中华女学之初星

真光书院

远在一八六八年春——距今一百一十六年前——年仅廿四岁的美国那夏理女士，远涉重洋，航振广州。除传道外，她得到美国长老女传道会的经济援助，决意兴办女校。由此，真光书院，我国最早的女学堂，遂于一八七二年（清同治十一年）六月十六日诞生在广州沙基金利华。当时正是封建闭塞之社会，妇女们多是"三步不出闺门"，故学校虽津贴学杂膳宿费用，但就学者仍裹足不前。创校时，学生仅六人，其中四名是已婚妇女。

一八七五年，校舍突遭焚毁。遂于一八七八年迁仁济街新校舍，学生也增至三十人。继后年年增长，至一九一七年，学生竟达三百二十七名之众。校舍也逐年扩充，分有初小、高小、师范、研经等部；另还设妇人班，招收年长失学而要求就读之妇女。因而，母女共读一校者不乏多人，成为当日真光书院的一大特色。

当是时，真光书院自创立起逐步扩展，其中卓有建树者，除了笃实办学，五十年如一日的校祖那夏理女士外；尚有十三岁开始掌教，继任校长及顾问，服务本校六十二年的刘心慈女士及其女儿罗道英、罗有节等人。

雄踞鹤岗的真光女子中学

一九一六年，仁济街老校扩展已颇具规模。校祖那夏理为应社会对女子中学人才的需要，在回美休假时与长老会协商，决定扩建真光女子中学，并得美邦富妇多人踊跃捐款，在白鹤洞购地建新校舍。一九一七年秋，真光堂、连穗堂及西女教员宿舍等新校舍落成，真光女子中学正式在白鹤洞开学了。初时学生仅九十三名，均由母校高小、师范部迁读。首任校长是祈约翰博士。一九一九年夏，举行首次中学事业典礼，是届毕业生六人，其中升大深造者五人。一九二一年，学校雏形已具，急待发展，祈校长例假旋美进行募捐。得华埠侨胞及外部友人踊跃解囊资赠，遂得扩建怀素堂、必德堂、女中教员宿舍等数座楼房，及协赞堂的第一层。一九二六年学生自动发起为校筹款，完筑协赞堂之二三层。于是，红墙绿瓦的楼宇巍峨群立，翠绿丛林回荡着书声，琴韵的真光校园就更趋完备了。

一九二八年祈博士返美，由关素怀女士接任校长。未久，教育部通令各私主学校必须到教育行政机关呈准立案，并规定校长与校董会主席必须为中国人。于是一九三〇年美长老会将本校移交华人办理，组成十二人的校董会，选出黄玉贞女士为校董会主席；聘请麦廷锦教授为校长，并托以备案事件。至一九三一年十二月三十日奉省教育厅批准立案。一九三三年开始，毕业生参加会考。一九三四年麦校长辞职，何荫堂博士继任。其就任后即着手提高教育行政效率，并增建游泳池、运动场、姊妹林、晨光亭等设施。此期间，校务发展蒸蒸日上，至一九三二年庆祝创校六十周年、迁校十五周年时，学生人数已达三百三十二人，高中毕业生也由首届（1919）的六人增至十四届（1932）的三十三人了。

白鹤洞真光是全寄宿学校，学生在校接受严格的教育内容和生活管理；同时，又有着丰富多采的课余活动。因为真光人办学，向来是德、智、体、群四育兼全。学生经过严谨的学系，大都成绩优良，据统计：自一九一九年至一九三六年，十八届毕业生共三百六十六人，升大深造的共两百七十四人，占百分之七十五，这就为国家和社会进一步作育英才打下了良好的基础。同时，学校还重视团结友爱、服务社会的人格教育。如学校青年会在校外举办国民学校和二人夜校，组织同学当义务教员；各色系（班级）又利用星期假日，分别到附近乡村或水上居民点给儿童上课，把服务于附近的贫苦同胞作为课余活动的一项主要内容。至于体育训练，更是成绩斐然。如第九、十、十一届省运动会，全场团体总分连续三届都是第一名；个人和团体，荣获冠军（第一名）三届总共二十八个；历届远东运动大会，本校参加的健将最多，并两次由本校教员（罗有节、卢惠卿）负责中国女子总领队；参加全国首次运动大会的本校代表，亦获得不少名次；而真光垒球队更是雄踞体坛，向有"真光金饭碗"之称。

烽烟颠簸，真光昂首前进

一九三七年"七七"事变，日寇全面侵华，全国陷入战事状态。何校长领导迁校香港，初借铁岗体育学校为校址，其后迁往肇辉台。一九四一年十二月太平洋战事爆发，香港相继沦陷，何校长即宣布停课。翌年（1942），何校长率领员生工友离港，几经绕道，辗转至粤北，在曲江、连县、三江等地继续上课。为适应环境起见，兼收男女生。一九四三年，何校长因夫人病重，需即赴美，由黄玉贞女士兼代校长。旋由校董会聘请李耀宇女士为校长，并与培英中学合作，在合教分管之原则下，在连县城郊双喜山上课。

在此期间，真光在经济困难、战火威迫之中挣扎了三四年，真是历尽了千艰万苦。如一九四二年何校长领队入连县三江之后，一九四三年又迁出曲江上窑。曲江是战时省会，原要以锄头精神，开阔新"白鹤洞"。无奈一九四四年夏，湘桂战役，又迫得迁回连县，在双喜山复课。一九四五年元旦，又因日寇迫近，李校长率员生徒步往连县三江，二月又转回双喜山，饱受颠沛流离之苦。同时，学生又多断了家庭接济，须由学校设法解决。最艰难时，师生甚至要在街头贩卖旧物，勉强维持

1945年连县高中、初中毕业生照片（摘自《真光辉煌——真光创校一百四十周年纪念特刊》）

生活，此时，真光学子仅剩十五人。如此在困苦中团结奋斗的真光精神，实感人至深。而就此，在何、李两位校长的英勇果敢之领导下，真光中学在烽烟颠簸下，始终昂首前进，渡过难关，迎接抗战的胜利。

国土重光，真光重整家园

一九四五年八月八日晚上，员生正举行音乐会，欣闻日本即将投降，国土重光，双喜山一片欢腾。九月十五日，李校长率同叶浩泉、陈坤模等六人，作为先行部队，返穗筹备复课，九月廿三抵白鹤洞，经八年离乱，学校图书、仪器和各种设备荡然无存，加上时为难童所占有，更是疮痍满目，复员工作之艰辛，真有过于抗战流离之痛苦啊！李校长率领员生，苦心经营，一而重整家园，一而在仁济街真光小学开展招生工作。十月十日在穗员生九人回白鹤洞复校；十八日，留在连县全体员生抵穗，廿二日正式开课，学生共三百五十人。未久，由香港运回大批图书仪器，校友会又为母校募捐校具，学校得以渐复旧观。

1945年抗日胜利，真光学校由连县返迁广州白鹤洞复校（摘自《真光辉煌——真光创校一百四十周年纪念特刊》）

一九四七年六月，白鹤洞真光、仁济街真光、香港真光联合庆祝创校七十五周年。接着，李耀宇校长辞职赴美深造，校董会聘请马仪英博士接任，继续修理校舍，修复游泳池，增添校具，各项设施亦渐趋完备。同时为保证学生质量，招收升中预备班，全校学生人数增至五百余人。一九四九年冬，马校长离穗去港，由李卓妤先生继任校长。

（录自《真光复名特刊》1984油印本，魏文石、梁冬敏整理）

广东省立文理学院民国三十年度推行社会教育计划纲要草案

魏文石 整理

1911年辛亥革命以后，中华民国教育部设社会教育司。1928年和1930年，中华民国政府召开第一、二次全国教育会议后，创设社会教育实验区，推行失学民众补习教育，颁布《国民体育法》《图书馆规程》及《民众教育馆暂行规程》等。抗日战争开始后，针对抗战需要，转向战时社会教育工作。

1927—1949年，中国共产党领导下的革命根据地为适应革命事业需要，一贯执行教育为革命战争服务和教育与生产劳动相结合的方针。

1933年勷勤大学成立后，林砺儒任教务长兼师范学院（后改为教育学院）院长。1938年勷勤大学改组，教育学院独立为广东省立教育学院（后改名文理学院），林砺儒仍任院长。抗战期间，林砺儒积极参加抗日救亡活动，支持进步学生兴办民众夜校，成立战时后方服务队，亲任总队长。他在校内提倡思想自由和学术研究自由学风，聘请进步教授张栗原、尚仲衣来校任教，根据救国形势需要，增设社会教育系新哲学（马列主义基础）、经济学（讲资本论）、现代经济史（讲政治经济学）、国际政治、世界革命史等新课程，并要求图书馆订购《群众》《新华日报》等报刊，让师生接触新思想，学生可以组织各种社团，探讨各种问题。

现将《广东省立文理学院三十年度推行社会教育计划纲要草案》摘录如下：

（一）目标：本院推行社教，以左列两项为目标：

甲：向院址附近民众实施失学成人补习教育及一般的社会教育

乙：供给各系科学生参加社会服务机会及练习办理社教机会

（二）专案项目：本院本年度推行社会教育、项目及内容如右表：

专案项目	内容概要
民众学校	依照前拟定均肃清院致附近乡镇文盲计划开设第二期民校，在西塘村办两班，江夏村两班，共四班。并联络其发动本院附中及区立一小，各依前定计划另设民校。 调查各民校办理难点，代为解决。 联络地方人士，劝导民众就学，先举行各村镇民众就学成绩比赛。
抗建宣传	分月在各村镇举办国民月会。 于各种节日纪念日发动及联合各方籍演歌咏等方法展作抗建宣传。
民众图书室	与区一小合作，布置民众图书室定期开放，辅导民众阅览。 举办读书会。 酌办展览会。
公共卫生	举办冬季卫生年底大扫除清洁运动。 举行家庭访问劝导民众实行卫生生活。 与医院合作，举办种痘及防疫注射等项。
通俗演讲	分周举办系统而通俗之公用演讲。 与区一小合作，举办圩日演讲。
电播教育	运用收音机，按日记录中央电播，供各组利用。 酌办集体听取电播所讲之活动。
通俗书报编刊	继续刊行《东陂快报》，按日出版、登载中央电播地方新闻时事短评，向一百余乡村小学教师联络，使其负责向乡民作宣传。 举办《乡民时事常识比赛》，惹起乡民注意时事之兴趣。 编刊其他有教育意义之书报。

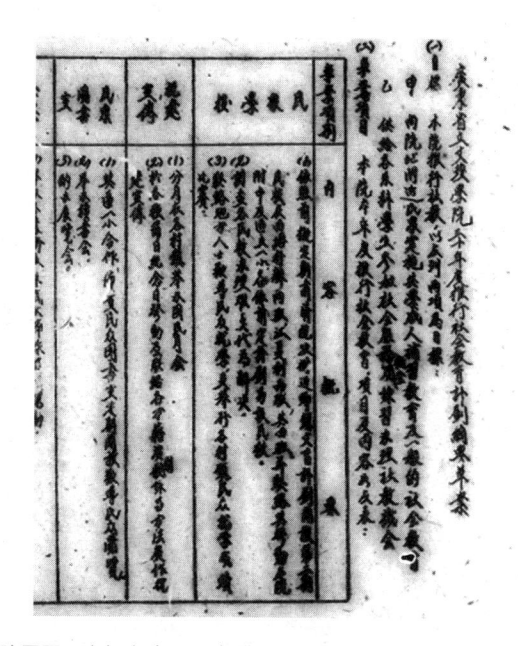

广东省立文理学院民国三十年度（1941）推行社会教育计划纲要草案（现藏于连州市档案馆）

（三）工作区域：前条所列之民校、抗建宣传、民众图书室、公共卫生、演讲、播音等六项工作，以本院院址附近之东陂圩、西塘村、江夏村、塘头坪四处之民众为施教对象。

（四）组织与人员：为求工作能得地方人士积极参加及具有较久远，劾用起见，为本院与本院附中联络地方上各公私机关团体，协组东陂社会教育实施区。实施区工作人员，聘请地方热心人士与本院员生担任之，另由本院指定助教一人，书记一人，各以半时间办理该区日常事务。

（五）工作方案：民校工作依照本院拟定之东陂及附近乡村实施失学成人补习教育办法要点办理。其他各项工作，由各组工作人员自行编定方案，经东陂社会教育实施区委员会之核定施行之。

（六）事业经费：本年度推行社会教育经费定为每月六百五十元，支配如下表。

工作类别	经费
民校	陆零元
抗建宣传	柒零元
民众图书室	叁零元
公共卫生	肆零元
演讲	叁零元
电播教育	贰伍零元
通俗事报编刊	壹柒零元
合计	陆伍零元

附识：依据上年经验，本院推行社教工作之进行，须得较充裕之人力、财力，始易实行电播教育之实施及《东陂快报》之编刊，须收音机，收音机无窒碍，始易继续。依此本院经分向省教厅请拨经费及请领收音机。俟两者有办法，该两项工作始能实施。

东陂社会教育实施区第一期开设民校一览表

班别	班主任姓名	开设地点	开学日期	毕业月日	教职员姓名	学生人数	学生程度	备考
西塘成人班	杨坚光	西塘村	三月廿四日	六月五日	另录	二十一	高级班	
西塘妇女班	朱丽芳	西塘村小学校迁本院课室	三月廿四日	六月五日	另录			
江夏成人班	赖至茂	江夏村黄氏宗祠	三月廿四日	六月五日	另录	四十五人	高级组初级组	
江夏妇女班	傅佩英	江夏村	三月廿四日	六月五日	另录			中间退学者高级组四人，低级组二人
塘头坪村妇女识字班	王保持	塘头坪附中初二班课室	二月十日	七月二十日	王保持 周毓芳 王梅卿 马淑琼 白文英	三十八人	一二三四年级	该班系由附中高初中各年级女同学兼办
塘头坪男子成人班第一班	张耀桃	塘头坪附中初一班课室	四月二十七日	七月二十日	张耀桃 陈近仁 常雪芳 毛华□ 徐国炽 □鸿造	三十四人	三四年级	该班系由附中高二甲班同学主办
塘头坪男子成人班第二班	吴仲江	塘头坪某公祠	二月十日	七月二十日	吴仲江 张福沈 罗万明 麦文标	十人	四年级	该班系由附中高二乙班同学主办
东陂妇女识字班高级班	林冠霞	东陂墟私立芝兰学校	五月一日	七月二十日	林冠霞 周慧珠 莫启常 甘桐荣 成宝琼	三十人	三四年级	该班系由附中高一级甲乙班同学合办，中午上课
东陂妇女识字班初级班	宋丽英	东陂墟中心学校	五月一日	七月二十日	宋丽英 黎玉媛 陈 佐 陈惠芳 □宝珠 马淑琼	四十三人	一二年级	高一甲乙班同学合办，中午上课

续表

班别	班主任姓名	开设地点	开学日期	毕业月日	教职员姓名	学生人数	学生程度	备考
东陂男子成人班高级班	岑煜荣	东陂墟中心学校	五月六日	七月二十日	岑煜荣 林乃燊 李士熊 关汝强 李广言 冯庆场	六十人	三四年级	高一乙班同学主办
东陂男子成人班初级班	邓广磐	东陂中心学校	五月六日	七月二十日	邓广磐 关乐天 李 焕 黄质海 □□标 □龄盛	二十六人	一二年级	高一甲班同学主办

说明：（一）民校总人数：十一班总三七八人。

（二）开学较迟之学生暑期内将继续上课。

东陂社会教育实施区第一期开设民校一览表（现藏于连州市档案馆）

从这两份资料看来，抗战时期省立文理学院在东陂办学期间，通过各种社教活动提高了人民对抗战的认识，激发了他们的抗战热情。林砺儒院长发动学院及学院附中的高中部成立抗日战争宣传队，师生们利用假日、节日以及墟日，上街下乡运用戏剧、歌咏、演讲、墙报等形式，进行生动活泼的抗日宣传活动，甚至办起民众夜校，深入农村进行文化传播和抗战宣传活动，大大激发了连县群众的爱国热情和抗日激情。

学院进步学风的迅速发展，引起国民党当局不满，视文理学院为"红色学院""小延安"，要加以改组，并以停发经费相威胁。1941年，国民党政府利用"皖南事变"的反击逆流，逼迫林砺儒辞职；同年5月，广东省政府下令免去他的院长职务。

关于基联中学的一些管理情况

魏文石

抗日战争时期，原在穗、港、澳的基督教会学校纷纷内迁。在岭南大学校长李应林、培英中学校长傅世仕等人的倡议下，广州的岭南大附中、华英、培英、真光、美华、协和、真中，香港的岭英、协思，澳门的广中十所基督教会主办的中学，联合在连县创办基督教联合中学（简称基联中学）。学校设在与县城隔河相望风景秀丽的双喜山上，原民望小学的旧址（当时民望小学已与光惠女校合并为民惠小学，在原光惠女校校址上课）。

基联中学于1942年秋开始招生，设有高初中各年级，每级一个班。学生除部分穗、港、澳青少年外，大部分是连阳学子。经费由上述十校维持。1945年抗日胜利后，十校分别迁回原址复课，基联中学由美国长老会和连县基督教会继续主办。新中国成立后1951年，连县人民政府接管了基联中学，改名为连县第一中学。基联中学前后经历了十个年头，是外来学校在连县办学时间最长的一所。

现摘录部分档案资料，展示该校的历史和管理情况。

广东私立基联中学学校概况

根据《广东私立基联中学学校概况表》，我们可以大概了解基联中学的有关情况：

一、开办后经过情形

分校筹备就绪后，即由校董会聘任校长一面考试招生，于三十年（1941年）九月十六日正式上课。

二、经费来源

（一）开办费十万元，由校董会负担。

基联中学校门

（二）经常费全年支约六万余元，除由学什费收入拨充外，如有不足，由校董会筹集。

三、组织及编制

四、组织：校长以下设校务、训导、事务三处

五、编制：设高中、初中二部，高中为普通科，均为秋季始，毕业年限为各为三年，男女生兼收。在开办之第一年只设初中一两班，初二三及高中一各一班，合共五班，至高中二三两级往后按年增开

六、训育实施情形

各班设导师负训导之责，籍个别谈话课外生活及集体活动等项方法辅导学生德性品格之发展。

备考：本校自筹备就绪后即多方劝导港澳侨生等回国就学，一面并在内地招生。于三十年（1941）九月十六日正式上课，十二月至一月香港发生战事。二月起港澳生于停战后复课，陆续到校。本校开设工读生学额及贷金生学额，以资收容。现在辗转来校就学者，尚络绎于途。

中华民国三十一年三月二十五日

广东私立基联中学校校董会章程

一、定名

本校定名为广东（后改为连县）私立基联中学校校董会。

二、宗旨

本会依照教育部公布私立学校规程第十一条之规定，以本设立者代表之资格，维持至促进基联中学校校务为宗旨。

三、组织

本会董事名额十五名，在创办时由在列学校各派一人共十人并协同推定五人，以设立者代表之资格组成之。

（一）岭南大学附属中学；（二）培英中学；（三）真光中学；（四）协

和中学；（五）华英中学；（六）美华中学；（七）岭英中学；（八）广中中学；（九）真中中学；（十）协恩中学。

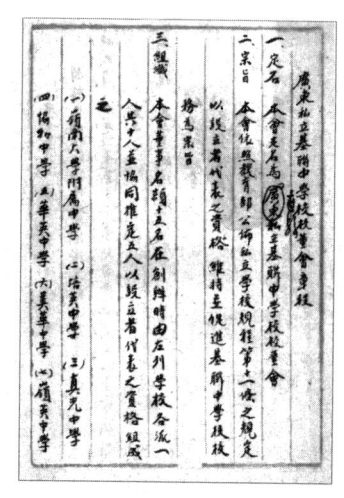

开办后即依第七条之规定按年改选校董。

四、职员

本会设董事长一人，书记司库各一人，由校董会议推定之。

五、职权

本会之职权规定如下：

（一）筹措经费；

（二）审查预算、决算；

（三）财务之保管；

（四）财务之监察；

（五）选任校长；

（六）监督其他财务事项。

《广东私立基联中学校校董会章程》，现藏于连州市档案馆

六、会议

本会定每年开常务会一次，由校董事长召集之，遇必要时得召集临时会议。

七、任期

校董任期暂定三年，但第一任校董任期分一年、二年、三年三种，每种五人，各以抽签定之。

八、会址

本会事务所暂设连县城西双喜山。

九、附则

本简章如有未尽善处，得随时修改之，并呈准广东省教育厅备案。

广州私立岭南大学、培英中学、真光中学、协和中学联合分校招生简章（民国三十年度）

一、校址

连县城西双喜山，环境雅洁，风景清幽，宜于修学。

二、班额

初中一两班，二、三年级转学生各一班，高中一一班，男女生均收，以住

校为原则，若经家长请求得斟酌准予走读。（初中二、三两级学生须满三十人始开班）

三、资格

（一）投考初中一须经小学毕业或具备相当程度。投考高中一须经初中毕业或具备相当程度。（取录相当程度之人数初中以总额百分之四十为最高限度，高中以总额百分之三十为最高限度）

（二）转学初中二、三年级须经修业初中一、二年级课程持有转学成绩证明书或学生家庭成绩报告书，始得参加编级试。（惟原在四校修业之转学生得免参加编级试）

四、考试科目

（一）初中一

甲、初试：国语、算术、常识

乙、复试：口试

（二）高中一

甲、初试：国文、算术、英语、史地、自然科（理化博物）

乙、复试：口试

（三）初中二、三转学生：国文、英语、算术、自然科。

五、考试日期

八月十八日星期壹上午八时至下午五时。

六、开始地点

（一）连县联兴镇立小学。

（二）曲江青年会。

七、费用

（一）普通学生每学生应缴学费列下（国币计算）：

级别	高中	初中	说明
学 费	白谷二百斤	白谷一百五十斤	得依时价伸算，用国币缴纳（现连县谷价约每担四十五元）
堂 费	二十元	二十元	
实验费	七元	五元	
劳作费	三元	三元	
图书费	四元	四元	

续表

童军费		三元	
体育费	三元	三元	
医　费	四元	四元	本校聘有校医校护，学生有病时免费诊疗料理，惟药费需自备
按　金	十元	十元	
合　计	约一百四十元	约一百二十元	

（二）住宿加缴俩月膳食费六十元，以后按月预交下月膳费三十元，宿费（包括自修室灯火费）廿元，共计高中生约二百二十元，初中生约二百元。（膳费暂定每月三十元为标准，由学生会组委会管理膳食，学校负责指导，及保管经费，按月公布数目，有余发还，不足照补）

（三）学生所缴按金，如无损毁公物，于离校时如数发还。

（四）附注

甲、书籍制服洗衣等费用由各生自备。

乙、本校甚望来学诸生有始有终，以竟全功。若中途自行离校或由学校着令离校者，所缴过各费，除按金及膳费外，概不退回。

丙、本校设有少数学额，家境确属清贫之学生，可读领学额，详情请亲自来校查询。

八、报名须知

（一）报名日期由八月四日起（星期一）至八月十五日止（星期五）。

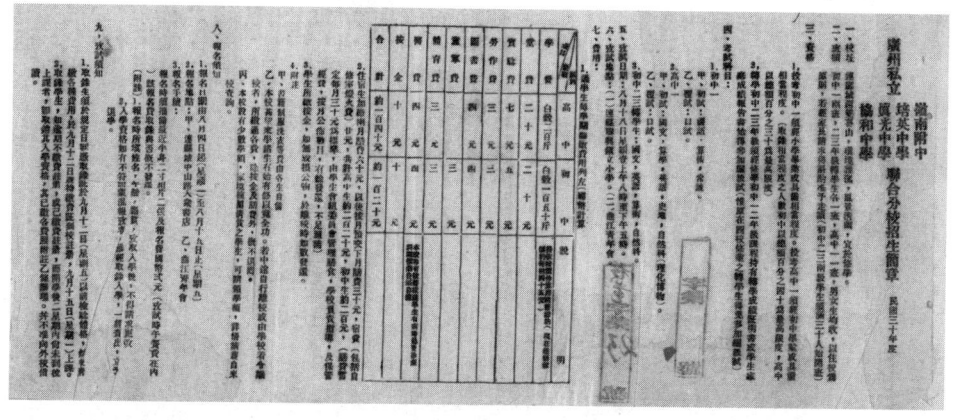

广州私立岭南大学、培英中学、真光中学、协和中学联合分校招生简章（民国三十年度），现藏于连州市档案馆

（二）报名地点：

甲、连县城中山路大众书店。

乙、曲江青年会。

（三）报名手续：

报名时需携备最近半身二寸相片二张及报名费国币式元（考试时午餐费在内），该报名费取录与否概不发还。

（附注）

（一）报名时所填姓名，年龄，籍贯，考取入学后，不得请求更改。

（二）入学资格如有不符蒙混报考者，虽经录取入学，一经查出，立予退学。

九、考试须知

（一）取录生须于规定日期凭取录证于九月十二日（星期五）以前检验体格，然后清缴各种费用，于九月十二日亲持缴费证到校注册，九月十五日（星期一）上课。

（二）取录学生，如逾期不缴费注册，或已缴费注册，而开学后二星期内尚未到校上课者，即取消其入学资格，其已缴各费用照附乙条办理，并不准向外校借读。

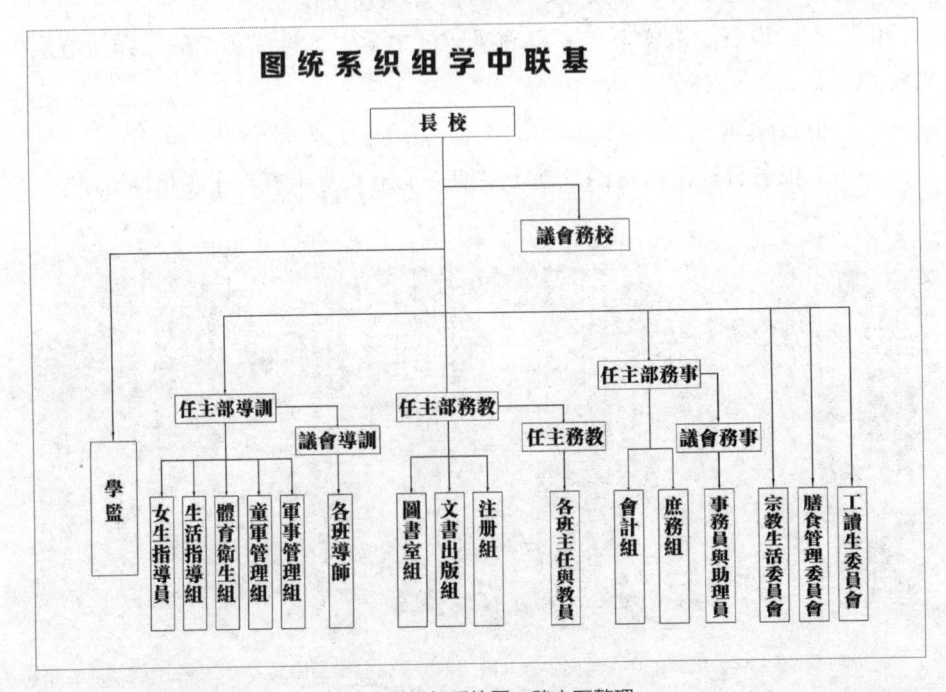

基联中学组织系统图

校长
└─ 校务会议
   ├─ 训导部主任
   │ ├─ 学监
   │ ├─ 女生指导员
   │ ├─ 生活指导组
   │ ├─ 体育卫生组
   │ ├─ 童军管理组
   │ ├─ 军事管理组
   │ ├─ 各班导师
   │ └─ 训导会议
   ├─ 教务部主任
   │ ├─ 图书室组
   │ ├─ 文书出版组
   │ ├─ 注册组
   │ ├─ 各班主任与教员
   │ └─ 教务主任
   └─ 事务部主任
      ├─ 会计组
      ├─ 庶务组
      ├─ 事务员与助理员
      ├─ 宗教生活委员会
      ├─ 膳食管理委员会
      ├─ 工读生委员会
      └─ 事务会议

基联中学组织系统图，魏文石整理

回顾与前瞻

胡翼云

先天不足

基联之创立，肇始于民国三十年之中秋，初：省中各私校，因广州陷敌，剑及履及，未遑内迁；多数暂避香港，以延喘息，迨后形势稍定，教厅感于前方军事，与后方教育同样重要之原故；是年六月，乃训令移港设立之私校，实行内迁，但我基督教在港各校，以当时间关修阻，交通梗塞，迁移粤北，人力物力，均非咄嗟可办，乃由李应林、何荫棠、廖奉灵、杨重光四校长，飞粤视察；返港后，乃倡议岭南附中、培英、真光、协和、华英、岭英、真中、协恩、广中、美华等十校，在粤北设立联合分校，时适连县培英校友有筹备连县培英分校之计划；乃商请培英校董会予以赞助！该会亦以独立创办，诚有困难；得该校校董关恩佐先生之提议，联合十校、共同设立，遂获该校校董会之同意，乃于七月秒，举行十校代表会议，决定以连县长老会地点为校址；并公选：李应林、何荫棠、关恩佐、洪高煌、叶启芳、廖奉灵、罗有节、冯世安诸先生为校董；李应林先生任董事长；关恩佐先生为校长。并派翼云于八月五日由港飞雄转韶，进谒教厅，蒙黄厅长体念我十校为国服务之惊诚，以时间短促，准予先行招生开办，再事补呈立案手续！十日抵连，乃与此间负责筹备人士：冯世安、梁继伟、邵德森、黄筠侣、何玉美诸公，共同商决招生开学日期，及计划增建屋宇，设置图书仪器，虽以急遽之时间，作庞杂之事端，犹幸能于九月十六日正式上课：设高中一年级乙班，连同初中三级共四班；有高中学生五一人，初中一六二人；专任教员一五人，兼任者一〇人。当时以举办仓卒，以致一切精神的，人才的，物质的设备，多未具备，遂未能奠定学校之稳固基础：

人事之调节。本校既成于仓卒，而又位于教育未甚发达之连县，人事之调节，因而无法健全！

设备未充。本校应抗建而生，物质缺乏，固为战时一般学校之普通状态；况在经济极度拮据之本校，设备更无法充足！

学生程度之参差。创办时班额过多，招生遂不免稍流宽弛；程度因而参差，短期间实无法使其划一！

凡以上诸端皆由于草创过于倥偬所造成，实本校之先天不足也！

后天失调

创立未及半年，香港以同年十二月陷敌；各董校全告停顿，经济来源，乃受莫大之打击！原拟增建之课室、宿舍，亦不得已而暂行停顿，经费之维持，从此遂毫无办法，此诚为基联生命之致命伤！可幸徐锡龄、吴荣耀、黄锡凌各校长均能以其经验长材，竭蹶以赴，校务校誉，乃得以上进；仍以经济所限，未克毕运其长，展其骥足，最近简国铨先生来长本校，在经济上既得中华基督教协进会中学委员会及教会之实助；而人事上又获不少富有经验之职教，勠力从事，人事既足，经济稍充，百废得举；学校设备，因而增加，学生程度，得以改进，其余宗教事业之著重，党羽服务之活跃，莫不随校务而开展，惟以脆弱之经济基础，荷此艰巨之教育重担；经济之基础一日不奠定，则本校之前途，仍未可乐观。

今后之展望

回顾本校先后天之不足与失调，其结瘢既如上述；今后敢进之商榷，其方针自应如下：

1. 保持与十董校之关系。校务之展发，非得先进学校之提挈，及精神之联系，不易为功，并盼各校时以物质的精神的协助，基联之名，既本

《基联中学校报》，现藏于连州市档案馆

于此；顾名思义，此点更确切不移！

2. 加强教会之联系。北江连连阳乳地区，现尚绝无一教会设立之中学校，基联过去，有此成绩，自应应时而起，与地方教会密切联络，如经济基础亦盼能得当地教会之支撑，自能长久为北江教育服劳。

3. 确定本校训练人材方针。连阳为农业之区，并可发展工业，基联之教育。应注意适应地方之需要，为本校训练人才之目标，俾能除升学外，能有在农村发展生活技能。

4. 发展成为一间内地之基督化中学。晚近吏治不修，人心颓闭；殊有愧于四强，在此抗战将胜，建国方殷之会，苟非从速改换国民素质，不易成功，我基督教之人格训练，实为救时良机，故吾人应群策群力，发展本校，使成为一间基督化之中学，自不容缓。

5. 当地人士，今后应视基联为地方学校。战后一经复员，服务本校之省港人材，多返故乡；希望当地人士，今后对于本校应视为地方学校，多所提挈，加以帮忙！

最近本校校董会改组后，基于上列诸端，佥有养续办理基联，使成为一最高标准教会学校之决议，业经分别像长老会华南差会，中华基督教会广东协会，第八区会，忠主会等，请求合办，并决定向各团体人士，募集庞大基金，购置校产，建筑永久校舍。及充实农场工厂之建立与设备，以实现本校之新方针，然事兹大，展望又属无穷，希望我各董校及连连阳乳人士，本校校友，予以切实之指助！使本校得以贯澈实现其主张，则岂独本校之幸，教会之幸，地方之幸，抑亦中国教育前途之幸也！翼云有厚望焉！

（录自《基联中学校报》建校四周年纪念特辑，中华民国卅四年六月十二日连县私立基联中学刊行。现藏于连州市档案馆，魏文石、梁冬敏整理）

7

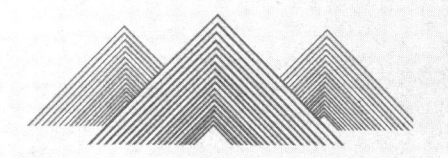

附录

附录一

广东省立文理学院关于呈报聘林砺儒为院长等情的呈的签发稿

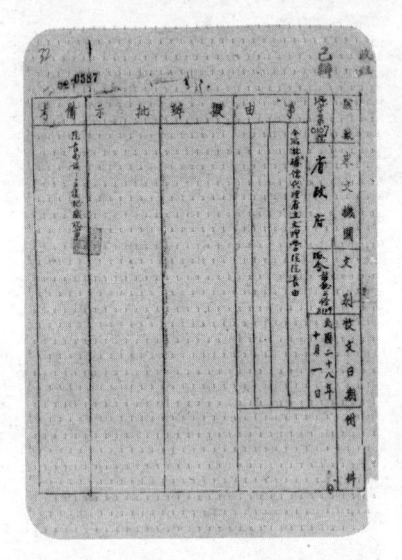

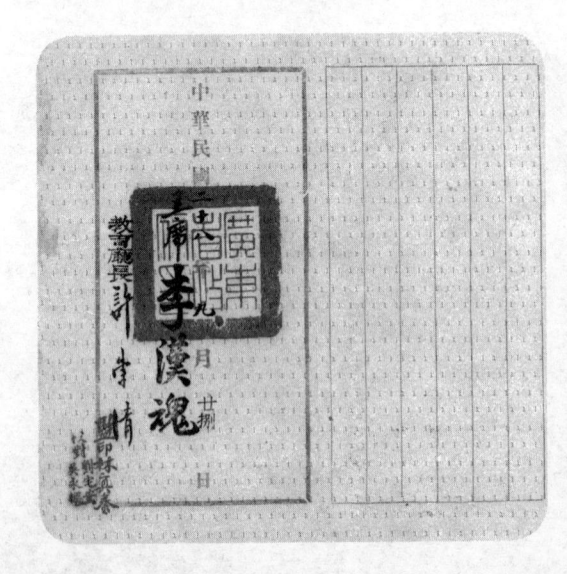

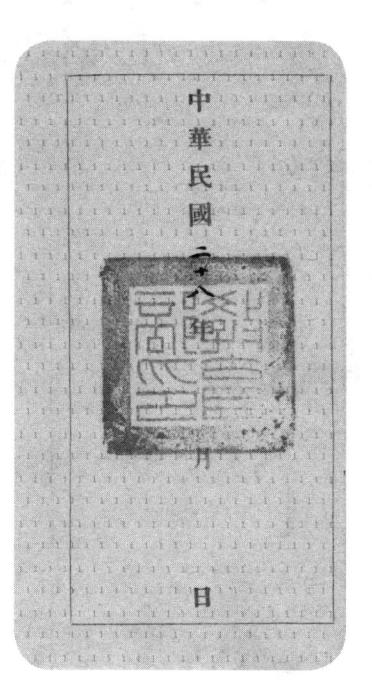

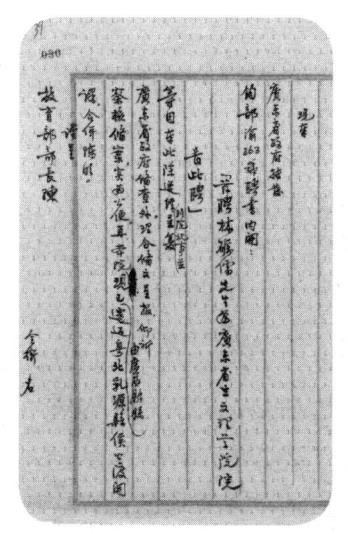

附录

教育部聘书

兹聘

林砺儒先生为广东省立文理学院院
长此聘

部长 陈立夫

中华民国二十八年 月 日

附录二

广东省立文理学院送部审查资格教员名册 二十九年度（1940）

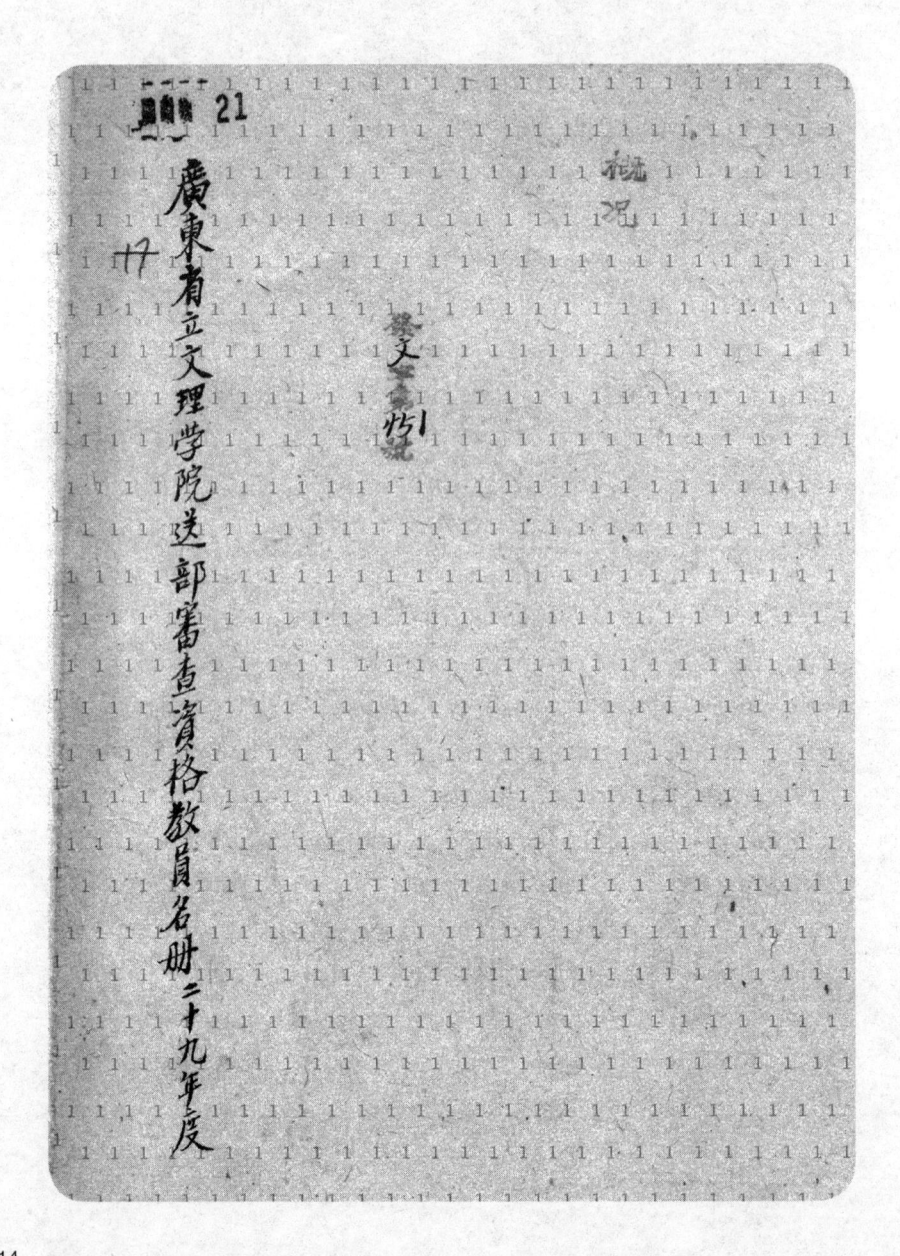

广东省立文理学院送部审查资格教员名册 二十九年度

姓名	别號	性别	年龄	籍贯	學歷	經歷	專任或兼任	續聘或新聘	所授課程	薪請等別	備註
劉崇瑞	集珍	男	三十二	江西安福	東京高等師範、上海自然科學研究所研究員、廣東省立勷勤大學教育學院教育系助教、本院生物系教授		專任	續聘	生物	22歲 教授	證件第一號
戚叙功		男	四十	浙江金華	國立北京高等師範史地部畢業	曾任中學校教員七年、國立暨南大學教授、廣東省立勷勤大學教授、華華現任本院教授、常兼系主任	專任	續聘	地理	24歲 教授	證件第二號 作二種
黃友謀		男	三十一	廣東梅縣	高等學校畢業、東京帝國大學理學院學生	曾任廣東省立勷勤大學工學院副教授、省立廣東大學理工院教授	專任	續聘	物理	22歲 教授	證件第三號
王鶴清	仲遐	男	五十	浙江鄞縣	國立北京高等師範學校畢業、東京高等化學	自民國十一年八月至三十年七月歷任廣東省立勷勤大學、廣東專任		續聘	化學	24歲 教授	證件第四號

姓名	字	性別	年齡	籍貫	學經歷	職別	初聘/續聘	擔任科目	月薪	職稱	證件
趙咸雲	墅明	男	三十五	遼寧	東北大學理學院數學系畢業 廣州大學專任講師 現任本院教授		專任	續聘 數學	208元	教授	證件第五號
陳梁同	灃同	男	四十七	浙江永嘉	南京支那內學院研究部唐佛學研究員 印度哲學碩士 曾任東方大學文學院教授 南洋中山大學文科研究師範 兩年		專任	初聘 文史	224元	教授	證件第六號
何爵三	士堅	男	三十七	廣東大埔	國立北平師範大學文學士 廣東省立勷勤大學教育學院教授現任本院文史系教授		專任	續聘 文學	224元	教授	證件第七號
陳亮	子萌	男	四十一	廣東興寧	國立東南大學教育學系畢業 曾任中學校長教員 國立浙江大學中學專任中山大學助教中山文化教育館研究員中華書局編輯 現任本院教育		專任	續聘 教育	224元	教授	證件第八號
徐錫齡		男	三十八	廣東中山	廣州嶺南大學文學院畢業 私立嶺南大學江蘇專任 初聘聘社會教育			初聘 社會教育	224元	教授	證件第九號

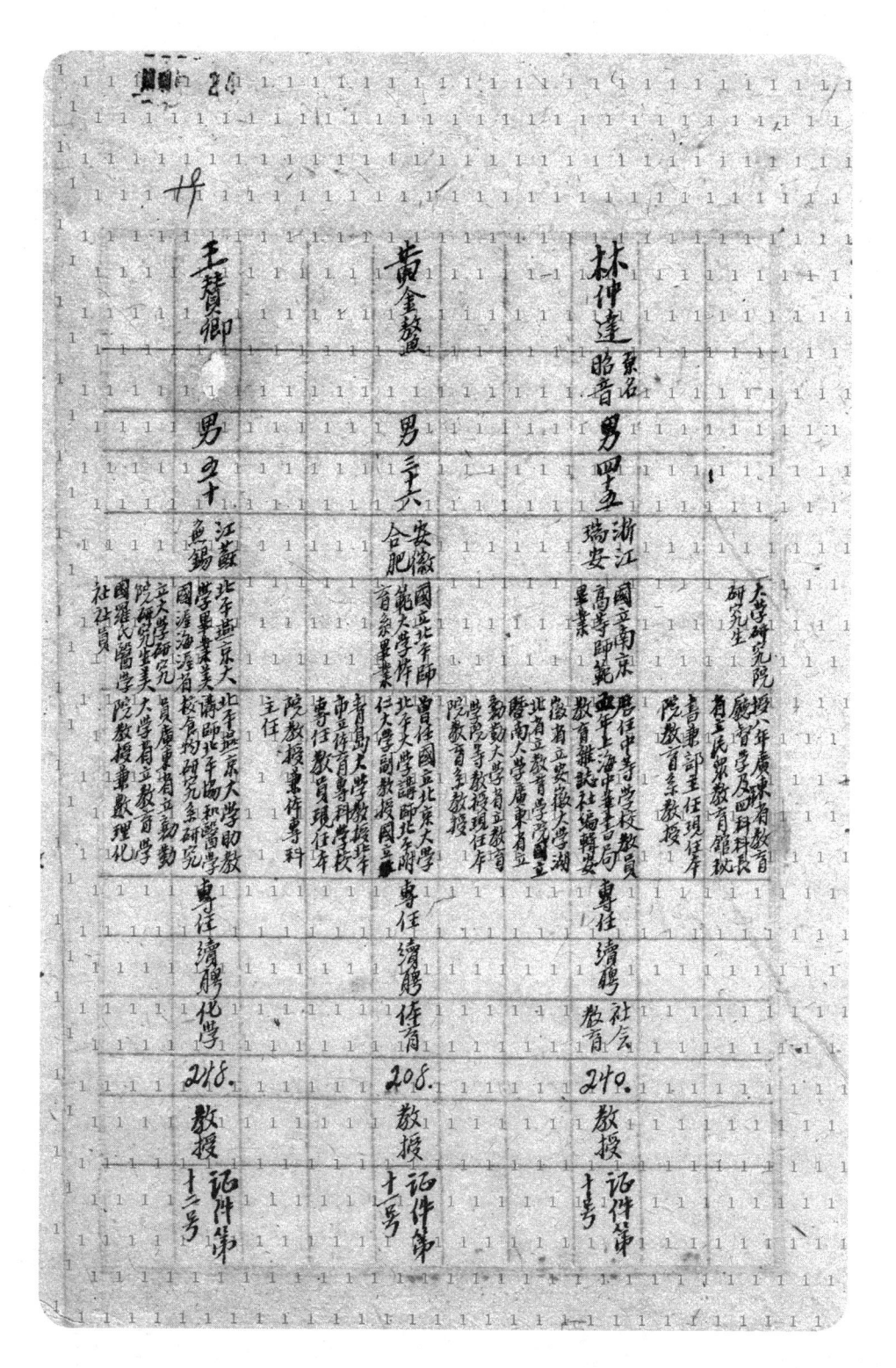

姓名	性別年齡	籍貫	學經歷	擬任職務	證件
林仲達 原名昭音	男 四五	浙江瑞安	國立南京高等師範畢業 大學研究院研究生 曾任中等學校教員 上海中華書局編輯科科長 教育雜誌社編輯 青島大學副教授 安徽大學教育學院教授 湖北省立教育學院教授 現任本年青東部主任現任本年教育部參事 教育館秘書	專任 擬聘 社會教育	240. 教授 證件第十一號
黃金鰲	男 三十六	安徽合肥	國立北京師範大學畢業 育系畢業 曾任國立北京師範大學附中上海市立大學講師北京師仁大學副教授國立青島大學教授北平市立師範專科學校教員現任本專科教員	專任 擬聘 體育	208. 教授 證件第十號
王贊卿	男 五十	江蘇無錫	北平燕京大學北平燕京大學助教畢業美國留學首都研究員 國立中央大學助教國立北平大學農學院教授專兼任國立北平師範學院教授兼數理化	專任 擬聘 化學	248. 教授 證件第十二號

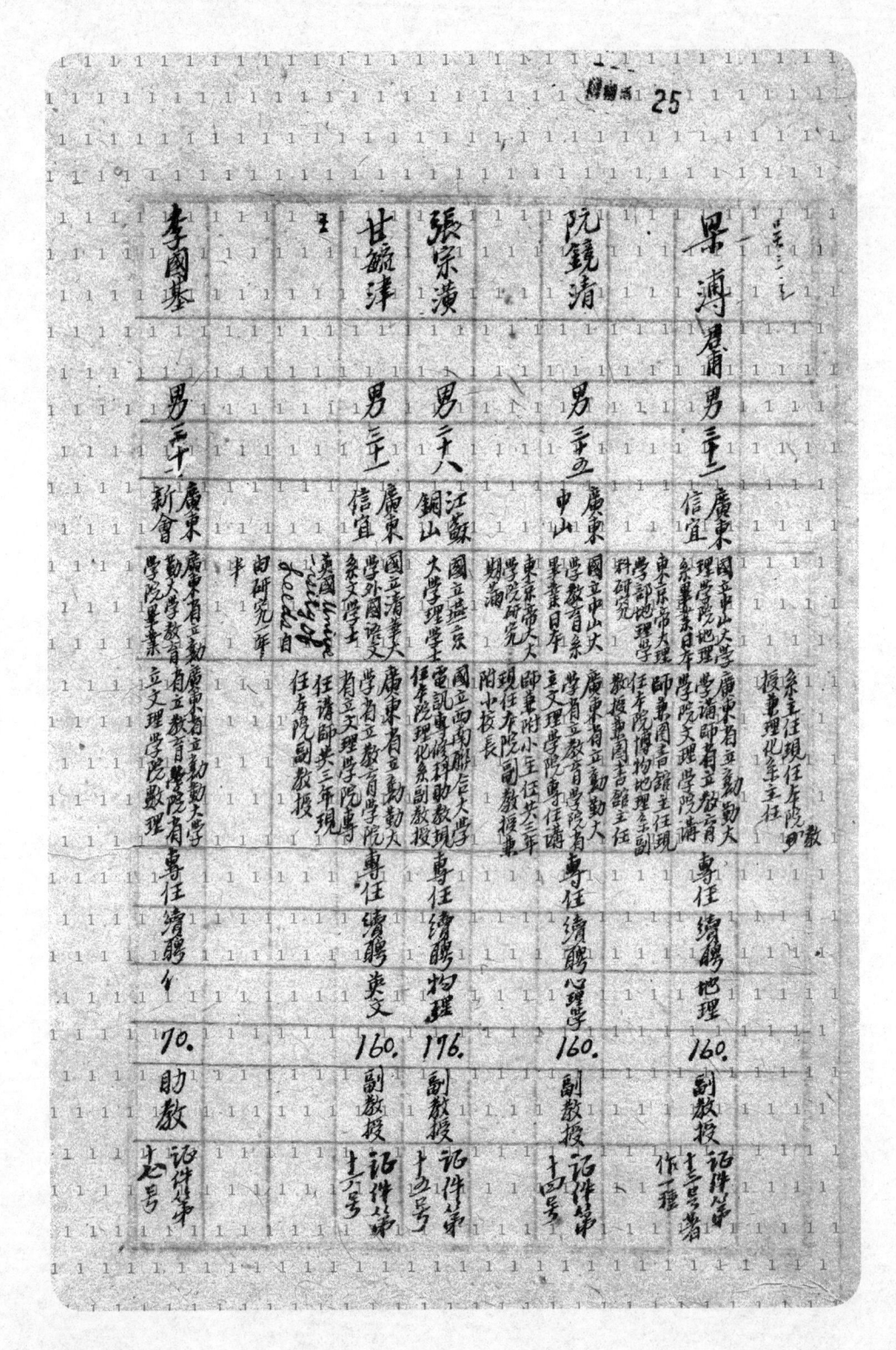

姓名	性別年齡	籍貫	學歷經歷	擔任科目	薪俸	職別
栗 溥(君甫)	男 三二	廣東信宜	國立中山大學廣東省立勷勤大理學院地理系畢業日本東京帝國大理學院大理學院專任講師東京帝大理學院博物地理學部地理研究科現任東京帝大理師範小學任共三年現任本院副教授兼系主任	專任 繪聘 地理	160.	副教授 证件第十三号另有一種
阮鏡清	男 三五	廣東中山	國立中山大學教育系畢業廣東省立勷勤大學教育學院教育系主任在本院任共三年現任在本院副教授兼附小校長	專任 繪聘 心理學	160.	副教授 证件十四号
張宗潢	男 三八	江蘇銅山	國立清華大學理學堂電訊系修理助教現任廣東省立勷勤大學院理化系副教授	專任 繪聘 物理	176.	副教授 证件十五号
甘蘊津	男 三三	廣東信宜	國立清華大學外國語文系文學士廣東省立勷勤大學教育學院專任任省立教育學院專任任清師英三年現任本院師英三年現任本院副教授	專任 繪聘 英文	160.	副教授 证件第十六号
王□						
李國基	男 二十一	廣東新會	廣東省立勷勤大學教育學院有專任繪聘聲學院畢業立文理學院數理由研究一年半		70.	助教 证件第十七号

姓名	字	性別	年齡	籍貫	學歷及經歷	專任/兼任	初聘/續聘	薪額	職別	證件
潘大顯	薈朝	男	三十	廣東	廣東省立勤勤大學 廣州市立初級中學香港私立珠江中學教員歷任本院生物系助教 化系助教現任本院理化系助教	專任	初聘	60.	助教	證件第十九號
梁潤生	德修	男	二十八	廣東南海	教育學院畢業 院生物系助教	專任	續聘	70.	助教	證件第二十號
黃灼耀		男	二十九	廣東	廣東省立勤勤大學教育學院畢業 廣東省立勤勤大學教育學院省立教育學院助教現任本院理學院生物系	專任	續聘	60.	助教	證件第廿七號
王克珍		男	二十七	河北	國立北平師範大學教育學院教育系修業歷任育才中學教員等省立師範附設高級師範專修科講師	專任	初聘 侍育	140.	講師	證件第廿號
吳三立	辛旨	男	三十九	廣東	國立廣東省立國立北平師範大學研究所畢業國文系 國立北平師範大學講師歷任國立北平師範大學國文系講師國立中山大學師範省立勤勤大學教育學院教授	專任	續聘 文學		教授	證件第廿六種

27

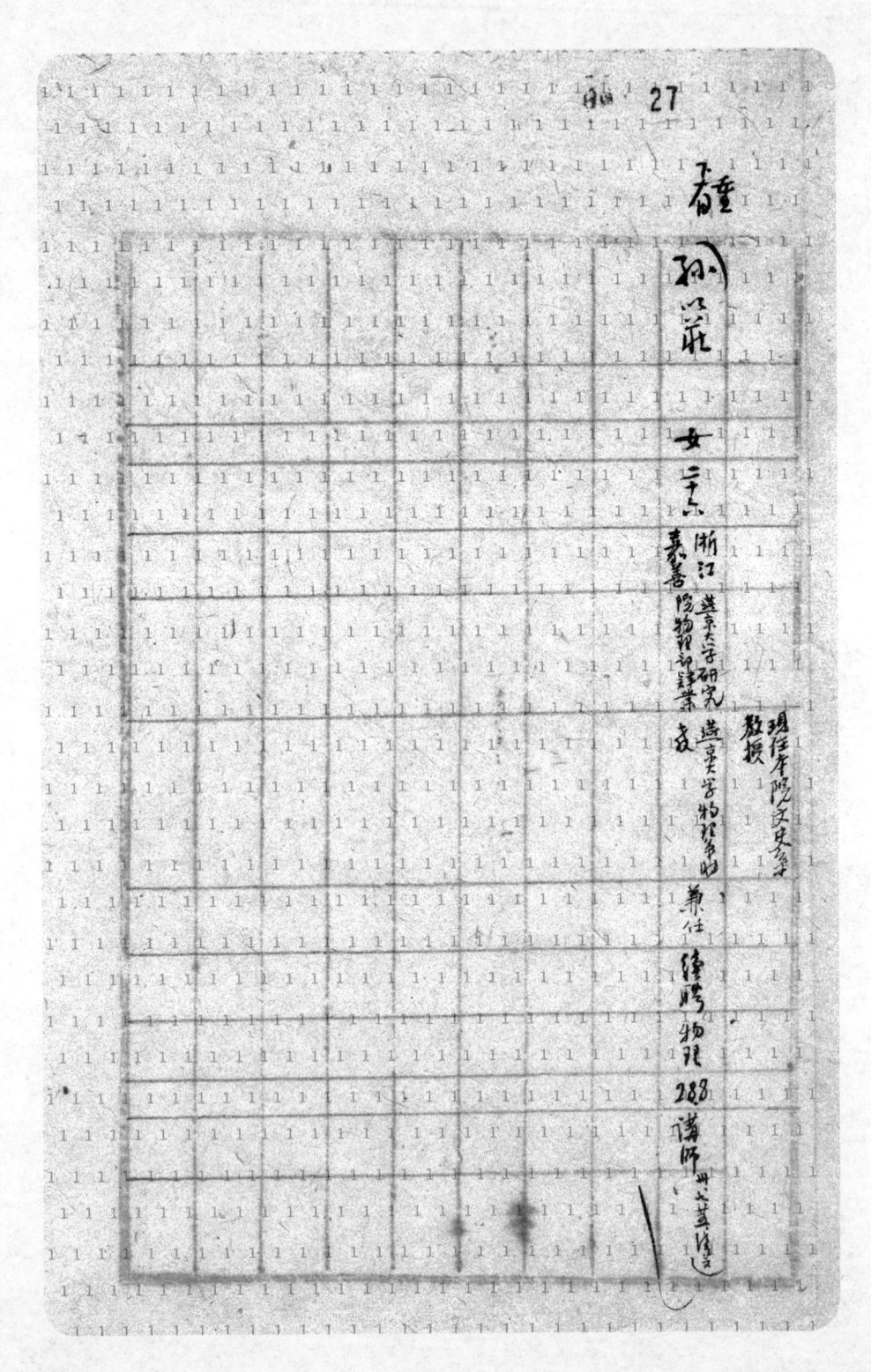

董(孙)咏祉

女 二十六 浙江 嘉善 燕京大学研究院物理部肄业 燕京大学物理学系毕业

现任本院文史参考教授 兼任 徐聘 物理 288 讲师 册大兼课

附录三

广东省立文理学院附属小学校二十九年度（1940）下学期教职员名册

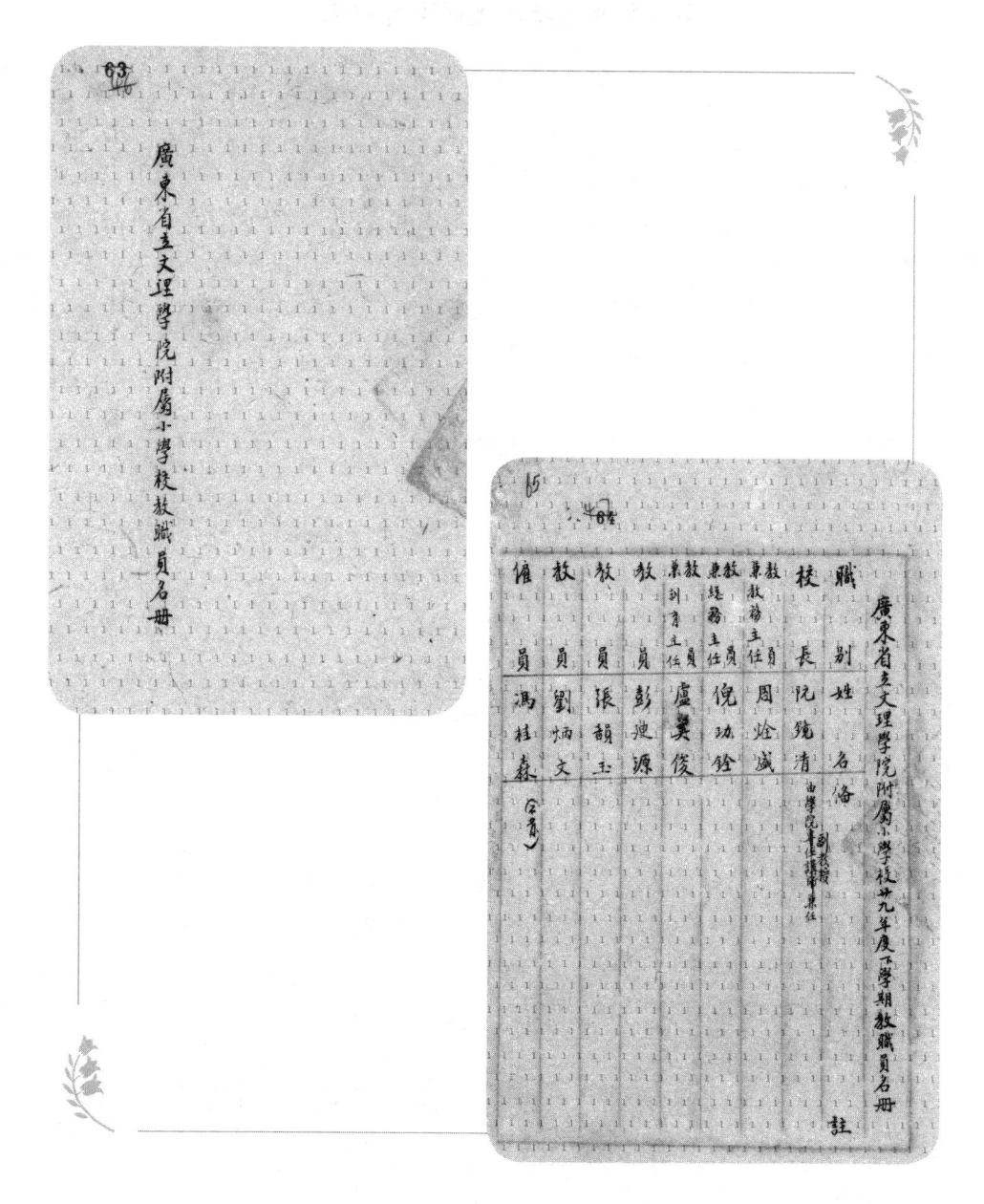

职别	姓名	备注
校长	阮镜清	副教授
兼教务主任	周烙威	
兼教务主任员	倪功铨	由学院专任讲师兼任
兼教育主任员	卢奕俊	
教员	彭迪源	
教员	张韵玉	
教员	刘炳文	
催员	冯桂森（公专）	

附录四

抗战时期广州沦陷后国立中山大学大事记

粤北华南教育历史研学资料辑刊

1937年七七卢沟桥事变后,伴随日本帝国主义全面侵华战争战火由华北蔓延至华中、华南,到1938年10月,日军发动华南战役,登陆大亚湾,进而渐取省会广州,由此,在广州的国立中山大学开始了抗战时期的迁徙办学的艰苦岁月。本文据黄义祥、易汉文主编《中山大学大事记(1924—1996)》征求意见稿,辑录出全面抗战(1938—1945)部分,供广大研学者参考。

1938年

10月21日　广州沦陷,在广州的中山大学19—21日陆续迁离广州,本拟驻罗定办学,但仍受日机经常骚扰,只好另勘校址。

11月　中旬,决定改迁广西龙州。

1939年

1月　从1月30日起至2月28日止,全校陆续组织15批750人搬迁到云南省澄江县。

2月　月底,除校本部外,已到达云南澄江的教职职员245人,学生1736人。

3月1日　在澄江正式开学上课。由于校长邹鲁在重庆治病,校务由校长室秘书萧冠英教授主持。

各学院所设学系,均按教育部订定的学系名称订正。订正后各院系名称如下。

文学院:中国文学系、外国语学系英文组、哲学系、历史学系。法学院:法律学系、政治学系、经济学系、社会学系。理学院:数学天文学系、物理学系、化学系、生物学系、地质学系、地理学系。工学院：土木工程学系、化学工程学系、电机工程学系、机械工程学系、建筑工程学系。农学院：农学系、森林学系、农业化学系、蚕丝学系、农业经济学系、畜牧兽医学系。医学院：不分系。师范学院：教育系、公民训育系、国文系、英语系、史地系、数学系、理化系、博物系。研究院：文科研究所分设中国语言文学部和历史学部，师范研究所分设教育学部和教育心理学部，农科研究所分设土壤学部和农林植物学部。

是月 文科研究所与国民政府军事委员会西昌行辕合作，用半年时间，开展对大凉山少数民族的调查。本校迁澄江后，聘测绘学家王之卓任土木工程系教授。

5月 经济系成立经济学会，举办学术讲演、出版壁报、组织外国语读书会，与《昆明日报》联系出版经济专栏。

夏 电机工程系三年级到云南蒙自资源委员会锡矿工程处实习。森林学系主任侯过教授赴滇西、澄江、大理、阳宗海、开远等地考察，选择实习林场，最后选定宜良县境的阳宗海北岸姜家山、夏家山、五亩山一带为实习林场。聘中国地层古生物学家杨遵仪教授任地质系主任兼两广地质调查所所长。是年，在澄江招收全国各地新生359人。并开始设立选修班，招收高中毕业失学青年，首届经考试仅招18人。

8月21日 全校师生员工举行到澄江后的第一次联合纪念周暨毕业典礼大会。欢送毕业研究生5名、本科生426名、外校借读生41名。农学院成立农业经济系。

9月11日 图书馆主任杜定友教授开始举办为期一周的图书学讲习会。历史系罗香林教授为配合讲习会，公开展出杜定友研究图书的精华。教育部获知本校两广地质调查所仍继续进行调查工作，又按月拨给经费。文科研究所与史学研究会联合组织路南民族考察团，9月起前往路南县考察。

9月18日 文学院和研究院联合举行"九一八"八周年纪念大会，请陈国治教授讲演《如何在抗战过程中完成经济建设之使命》。

9月25日 《国立中山大学日报》复刊。

10月 师范研究所从是月起，每月举行月会进行学术讲演。不久改为每半月一次学术讲演。

11月 各学院均举办校庆15周年展览。农科研究所农林植物学部陈焕镛教授迁往香港九龙后继续坚持研究工作，并派助手蒋英等到澄江为学生上课，在澄江及昆明附近调查植物标本。医学院与澄江县政府共同组织卫生协进会。

12月 2日，文学院学生请朱谦之教授讲演《哥伦布前一千年中国僧人发现美洲说》。9日，请凌达杨教授讲《我所知的林语堂》。16日，请蓝思德教授讲《欧战从军记》。农学院农业经济系师生成立农业经济研究会，畜牧兽医系学生成立畜牧兽医学会。由学生组织的民风剧团，为帮助修建澄江剧场，于23—25日公演三晚为其集资。

1940年

1月 文学院学生请师院国文系穆木天教授演讲《新诗的创作问题》。农学院森林系师生成立了森林学会。医学院成立了康乐会。

2月4日 文学院教师请院长吴康教授作《康德哲学提要》的学术报告。26日，文学院学生请医学院梁仲谋教授讲演《人类精神中枢的控制》。

3月3日 文学院教师请历史系罗香林教授作《五十年来中国之史学》的报告。

4月 邹鲁辞校长职，许崇清又被任命为代理校长。他在任期间，聘请了一批著名学者如李达、王亚南、洪深、梅龚彬等陆续来校担任教授。

5月5日 文学院教师请师院国文系主任陆侃如教授讲演《新发现的文学史料》。理学院于4—5月间发起成立中国自然哲学研究会。

6月2日 文学院教师请历史系主任朱谦之教授演讲《中国古代乐律对于希腊之影响》。

夏 研究院利用学校从澄江迁往粤北坪石的机会，组织暑假学术考察团，沿途考察滇、黔、桂、湘、粤五省的文史、教育、农业情况。

8月 在许崇清代校长主持下，学校从云南澄江迁往粤北坪石。临行前，许代校长写了《告别澄江民众书》，向澄江县人民道谢告别。

9月13日 迁到粤北安排就绪后，召开第一次教务会议，针对各学院分散在各地的情况，规定了统一的作息时间，公布1940年度校历。社会学系从1940年度起正式调入法学院。

12月10日 研究院举行1940年度第一次学术讲演会，请朱谦之教授讲演《天德王之谜》。

是年 教育部设立全国史地教育委员会，吴稚晖、陈寅恪、顾颉刚等10人为委员。中大原历史系教授黎东方为常务委员兼秘书。后扩大委员名额，历史系教授郑师许被聘为委员。

1941年

1月14日　研究院举行外国语演讲会，请文学院英语系代主任蓝思德教授用英语讲演《英语的本质及中国学生为何需加研究的理由》。

1月29日　研究院请师院博物系主任任国荣教授讲演《性别特征的研究之最近趋势》。

2月3日　许崇清代校长在坪石举行的联合纪念周上作《行政机构问题》的专题报告。

2月6日　杨遵仪教授带地质调查所技正、技士各1名，沿星坪公路调查地质矿产，经几天调查，"结果甚佳，采得岩石化石标本多种"。

3月20日　生物学会决定开展对外宣传，以引起外界对生物学的重视，由黎尚豪、杨惠芳负责出版壁报。是月，土木工程系应届毕业班到罗家渡参观铁桥。

3月22日　师范研究所举行第21次半月会，请代理校长许崇清讲演《教育本质》。

4月16日晚　中国文学研究会举行了一次文艺晚会形式的学术活动。25日，师范学院数学会和理化学会联合补行成立典礼。

5月25—30日　岑麒祥教授带领中文系应届毕业班到广西桂林考察，所得资料极丰富。

5月24日　史学研究会举行庆祝该会成立10周年时，在学校礼堂举行"蒲蛰龙先生小提琴演奏会"。

5月30日—6月1日　一连3天，洪深教授指导的文学院剧团第一次在学校大礼堂公演《血十字》《醉梦园》《军用列车》《求婚》《优游岁月》等剧目。观众极为拥挤。

6月8日　在许崇清兼院长的主持下，研究院举行讲演会，清著名的天文学家、教务长张云教授讲演《关于今年九月二十一日之日蚀》。

6月9日　电机工程学会请古文捷教授讲演《电传真》，"内容极为精彩，听众甚为挤拥"。

6月18日　吴尚时、叶汇两教授，带地理系二、三年级学生进行野外考察，"对于乐昌峡东北部山地各项地理现象，多所发现"。

6月22日　政治学会举行"苏德战争问题"座谈会。

7月　许崇清代校长聘请的李达教授被教育部解职离校。许崇清同时被免去代理校长职务,由张云教授代理校长职务。李达教授是政治学系教授,在校期间主讲辩证唯物论和社会学两门课程,对学生思想产生很大影响。

7月7—14日　图书馆举行抗战4周年图书展览。

7月24日　师范研究所第26次半月会,请文学院外国语言文学系主任洪深教授讲演《抗战期间的地方戏》,"内容甚为丰富"。

8月　岑麒祥教授应邀到曲江,向全省中学语文教师讲演《汉语语法问题》。农学院邓植仪教授应湖南新农会邀请,往长沙作《关于湖南农业问题》的报告。农学院蒋英教授应邀往湖南衡山讲学。著名数学家胡世华应聘来校任数学天文系副教授。

9月16日　文学院院长朱谦之教授在文学院举办的音乐晚会上提倡音乐文学运动。

9月21日　日全蚀,张云教授担任东南观测队队长,邹仪新副教授担任干事。师范学院增设初级部及附属中学。

10月　兼地质调查所所长杨遵仪教授,调入本校20世纪30年代毕业生、江西地质调查所技正兼编辑陈国达为两广地质调查所技正兼地质系副教授。著名物理学家卢鹤绂应聘来校任物理系教授。

11月　全校性学术刊物《中山学报》问世,张云代理校长写《发刊词》。22日,法学院请研究院院长崔载阳教授讲演《教育是什么》。

12月　初,杨遵仪教授带技助两名往曲江、乐昌、英德考察研究地层。19日,法律系学生成立法律学会。

1942年

1月　著名经济学家、中共老党员梅龚彬应聘来校任经济系教授,主讲经济政策、西洋经济史等课程。农学院复办院刊《农声》。

初　法学院创办《经济科学》杂志。

2月　农林植物学部大部分研究人员,从香港九龙迁至湖南宜章县栗源堡农学院所在地。

2月26日—3月1日　建筑工程系在同德会举办建筑图案展览。

3月　政治学家盛成应聘来校任政治系教授,教授国际政治、政治地理、中国政治思想史等课程。

3月7日 文学院继续执行澄江决定的旧例，每月第一个星期日举行学术讨论会，第一次请继任文学院院长吴康教授讲《康德知识论之分析》。

3月29日 法学院决定复办已停办的《社会科学论丛》。

4月 在钟敬文教授带领下，中文系应届毕业班文化考察团前往衡阳、桂林收集湘桂民俗学资料。社会学系应届毕业班到耒阳、衡阳、桂林等地考察社会制度、社会建设等。法律系应届毕业班到衡阳、桂林调查各地法院组织情况。农学院病虫害组调查广东乐昌至湖南衡阳一带的病虫害情况。农学系应届毕业班到湖南耒阳、深田、衡阳、南岳一带，调查各地柑橘栽培法、病虫害防除法及果实之贮藏。

5月 张云教授被免去代理校长职务，由金曾澄任代理校长。

6月 杨成志教授自2月往海丰发掘古物归来，这次海丰出土的文物，攻破了"广东无文化皆蛮族"的旧观念。

夏 金曾澄代校长陆续聘曾在本校任教的古生物学家斯行健为地质系教授，著名历史学家陈寅恪为文科研究所特约教授。

8月 研究院增设医科研究所，该所仅设病理学部。所主任梁伯强教授兼病理学部主任。农学院迁到栗源堡的农林植物学部筹备设立植物标本室，除与校外各植物研究机构交换标本外，并派员外出采集标本，如到湖南零陵阳明山和栗源堡附近的莽山，先后采得腊叶标本4500号之多。杨遵仪教授离校，在校3年，主讲地质学、地层史、标准岩石等多门课程。

9月9日—10月 农林植物学部代主任蒋英教授带上述采得标本4500号赴广西柳州，借用国立广西大学植物研究所植物标本室的标本以鉴定所采集的标本，并进行交换。

10月 农林植物学部迁往新地址，即明星桥栗源堡邮政代办所侧。

10月31日 师范学院为提高研究美术的兴趣，在该院附属中学举办全国木刻画展。及后于12月8日在院本部，12月18—19日在校本部，并陆续扩展到曲江县，乃至粤、湘、桂、赣、黔、川等举办木刻画展。

11月25日 师范学院举行戏剧座谈会，请许幸之、张雅琨教授讲演。会上，成立了师范剧团（即中师剧团）。文科研究所1942年度上学期每周一次学术讲演，从21日起至1943年1月28日止共举办8次，讲演者有陈安仁、容肇祖、岑麒祥、杨成志、黄延毓、胡体乾、郑师许、钟敬文等教授。

12月 法学院1942年度上学期除请胡体乾、吴康讲演外，还于18日请经济系主任王亚南教授讲《中国当前经济问题的总分析》，24日请法律系主任薛祀光教授讲《法治、人治与礼治》等。农学院土壤学部编成广东37县土壤分布图表。师范学院与广东教育厅联合创办《中等教育》杂志。

1943年

1月　元旦，中师剧团公演熊伟西所编三幕名剧《一片爱国心》。师范学院创办《师范季刊》。

2月9日　医学院设宴庆祝梁伯强教授来校任教12周年。

3月7—9日　理学院何杰院长出席重庆举行的全国第19届地质年会，宣读地质系、地质调查所论文11篇。

3月23日　历史系主任陈安仁教授在重庆举行的中国史学会成立会上当选为理事。

4月4日　中师剧团为庆祝音乐节，演出五幕话剧《大地回春》，"内容异常丰富，台词特多""观众倍形拥挤"。农学院学生创办栗源中学补习学校。

5月　在重庆举行第六届中华医学大会，国立编译馆同时开会审查医学名词，梁伯强是该馆委员，出席参加两会，并带去病理学研究所、病理学部和细菌学研究所论文10篇。农林植物学部与农林部第三经济林场联合在乐昌辟森林植物标本园。胡耐安教授带社会系学生考察曲江桂头、荒峒瑶族。社会研究所复办《社会科学论丛》。地理系为韶关市政处设置坪石水文站，观测水势，研究潦水预防，由吴尚时教授、何大章讲师、罗来兴助教合著《浈武二河之水文》及《曲江之潦水与预防》陆续出版。

6月　师范学院国文学会创办《国文评论》杂志。30日，研究院全体师生前往坪石车站迎接特约教授陈寅恪来校讲学。

7月1日　上午，文科研究所在中国语言历史研究室举行欢迎陈寅恪教授大会，"陈教授即于热烈掌声中从容讲论《魏晋南北朝史研究》中的《五胡问题》，语语透辟，阐发无遗"。教育部史地教育委员会扩大名额至35人，本校历史系教授郑师许续聘为委员，历史系主任陈安仁教授、地理系主任吴尚时教授被聘为委员。

10月　地理系完成了广东省政府委托编的《广东省政治经济图》6幅、分县图108幅的任务。

11月　本校在乐昌的附属医院门诊部附近所建留医院于12门落成，举行开幕式。

12月10日　本校地质学会举行第12届年会。

12月26日　地质学会请福建地质土壤调查所高振西讲演《福建地质》。

1944年

1月　元旦，师范学院马思聪教授为全校举办马思聪音乐会。中师剧团在坪行时代剧院公演许幸之教授导演的名剧《寄生草》。

春　邓植仪、丁颖、肖锡三、崔载阳等教授被国民参政会经济建设促进会聘为顾问会员。

3月　文科研究所聘校外著名学者40人为名誉导师。中国语言文学部是：闻一多、朱自清、罗常培、罗庸、朱家骅、李方桂、王玉章、张世禄、梁宗岱、朱光潜、陆侃如、冯沅君、杨树达、曾运乾、陈竺同、卢前、闻宥、陈中凡、谢扶雅、冯振。历史学部是：陈寅恪、胡适、傅斯年、陶孟和、梁漱溟、朱希祖、顾颉刚、董作宾、凌纯声、冯友兰、郑天挺、汤用彤、陈受颐、陶云逵、林惠祥、吴宗慈、黄文山、姚宝猷、罗香林。

3月3日　请美国国立科学院葛德石教授在校大礼堂向师生演讲《中国在航空时代之地位》。

3月4日　在理学院礼堂向该院师生演讲《地理学与地质学之新发展》。

3月8日　师范学院部分学生成立心理学会。

3月18—19日　在坪石时代剧院举行马思聪音乐会。

3月19日　教育学会请经济系主任王亚南教授讲演《教育与经济》。

3月20日　农学院请历史系主任陈安仁教授讲《中国几千年来农业社会的鸟瞰》。

4月1—3日　中国地质学会在贵阳举行第20届年会，地质系和两广地质调查所提供陈国达、莫柱孙、李日华等撰写的论文5篇，请年会派人代为宣读。

4月2—4日　医学院院长李雨生教授特为当地儿童举办免费健康检查，并于16—18日，免费为当地儿童种痘。

4月15日　中师剧团为全校主办音乐演奏大会。

4月11—12日　英国都伦大学雷威克教授来校为外国语言文学系学生讲学。14日，为师院英语系学生讲学。

4月18日　陈宗南教授被中国工程师学会聘为坪石分会会长。

4月22日　哲学系与中国哲学会广东分会举行学术报告会，联合纪念康德诞辰220周年。

4月29日 法学院中国经济史研究室和社会研究所从是日起，每周联合举行一次中国经济史讲习会，请容肇祖、王亚南、胡体乾、陈安仁、朱谦之、郑师许、万仲文等教授作专题学术报告。

4月30日 在马思聪、黄友棣教授指导下，中师剧团在坪石时代剧院举办盛大音乐演奏大会。

5月1日 文学院师生请来访英国剑桥大学生物化学教授李约瑟讲演《中西科学发展史比较》。

5月4日 下午，文学院青年歌咏队和师院合唱团联合举行音乐演奏会。

5月5日 文科研究所举行诗歌朗诵大会庆祝诗人节，并于15日请师院黄友棣教授讲演《歌剧与朗诵》。

5月18—20日 师院请文理学院阮镜清教授讲专题课。

5月 师院发起成立乎剧研究社。

是月 吴尚时教授被中国地理学会聘为《地理学报》编辑。任国荣教授带生物系采集队到洞庭湖滨采集动植物标本各数百件，共约1000种之多。

秋 本校200多名学生参加东江纵队。

是年底 日本侵略军进犯粤北，国民党守军再次溃退。

1945年

1月16日 日军占据湖南宜章县栗源堡，坪石陷于被敌包围之势。本校当局通告紧急疏迁。坪石部分师生由金曾澄代校长率领，经乐昌、仁化东行，赴龙川，最后校本部设于梅县私立学艺中学办公，研究院、文学院、理学院、医学院及先修班、师院附中部分师生自觅"大屋"上课。其余法学院在蕉岭路亭，农学院在五华岐岭，工学院在兴宁东坝朱屋，师院在龙川龙母。

1月20日 坪石另一部分师生，在总务长何春帆率领下，由坪石突围，循连坪公路到达连县三江镇，由教务长邓植仪教授为分教处主任。没有到上述地方而留在仁化县的师生，组成本校仁化县分教处，公推工学院院长陈宗南教授为校务主持人。

3月 分散各地师生陆续恢复上课。

3月20日 工学院建筑工程系卫梓松教授，撤离坪石时因病未及走避，贫病交加仍宁死不屈，服用大量安眠药，自杀殉国。

5月21日 连县分教处请法学院代院长梅龚彬教授作题为《欧战结束后之太平洋局势》的报告。

7月18日 在连县的法学院联合学会举行在三江镇的第一次学术报告会,请国际政治专家张铁生讲演《旧金山会议后之国际形势》。

8月15日 日本帝国主义宣布无条件投降。本校各分教处师生与当地人民一起,欢欣鼓舞,迎接抗日战争的胜利。

10月 成立复员委员会,各分教处师生陆续返回广州原校址。21日,数天系主任黄任初(际遇)教授从北江乘船途经清远段时坠水遇难。从龙川龙母分散回家会集汕头返校的师院师生11人,23日乘士丹利公司祥发轮,由于严重超载,25日途经平海附近时,船上所载易燃物失火燃烧,乘客跳水溺毙百余人,本校教育系助教林惠仙及各学系学生黄光华等7人遇难。另一批师生于25日乘江南公司祯祥轮,由于严重超载,28日晨因风浪太大导致该轮沉没,本校遇难学生有陈廷佳等47人。

11月24日 复员委员会通过校舍分配等议案。

12月1日 开学。4—10日注册。12日选课。14日上课。

12月15日 在市区文明路旧校址附小礼堂举行抗战死难员生追悼会。

12月16日 举行黄任初(际遇)教授追悼会。21日,王星拱接任本校校长。

12月23日 潮籍员生为54名遇难师生举行追悼会。

(录自黄义祥、易汉文主编《中山大学大事记(1924—1996)》征求意见稿,1999年版)

附录五

广东省立勤勤大学师范学院、勤勤大学教育学院、广东省立教育学院、广东省立文理学院历年招生及毕业人数统计表（1933—1950）

年度	学校名称	文史系 招生	文史系 毕业	数理化系 招生	数理化系 毕业	博物地理系 招生	博物地理系 毕业	教育系 招生	教育系 毕业	理化系 招生	理化系 毕业	生物系 招生	生物系 毕业	社会教育系 招生	社会教育系 毕业	体育专修科系 招生	体育专修科系 毕业	中文系 招生	中文系 毕业	史地系 招生	史地系 毕业	物理系 招生	物理系 毕业	外语系 招生	外语系 毕业	地理系 招生	地理系 毕业	化学系 招生	化学系 毕业	历史系 招生	历史系 毕业	合计 招生	合计 毕业
1933	勤大师范学院	53		13		26																										92	
1934	勤大师范学院	55		27		40																										122	
1935	勤大教育学院	14		20		19		25																								78	
1936	勤大教育学院	21	26	8	6	12	15	22																								63	47
1937	勤大教育学院	9	38	8	10	9	29	12																								38	77
1938	广东省立教育学院	13	13	15	8	15	13	14	19			15		24		8																57	53
1939	广东省立文理学院	19	12	11		13		8		25						5																91	49

续表

年度	学校名称	文史系 招生	文史系 毕业	数理化系 招生	数理化系 毕业	博物地理系 招生	博物地理系 毕业	教育系 招生	教育系 毕业	理化系 招生	理化系 毕业	生物系 招生	生物系 毕业	社会教育系 招生	社会教育系 毕业	体育专修科系 招生	体育专修科系 毕业	中文系 招生	中文系 毕业	史地系 招生	史地系 毕业	物理系 招生	物理系 毕业	外语系 招生	外语系 毕业	地理系 招生	地理系 毕业	化学系 招生	化学系 毕业	历史系 招生	历史系 毕业	合计 招生	合计 毕业
1940	广东省立文理学院	30	8		4	10		11		30		30		30		30																150	33
1941	广东省立文理学院		7	7		3		12		21		17		31		10	5	33		26												138	34
1942	广东省立文理学院		9							21	13	13	13	23	26	8	2	24		26												115	63
1943	广东省立文理学院		8							21	9	16	5	32	26	25	4	32		49		23										198	52
1944	广东省立文理学院									19	5	14	3	31	10	3		28	9	20	2											115	29
1945	广东省立文理学院									14	7	10	13	30	24	9	9	20	16	11	9			15								94	78
1946	广东省立文理学院									17	7	16	6	30	15			29	11	25		19	9	20		16	7	16		21	14	131	53
1947	广东省立文理学院											14	8	28	43			25	51									23		30		159	171

续表

年度	学校名称	文史系		数理化系		博物地理系		教育系		理化系		生物系		社会教育系		体育专修科系		中文系		史地系		物理系		外语系		地理系		化学系		历史系		合计	
		招生	毕业	招生	毕业	招生	毕业	招生	毕业	招生	毕业	招生	毕业	招生	毕业	招生	毕业	招生	毕业	招生	毕业	招生	毕业	招生	毕业	招生	毕业	招生	毕业	招生	毕业	招生	毕业
1948	广东省立文理学院	214	121	46	121	83		35		168	41	25	20	41			25	35	38			20	4	30		30	2	25	14	35	28	235	147
1949	广东省立文理学院											53	3	8				64	10			47	1	55	3	50		48	3	62	1	443	29
1950	广东省立文理学院											30	4	17				40	11			30	10	60	5	30	3	30	9	40	5	300	64
	合计	214	121	46	121	83		212	50	168	41	253	75	259	210	93	25	330	146	157	11	139	24	179	8	126	12	119	49	158	78	2619	979

（转载自《华南师范大学校史》，魏文石、梁冬敏整理）

附录六

国立中山大学在粤东各院系分布图

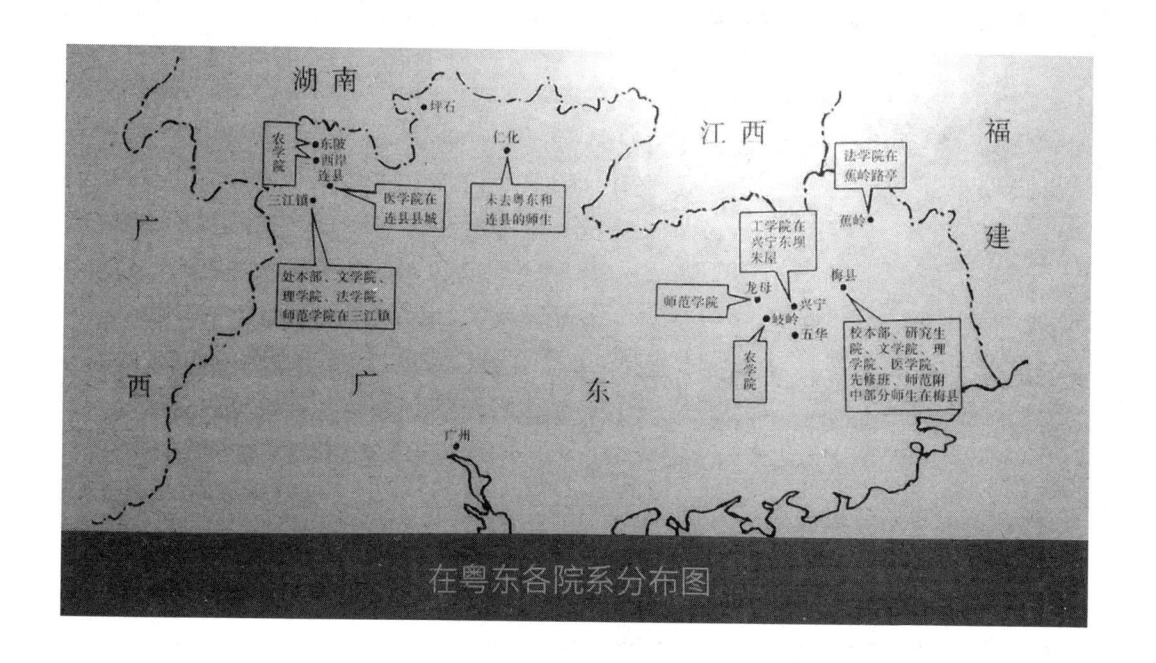

在粤东各院系分布图

附录七

广东省立文理学院第四届毕业学生摄影纪念

广东省立文理学院第四届毕业学生摄影纪念（民国二十九年六月）

附录八

华南师范大学历史沿革图

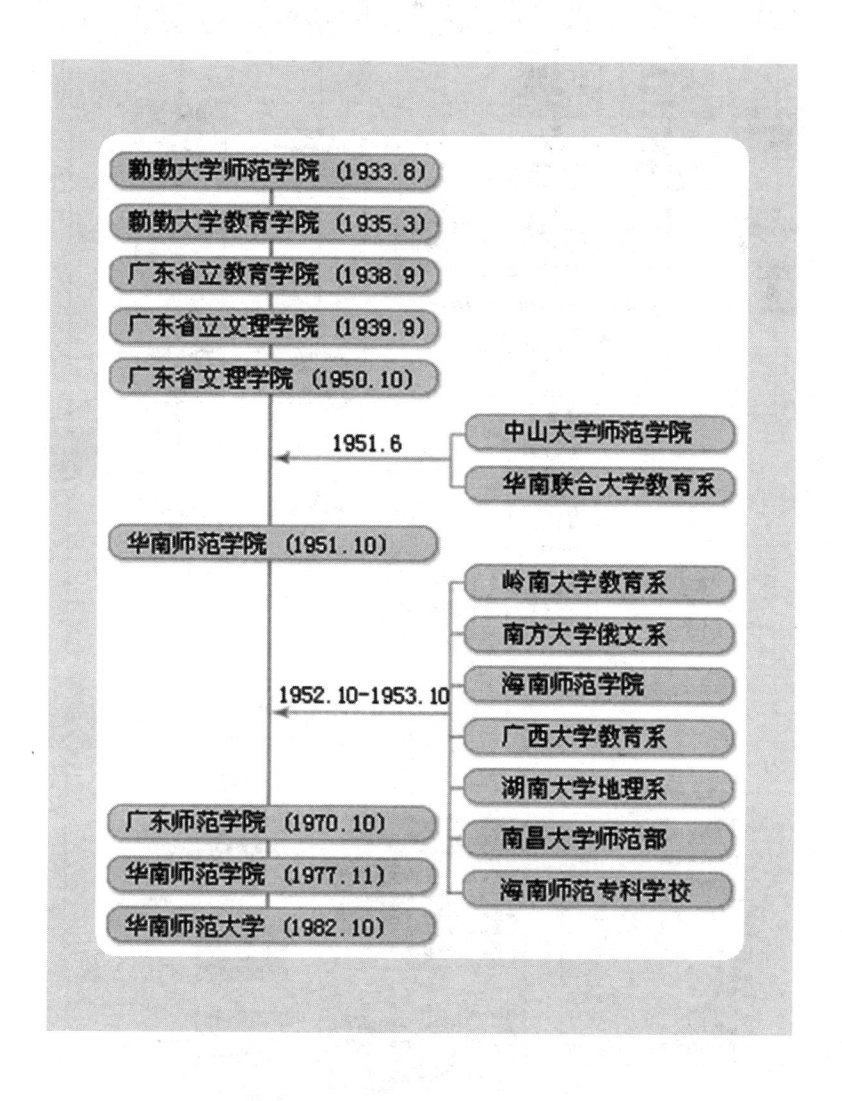

```
勤勤大学师范学院 (1933.8)
        │
勤勤大学教育学院 (1935.3)
        │
广东省立教育学院 (1938.9)
        │
广东省立文理学院 (1939.9)
        │
广东省文理学院 (1950.10)
        │
        │◄── 1951.6 ──┬── 中山大学师范学院
        │             └── 华南联合大学教育系
        │
华南师范学院 (1951.10)
        │
        │             ┌── 岭南大学教育系
        │             ├── 南方大学俄文系
        │             ├── 海南师范学院
        │◄─1952.10-1953.10─┼── 广西大学教育系
        │             ├── 湖南大学地理系
        │             ├── 南昌大学师范部
        │             └── 海南师范专科学校
        │
广东师范学院 (1970.10)
        │
华南师范学院 (1977.11)
        │
华南师范大学 (1982.10)
```

附录九

中山大学历史沿革图

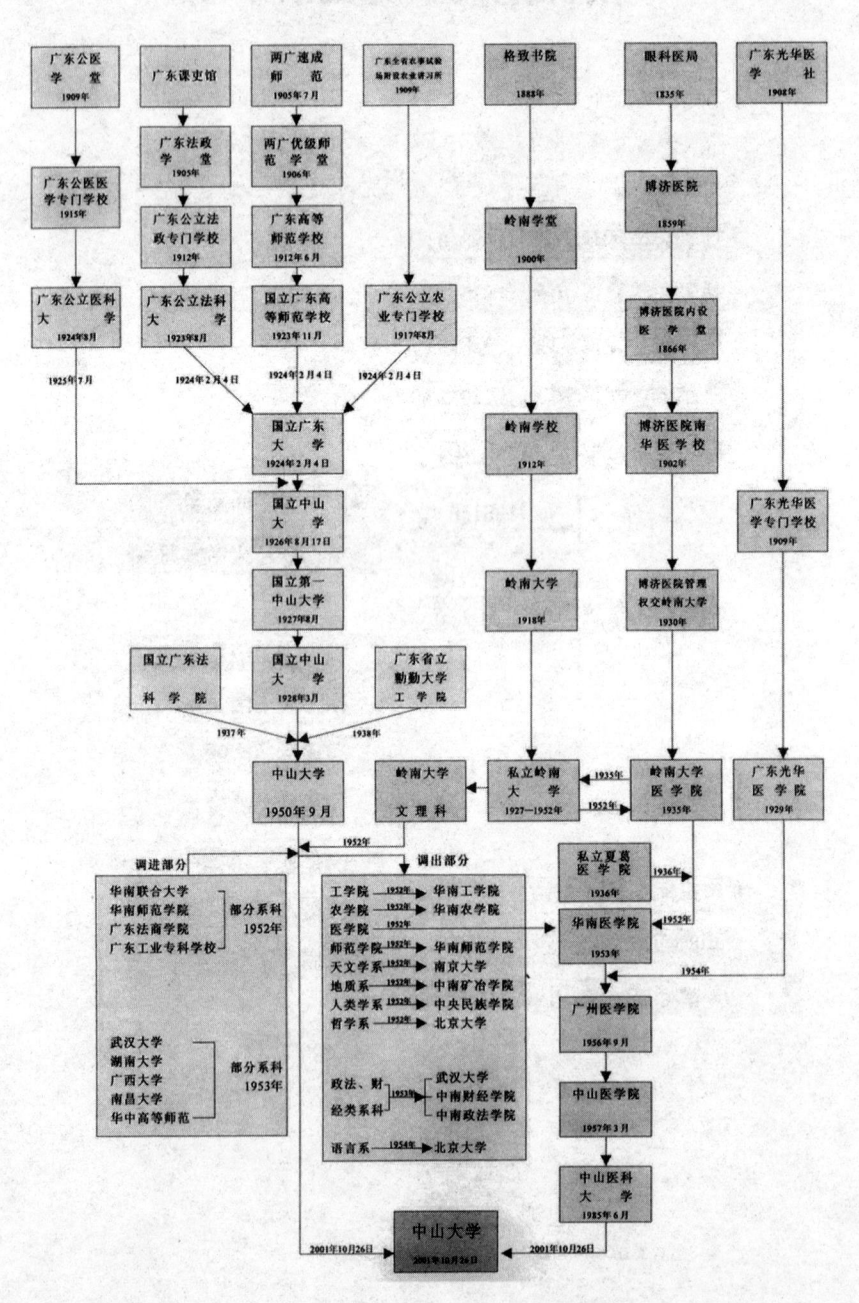

| 广东公医学堂 1909年 | 广东课吏馆 | 两广速成师范 1905年7月 | 广东全省农事试验场附设农业讲习所 1909年 | 格致书院 1888年 | 眼科医局 1835年 | 广东光华医学社 1908年 |

- 广东公医医学专门学校 1915年
- 广东法政学堂 1905年
- 两广优级师范学堂 1906年
- 博济医院 1859年
- 广东公立医科大学 1924年8月
- 广东公立法政专门学校 1912年
- 广东高等师范学校 1912年6月
- 岭南学堂 1900年
- 博济医院内设医学堂 1866年
- 广东公立法科大学 1923年8月
- 国立广东高等师范学校 1923年11月
- 广东公立农业专门学校 1917年8月
- 1925年7月 / 1924年2月4日 / 1924年2月4日 / 1924年2月4日
- 国立广东大学 1924年2月4日
- 岭南学校 1912年
- 博济医院南华医学校 1902年
- 国立中山大学 1926年8月17日
- 广东光华医学专门学校 1909年
- 国立第一中山大学 1927年8月
- 岭南大学 1918年
- 博济医院管理权交岭南大学 1930年
- 国立广东法科学院
- 国立中山大学 1928年3月
- 广东省立勷勤大学工学院
- 1937年 / 1938年
- 中山大学 1950年9月
- 岭南大学文理科
- 私立岭南大学 1927—1952年
- 岭南大学医学院 1935年
- 广东光华医学院 1929年
- 1952年
- 调进部分 / 调出部分
- 华南联合大学 / 华南师范学院 / 广东法商学院 / 广东工业专科学校 — 部分系科 1952年
- 工学院 1952年 → 华南工学院
- 农学院 1952年 → 华南农学院
- 医学院 1952年
- 私立夏葛医学院 1936年
- 师范学院 1952年 → 华南师范学院
- 华南医学院 1953年
- 天文学系 1952年 → 南京大学
- 地质系 1952年 → 中南矿冶学院
- 1954年
- 人类学系 1952年 → 中央民族学院
- 哲学系 1952年 → 北京大学
- 广州医学院 1956年9月
- 武汉大学 / 湖南大学 / 广西大学 / 南昌大学 / 华中高等师范 — 部分系科 1953年
- 政法、财经类系科 1953年 → 武汉大学 / 中南财经学院 / 中南政法学院
- 中山医学院 1957年3月
- 语言系 1954年 → 北京大学
- 中山医科大学 1985年6月
- **中山大学** 2001年10月26日
- 2001年10月26日 / 2001年10月26日

附录十

华南农业大学历史沿革图

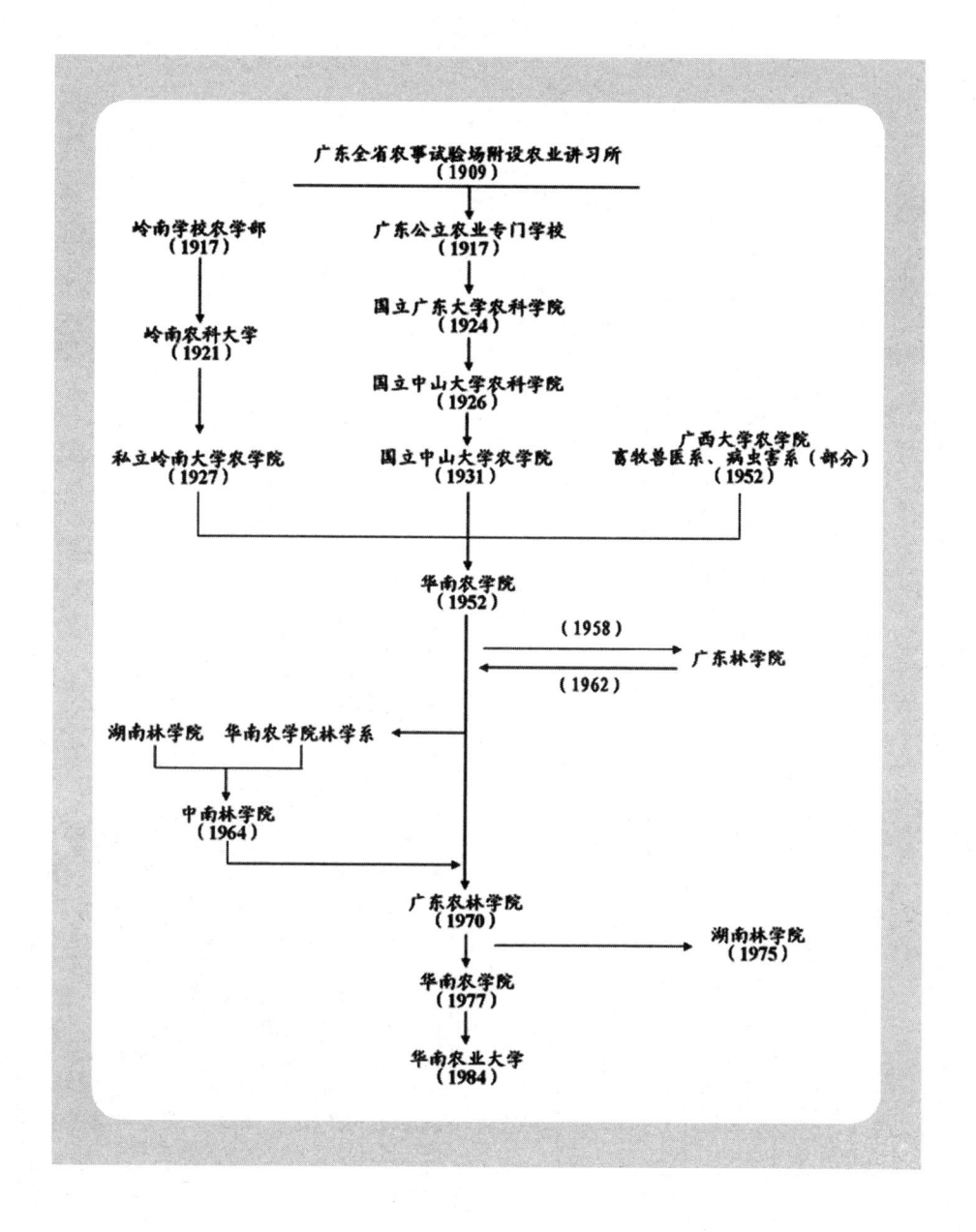

```
                    广东全省农事试验场附设农业讲习所
                              (1909)
                                 │
         ┌───────────────────────┴─────┐
岭南学校农学部            广东公立农业专门学校
  (1917)                    (1917)
     │                          │
岭南农科大学              国立广东大学农科学院
  (1921)                    (1924)
     │                          │
     │                   国立中山大学农科学院
     │                        (1926)
     │                          │
私立岭南大学农学院      国立中山大学农学院      广西大学农学院
    (1927)                  (1931)        畜牧兽医系、病虫害系(部分)
     │                          │               (1952)
     └──────────────────────────┼────────────────┘
                                │
                           华南农学院
                            (1952)
                                │         (1958)
                                │ ──────────────→ 广东林学院
                                │ ←──────────────
                                │         (1962)
        湖南林学院  华南农学院林学系 ←──┤
             │           │
             └─────┬─────┘
                   ↓
              中南林学院
               (1964)
                   │
                   ↓
              广东农林学院
                (1970) ──────────→ 湖南林学院
                   │                  (1975)
                   ↓
              华南农学院
                (1977)
                   │
                   ↓
              华南农业大学
                (1984)
```

附录十一

抗战时期迁驻连阳地区学校名册表

魏文石

序号	单位名称	时间	在连阳驻地	旧址是否尚存	备注
1	黄岗小学	1944年11月	公园内民众教育馆旁边的公产屋	不存	
2	江村师范	1940年初	记载不够详细，建筑物查找不到	不存	20世纪40年代初期辗转迁到连县附城水口乡，并曾在连县招生。但在连县的时间较短，不久便改迁韶关。
3	钦州师范	1939年11月至1942年7月	东陂镇卫民行政村宝梵寺	旧址现在是秀兰侨心小学	1939年冬，钦州师范师生在校长伍瑞楷的率领下，越山涉水，迁到东陂四甲洞宝梵寺复课。1940年夏，校长由张开照继任；创办附属小学，校长黄子赓、李芳。原随校来的学生已经不多，复课后，暑期在连县招收新生，这些新生，多为连阳子弟。1942年7月，迁回钦州，钦州师范在连县的时间只有3年。
4	励群中学	1941年至1945年	连州镇东山路天主教神父楼	保存较好	1941年，因日军大肆轰炸韶关，学校几经艰辛，搬迁到连县天主堂复课，校园被国民党军队占为"警备司令部"。励群迁连后，在新的董事会理事长耿其光，董事伍岳嵩、严步云、王贵森、汪德忠、汤迪光、陈溢浦等的努力下，聘请当时在连州中学任教的黄芳仁为校长，原连中训育主任陈兆辉任教导主任，原连州中学教师陈瑞云任班主任，翟秋权任体育教师，继续招生上课。励群在连县只办初级中学，学生主要是连阳四县学子，共培养了三届。1945年抗日战争胜利后，励群中学迁回韶关复课。旧址现在是连州市文物保护单位。

续表

5	基联中学	1941年	河西双喜山，即惠爱医院旧址	保存较好	1941年，由广州的岭南大学附中、华英、培英、真光、美华、协和、真中，香港的岭英、协恩，澳门的广中共10所教会中学在连县成立基督教联合中学（简称基联中学）。1945年抗战胜利后，原10所学校外来人员迁离连县。基联中学保留，由连县的美国长老会和连县基督教会继续管理。存惠爱医院旧址及教师宿舍一间，旧址现在是广东省文物保护单位。
6	广东省立文理学院	1939年12月	连州市东陂镇西塘村、江夏村	存陈氏宗祠、新祖厅、东茂公祠、五福公祠、双桂门楼	广东省立文理学院的前身为广东省立教育学院。广州沦陷前夕，全院学生正在石牌中山大学参加全省大学生集中军事训练。广州沦陷时，学生部分随集训队迁至连县星子，部分疏散回家，而学院则于1937年秋已疏散至广西梧州市。1939年初，再迁广西融县，员生相继抵达融县复课。1939年8月，迁回广东乳源县侯公渡设校，改办为广东省立文理学院，院长仍由林砺儒担任。同年冬，粤北发生战事，再迁校于连县东陂西塘村、江夏村。同年10月，省立体育专科学校并入该院，设体育专修科。学院在东陂办学期间，设中国文学系、史地系、理化系、生物系、社教系和体育专修科，各招生30名。1942年春，迁往曲江桂头圩。1944年夏，豫湘桂战役爆发后，粤北形势危急，省政府令文理学院回迁连县东陂旧址，秋初开始西迁。由于战局严重恶化，文理学院没能在连县东陂顺利复课，而是继续西迁罗定。
7	广东省立文理学院附中（粤秀中学）	1939年12月	连州市东陂镇塘头坪村（粤秀中学设在江夏村、西塘村）	存黄损祠、南炮楼、北炮楼、嘉逸福庐	抗日战争时期，广东省立文理学院附中迁出广州，1933—1946年期间名称变化为：勷勤大学教育学院附中、省立勷勤大学附中、省立教育学院附中、省立文理学院附中、省立粤秀中学。广东省立文理学院附中初设在连县东陂镇塘头坪村，后来搬到江夏村、西塘村，高中、初中各有3个年级，每个级两个班，每班有学生四五十人，共有学生五六百人，全校教职员工50余人。 1946年春，省立粤秀中学从连县迁往"丰湖书院"，不久改名为"广东省立惠州师范学校"，即现在的惠州学院。

续表

8	广东省立文理学院附小	1939年12月	连州市东陂镇江夏村	存江夏村黄氏宗祠	1939年冬，附属小学随学院迁到连县办学，学校设在东陂江夏乡，租用黄氏宗祠、南浦宗祠及民房一间，建设了附小教室5间、办公处（含儿童图书室、教员住室）；省立文理学院副教授阮镜清兼附小校长。1942年春，广东省立文理学院迁往曲江桂头圩，附小停办。
9	广东省立广州女子师范	1942年6月	原资料记载为县城西北的鸬鹚咀村，不够详细，建筑物查找不到	不存	抗日战争开始，迁校于西樵简村。广州沦陷后，停办。到1940年6月，在韶关市郊黄塑坝复校，复以省立女子师范为校名。1942年6月，迁校连县县城西北的鸬鹚咀村，全校分简师、普师和初中3个部分，每部分3个级，每级2个班，共9个级18个班，后再增设附属小学。校长是曾留学美国的李雪英女士。1945年11月，省女师迁回广州上课，在连县的时间头尾4年。
10	广东儿童教养院第一分院	1944年	连州市星子镇黄村后岗山	存遗址，无建筑物	设在连州市星子镇墟边一个光秃的山岗上，阳光空气充足。收容儿童定额为1000名，职教员工66人，属中央赈济委员会，全称是"中央赈济委员会广东儿童教养院第一分院"。这个院先设在犁市，郭顺清为院主任。后迁星子，院主任改为梁昌炽，后为李荣臻。称中设院，即属于中央赈济委员会主管的。
11	广东儿童教养院第二分院	1944年	连州市连州镇龙咀（高良下乡大布坪）	存遗址，无建筑物	占地3个山头，规模最大，建有大小棚舍60多座，有可容千人的大礼堂，设备亦较完整。儿童定额、员工编制及统属同一院。院主任为黎杰，后为黄觉明。
12	广东儿童教养院第三分院	1944年	连州市连州镇元村	存遗址，无建筑物；存纪念亭一座	收容儿童500名，教职员工44人，属中赈会。院主任为何展。
13	广东儿童教养院第四分院	1944年	连州市保安镇保安福山	存遗址，无建筑物	收容儿童1000名，教职员工66人，属广东省赈济委员会。全称是"广东省赈济委员会广东儿童教养院第四分院"。院主任为黎英，后为梁一岳、关灼会。
14	实验小学	1944年7月	原资料记载不够详细，查找不到	不存	崔载阳在中大教育系任教时，曾把中大附小作为实验小学，自兼主任。他建议吴菊芳开设一个实验小学部。吴菊芳同意后，便在一、二院开办时，增设一个"实验小学部"，陆续由各院选送一些聪明伶俐的优秀儿童来部，合约500名。由何展为主任。1945年5月并入广东儿童教养院第四分院。

续表

15	培德小学	1944年	连州市连州镇龙咀（高良下乡大布坪）	存遗址，无建筑物	在各院中有被认为不堪管教的调皮学生渐渐多起来，设立一个"培德小学部"，专收所谓"问题儿童"。设在广东儿童教养院第二分院边，由郑耀娥（黎杰之妻）为主任，后为何冠来。这批被认为难以管教的学生，在一些良师教育下，不少成为品学兼优的学生。1945年5月并入广东儿童教养第二分院。
16	战时儿童第一保育院	1944年	三江九隍庙	不存	中国战时儿童保育总会广东分会第一保育院于1938年7月1日建院。院址设在香港九龙芙蓉山竹林禅院，是年冬，迁往粉岭安乐村安乐祠。广州失陷后，香港安全受到威胁，在港粤一院奉命于1939年4月底，由院长潘锦端及老师护送离港，往潮汕、兴梅等县直达连县三江香花坳新址。1940年1月又迁龙口，3月复迁九皇庙。当时收容难童301名。1944年日寇大举进犯粤北，又撤退东迁。1945年2月，第一保育院从连县三江下英德，过翁沅、连平、龙川，迁往五华河口，走了1个多月才到达五华县河口。1945年5月，粤四院并入一院。1946年3月，迁回番禺县龙归。6月保育院解散结束，前后历时8载。第一任院长林苑文，迁入内地连县三江后，先后任院长的有潘锦端、罗雪婉、黄传朴、曹婉珍。儿童由140人增至300多人。在三江长达6年之久。
17	战时儿童第二保育院	1944年	连州镇四方村五云学校	存遗址，无建筑物	中国战时儿童保育总会广东分会第二保育院于1938年10月19日建院，院长由广东分会秘书雷砺琼兼任，地址在四会。11月7日西迁，12月21日到达广西宜山。随着战区扩大、难童增多，分会决定在曲江县龙归双头村复办广东第二保育院。1939年5月收容从珠江三角洲一带抢救的296名难童。院长是郭剑儿（陈焰代理）。7月由刘绮文接任。1939年12月21日，广东第二保育院从曲江龙归迁往连县星子小冲坳村。1944年9月第二保育院从连县经坪石、韶关迁往南雄黎口午田村。
18	省护产学校	1944年	三江新城欧宅	不存	

续表

19	真光中学	1944年	三江礼拜堂	不存	1937年七七事变，日寇侵华，全国陷入战事状态。何荫棠校长领导迁校香港。1941年12月太平洋战事爆发，香港沦陷，何校长即宣布停课。翌年（1942），何校长率领员生工友离港，几经绕道，辗转至粤北，在曲江、连县、三江等地继续上课。为适应环境起见，兼收男女生。1943年，由黄玉贞女士兼代校长。旋由校董会聘请李耀宇女士为校长，并与培英中学合作，在合教分管之原则下，在连县城郊双喜山上课。同年又迁出曲江上窑。1944年夏，豫湘桂战役，又迫得迁回连县，在双喜山复课。1945年元旦，又因日寇迫近，李校长率员生徒步往连县三江，2月又转回双喜山，饱受颠沛流离之苦。此时，真光学子仅剩15人。同年10月10日在穗员生9人回白鹤洞复校；18日，留在连县全体员生抵穗，22日正式开课，学生共350人。
20	国立中山大学连县分教处	1944年	三江中心小学校	存遗址，现为连南瑶族自治县三江中心学校	1945年1月，日军突然侵入宜章栗源堡，坪石亦陷于包围之中，学校仓促通告紧急疏迁。部分师生由代理校长金曾澄率领，经乐昌、仁化、龙川抵达梅州设立校本部；农学院部分师生则迁往梅州五华；总务长何春帆则带领部分师生于1月20日撤抵连县三江镇。此次中大连县分教处的疏散是由总务处长何春帆（连县三江人）组织，各学院如处本部、文学院、法学院、理学院、工学院、师范学院在三江镇。
21	国立第三华侨中学	1944年	三江关帝庙、九隍庙、石子坪	不存	国立第三华侨中学(简称侨三中)，是穗、港、澳沦陷后，当局为解决大批华侨及港澳同胞的学子奔赴祖国后方升学而设立的。侨三中于1942年12月在乐昌县杨溪安口村创办，1944年日寇进犯乐昌，学校迁到连县三江，校址在石子坪九隍庙，侨三中在连县三江期间，共有高初中7个班，学生400余人。其中初一、高一都招收了大量的连县新生。校长周元吉、教导主任谷中龙、训育主任何绍甲。1945年抗战胜利后，学校迁至广西龙州县，该校在连县时间前后两年。侨三中在连县三江期间，共有高初中7个班，学生400余人。其中初一、高一都招收了大量的连县新生。校长周元吉、教导主任谷中龙、训育主任何绍甲。

续表

22	曹溪小学	1944年	三江莫宅	无	
23	国立中山大学农学院连县分教处	1945年1月	连州市西岸镇黄家巷和太阳观、灵山观、连州市东陂镇酒壶岭	黄家巷存建筑物一间；太阳观；灵山观存遗址，无建筑物；酒壶岭无建筑物。	1945年1月，日军突然侵入宜章栗源堡，坪石亦陷于包围之中，学校仓促通告紧急疏迁。部分师生由代理校长金曾澄率领，经乐昌、仁化、龙川抵达梅州设立校本部；农学院部分师生则迁往梅州五华；总务长何春帆则带领部分师生于1月20日撤抵连县三江镇。此次中大连县分教处的疏散是由总务处处长何春帆（连县三江人）组织，各学院的分布是：处本部、文学院、法学院、理学院、工学院、师范学院在三江镇；医学院在连县县城；农学院在连县的东陂、西岸。到连县的教授包括梅龚彬、邓植仪、盛成、周郁文、叶述武、邹仪新、岑麒祥、张葆恒等，许崇清又被聘为教授，上两门课，分别是哲学概论和教育哲学。时中山大学代理校长是金曾澄，教务长兼连县分教处主任是邓植仪。农学院设有六大学系：农学系、森林学系、农业化学系、蚕桑学系、农业经济学系、畜牧兽医学系。
24	黄埔中正私立学校	1945年	阳山大禾岗学发公祠	现状较好	该校建于1936年春，由广州黄埔军校校友会创办，校址设在广州市郊长洲岛，董事长是何应钦，董事有：陈诚、钱大钧、罗卓英、邹洪、肖赞育、贺衷寒。校长是侯志明，学校开设初中2个班，小学6个班，学生300余人。1938年10月广州被日寇沦陷，校长侯志明率领学生教职员工70余人北迁韶关后，因经费困难只好停办。1939年冬由黄埔军校友会吴道宪发起，筹备在乐昌复课，当时何应钦任董事长，张发奎、余汉谋任副董事长。王家槐任校长兼语文老师。1942年，余汉谋、李汉魂、郑子嘉各捐国民党法币10万元，扩建办公室、教室三座，体育场500余井。当时小学部7个班；初中部4个班；高中部两个班，学生600余人，教职员工40余人。1945年元月韶关沦陷，邓震亚带领部分师生，迁阳山县七拱大禾岗学发公祠继续办校。9月，日寇投降，迁回广州市莲塘路，以原汪伪鸣崧纪念学校为校址，即现在省府大院。

续表

25	全省大中学生集训队	1938年10月	连州市星子镇四方村	存遗址，无建筑物	1938年暑假后，武汉、广州情势危急。国民党广东省政府决定9月进行一次高中以上学生军事训练。国民党当局在广州成立了广东省高中以上学生集中军事训练总队，总队长由省保安司令邹洪兼任、副总队长李节文。10月18日转移到连县星子。军训队驻扎在四甲城、黄村、四方城等处，总队下设区团、大队、中队、区队和班。当时有4个区团，学员约1500多人，学员中许多是共产党员和青年抗日先锋队员。莫福生、杨瑾英等，就是当时军训队的地下党员。青年抗日先锋队员也有四五百人。集训于1939年1月结束。
26	广东省地方行政干部训练所	1939年1月	三江镇	不存	1939年1月，李汉魂来连县接任广东省政府主席，为了培养训练合格的地方行政干部（区、乡）长，以适应抗战的需要。2月，他把由广州撤到连县星子的原全省大中学生集训队部分大、中学生集中起来，在三江举办"广东省地方行政干部训练所"，由李汉魂兼任所长，副所长由民政厅长何彤和省保安处长邹洪俩人分别兼任，全部学员约1500人。同年4月28、29日，全部学员始奉令迁往乳源县侯公渡。
27	省立艺术专科学校	1940年底、1944年底两次迁来连县		不存	广东省立艺术专科学校创办于1940年春，初名"广东省艺术馆"，地址在韶关市郊塘湾。馆长由省教育厅长黄麟书兼任，副馆长赵如琳兼戏剧系主任，教务主任胡根天兼美术系主任，黄友棣任音乐系主任。1940年底，曾一度迁连县。于1941年初又迁回韶关，在市郊五里亭建大棚七八座作校舍，改名为"广东省艺术院"，学制改为两年毕业。1944年底，因战事迁校连县。韶关沦陷后，连县吃紧，再辗转迁于连山、梧州、开建、封川、郁南等县，后在罗定卢镜设校上课。1945年秋，日本投降，再迁校广州。

附录 12

附录十二

名家照片集

林砺儒	郭大力	阮镜清
省立文理学院院长	省立文理学院社教系教授	省立文理学院心理学副教授兼附小校长

黄友谋	盛叙功
省立文理学院理化系教授	省立文理学院生物系教授兼训导主任

连州华南教育历史研学基地 概览

王赞卿	熊大仁	何爵三
省立文理学院教授兼理化系主任	省立文理学院生物系教授兼主任	省立文理学院文史系教授，1948年任院长
 刘棠瑞	陈子明	陈兼善
省立文理学院生物系教授	省立文理学院教育系教授	省立文理学院理化系教授

附 录

金曾澄
国立中山大学代理校长

何春帆
国立中山大学事务长

邓植仪
国立中山大学连县分教处主任

黄际遇
国立中山大学连县分教处理学院
数天系教授兼主任

张作人
国立中山大学连县分教处理学院
生物系教授兼主任

跋

魏文石

《连州华南教育历史研学基地概览》是我继《连州文物志》《连州碑刻集》《连州摩崖石刻集》之后编辑的研究连州历史传统文化系列作品之一，也是《连州历史文化丛书》之四。

随着广东省政府对古驿道保护工作的深入开展，古驿道沿线的历史文化挖掘、活化利用也在陆续开展。

2019年9月份开始，在局领导的安排下，我开始着手进行连州华南教育历史研学基地有关历史的发掘。首先得到了省档案馆、省规划设计院、连州市档案馆的大力支持，我得到了深藏于档案中的珍贵的、第一手的历史资料；其次是结合之前主持《连县抗战纪念馆》布展过程中收集到的相关资料，我对整个事件的历史有了一个大概的了解，产生了要出版一辑关于连州抗战教育历史的专辑的构思。

在资料收集及研究过程中，通过华南教育历史研学联盟的互动，我与韶关学院、韶文化研究院进行了深入的交流，对一些历史资料进行了互相核对，不断提高研学的质量。南粤古驿道网站、华南师范大学也对本专辑的编辑给予了大力的支持，提供了丰富历史资源，加大了本专辑的研究深度。

《连州华南教育历史研学基地概览》资料来源广泛，但部分历史资料欠缺，难免存在一些不准确之处，敬请读者和专家们批评指正，以便于我在今后的研究中继续提高，为打造连州华南教育历史研学基地贡献力量，使之成为华南明灯永不熄灭的殿堂。